# 畫壺談心

嚴文華◎著

一部改變傳統心理解析的偉大讀本。

原書名：心理魔法壺

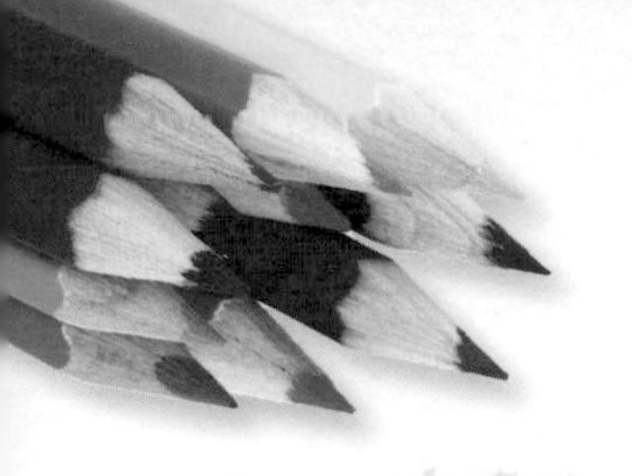

# 作者自序

我接觸到心理魔法壺這種技術，是在二〇一一年在蘇州召開的中國第三屆表達性心理治療國際學術研討會上。當時是由日本學者杉岡津岐子主持這個研討會。接觸之後我個人非常感興趣，就在自己平時的教育和培訓活動中嘗試運用。見過上千幅魔法壺的圖畫之後，我有了分享的念頭，願意把這種非常有趣、有意義的技術與更多人分享。

書中共呈現了三百幅圖畫。這些圖畫都是經過精心挑選的、具有代表性的圖畫。

魔法壺圖畫的第一個特點：圍繞同一主題，會有連續的六幅圖畫，所以作畫者表達得會比較充分，資訊豐富，其應對突發事件的模式會得到彰顯。這是魔法壺優於其他單張圖畫的特點。

第二個特點：魔法壺是具有故事原型的，它有深刻的集體無意識基礎，對作畫者的啟動非常容易，絕大多數作畫者都會很容易畫出自己的魔法壺。

第三個特點：圖畫畫好後，作畫者很容易把所有圖畫編在一個故事中，進行第二次的整合和創作，而第二次創作中揭示出的內容是非常有意義的。

## 全書的框架

全書分為序章、上篇、中篇和下篇，共四部分。序章為魔法壺主題圖畫的介紹，包括如何畫的指導語。上篇和中篇是魔法壺圖畫的呈現和具體分析，其中上篇為第一至第二部分，呈現的是人在壺中、沒有走出來的圖畫及分析。中篇為第三至第四部分，呈現的是人走出了壺的圖畫及分析。上篇和中篇呈現的圖畫是系統的，是同一位作畫者畫的四幅或六幅畫。下篇介紹如何分析魔法壺圖畫。第五部分介紹從總體上如何分析作畫者的模式。第六部分介紹如何分析魔法壺中的其他要素。這部分呈現的圖畫為圖例型的，是為了解釋清楚如何分析而呈現的單幅圖畫。

## 推薦體驗式閱讀的方式

建議讀者先不急著翻看後面的圖畫和分析，而是根據序章中的「魔法壺畫圖指導語」，自己畫出六張圖畫，然後跟著書中的旅程一站一站走下去：自我體驗畫出圖畫後，在上篇和中篇中，看別人畫出的圖畫是怎樣的、別人的圖畫是被怎樣分析的，在累積感性經驗的基礎上，走進下篇，系統地瞭解每一張圖畫的心理含義，主體圖畫如何分析，畫框、附屬物如何分析。最後再走到終點，對自己的圖畫進行總體的自我分析，接收圖畫中給予的資訊，制訂接下來要做的事情。

按照這樣的旅程，這本書不再是一本被閱讀的書，而是一本體驗式的書，那些對圖畫的自我分析會把這本書變成一本你自己的書。

## 需要說明的內容

在本書中出現的魔法壺圖畫，都是已經工作的成人所畫的，他們的年齡集中於二十五～三十五歲之間，但不限於這個年齡。他們分佈在全國各地，其工作性質有外資企業、國營企業和民營企業。有一般職員，也有管理階層。

有必要對文中的一些提法進行介紹。既然是關於魔法壺的書，魔法壺就是書的重點之一。書中提到魔法壺時，會提到其各個部分：壺身、壺把手、壺蓋、壺嘴、壺壁，有時也用雙耳來描述兩隻把手的壺。

另外，文中統一用「作畫者」來稱呼畫畫的人，「畫中人」指圖畫當中出現的人，大部分時候其實也是作畫者自己，但有時可能是指圖畫中出現的所有人，「壺中人」指出現在魔法壺中的人。其實，不論是畫中人還是壺中人，在魔法壺中的活動都是作畫者本人內心世界中自我的一部分，但在描述時為了更符合現場、更不具有威脅性，還是使用了這三種稱呼。

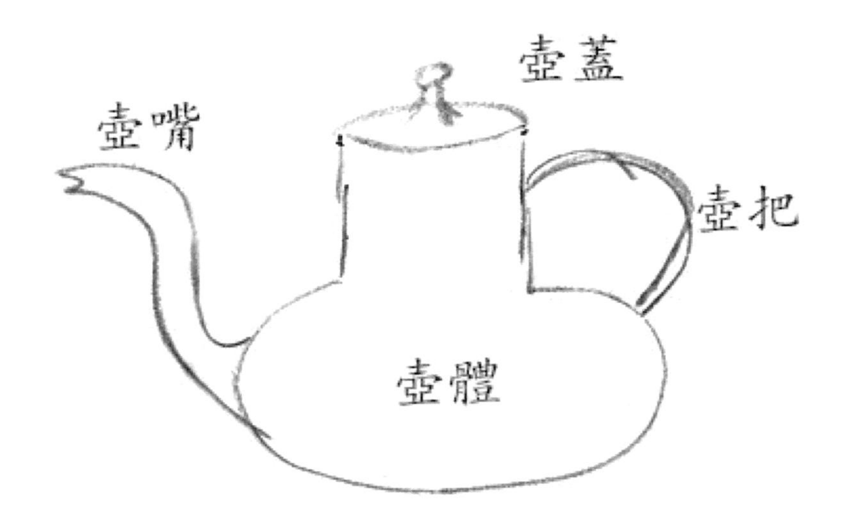


第一至第四部分的圖畫分析都是完整的系列圖畫分析，也就是說，對同一作畫者所畫的四幅或六幅圖畫進行分析。

四幅畫是指核心圖畫，六幅畫是加上了活動結束時的兩幅畫。

而序章和第五、六部分的圖畫則是以單幅畫的形式出現，主要原因是在枚舉一些例子，所以只是點到為止，沒有全面地展開。

之所以有的作畫者的圖畫呈現六幅，而有的呈現四幅，最主要的原因是第五幅和第六幅不是主題圖畫，沒有具體內容，它們雖然蘊含一些資訊，但沒有前面四幅豐富。作為整個活動的有機組成部分，有必要作一些介紹，但沒有必要將每一位作畫者的第五幅和第六幅圖畫都呈現，所以本書有選擇性地呈現一些。

在文中，對同一位作畫者而言，「第一幅畫」、「第二幅畫」、「第三幅畫」、「第四幅畫」、「第五幅畫」和「第六幅畫」，是和魔法壺的指導語一一對應的。每一幅畫都針對具體的指導語畫出，所以每一幅畫都是對指導語的反應和回答。指導語的內容在序章部分。

## 人生不是壺

看了那麼多圖畫後，一個深刻的感受是：人的一生可能在任何地方度過，但如果人的一生都被困在一個壺裡，沒有人心甘情願。

透過魔法壺，可以看清當下自己是否被困在一個壺中，是否需要做一些決定。

**嚴文華**

二〇一二年八月

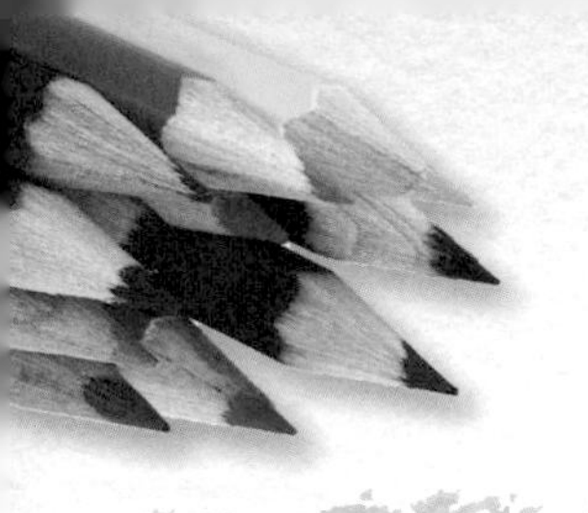

# 推薦序（註 1）

這次嚴文華老師運用我的「魔法壺畫法」，將如此優秀的研究整理成著作，我從心裡感到欣喜，在此表示深深的謝意。

「魔法壺畫法」的構思有三個出發點：一是來自田嶌的壺像療法（1983 年）；二是來自 Bettelheim（The Uses of Enchantment: The Meaning and Importance of Fairy Tales, 1976）的《傳說的魔力》中格林童話《漁夫與魔鬼》的分析；三是來自被稱為《後漢書》裡「壺中天地」的提法。

壺像療法是由田嶌誠一提出的一種心理療法（註 2）。田嶌不僅探討了臨床案例，還探討了正常人群中也適用的案例。在此可看出壺像療法能夠使心的表層與深層，以及身心的交流溝通更為暢通，從而可以促進現代人的身心健康。筆者從中獲得啟發，在研修活動中使用了「魔法壺畫法」，活動的目的是讓參加者在群體中自我覺知，同時讓他者理解。

在群體中實施「魔法壺畫法」時，個體會在群體中看別人的圖畫，或者傾聽別人作畫時的心情。透過群體中大家的分享，可以獲得關於自己很多方面的資訊，如孤獨感的存在方式、攻擊性的指向與強度、由以上帶來的看問題時的認知方式（如是把自己封閉在內部進行思考，還是客觀地進行思考等），以及在解決問題時是否需要他人幫助或者是靠自己的努力解決等等。由此可以獲得透過自我反省的自我覺知，與對他人的理解、共感等等。

Bettelheim 把被封閉在瓶裡的魔神在被封閉之後，它的攻擊性不斷增長這一現象，作為小孩被父母放置不理時，所感受到的攻擊性的表現來進行分析。Bettelheim 從總體上對它的分析是：被封閉起來剛開始並不是馬上表現出攻擊性，而是感到困惑，並浮現出各種各樣當下的感受，這些都隨著時間的推移變成沒有明確對象的攻擊性。

在閱讀他的著作時，我想到這類似於我們面對某種意料不到的事情時心理狀態的變化。想到被封閉在壺中的狀態，由此覺得面對某種意料不到的事情發生時，個體心理上的應對方式會出現個人差異，並想到將魔法壺畫法運用到自我覺知、他人理解的研修中。

此外，「壺中天地」本應該很狹窄，但壺裡存在非常遼闊的奇異世界，令人覺得不可思議。我們的心裡面存在無限大的奇異世界。這樣一種想像賦予了這種圖畫新的意義。

雖然從中獲得靈感而提出「魔法壺畫法」，但是，因為該描畫法還有很多值得商討的餘地，嚴文華教授將所做的研究寫成著作，對於描畫法的方法提出者來說給予了啟迪，在此表示感謝。

我在河合隼雄教授、山中康裕教授的指導下完成了京都大學臨床心理學專業博士課程。期間接觸到了很高的學術水準，我讀博士研究生課程真的感覺非常幸福。

二〇一二年，在山中康裕教授的推薦下，我參加了在蘇州召開的中國第三屆表達性心理治療國際學術研討會，在這裡再次向山中康裕教授表示感謝。

**杉岡津岐子**

梅花女子大學現代人間學研究科研究科長

註 1：此序言由華東師範大學心理與認知科學學院馬偉軍副教授翻譯。在此表示感謝！

註 2：壺像療法的基本程式如下：

一、壺像導入準備階段。治療師等待來訪者做好準備，他（她）要準備好在某種程度上在自己的內部精神世界進行探索。

二、壺像的導入。稍微使對方放鬆，給予指導語：「請在頭腦中想像並浮現裝著你心裡所想事情的壺或者像壺一樣的容器。」

三、嘗試著進入腦海裡浮現出的壺裡面。

四、充分感受在壺裡面的感覺，但是不強求、不勉強。

五、從壺裡出來到外面，蓋上蓋子。如果遇到出不來的時候，治療師給予幫助。

六、與壺保持足夠的距離。通常情況下不需要此步驟。

七、進入下一個壺，把原有的壺消掉，或者放置在某處。

# 寫給繁體版讀者們

欣聞《心理魔法壺》繁體版將出版。非常高興和臺灣、香港等地的讀者們又會透過魔法壺的主題相遇。

不論是我之前的書，還是這本魔法壺，都是幫助大家更好瞭解自我的工具。根據主題來作畫的魅力在於它具有多重投射性：第一重投射是根據主題或指導來畫畫；第二重投射是對圖畫的解讀，包括給自己的圖畫起個名字或題目；第三重投射是根據對圖畫的解讀聯繫自己的現實。大家可以這樣來使用這本書。

給繁體版的讀者們，我有一份特別的禮物。我把自己對你們的心意用一幅彩色鉛筆畫表達出來放右頁：每個人都充滿多樣性，如果允許自己探索這些多樣性，就有無限的生機和生命力迸發出來。希望魔法壺也給你們探索自身的多樣性增加更多途徑。

**嚴文華**

2015 於盛夏的上海

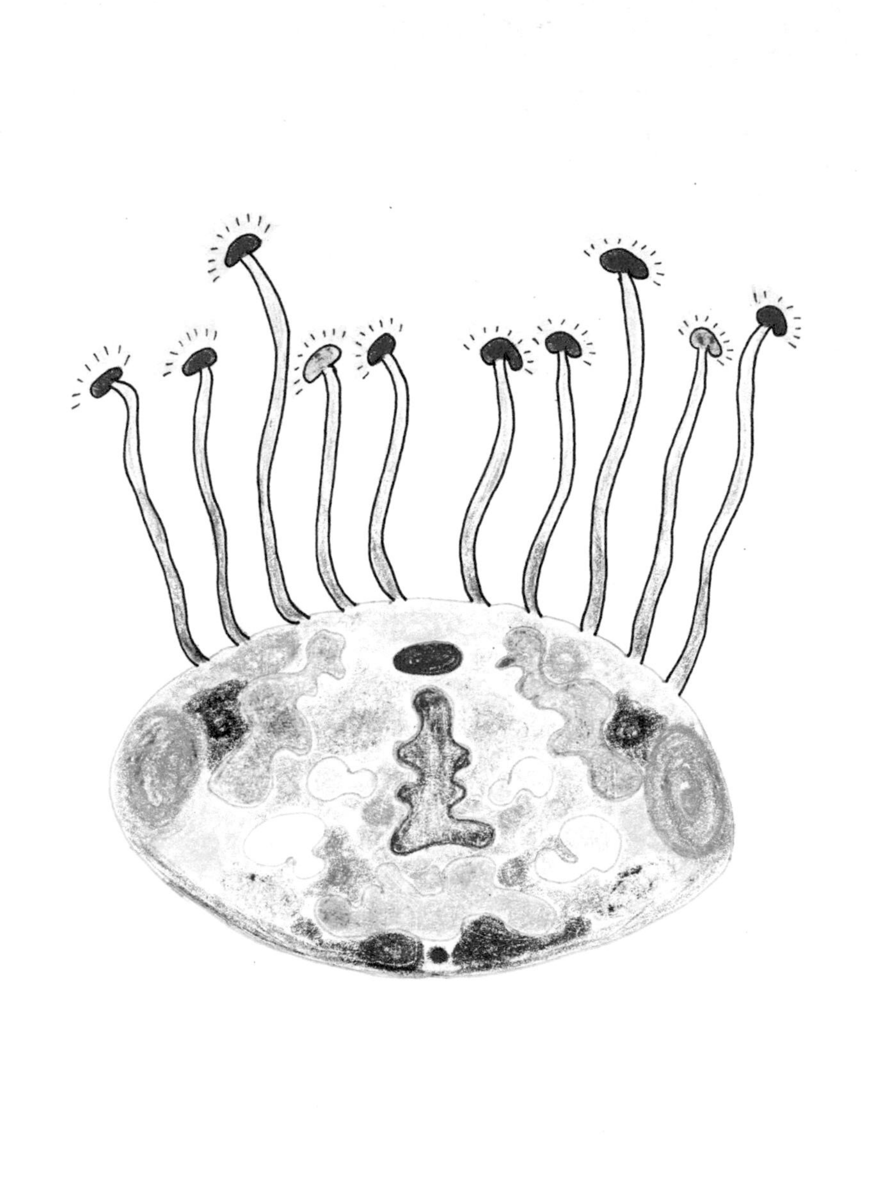

## 上篇　人在壺內：圖畫及分析

### | *Part 1* |
### 等待、悲觀或破壞



### | *Part 2* |
### 安心生活或建設壺內世界

## 中篇 走出魔法壺：圖畫和分析

### | *Part 3* |
### 魔法師和魔法壺



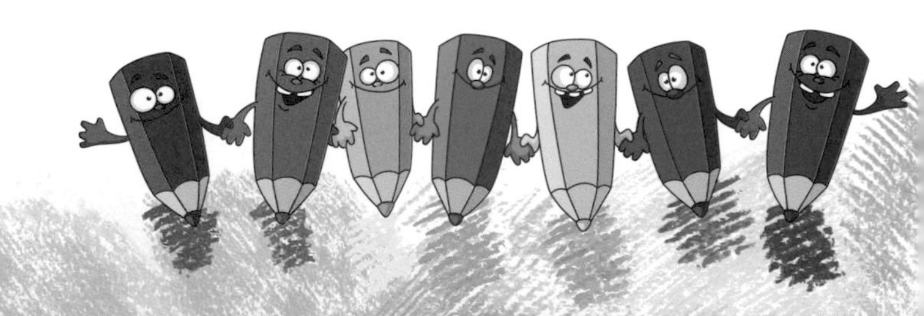

| *Part 4* |

## 透過魔法壺瞭解個性



# 下篇 畫壺就是畫自己

| *Part 5* |

## 如何分析魔法壺圖畫主體

| *Part 6* |

## 如何分析魔法壺圖畫的其他元素



| 結語 |

## 我們怎樣理解人生，我們就會畫出怎樣的圖畫



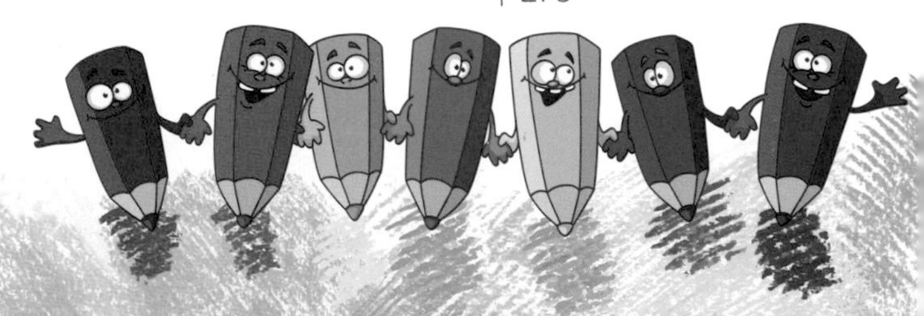

【序章】

# 心理魔法壺：和你的潛意識溝通

一滴水珠反射太陽的光輝，一幅畫反映人的個性，透過心理魔法壺，看到每個人應對人生困境的模式，邀請你，進入你的魔法壺！

每個人都會畫畫或塗鴉。寫字需要在正規教育中學習很多年，但畫畫或塗鴉卻是人類與生俱來的本能之一。這從古代留下的岩畫中可以看出來：不論多麼久遠的年代之前，人類的圖畫就已不僅僅是現實世界生活的寫實，更是人們想像世界的產物，能夠反映人類的喜怒哀樂。

不論畫得好壞，畫為心聲。

圖畫作為一種表達內心的方式，不僅僅是畫家獨享的方式，每個人都可以用它。心理學工作者正是根據這一點，開發了圖畫心理這一工具。

## 圖畫技術的介紹

圖畫技術最大的特點就是它的投射性：它可以反映人們內在的情緒和情結。它可以繞過人們的防禦心，在那些線條、構圖和色彩中栩栩如生地展現人們的內在世界。而它之所以可以繞過人們的防禦心，在於它的指導語是模糊的，在於它是人們自己創造出來的產品，人們有足夠的空間和自由來展現個性的部分。畫畫對很多人來說都是沒有威脅的，所以更容易把真實的情感在不知覺中畫在圖畫中。即使那些防禦心較強的人，其圖畫也會表現出防禦心較強的線索，成為圖畫分析的一部分。

目前世界上常用的圖畫技術有很多，如果從給定刺激的方式來看，可以分為兩類：一類是圖畫本身是刺激，當事人要對這些圖畫做出反應；一類用語言作為刺激，當事人要根據指導語來畫畫，也就是說當事人要創作出圖畫。

前者經常運用在一些投射測驗中，如羅夏墨蹟測驗、主題統覺測試、小黑測試等，圖畫本身已經精挑細選出來，測試的指導語、圖畫的順序、記錄的方式都有嚴格的要求，如何評分和分析也有結構化的要求。後者主要運用在投射測試和心理諮詢中，如樹木人格圖、雨中人、家庭動態圖等。儘管它們發展也較為成熟，也有較為結構化的一些要求，如指導語、作畫工作和材料等，但相對來說當事人有更大自由發揮的空間。只是對這類圖畫的分析和評估難度更高，因為它展現的內容可能更多、更豐富，個性化的元素更多，需要分析者具備專業的分析能力。

在後者的基礎上，根據情境和需要，心理學工作者創造性地運用圖畫技術，使得圖畫技術更有趣、更有應用性。以我本人的經驗為例，我曾針對國中生想像力豐富、心理正在發展的特點，設計過以下圖畫主題（註 3）：

一、如果你有足夠的自由，能夠成為大自然萬事萬物當中的一種事物，你願意成為哪一種事物？

二、如果你有足夠的自由和能力，穿越到任何時間和空間，成為你想成為的任何一個人，你會穿越到哪裡？成為誰？

三、如果你成為了法力無邊的魔法師，你能夠改變世間的一切，但由於魔法界的規則，你只能使用三次魔法，你會怎樣使用這些魔法？你會改變什麼？

四、請把你的身體想像成一個世界，在其中居住著各種小人，請把身體內的小人畫出來。

五、如果有可能成為任何一部小說或電影中的人物，你願意成為誰？在什麼場景中？和誰在一起？

六、如果你能夠成為一種動物，你願意成為哪一種動物？這種動物可以是大自然中存在的，也可以是你頭腦中想像出來的。

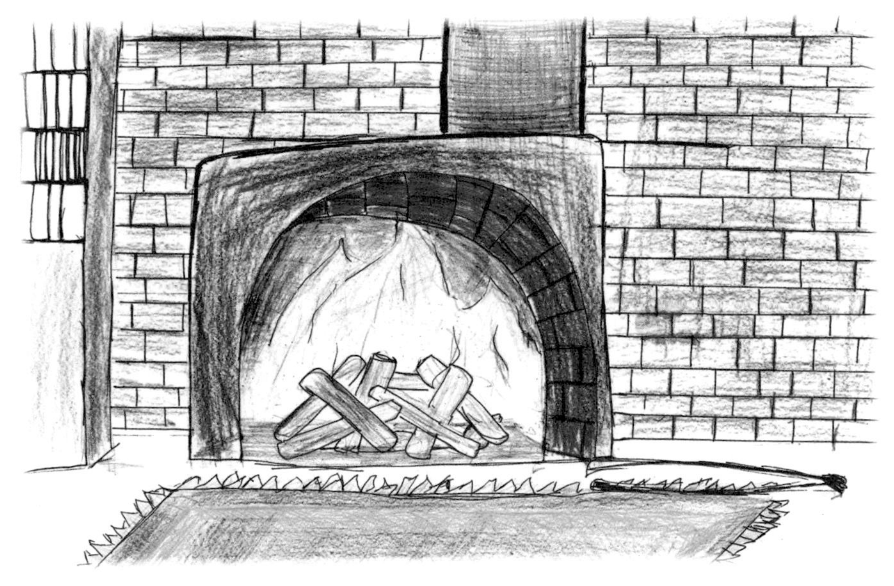

圖 1-1

而國中生們對這些主題表現出濃厚興趣，他們根據這些主題所畫的圖畫，展現了每個人的內在世界。我為國中生內心世界的深刻度深深折服。如針對第一個主題，有一名國中生畫了一個壁爐（見圖 1-1），她希望做一個平和安詳的壁爐，在一幢有兩百年的房子裡。圖畫中所表現出的寧和平靜是超越她的年齡的。這幅畫傳遞出的主題是：「你不用關注我，但我不忘溫暖你」。針對第二個主題，有一名國中生畫了世界末日（見圖 1-2），世界被滔天的浪、高揚的火毀滅，而她則是為了拯救世界而穿越，作為一名預言者而存在，其中拯救的意願、方式讓人動容。這幅畫傳遞的主題是：「我希望這個世界需要我，而我能為這個世界做一些事情」。

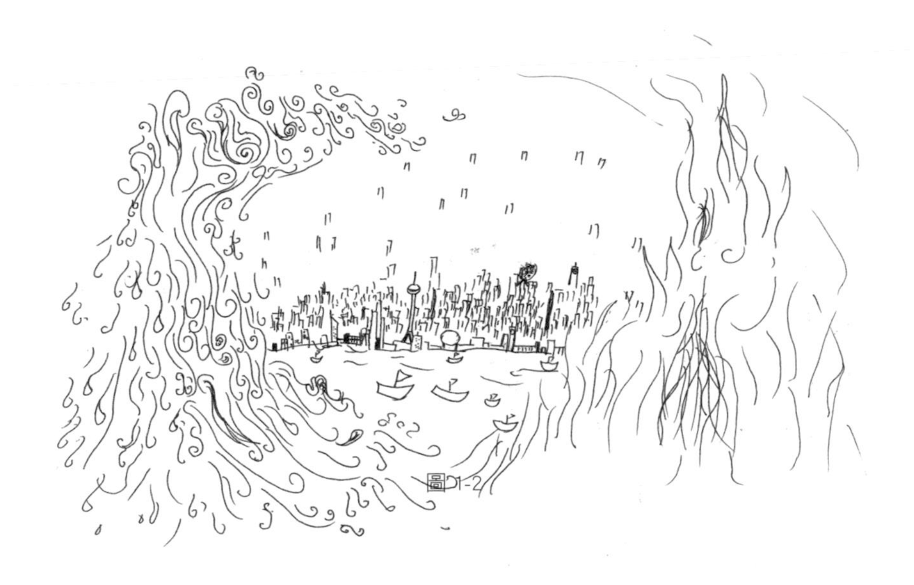
圖 1-2

從許許多多的圖畫可以看出，很多人的微世界應該是從來沒有向其他人開放過的。如果僅僅用語言的方式、用寫作的方式，有一些東西是表達不出來的。而契合他們年齡的圖畫主題，則可以讓他們的內心呈現。

---

註 3：以下六個主題的指導語和圖畫及其分析，呈現在《科學Fans》雜誌二〇一二年第四期至第九期上，感興趣的讀者可以查閱。

作為心理學工具的圖畫，具有很強的創造力。那些內心散發著創造性的心理學工作者，往往為這種工具著迷，發展出更多的工具。這本書的心理魔法壺就是這樣一個工具和結果的呈現。

## 魔法壺畫圖指導語

魔法壺是請作畫者想像自己被魔法師關進一個魔法壺的情境，並根據指導語畫出系列圖畫。它的具體操作方式如下：

準備階段：A4 白紙六張。作畫工具可以有多種選擇：鉛筆、橡皮擦、二十四色彩色筆、油畫棒，水彩畫和油畫顏料也可以嘗試。

畫邊框階段：所有材料都準備好後，可以請作畫者開始畫邊框。邊框唯一的要求就是離紙的邊緣一公分。一共需要畫四張紙的邊框。

開始作畫：首先帶領作畫者進入放鬆狀態。在作畫者進入放鬆狀態後，給出第一幅畫的指導語：「你走在一條路上，突然，出現一個魔法師，把你抓住放進了一個有魔法的壺裡。」請作畫者根據這個指導語畫出第一幅畫。

第二幅畫的指導語：「現在，你在這個壺中待了一天一夜，你不覺得渴，也不覺得餓。你有怎樣的感受？你在做什麼？」

第三幅畫的指導語：「不知過了多久，陽光照了進來。這時，你有怎樣的感受？你在做什麼？」

第四幅畫的指導語：「一年過去了。這時，你有怎樣的感受？你在做什麼？」

第五幅畫的指導語：「請從裡向外畫圈，直到你感覺舒服為止。」(註 4)

第六幅畫的指導語：「請從外向裡畫圈，直到你感覺舒服為止。」

---

註 4：第五幅畫和第六幅畫的指導語在有些場景下可以互換。

分享階段：作畫者可以根據圖畫講述自己的故事。心理學工作者可以根據活動目標，進行回應或提問。對有一些熱身活動來說，僅僅是分享就足夠了。對個人成長來說，一些適當的提問會深化圖畫的意義，如：「這些圖畫給你帶來的啟發是什麼？」「有哪些方面是出乎你意料的？」「你對哪一幅畫最有感觸？為什麼？」對心理諮詢來說，需要在圖畫的基礎上進行更深入的分析和探究，探究當事人內在深層次的行為模式及其對當下困擾的影響。

## 注意事項

和任何其他技術一樣，魔法壺圖畫也有其使用的局限性：

第一，它是一個工具，要根據目標來使用，反對那種不分場合和目標的濫用。

第二，對有些群體它不適合，對那些有嚴重心理疾病的人不適合，對有幽閉恐怖症的人不適合。對前者而言，這些語言刺激會對其產生怎樣的啟動作用，有些不確定；對後者而言，他們會對被關在一個壺中有非常不舒服的心理感受，而這種感受本身並不是這個活動有意設計的，也不是這個活動想要人們付出的代價。所以對這些群體慎用該技術。

## 真誠的邀請

在你進入下面的閱讀之前，我邀請你畫出自己的魔法壺。可以根據前文所給的材料和指導語來畫畫。然後帶著你的圖畫，和我一起進入下面的分析。這不僅會讓你的閱讀更加有目的性、趣味性、體驗性，而且你本人會有真正的收益。請不要錯過這個邀請！當你接受這個邀請後，本書的閱讀就會變成一個體驗式的活動，你不僅擁有自己的魔法壺，而且對自我的瞭解會更深入。知己知彼，你會因而對他人也瞭解更多。

## 畫出你的魔法壺

### 第一幅畫

請先畫邊框，邊框離紙的邊緣一公分。想怎麼畫就怎麼畫。

現在請想像出這個場景：你走在一條路上，突然，出現一個魔法師，把你抓住放進了一只有魔法的壺裡。請畫出這個場景。

## 第二幅畫

請先畫邊框，邊框離紙的邊緣一公分。想怎麼畫就怎麼畫。

現在請想像出這個場景：你在這個壺中待了一天一夜，你不覺得渴，也不覺得餓。你有怎樣的感受？你在做什麼？請畫出這個場景。

## 第三幅畫

請先畫邊框，邊框離紙的邊緣一公分。想怎麼畫就怎麼畫。

現在請想像出這個場景：不知過了多久，陽光照了進來。這時，你有怎樣的感受？你在做什麼？請畫出這個場景。

## 第四幅畫

請先畫邊框，邊框離紙的邊緣一公分。想怎麼畫就怎麼畫。

現在請想像出這個場景：一年過去了。這時，你有怎樣的感受？你在做什麼？請畫出這個場景。

## 第五幅畫

請從裡向外畫圈，直到你感覺舒服為止。想怎麼畫就怎麼畫。

## 第六幅畫

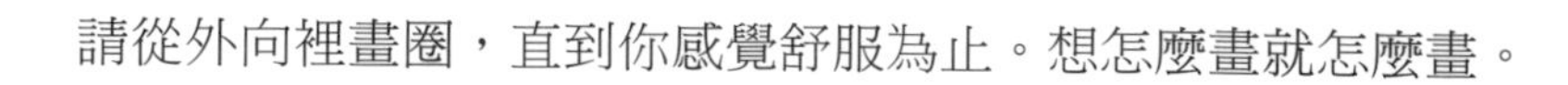

請從外向裡畫圈，直到你感覺舒服為止。想怎麼畫就怎麼畫。

上篇

# 人在壺內：圖畫及分析

歡迎走進魔法壺的世界！

一壺一世界。你會看到壺中百態：有人在壺中哀嘆，有人在壺中坐以待斃，有人在壺中建設新世界，有人在改變壺外的環境。

| *Part 1* |

# 等待、悲觀或破壞

第一至第四部分都是對魔法壺圖畫的具體分析。每一個人的圖畫就是自己的人生故事，所以圖畫都極具個性化，而且每一幅畫都有很多的線索可以分析。但為方便讀者查找，將按在第五部分提到的脫離困境和與困境共生、建設性和破壞性、樂觀和悲觀、積極和消極的框架來分析。第一、二部分呈現結局為與困境共生的魔法壺圖畫，並對其進行具體分析。第三、四部分則呈現結局為脫離困境的圖畫及其分析。這一部分的四個主題，即壺中人和魔法師的關係、由樂觀走向悲觀、缺乏行動力的壺中人、強烈的悲傷和憤怒，屬於不走出壺且悲觀或破壞性或負面情緒的類型。

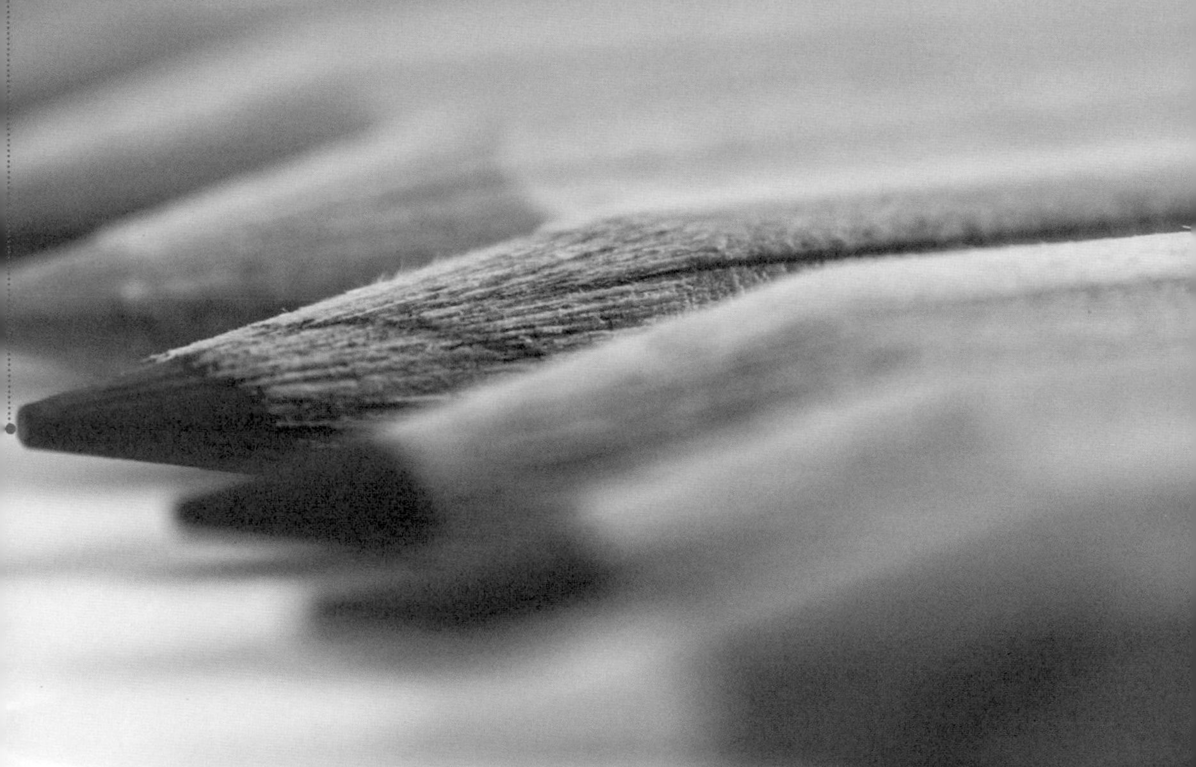

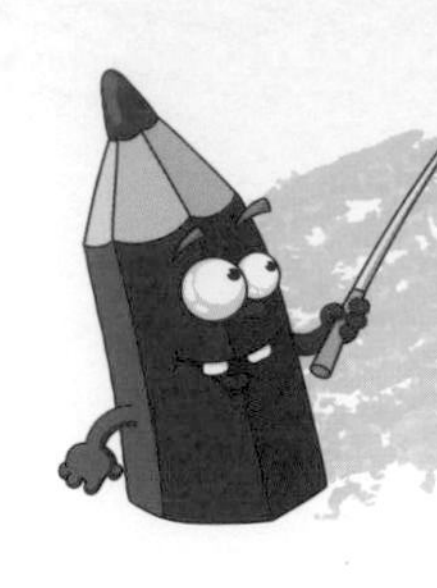

# 壺中人和魔法師的關係

## 等待被拯救

這是一位男性基層管理者所畫的畫。

### ▼ 六幅畫

第一幅畫（圖 1-1-1），一位頭戴綠色尖頂帽、身穿綠色衣褲的魔法師正把主角抓進魔法壺。他嘴裡還大叫著：「你給我進去！哇呼呼！」主角進入了一個藍色的壺中，神情非常沮喪。作畫者的情緒是：「這是一個徹底的悲劇。為什麼是我呢？」

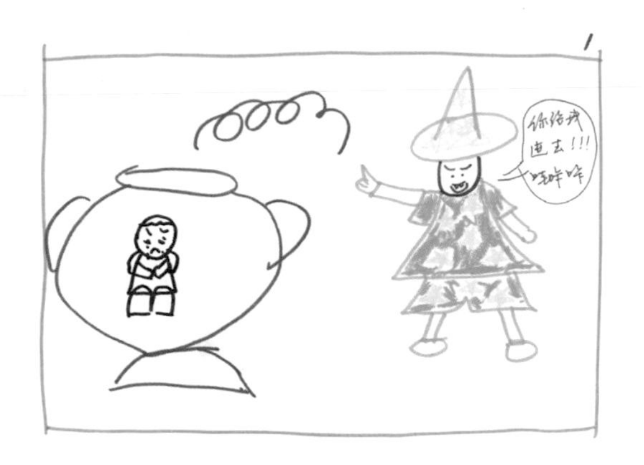

圖 1-1-1　為什麼是我呢？

第二幅畫（圖 1-1-2），在黑色的壺中，主角正在四處找尋：「出口還有嗎？」情緒是焦慮的，期待別人來拯救他。

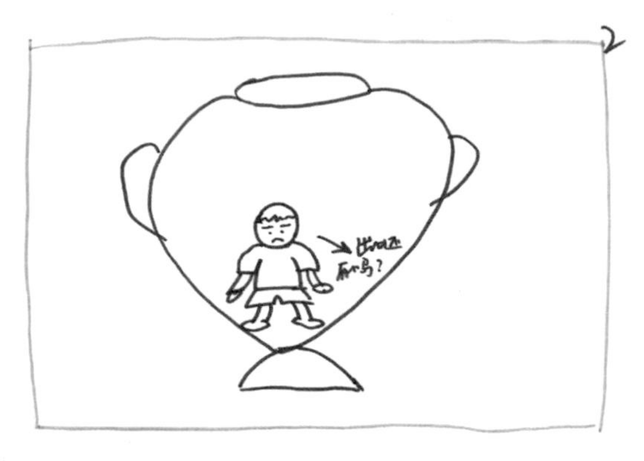

圖 1-1-2　誰來拯救我？

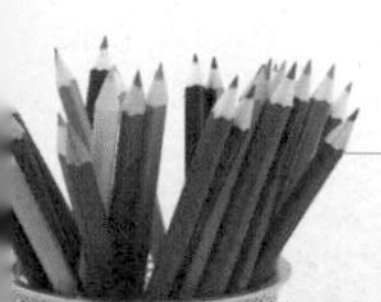

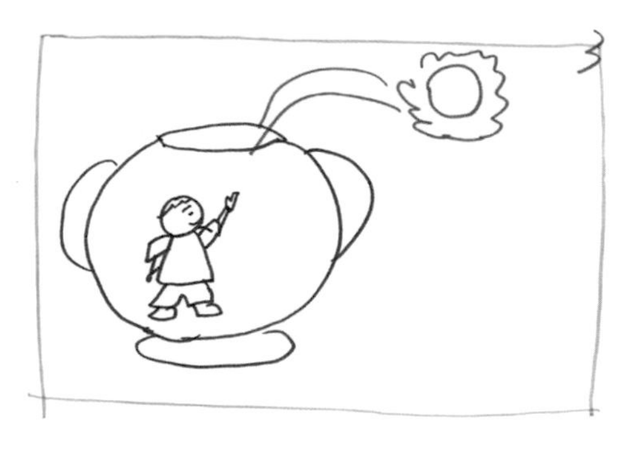

圖 1-1-3　感受到曙光

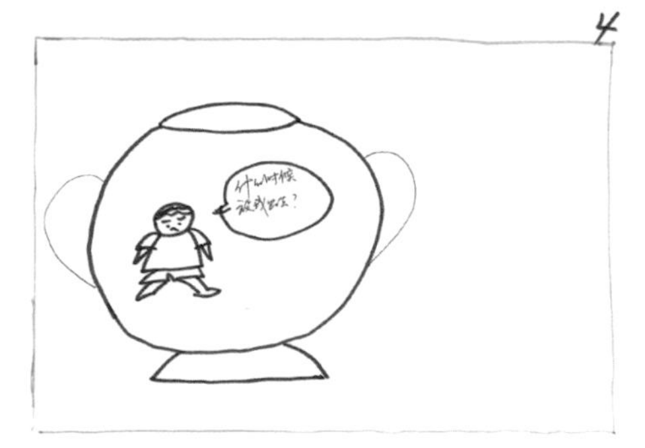

圖 1-1-4　什麼時候放我出去？

第三幅畫（圖 1-1-3），在黑色的壺中，主角感受到了太陽，他開始高興，充滿期望，感受到了一線曙光。

第四幅畫（圖 1-1-4），在黑色的壺中，主角變得有些無奈，自問：「什麼時候放我出去？」請注意作畫者沒有用「我什麼時候能夠出去？」沒有強調自己的主動性。在困境中他有一個前提：能否出去取決於別人。

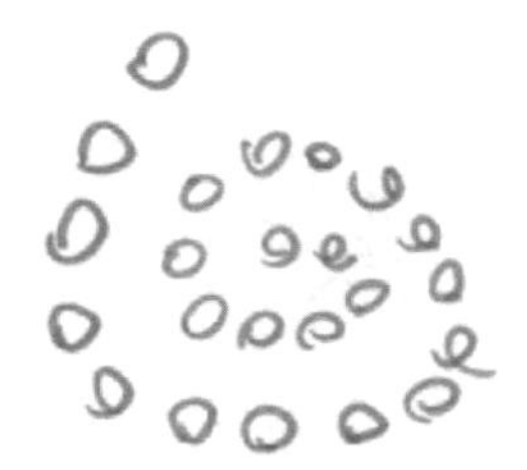

圖 1-1-5
好多的圓

第五幅畫（圖 1-1-5），從中心到邊緣，一個一個小圓組成一個大圓。作畫者的感受是：「好多的圓！」

第六幅畫（圖 1-1-6），從外到裡，有四個同心圓。作畫者這時沒有什麼特別的感覺。

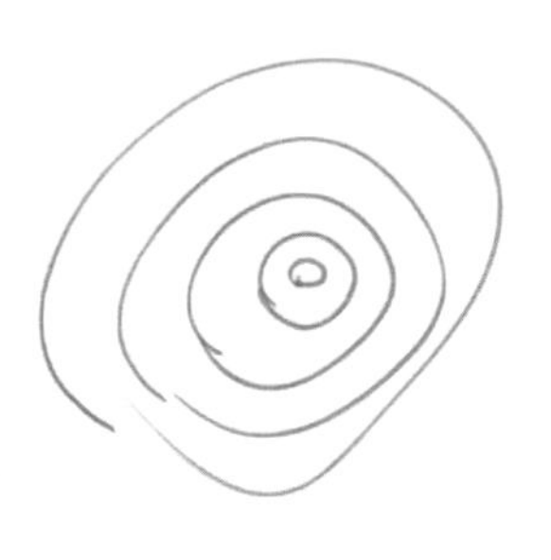

圖 1-1-6　同心圓

從整體上看，作畫者用筆流暢，在隨意中有細緻，表明他是一個高智商的人，做事果斷瀟脫，不喜歡拖泥帶水，會盡自己最大努力做好事情，但做得不是很完美時，也並不介意，如第四幅畫的壺把就是用鋼筆添上去的，而沒有用彩色筆，所以他也有不拘小節的一面。

六幅畫中，引人注目的是壺中人、壺以及魔法師的畫法。

## ▼ 壺中人和壺

作畫者是一個非常細緻的人，壺中人物的五官、四肢都是非常整齊的，唯一缺的是耳朵，沒有一幅畫畫了耳朵，表明作畫者對批評非常敏感。壺中人始終是黑色。除了第三幅畫中面帶笑意、手往上揚，其他的圖畫中都是沮喪、無奈、焦慮等情緒。這表明作畫者在困境中感受到的負面情緒是主要的。

壺的形狀在四幅畫中都是一樣的。只是顏色和細節上略有變化：第一幅畫中是藍色的，後面三幅是黑色的，從總體上看，壺並不是一個讓作畫者愉悅的物件；另外，在第一幅和第二幅畫中，壺倒更像一個心形，壺的底座更小一些，尤其是第二幅，壺身的心形有些尖，看起來在底座上根本立不穩，這表達著作畫者的感受：在困境的前期，他內在更加沒有穩定感。而長期處在困境中，他會逐漸產生一種穩定感。

魔法師是前四幅畫中唯一用彩色畫出的人物。其性別看起來是男性。其主色調是綠色，間以黃色的星星。從其構圖和用色來看，作畫者似乎對魔法師並沒有特別大的反感。只有那兩顆暴露的牙齒，流露出魔法師內在的攻擊性。從面積的相對大小來看，魔法師要比主角大很多。這似乎在說明一個問題：如果作畫者對魔法師並沒有很多反感，但魔法師又是他的對立面，突出的似乎是魔法師強大的力量、不容分說的權威地位（由魔法師這個頭銜本身獲得）。主角在魔法師面前毫無辦法，只能服從，只能被束縛，沒有溝通或談判的餘地，甚至主角都沒有去談判或溝通的意識。

在與魔法師對峙的過程中，主角所做的只是等待，等待「被拯救」——「拯救」其實是一個非常強烈的詞，但作畫者確實用了這個詞。

另外，當審視圖畫時，作畫者注意到自己給魔法師畫了一頂綠帽子。「綠帽子！」他停頓了一下，想到了其中的含義，笑了一下，但沒有作更多解釋。這個部分不是特別清楚。

魔法師是作畫者過去經驗、經歷的一個投射，或者說是某種內化的子人格的投射。從以上描述可以看出，畫中揭示出的主要是作畫者與父性人物（家庭或家族中的男性長輩、學校中男性老師、工作關係中的男性上司等）的關係。不論處於怎樣的情境之下，他都無法反抗這樣的人。這帶給他苦惱、無奈，他意識到這是一個困境，只是他還沒有找到方法。

## 與魔法師論理

這裡呈現了四幅畫，都是鉛筆畫，這是作畫者自己在鉛筆和油畫棒之間作的選擇，只有第三幅畫添加了一點顏色。四幅畫全部呈現的是人在壺中的場景，值得關注的是壺中有水。

第一幅畫（圖 1-2-1）是壺中人躺在水面上。其情緒狀態可

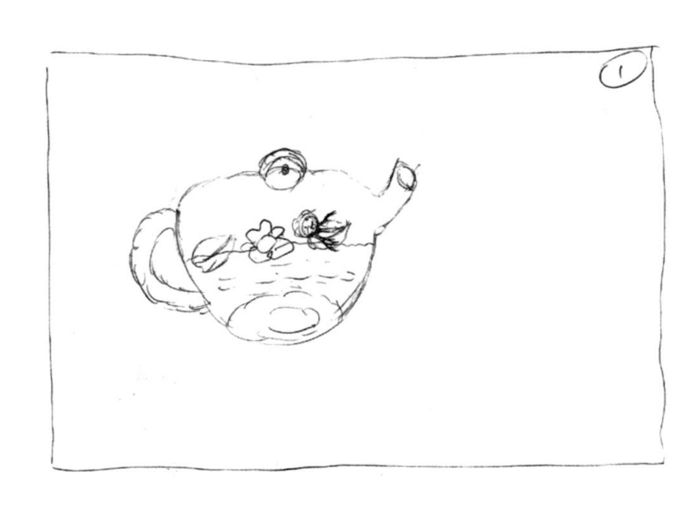


圖 1-2-1　躺在荷花叢中

以從水面的荷花和荷葉中看出來，壺中人處於較為逍遙、享受的狀態中。

第二幅畫（圖 1-2-2）是壺中人坐了起來。但從她慵懶的姿勢、渙散的眼神可以看出，她覺得無聊。壺的畫法也有些漫不經心，只是用幾根線條表達意思而已。人比壺大這一超現實主義的表現手法，和作畫者的畫畫功力不夠有關。但作畫者沒有作任何修改，而是聽憑其以這樣的面貌呈現，這表明作畫者做事時憑感覺，並不在意結果或別人的看法，比較隨性而為。

第三幅畫（圖 1-2-3）有金色的陽光從壺口照進來。作畫者在畫陽光時用了顏色，不僅用了黃色，而且用了幾筆紅色，來代表壺中人感受到的溫暖。壺中人躺在壺裡，沒有任何表情，只是望著壺口。「在想著怎麼出去。」作畫者描述道。

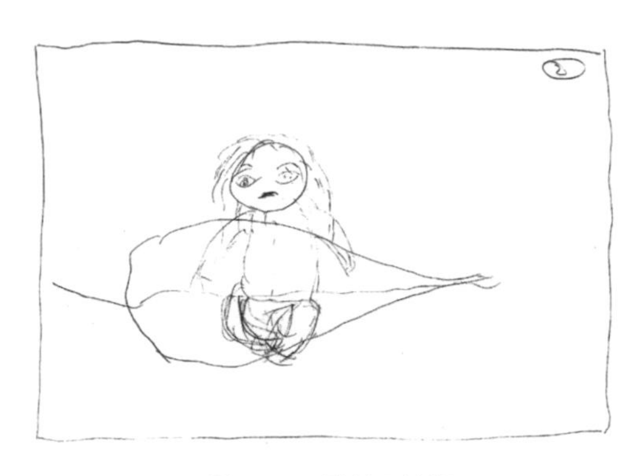

圖 1-2-2　隨性而慵懶

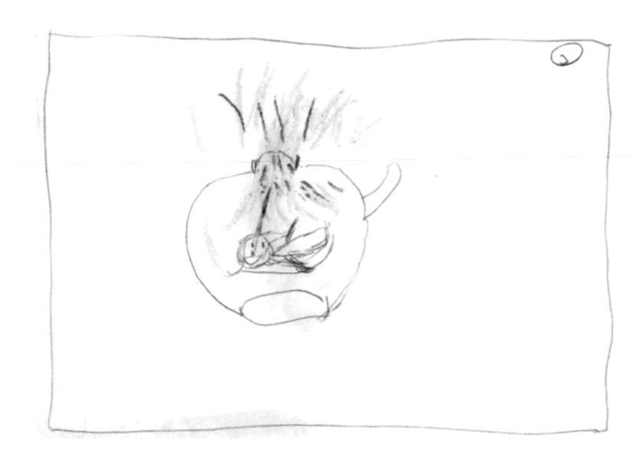

圖 1-2-3　金色的陽光照進來

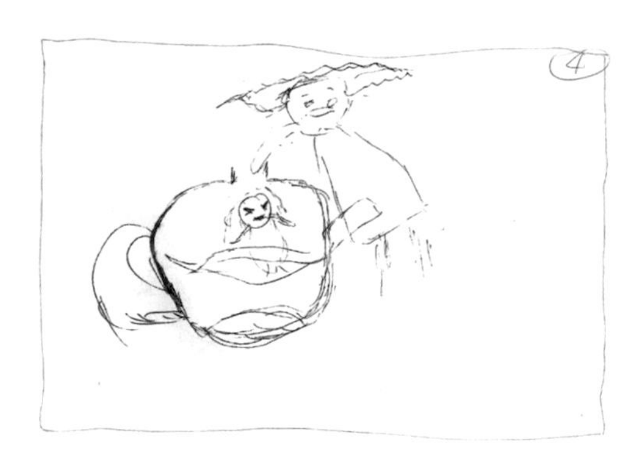


圖 1-2-4　與壺外的魔法師論理

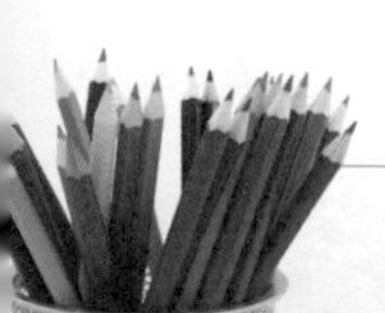

第四幅畫（圖 1-2-4）中出現了魔法師，壺中人正在和魔法師論理，談放自己出去的條件。從壺中人眼睛的畫法上，可以看出壺中人情緒激動、憤怒。從作畫者對魔法師的畫法上——隨意的線條、不完整的身體，可以看出作畫者對魔法師非常不喜歡的態度。從所占面積來看，魔法師要比壺中人大得多，這代表著壺中人和魔法師在實力上無法抗衡，魔法師的力量遠遠大於壺中人。對魔法師和壺中人兩人身形上的處理很像成人與嬰孩，可能也隱喻著現實當中這樣的關係。

與那些消沉、被動等待的作畫者相比，這位作畫者的心態更平靜，並採取了一定的行動，會嘗試用溝通的方式來解決問題。只是，從畫面看，這種方式未必能解決問題，因為魔法師是非常典型的空眼人，即沒有眼珠的人，空眼人最大的特點是我行我素，對環境和他人毫不在意。也就是說，魔法師是根本不會在乎壺中人所講的道理和憤怒情緒的，他想怎麼做就怎麼做。魔法師的巨大和壺中人的渺小，傳神地表達出作畫者所感受到的無助、無奈和憤憤不平。作畫者一個很重要的特點是能量水準較低，前三幅畫中不是躺就是坐，而且整體的狀態是過於放鬆的。如果作畫者能夠擁有更多能量，其行動力就會增強。

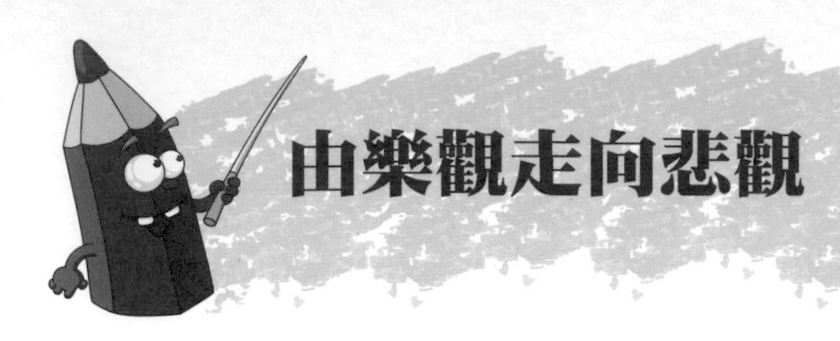

# 由樂觀走向悲觀

## 拄劍拿盾的瘋子

這位作畫者非常典型的風格是由樂觀走向悲觀。

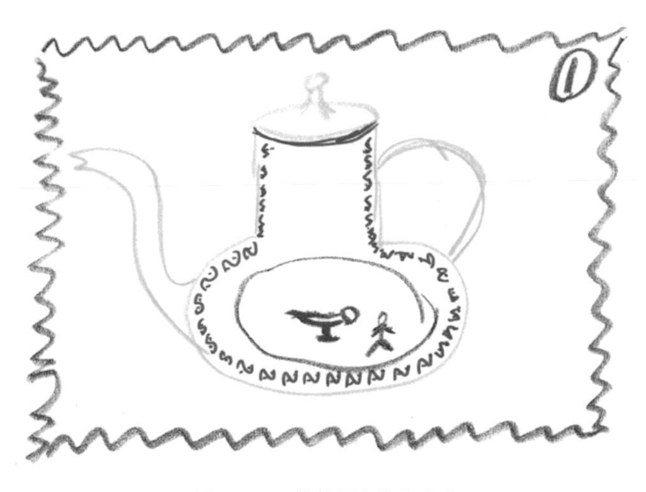

圖 1-3-1　帶著好奇進入壺中

他在第一幅畫（圖 1-3-1）中畫了精緻的壺，用了綠色，代表著生機。他的壺還裝飾了紫色的花邊，非常唯美和精緻。在壺中，他畫了一盞阿拉丁神燈一樣的橙色燈，非常溫暖。壺中人是黑色的，代表著被意外事件所嚇到，還有壺中那個黑色的圈，代表著自由受到限制，但那盞燈讓黑色的人形也披上了一抹橙色。整個畫面是充滿生機的，作畫者最主要的情緒感受是「驚奇」，帶著驚訝和好奇想要探索這個未知的世界。

第二幅畫（圖 1-3-2）整體上更為溫馨。整體上畫的是壺中茶几上的

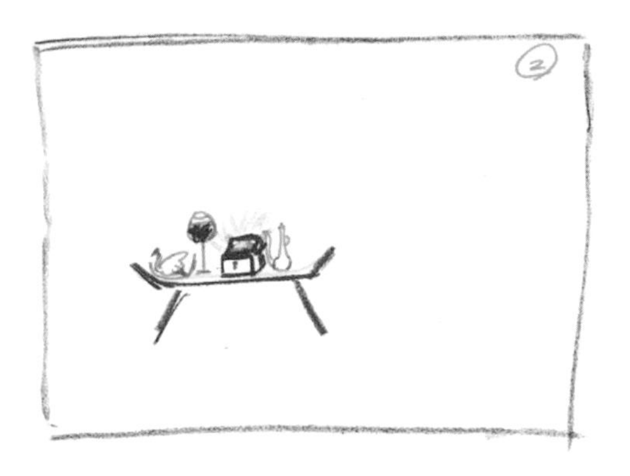
圖 1-3-2　有美食美酒的壺中世界

東西：桌上有美食，杯中有美酒，還有百寶箱，有酒壺。整個畫面非常唯美、精緻，會讓人忘記這是在壺裡，是一個失去自由的人所面對的情境。作畫者沒有畫出其他的景物，顯然也是在選擇性遺忘。

第三幅畫（圖 1-3-3）整體上也是樂觀的：在一個巨大的綠色壺中，有一大束金色的陽光照射下來，把整個壺底罩在其中。壺中人拿著劍和盾，做好了戰鬥的準備。

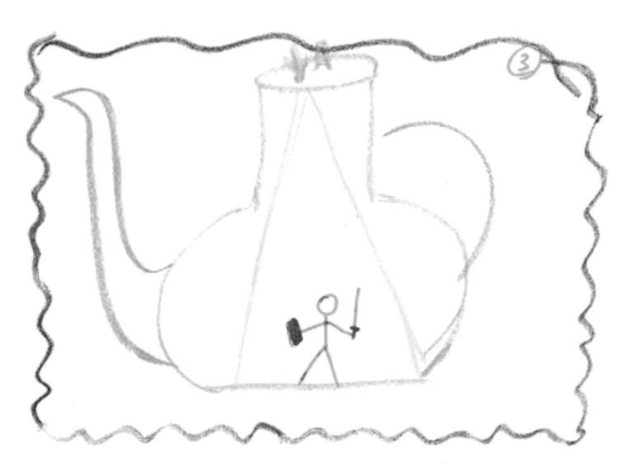
圖 1-3-3　在陽光的籠罩中做好戰鬥的準備

看了以上三幅畫，你預期會看到怎樣的結局？

第四幅畫（圖 1-3-4）的整體基調發生了變化：在一個更加巨大的壺裡，一個頭髮長長、鬍子長長的老人拄著劍，拿著盾，瘋掉了。那個壺在不知不覺中，完全失去了那種優雅，變得粗糙了。

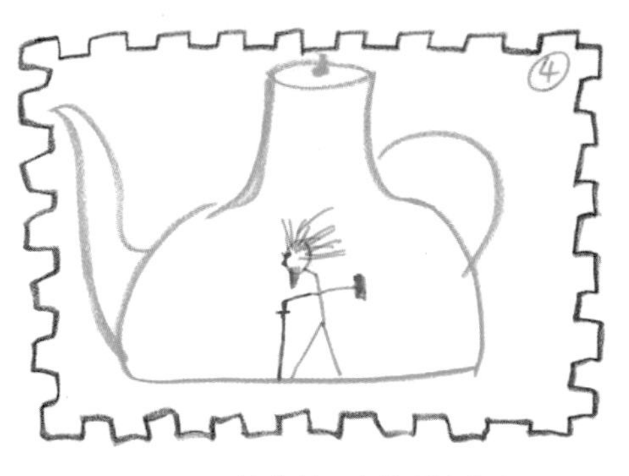
圖 1-3-4　拄著劍、拿著盾的瘋子

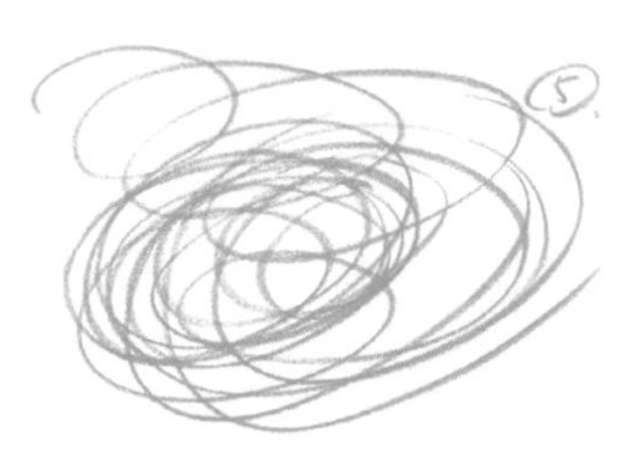


圖 1-3-5　瘋狂的塗抹

第五幅畫（圖 1-3-5）完全是瘋狂地塗抹，作畫者恣意地在紙上由裡到外畫著圈，完全沒有整齊感和秩序感。作畫者要把第四幅畫中的那種被壓抑感完全發洩出來。由於這種情緒的發洩，到第六幅畫時，作畫者又能夠平靜地從外畫到裡了。這兩幅畫都用了作畫者偏好的綠色。

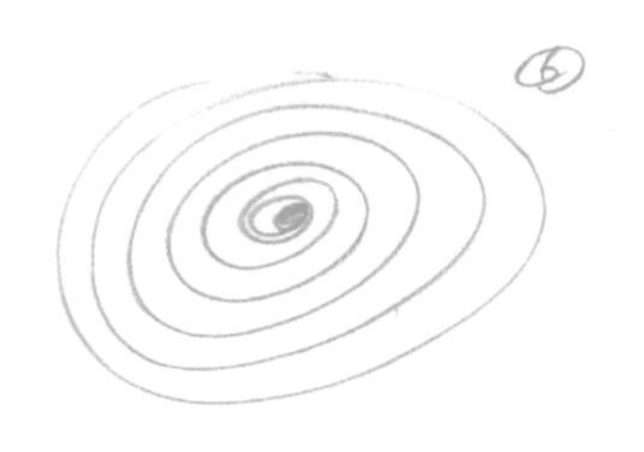


圖 1-3-6　變得平靜

從六幅畫（圖 1-3-6）中可以看出，作畫者應對意外事件的風格是擅長爆發力，但不擅長持久戰。他可以在短時間內保持樂觀、積極和有行動力，但時間一長就容易變得沮喪、洩氣。他的另外一個特點是服從性很高，主動性不強，因而會被動地生活在任何一個客觀造成的環境中。生活的激流把他推到哪裡，他就會停在哪裡，很少想到主動去改變。他需要接到一個指令和一個命令，才會改變，這有點可惜。他身上的樂觀性是非常好的品格，如果再能主動、積極一些，前途將會更加光明。另外，他還需要磨煉自己的持久性和韌性。

## 從好奇到憂傷

前四幅畫的特點是情緒從樂觀到悲觀，經歷了從好奇到平淡、等待及至憂傷的變化。

第一幅畫（圖 1-4-1）是壺中人站在壺的裡面靠右邊的地方，壺上有個孔，顯然是壺嘴。壺中人的情緒是「好奇」。整個壺在畫面上只占了較小的位置，整體上偏下部。

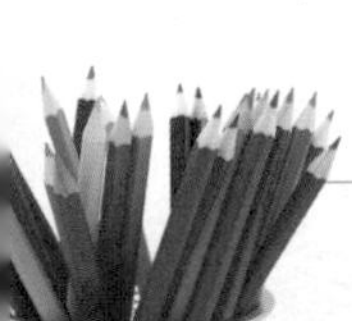

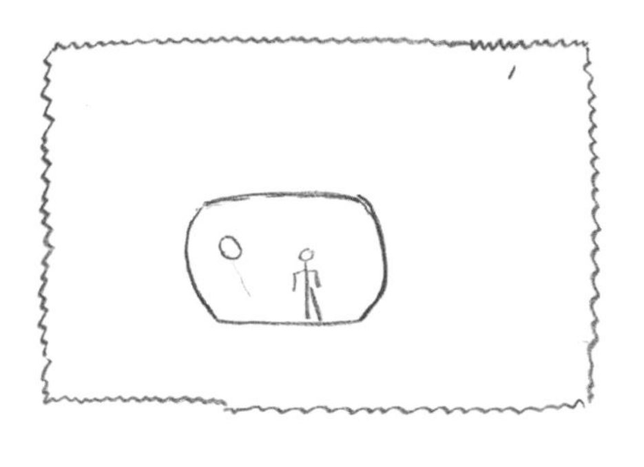

圖 1-4-1　好奇

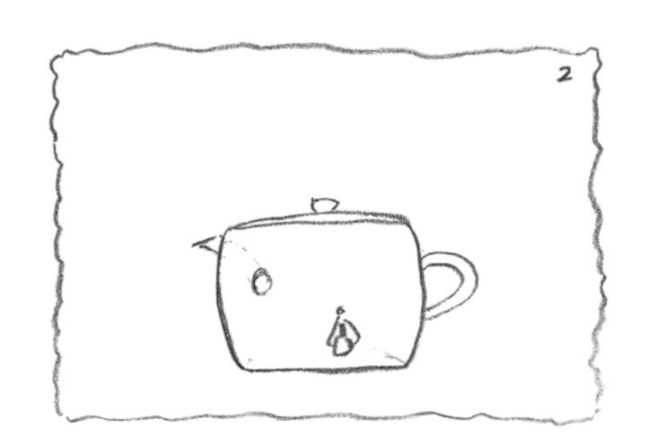

圖 1-4-2　平淡

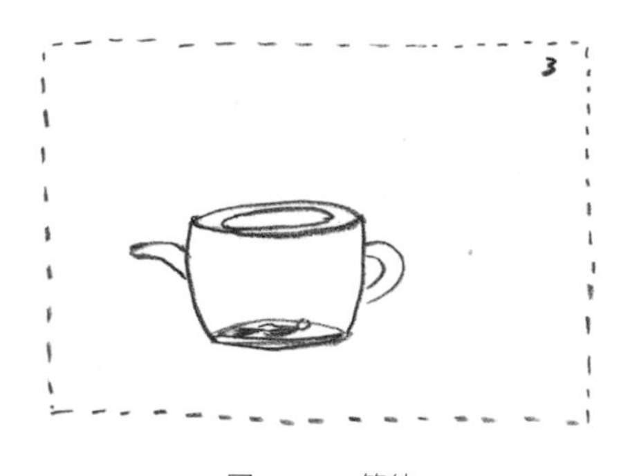

圖 1-4-3　等待

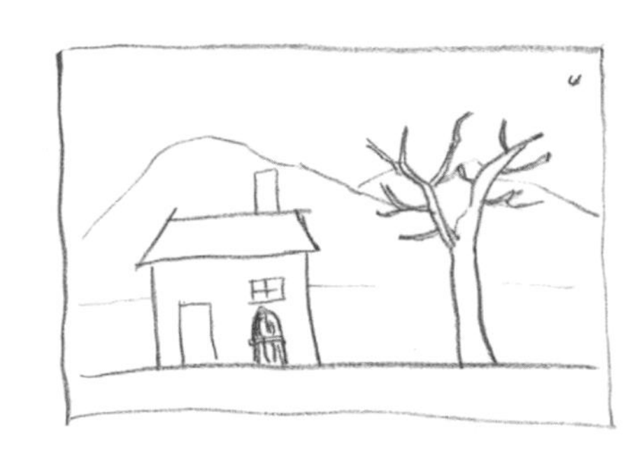

圖 1-4-4　憂傷而無力

第二幅畫（圖 1-4-2）是壺中人坐在那裡，情緒是「平淡」。相對於第一幅畫，壺被建造得更好、更完整，也變大了一些。

第三幅畫（圖 1-4-3）是壺中人躺在那裡，情緒是「等待」。整個壺被建造得更精緻一些。

第四幅畫（圖 1-4-4）是一個全新的場景：畫面左邊是一幢房子，裡面有桌子和椅子，椅子上坐著一個人。畫面的右邊是一棵樹，枝丫向外伸展著，遠處有山。整個畫面都是用深棕色畫的，充滿著蕭瑟的、凋零的感覺。畫中人的情緒是「憂傷」，不知是家人為被關在壺中的人而憂傷，還是壺中人為自己逝去的時間和活力憂傷。畫面上的樹是沒有葉子的，像是乾枯的樹枝伸向天空，訴說著生命力的枯竭。

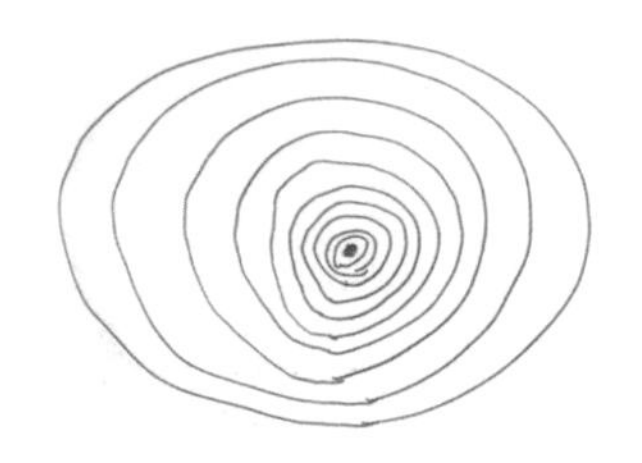

圖 1-4-5　有圓心的同心圓

第五幅（圖 1-4-5）和第六幅（圖 1-4-6）是用藍色畫成的。第五幅是用同心圓畫出來的，第六幅是用螺旋圈畫出來的。第五幅特意在中心點了深棕色的點，所有的圓都圍繞著這種憂鬱情緒；第六幅則更加簡潔、有秩序，代表著作畫者回到了現實。

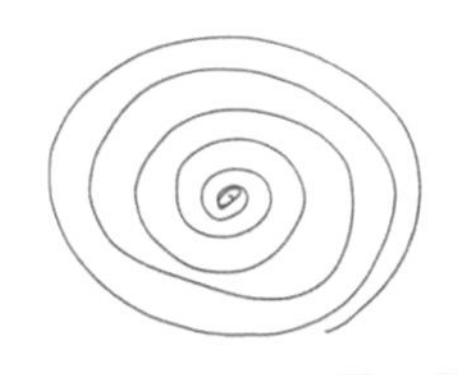

圖 1-4-6　回歸現實

前四幅畫的角度有變化：第一幅是從壺裡向外看的，所以只能看到壺嘴處是一個孔；第二幅、第三幅是一張剖面圖，是站在壺外看到的情形；第四幅是客觀的描畫，站在更遠的地方才能看到的全景。這些角度的變化說明作畫者的心態在變化：在第一幅畫中局限於眼前和當下的情形，受到很多限制；第二幅開始轉向外在視角；第三幅畫已經能夠站在旁觀者的角度來看待問題；第四幅畫則以身外人的角度來看。這種變化其實代表著作畫者能夠越來越客觀地看待自己的處境，但在這位作畫者身上，他的抑鬱特質使其更多服從於外部環境對命運的安排，哀嘆多於行動。

他的抑鬱特質在畫中有持續性的展現：第一幅至第四幅畫都只用了一種顏色——棕色，壺的體積不大，壺中人更加渺小，而且代表其生命力的樹是一棵枯樹。要想改變這種被動狀態，就要從根本上改變其抑鬱特質。從畫中逐漸有力的筆觸來說，作畫者其實是有一定能量的，只是這種能量被壓抑著，無法釋放。

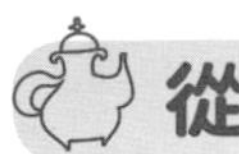

## 從開心到黯然

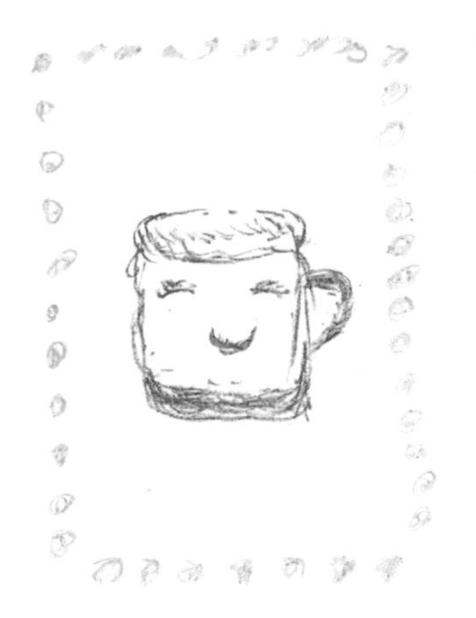

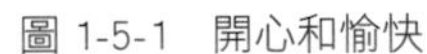

圖 1-5-1 開心和愉快

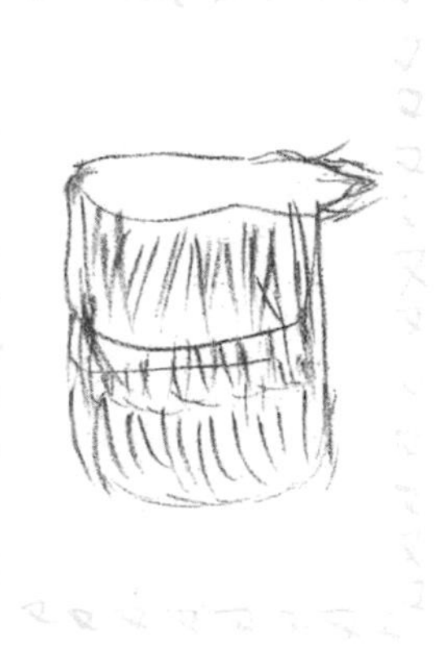

圖 1-5-2 煩躁

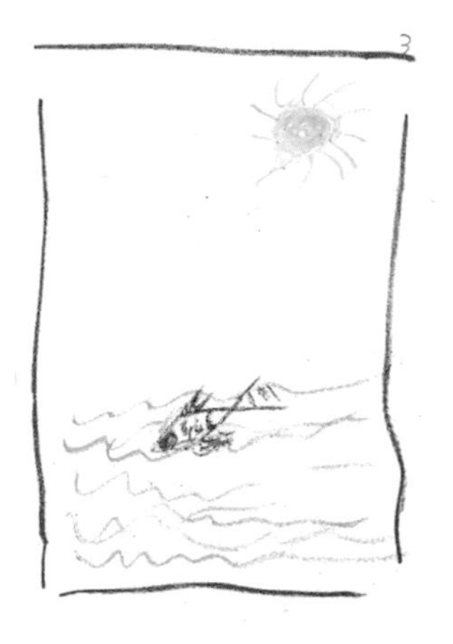

圖 1-5-3 安靜

這四幅畫的特點是用象徵手法來表達情緒。壺中人沒有出現過，壺即是人，人即是壺。

第一幅畫（圖 1-5-1）是一個紫色的壺，有彎彎的眼睛和往上翹的嘴，代表著開心和愉快。這確實也是作畫者用來描述畫中人情緒的詞語。

第二幅畫（圖 1-5-2）是一個褚紅色的壺狀物，那些隨意畫出的線條似乎還留有作畫者的不耐煩情緒。壺中間的兩道橫線橫貫那些豎線，代表著否定。作畫者描述情緒的詞語是「煩躁」。

第三幅畫（圖 1-5-3）是一片藍色的水域，有一條魚正游弋其中。右上方有一輪太陽。這種在海面上游弋的場景常見於第四幅圖畫中，往往是離開壺之後的場景。但在這位作畫者這裡，出現在第三幅畫中，而且是在壺中出現的。這代表著作畫者過於樂觀的做事風格，有時甚至是一種盲目樂觀。作畫者描述情緒的詞語是「安靜」，這與畫面的自由感有些不符。

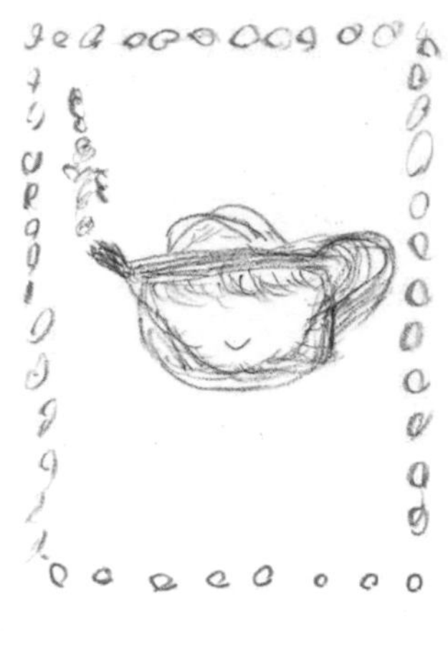

圖 1-5-4　淡然還是黯然？

第四幅畫（圖 1-5-4）是一個咖啡色的壺，像一張小女孩的臉，有劉海，似乎是閉著眼睛的，嘴角往上翹著。壺嘴處似乎還有氣泡或煙冒出來。作畫者描述情緒的詞語是「淡然」。但從閉眼的動作看，從所用的咖啡色來看，畫中人並不能淡然。畫中人用的是隔絕策略：不管外界怎樣，我可以選擇不看。更準確的描述情緒的詞是「黯然」。

從整體看，作畫者是一個本質樂觀的人，富有想像力，內心具有豐富度。這些可以從她畫邊框的方式和色彩、她構圖的方式和表現力看出來。為什麼這樣一個樂觀的人最後會有一個黯然的結局？這和她的應對策略有關。她發展出良好的應對短期危機的人格特質，能夠非常樂觀地看待身邊的一切事物。世界在她眼中是美好的，但她缺乏應對真正危機的經歷，更缺乏應對長期危機或困境的經歷、策略和思想準備。即使在想像中遭遇長期困境，她本能的反應是退行，用孩童的方式看待和應對周圍，她沒有學會用成人的方式去承擔責任、應對危機。當這種孩子策略和過於樂觀的人格特質結合在一起時，就會缺乏預防性的悲觀，很難看清事情的真相，情緒大起大落。

走向成人和成熟，是作畫者面臨的人生功課。生理年齡的成熟並不代表她心理上的成人狀態，距離能夠真正成熟地面對人生挫折和意外，她還有很長一段路要走。

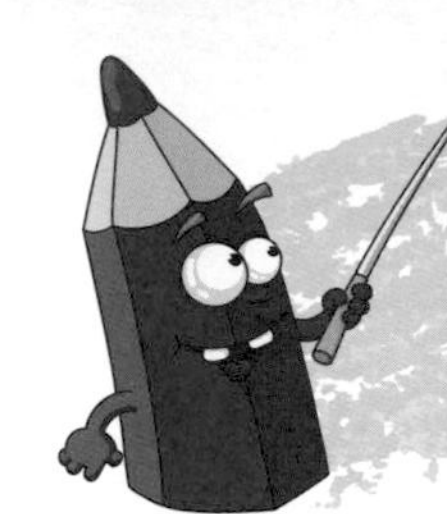

# 缺乏行動力的壺中人

## 被包裹在壺中

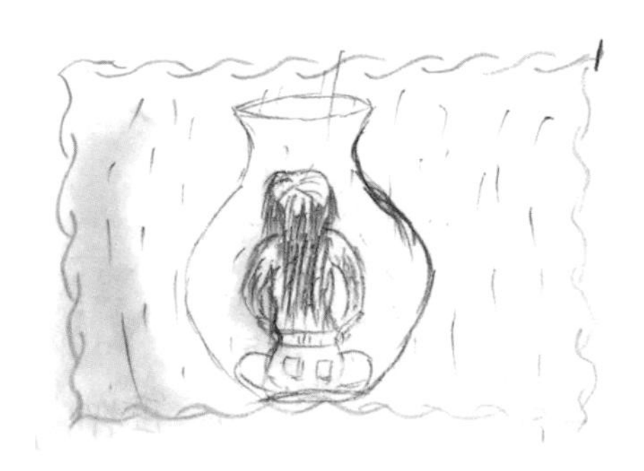


圖 1-6-1　憋悶

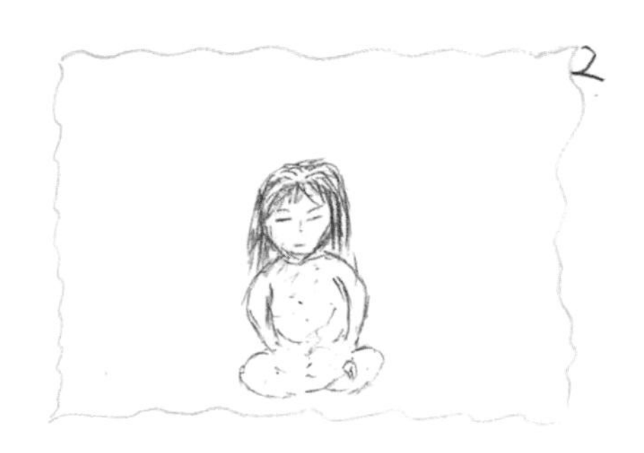


圖 1-6-2　無聊發呆

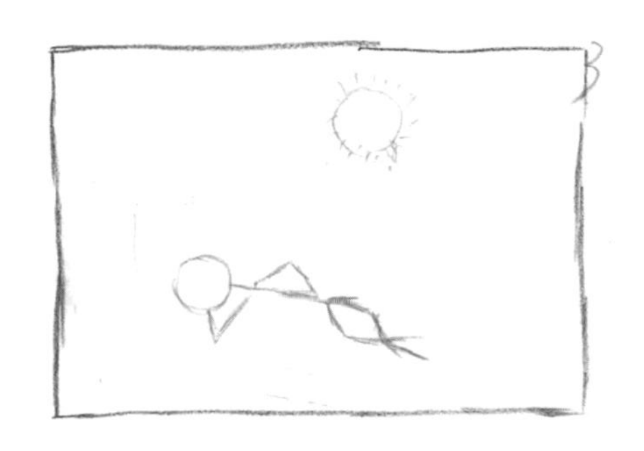


圖 1-6-3　希望來臨

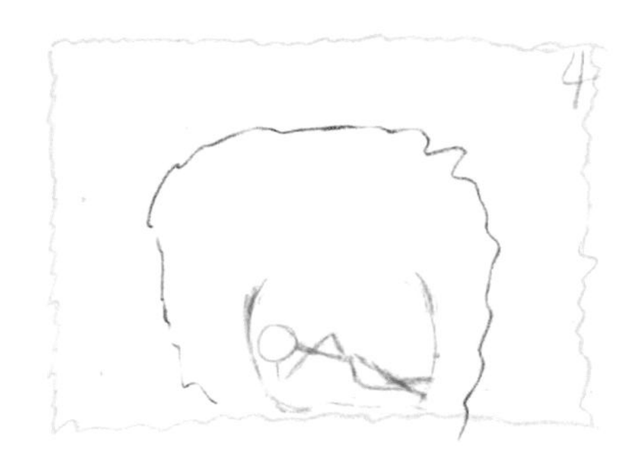


圖 1-6-4　盡力維持神智正常

這位作畫者最主要的特點是一旦進入壺中，就一直為壺所困，無法有任何行動。

第一幅畫（圖 1-6-1）最鮮明的特點是感受到的壓力大。壺外那些飄散的點很像雨點，代表著作畫者感受到的壓力。背影代表著作畫者不願意直接面對困難，與周圍的事物保持著距離，那長長的頭髮也代表著作畫者感受到的煩惱。從比例上看，壺中人的面積較大，相對於壺來說，人在壺裡太憋悶了。

第二幅圖畫（圖 1-6-2）中，壺消失了，壺中人有了更大的空間。這種空間顯然是一種心理空間，是人們在適應了新環境後會有的一種心理感受，不管這種新環境是多麼糟糕。壺中人也由背影變成了正面像，代表著作畫者的應對模式：在短暫的時間裡會調整自己，接受意外的變化。只是壺中人的姿勢仍然是坐著，通常這個姿勢不會有助於行動。另外，壺中人的眼睛是閉著的。有時，閉眼盤腿坐可能是壺中人正在打坐或靜思或修禪，但作畫者描述這時的情緒是「無聊發呆」，閉眼代表著作畫者對變化並沒有完全接受，而是被動地接受，有選擇性地接受。整幅畫傳遞的資訊是，作畫者缺乏行動力，只能被動等待。

第三幅畫（圖 1-6-3）中出現了一個太陽，出現了壺的輪廓，較第一幅畫中的壺更大，但外在輪廓更不清晰。壺中人是躺著的，用手撐著頭，其身體姿勢呈現出一種放鬆，作畫者解釋畫中人正在曬太陽，覺得很放鬆。太陽是代表著希望的，當希望來到時，畫中人在情緒上會有變化，用淡紫色代替淡棕色即表明了這一點。但在能量上沒有任何提升，仍然處於低能量水準，所以還是沒有做任何事情。

第四幅畫（圖 1-6-4）和第三幅畫有一些相似：壺中人仍然躺著，只是壺變得小了，而且壺外面包了一層殼一樣的東西，又像一座山，把壺中人包裹著沉沉地壓著。作畫者的描述是「盡力維持神智正常」，也就是說，壺中的環境、被關在壺中這種事情已讓他處於能夠接受的極限環境中。在

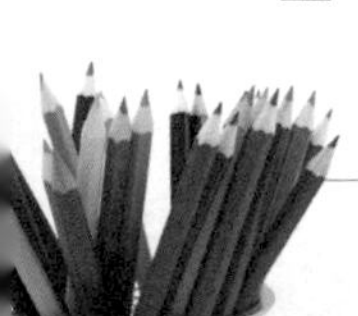

這種狀況下，他所做的只是被動等待。

第五幅畫（圖 1-6-5）和第六幅畫（圖 1-6-6）用了黑色，是作畫者那種壓抑、無奈、無助情緒的延伸和表達，第五幅畫更亂，而第六幅畫更有秩序。

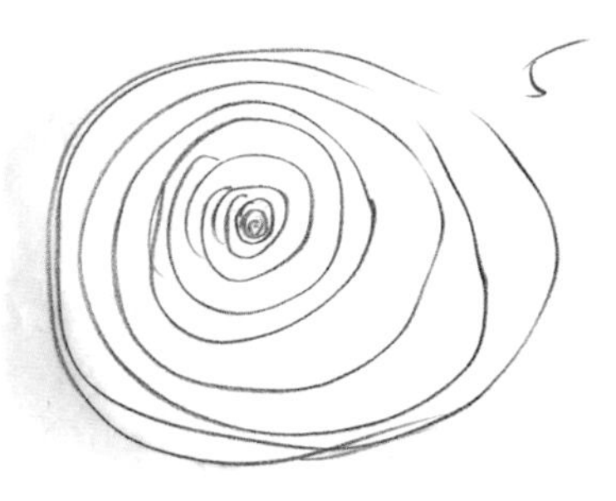


圖 1-6-5　黑色的同心圓

從整體上看，作畫者應對人生困境的方式是什麼都不做，被動等待。在這個過程中，作畫者的情緒並不是一味地越來越糟糕，而是會有一些起伏：她能在較短時間裡就看清變化，採取選擇性接受，對不接受的部分採取隔絕的態度（閉眼的姿勢），希望能夠帶來情緒的變化，但並不會促成行動。她的姿勢從開始的坐，到最後的躺，也代表著她的行動力在一點點消失。最終她會形成一個新的殼，或新的壓力下的狀態，在其中麻木地苟且偷生。

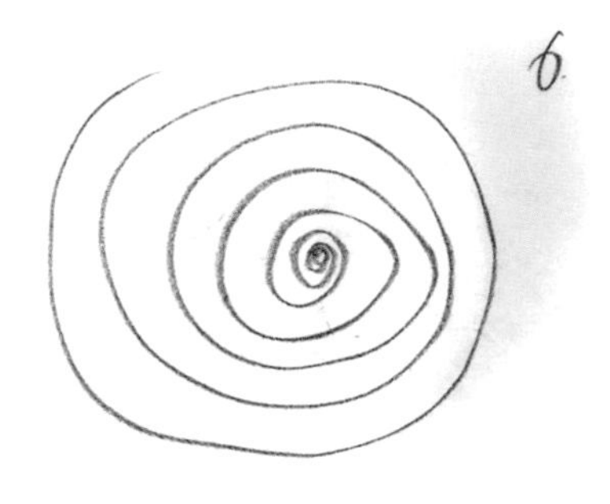


圖 1-6-6　有秩序的

如果這不是作畫者想要的人生，她需要行動，任何微小的行動都是有意義的。

## 被囚禁在牢房中

這四幅畫的特點是儘管邊框色彩斑斕，但主體圖畫顏色單一。

第一幅畫（圖 1-7-1）把壺畫在畫頁的正中，表明作畫者具有很強的現實感。壺中顯然有一個房間，壺中人在靠近牆角的位置坐著。畫面簡潔，

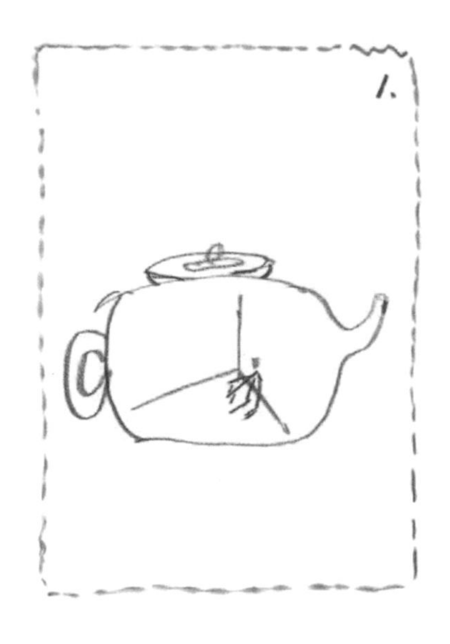


圖 1-7-1　沉靜

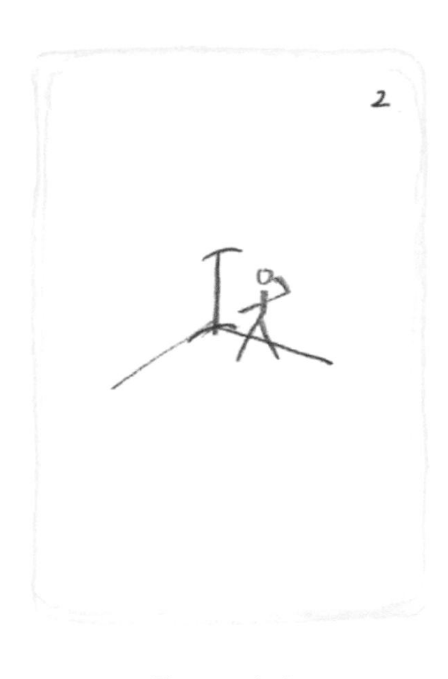


圖 1-7-2　好奇

沒多用一根線條，可以看出作畫者的風格是講究效率，做事非常快。作畫者描述畫中人的情緒是「沉靜」。

第二幅畫（圖 1-7-2）沒有畫壺，整個畫面就是壺，所以壺的體積增加更多。畫面上只畫了一個人在牆角站著，從手的姿勢來看，是在探索和探詢。用來描述畫中人的情緒是「好奇」。

第三幅畫（圖 1-7-3）和第二幅非常像，畫中人抬頭看到陽光照射進來，情緒上有變化，是「歡愉」。

第四幅畫（圖 1-7-4）和第一幅畫非常像，同樣在壺中，同樣大小的壺，只不過壺中人是站著的，有光線從壺嘴處照射進來。畫中人的情緒是「無聊」。

四幅畫中，儘管前三幅畫中人的情緒都是用比較積極的詞來描述的，但整體上畫中人的情緒基調是被束縛、不自由，壺中房間的出現會讓人想到牢房。從整體上看，作畫者的邊框用了各種顏色，而壺和壺中人從頭到尾只用了深棕色這一種顏色，這表明所畫的主題在很大程度上決定了作畫者所用的顏色。

他覺得只有這種深棕色能夠代表他的情緒。儘管他的情緒有起伏，但總體的基調是無奈、被迫、無聊和單調。

作畫者並不缺乏樂觀性，這從邊框的五顏六色可以看出；作畫者也不缺乏行動力，這從他構圖的方式、線條的畫法中可以看出。但結局是畫中人仍然待在壺中，而且這不是畫中人自己所想要的。作畫者缺乏什麼？他缺乏勇氣和決心，從人生的困境或僵局中脫離的勇氣。聽任自己受環境的擺佈，也許是他習慣的模式。他可以有一些新的思路，用新的視角去看自己當下的生活。在第二幅和第三幅圖畫中他沒有畫壺，這不是疏漏，而是習慣性思維，把當下的狀態當作常態。看不見壺就可以不去想自己在壺中這個事實，但他的現實感讓他在第四幅畫中再次畫出了壺。至少，他有面對現實的勇氣，他需要改變現狀的勇氣。

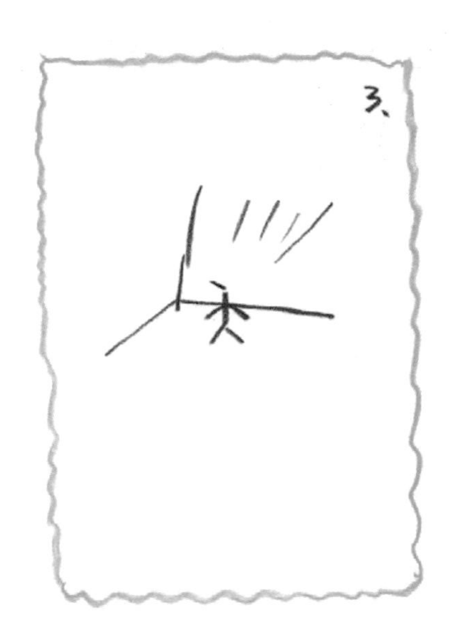


圖 1-7-3　歡愉

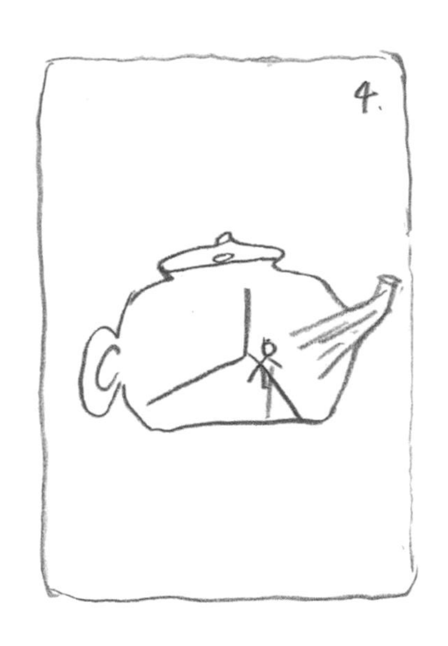


圖 1-7-4　無聊

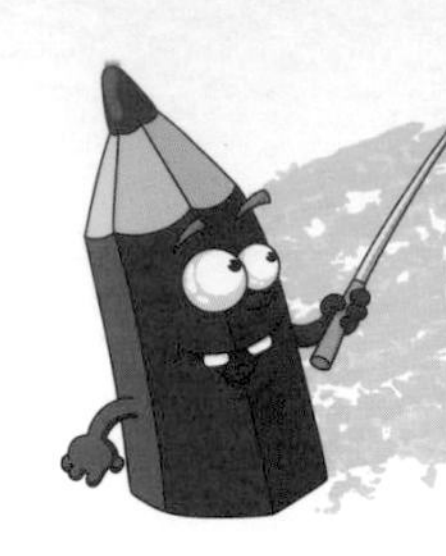

# 強烈的悲傷和憤怒

## 濃濃的悲傷

這是一位三十歲左右的女士所畫的魔法壺，它的結局非常特別：人在壺中，壺在博物館中。

▼「我怎麼會在博物館中被人參觀？」

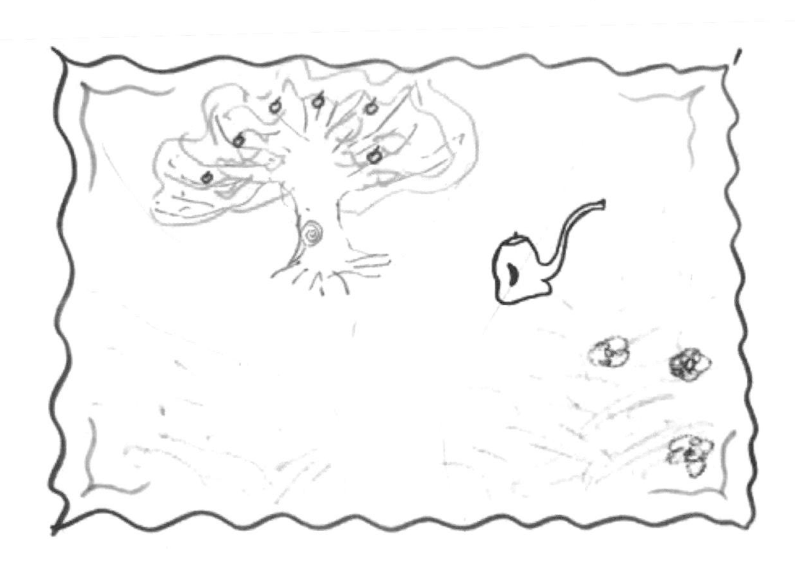

圖 1-8-1　被魔法師關進壺中

對這六幅畫，她的解釋是：「第一幅畫（圖 1-8-1），我走在一片草地上，身邊有一棵果樹，我被直接抓進了魔法壺。第二幅畫（圖 1-8-2），這個魔法壺被放在一張桌子上，桌子在我被抓進魔法壺的地方。第三幅畫

（圖 1-8-3），陽光照進壺裡，我坐在那裡，神情自如，享受著陽光。第四幅畫（圖 1-8-4），我和壺被放在博物館裡，遊人絡繹不絕，遊人們參觀我，我也參觀他們。後面我就用藍色畫圈，沒什麼。」她笑笑地說著，看起來非常開朗。可是，那些聽起來簡潔，實則有些乾巴巴的話，透出了她的防禦心。

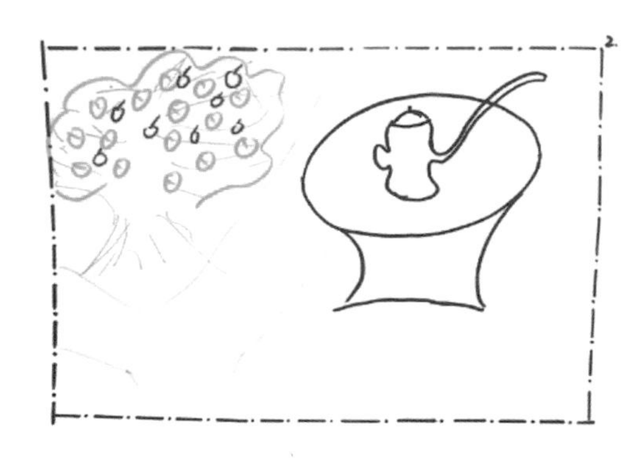

圖 1-8-2　壺在桌上

魔法壺出現在博物館中並不常見。我問：「畫完這些圖畫，當你再看這些畫時，當你把這些畫的故事講出來時，你的感覺是什麼？」

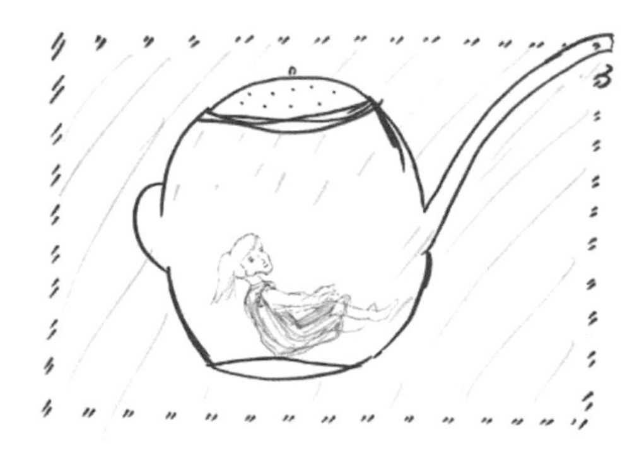

圖 1-8-3　人在壺中

「我的感覺是很奇怪，我怎麼會在博物館中被人參觀？」她的語調低沉下去。

「不用急，有些資訊會慢慢浮現出來的。」

「可是，我怎麼會在博物館中被人參觀呢？」她的眼淚流出來，語氣變得悲傷。

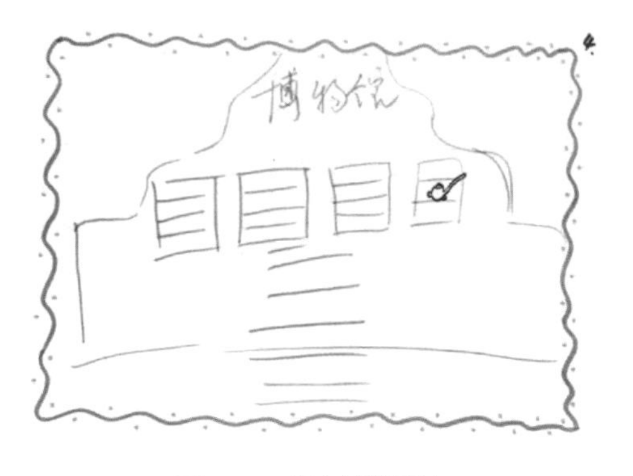


圖 1-8-4 壺在博物館中

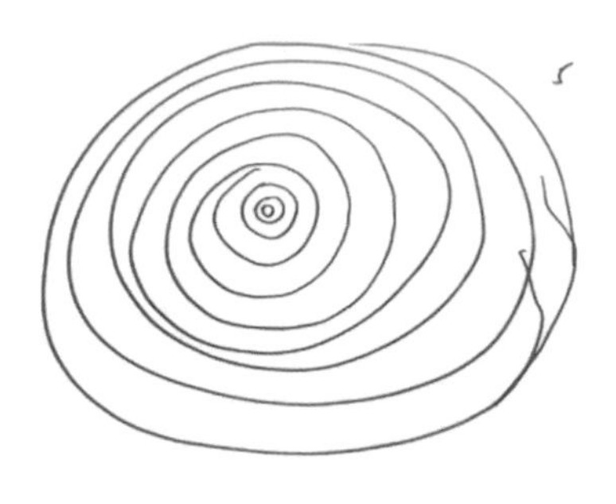

圖 1-8-5　藍色的圓

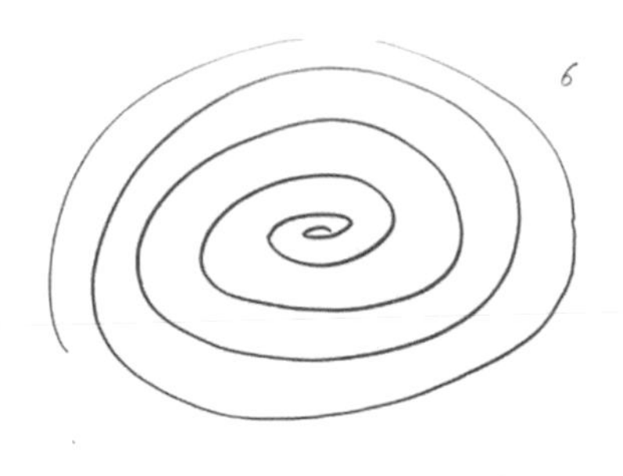

圖 1-8-6　藍色的圓

「可以給自己一些時間。」察覺到她沒有準備好，我做了一個收的動作。在現場繼續探索下去對她可能是不合適的。她的社會自我是一個非常開朗、陽光的人，但她的內在自我與之反差較大，較深地切入對當下的她不太恰當。

過了一會，作畫者來找我：「今天畫出這些畫，讓我想了很多。我覺得我的命運很悲慘，在博物館裡被人參觀，與人分開，孤零零的一個人，什麼都沒有……圖畫中我和家人誰都不在一起，這讓我覺得好可怕。」她的眼淚流下來，濃濃的悲傷籠罩著她，「我在公司做事情，沒有誰不服氣的，因為我要能力有能力，要奉獻有奉獻。我對別人好，別人也對我好。只是一回家，感覺就不一樣了。」

雖然她只有幾句話，但我知道這背後有多少痛苦、恐懼、掙扎和不知所措。從圖畫中看，她一直是孤獨的，她一直是不安全的。

在她的第四幅畫中壺已經不是主角，只是展覽架上一把小小的壺。博物館整個都是棕色的，配上藍色的壺以及深棕色的邊，整幅圖畫有些透露出低落的情緒。整個畫面都只是用簡單的線條隨意勾勒出來，流露出作畫者對博物館和壺有一種疏離感，有一種情緒上的距離感。熱鬧是別人的，她的內心世界就像博物館關門之後：黑暗籠罩，孤苦伶仃，與世隔絕。而且，即使在這樣的黑暗中，她再次把自己隔絕，隔絕在一個小小的壺裡。

相對於巨大的博物館來說，她所在的那個壺真的很小，在壺裡的她真的可以被忽略掉——所以她沒有在壺裡畫人。

在前面四幅畫中，只有第三幅畫中出現了人，其他三幅畫都沒有畫出壺中人。她真的找不到自己的定位，無處可以安放自己的心，安放自己的安全感、舒適感和歸屬感。對她來說，上班就像在博物館裡被人參觀，她所做的一切事情都只是做給別人看的。我相信她會獲得與奉獻相對應的榮譽，但那些似乎並沒有滋養到她，她需要的是擁有自我，擁有愛和歸屬。

## ▼ 從壺中走出來，從博物館中走出來

在前四幅圖畫中，引起我關注的是前兩幅圖畫中出現的樹。相對於作畫者對其他部分的處理，在樹的畫法上她表現出更細膩、更多筆墨、更多生機。這棵樹其實代表著作畫者內心的成長，也代表著她在現實世界中的成長。從整體上看，樹根、樹幹、樹冠完整，整棵樹生機勃勃，而且結有果實，代表著作畫者在生命成長中比較健康，有生命力，而且有成就感。

這棵樹屬於樹冠非常寬大、厚重的類型，似乎在庇護樹下的土地和所有的生物，這種樹型被稱為「庇護樹」，也就是說，她會保護、庇護和關愛他人。這些是她面對當下問題時的積極因素，是她可以利用到的因素。

這棵樹在兩幅畫中都畫在偏上、偏左的位置。偏上代表著她在精神領域發展得非常好，但有可能在情緒領域和本能領域發展得不充分；偏左代表她是一個比較被動的人，她在情感方面和母親或母親家族聯繫得更緊密，她和父親的聯結是非常少的，可能這些是帶來她當下問題的源泉。

在她的圖畫中，當她被抓進魔法壺時，她畫了兩條路（見圖 1-8-1），面臨著一個路口的選擇。這種選擇在魔法壺圖畫中並不常見，但在她的圖

畫中出現了，這是不是說她曾經的經歷呢？在她的前兩幅畫和第四幅畫中，都沒有出現人，只有第三幅畫出現了人。第三幅是當作畫者感受到希望時，她畫了人。而這個出現的人被非常用心地刻畫，每個細節都畫了出來，從五官、四肢和身體的處理上，可以看出作畫者有清晰的自我意識，從人物的構圖可以看到作畫者對自我的評價較高，情感體驗非常細膩。

從整個圖畫系列來看，作畫者被第四幅畫描述出來的場景嚇著了，但她領悟到這是她當下真實狀況的寫照，只不過用一個比喻的形式表達出來了，可能要比現實更誇張，但情感的力度與她感受到的是吻合的。從她的眼淚可以看出，她的悲傷濃烈到超越圖畫中呈現的場景，有可能還有更深遠的因素，如她原生家庭的影響、她從小的成長經歷等。但有一點很明確：這不是她目前想要的狀態。她想要改變，而改變的途徑和方向是很多的。不論最終她具體走哪一條路，對她而言，從壺裡走出來，從博物館中走出來，都是重要的。她需要和別人產生內在的聯結，她需要有內在的歸屬感。關在壺裡的狀態和果樹的狀態完全不同，她需要和自己的成長聯結在一起，和自己的內在聯結在一起，社會自我和真實自我可以更接近一些。

## 「我憤怒！」

這個作畫者的圖畫傳遞出了強烈的情緒。

第一幅畫（圖 1-9-1）中只有用深棕色畫出的壺，以及壺嘴處的一個空間，深棕色濃烈得看不出壺裡的人——似乎被濃烈的情緒完全淹沒了。作畫者的描述是：「我被關起來了。」這些深棕色代表了他強烈的負面情緒。

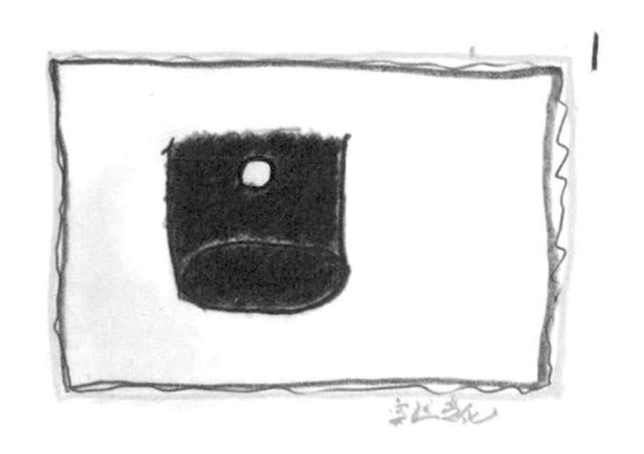


圖 1-9-1　我被關起來了

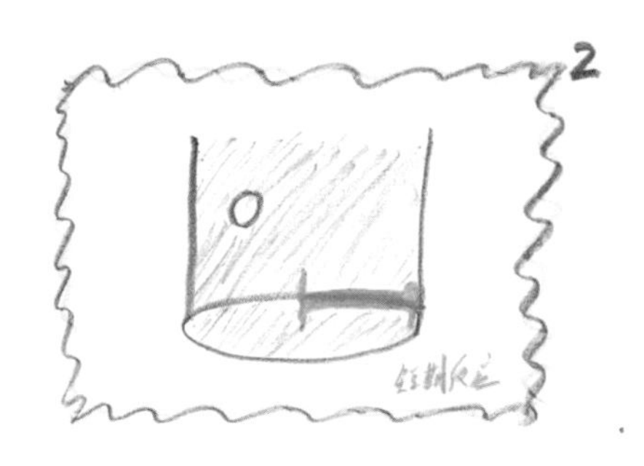


圖 1-9-2　感覺到安全

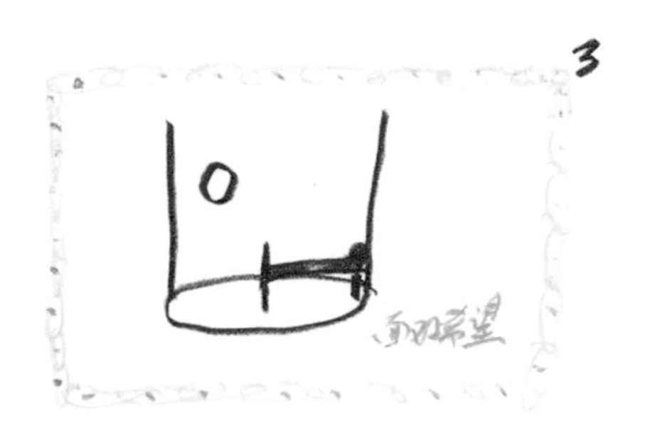


圖 1-9-3　不得不睡在這裡

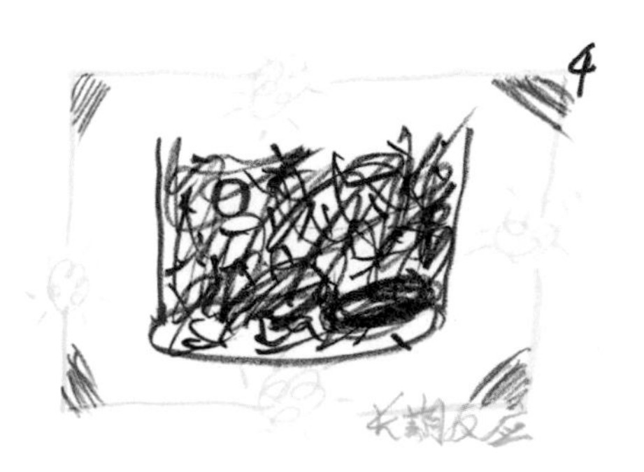


圖 1-9-4　我憤怒！

在第二幅畫（圖 1-9-2）中，濃烈的顏色被較淡的棕色代替，這代表著作畫者的情緒已趨向平復。作畫者的描述是：「我感覺到安全。」壺中人也看得見了，躺在床上睡覺，應該是一種安心的睡覺。

第三幅畫（圖 1-9-3）和第二幅畫的區別不大，只有一些細節上的區別：一是壺比上一幅畫中的壺變小了，二是壺的顏色也從淡棕色變為深棕色，三是人物的顏色從粉色變成深棕色。這三個變化其實是表明作畫者的情緒變得煩躁，同樣是休息，但這裡的休息就變成「不得不睡在這裡」。

第四幅畫（圖 1-9-4）和第一幅畫有相似之處：畫面主體是濃郁的冷色調，只不過線條比第一幅更亂，而且是用了黑色。雜亂的黑色線條述說著一種情緒：憤怒。這個壺是四幅畫中體積最大的壺，因為體積不大就無法容納這麼多的憤怒。作畫者對自己被關在壺裡這麼久充滿了憤怒。

在前四幅畫中，壺的形狀都沒有畫全，看得見壺底，但看不見壺的上半部分。這是比較典型的仰視畫法。這其實是一種比喻：人只能仰視自己的命運。這和最後的結局是聯繫在一起的，作畫者認為自己的命運是被其他人所掌控，他只能服從，無法用行動去反抗，但他在內心裡其實並不接受這樣的結局，他對自己和命運都感到憤怒。

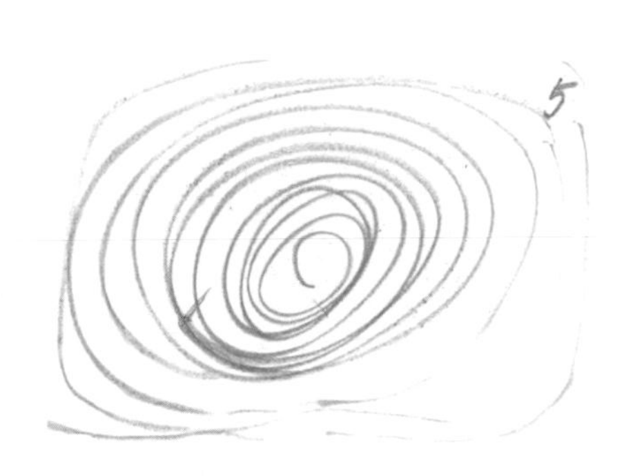

圖 1-9-5　調整

作畫者的第五幅畫（圖 1-9-5）就有些亂，從裡到外畫時，他的憤怒情緒需要一些時間才能調整過來。

第六幅畫（圖 1-9-6）就比第五幅畫整齊有序，而且從外畫到中心點時，作畫者強調了中心點，在那裡反復描畫，代表著作畫者回歸了自我。

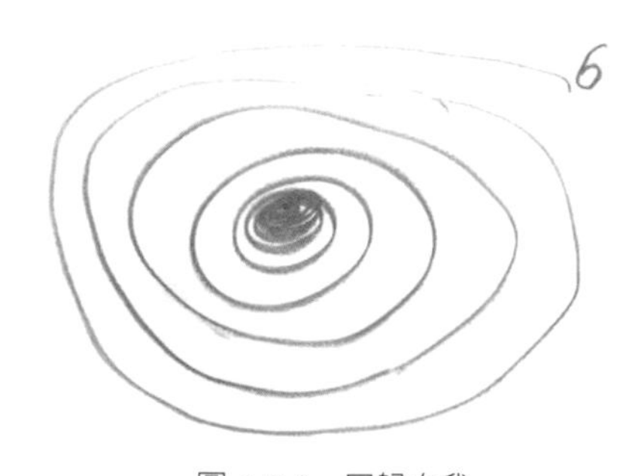

圖 1-9-6　回歸自我

可以看出這位作畫者在遇到意外事件時，經常是讓負面情緒出來工作。他的應對模式中最突出的一點是，把出現困境的原因歸於外部，所以他很少主動去做什麼來擺脫困境。這種被動性在他的內心會產生巨大的矛盾，導致他自我衝突較大，而整體的能量水準較低——棕色的基調本身也說明了這一點。他需要學會自我內在的溝通，學會客觀地歸因。不接受命運的安排有時會是一種動力，但如果不接受同時又什麼都不做，就會產生憤怒，形成對自

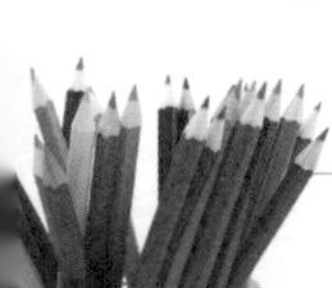

我和周圍的破壞力量。不接受並採取行動改變，破壞力就會轉變為建設性的力量。

## 「畫個圈圈詛咒你」

這四幅畫的特點是強烈的情緒和詛咒。

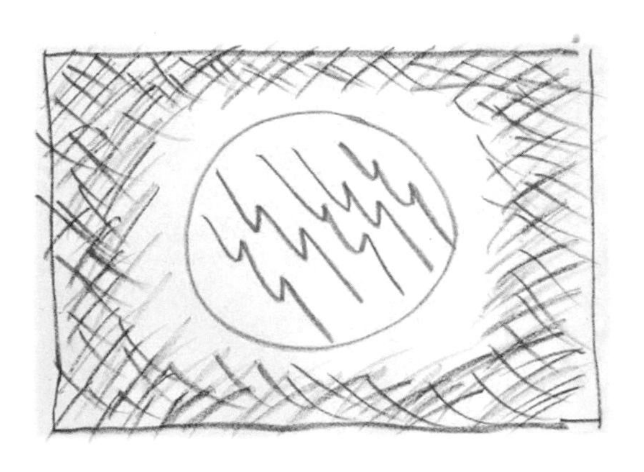

圖 1-10-1　驚慌和恐懼

在第一幅畫（圖 1-10-1）中，作畫者用了俯視圖，只看到紫色的魔法壺壺口和壺周圍的景象：壺口電閃雷鳴，是紫色的；壺外看起來雜草叢生，用紅、綠、黑的線條畫出一些交叉。人已經在壺中，但沒畫出來。壺中人的情緒是「驚慌和恐懼」。

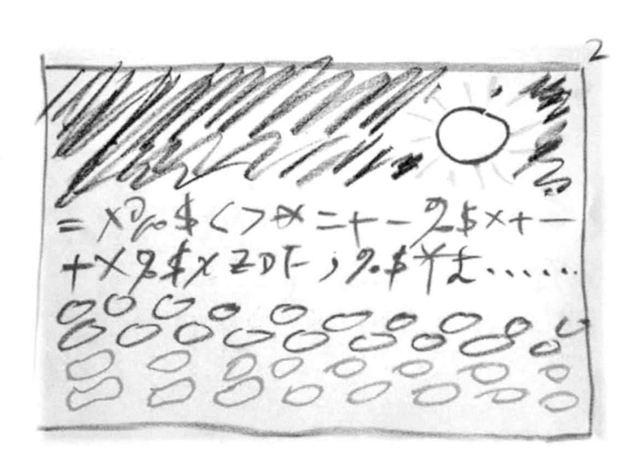

圖 1-10-2　詛咒魔法師

第二幅畫（圖 1-10-2）中，畫面的整個下部畫滿了一個個圓圈，畫面的中間寫了一些運算符號，上部是黑色的陰影，在畫面右邊是一輪太陽，周圍也有陰影。

「我這是在詛咒魔法

師，誰讓他把我弄進來！」作畫者解釋說。「畫個圈圈詛咒你」，是小朋友會用的一個招術。

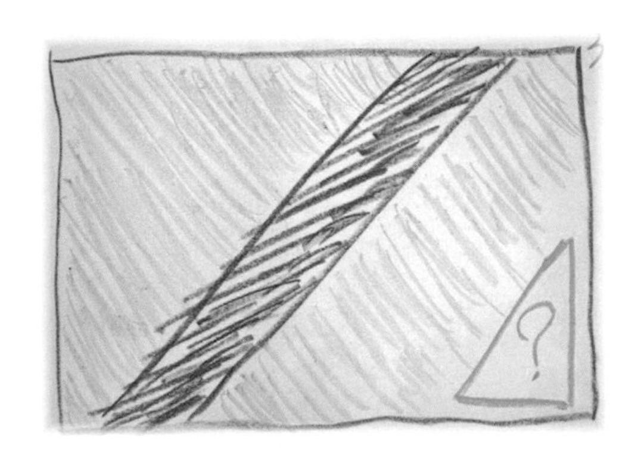

圖 1-10-3　陽光照進壺中

第三幅畫（圖 1-10-3）中，大部分畫面都是黃色的斜線，畫面中部有一條紅色的斜線地帶，在畫面右邊，有一個綠色的三角形，中間打了一個問號。在作畫者眼中，黃線代表壺裡變亮了，紅線代表照進魔法壺裡的那束光，綠色的三角是坐在角落裡的壺中人，在想著什麼時候能出去。

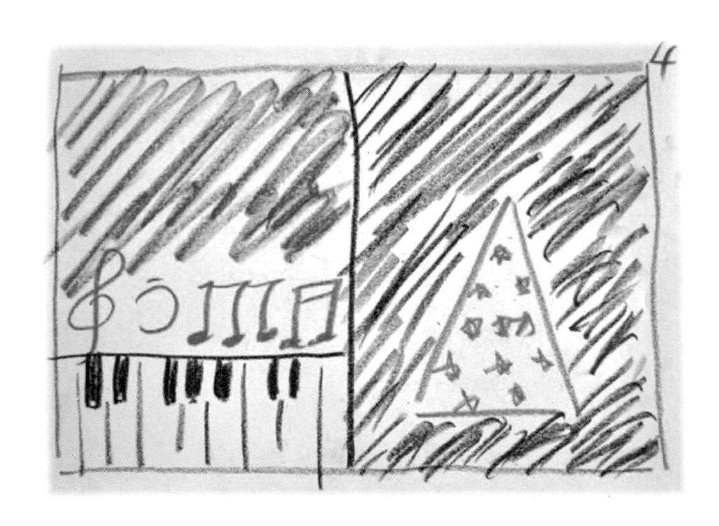

圖 1-10-4　兩個世界

第四幅畫（圖 1-10-4）被分成兩部分，左邊以暖色為主，右邊是冷色調的。左邊是鋼琴的琴鍵、音符和陽光，右邊是黑色的陰影和一個藍色三

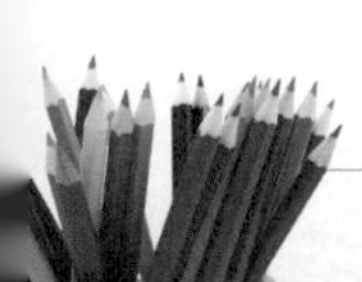

角形，三角形裡面有五角星。左邊代表出來後的感覺，右邊代表在魔法壺中的感受。作畫者想表達的是：出來後他在陽光中聽著鋼琴，希望能把進入魔法壺的經歷忘掉，那段經歷讓他非常不舒服。

四幅畫在畫法上一個重要的特點，就是畫面被切割成一部分一部分的，每一部分傳遞的情緒都不同，它表明作畫者的情緒經常處於衝突之中。如第一幅畫中那些紅、綠和黑線的交叉，本身就是在否定和衝突。第四幅畫中各占一半的紅、黑，也發生著衝突。他有時候能夠調節這種衝突，有時候則不能。他的每一種情緒出來時都比較激烈，如第一幅畫中用閃電形容當時的情緒，第二幅畫中的那些圓圈、那些黑色，都代表著情緒的強烈程度。對作畫者來說，情緒強烈並不是一件壞事，因為情緒是一種能量，強烈的情緒是更大的能量，但如果這些有巨大能量的情緒相互衝突，那就會讓作畫者舉步維艱，因為平復這些情緒本身就需要很多能量。

如果作畫者還不能駕馭這樣強烈的情緒，那就先從如何恰當地表達情緒做起。作畫者需要自問一下：真的有必要花那麼大力氣來詛咒嗎？詛咒越多，平復和消除詛咒所需的精力越多、時間越長。從第四幅畫看，在魔法壺經歷的不良感受和體驗在畫面的右邊，那通常代表著未來，意味著其不良感受在將來一段時間內都會發揮作用。

作畫者可以考慮一下，在應對人生困境時，自己做怎樣的情緒反應是恰當的？如何運用情緒的力量？如何擁有更有效的情緒管理模式？

| *Part 2* |

# 安心生活或建設壺內世界

這一部分呈現的是結局在壺中的圖畫。但與上一部分不同，畫中的人物雖然沒有走出壺，但他們具有建設性：或者創造了壺中的世界、或者構建了與壺外人的良好關係，或者安心、安然地待在壺裡，或者遊移在壺裡、壺外。

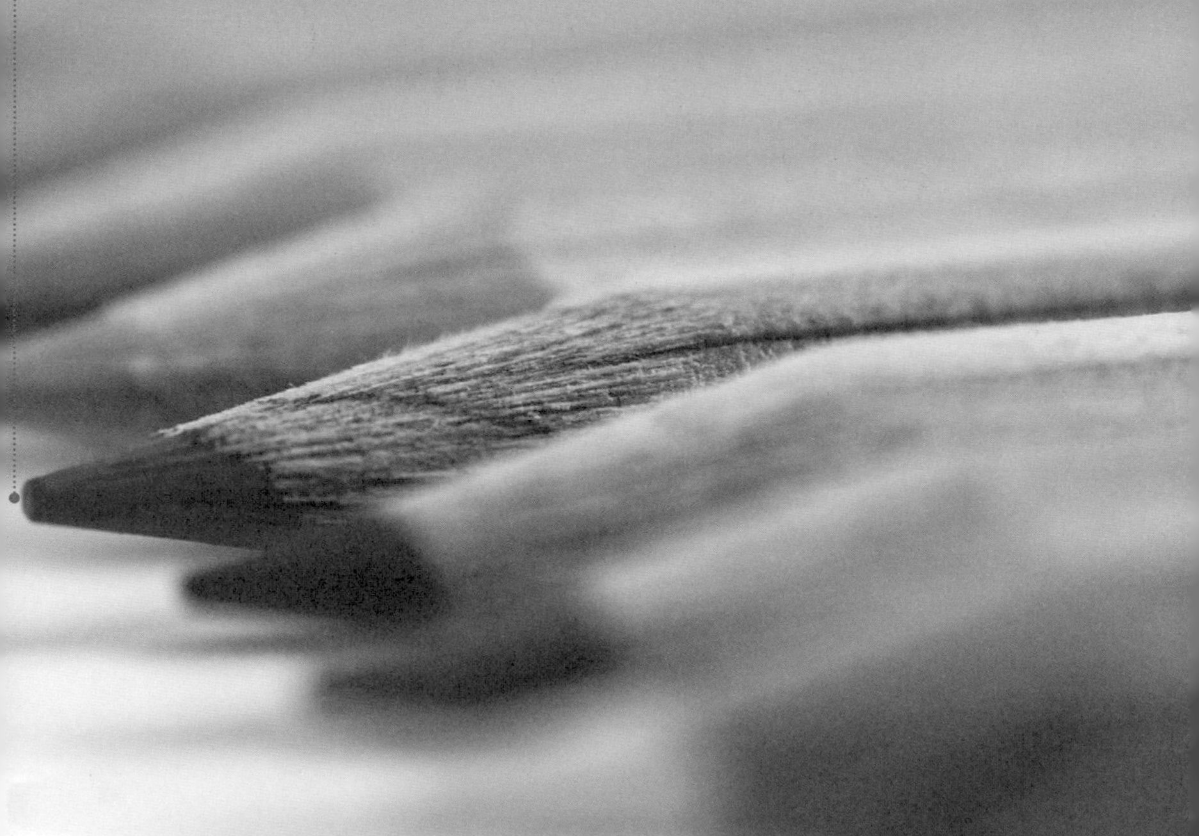

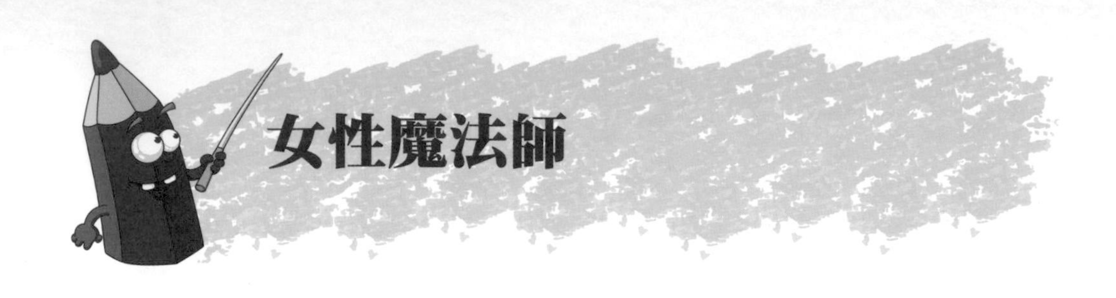

# 女性魔法師

## 生活在沙漠裡的城市中

這是四幅色彩鮮豔、故事跌宕起伏的圖畫。作畫者的表現能力很強，手法很細膩。

### ▼ 四幅圖畫的解讀

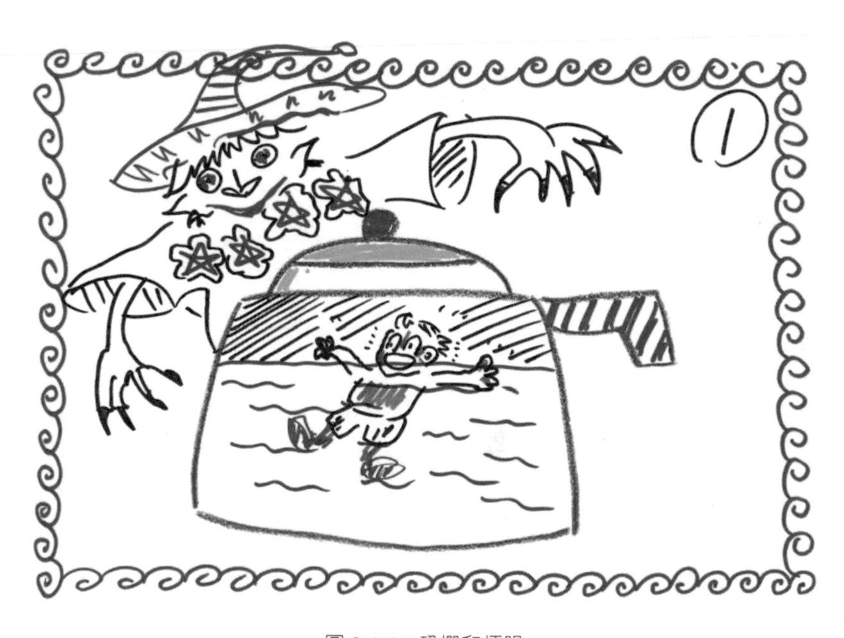

圖 2-1-1　恐懼和煩躁

第一幅畫（圖 2-1-1）：魔法師把作畫者關進魔法壺。壺中有水，水淹到壺中人的脖子部位。壺中人正在掙扎，從瞪大的眼睛中可以看到壺中人的恐懼和驚慌失措。壺裡面是黑暗的、封閉的，這更增加了壺中人的恐

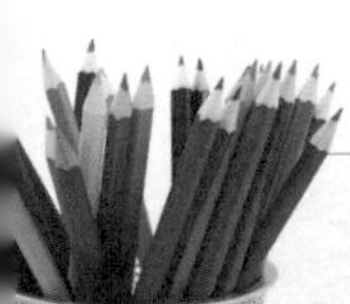

懼感。作畫者對壺中人情緒的描述是「恐懼和煩躁」。把作畫者關在其中的那把壺則是褚紅色的主體，紅色的把手、綠色的壺蓋、紅色的壺蓋頭，整體看起來是一把很大氣的壺。在壺外的魔法師也被刻畫得很生動：戴著尖頂帽，紅紅的眼睛，紫色的大嘴，大大的袖籠，尖尖的指甲，胸前還繡著四顆五角星，像是一個女性魔法師。魔法師有很強的攻擊性，壺中人的實力顯然無法與其抗衡。

第二幅畫（圖 2-1-2）是壺中人在壺中的情景：壺中人扶著牆壁，摸索著往前走。牆壁上有燈，可以照見周圍。作畫者描述道：「這是一條無止境的道路，摸索著前進。地上的路很窄，還有老鼠，感覺在下水道。」情緒為「小心翼翼」。儘管環境看起來惡劣，但牆壁上的燈代表著希望。有燈光，有路，表明了作畫者的樂觀精神。

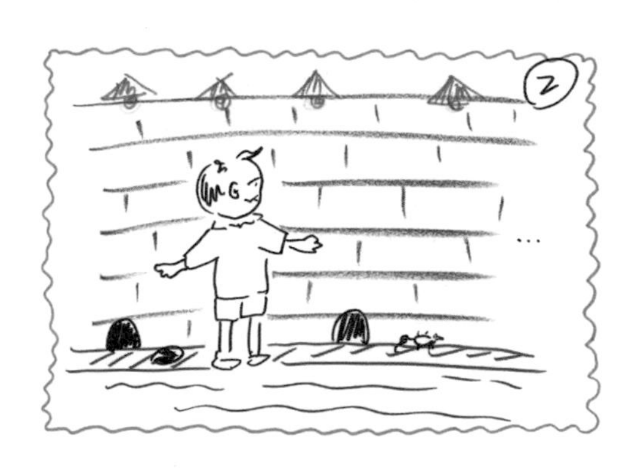

圖 2-1-2　在壺中摸索前進

第三幅畫（圖 2-1-3）是壺中人走到盡頭的情景：「一道光門。出了光門，是望不到盡頭的沙漠。」對情緒的描述是「自由但前途未卜」。畫的左面是光門，可以看出光門處還是有魔法的。畫的右面是沙漠，可以看見遠處的沙峰，可以看見遠處有綠洲和城市。太陽是在畫的中間。

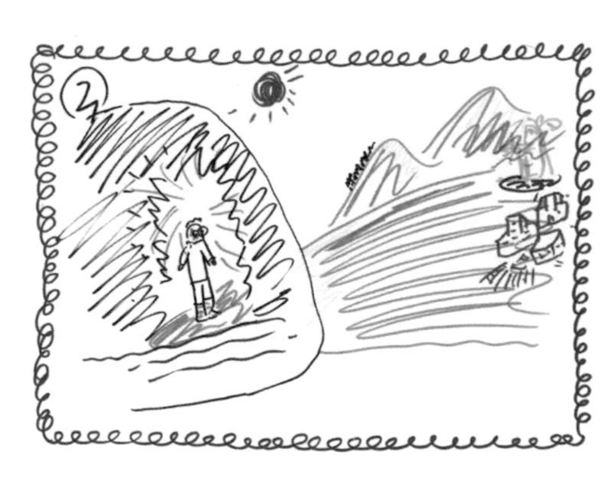

圖 2-1-3　自由但前途未蔔

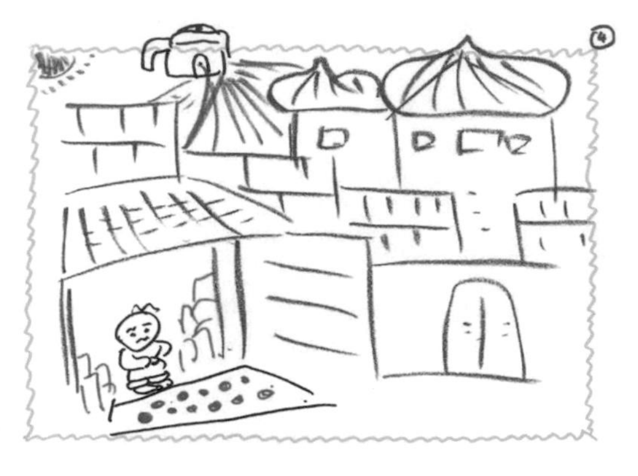

圖 2-1-4　在沙漠城市裡做生意

第四幅畫（圖 2-1-4）是壺中人在沙漠中的情景：「在沙漠城市裡做生意，習慣每天望著壺。」情緒是「悠然自得」。畫面的主體是沙漠之城，很多具有沙漠風情的建築物。壺中人現在在畫面的左下角，坐在一個店鋪前。儘管作畫者描繪的情緒是悠然自得，但看其表情似乎並不是那樣放鬆。太陽在左上角。從這幅畫來看，儘管脫離了壺，但壺中人仍然在壺的控制之下，在壺所帶來的世界中生活。壺在畫面的左上部，壺的周邊閃著光，代表著壺仍然擁有著魔法。所以儘管畫中人脫離了壺，但仍然生活在壺所帶來的影響中，這也是為什麼會把這個系列圖畫放在「人在壺中」這個模式中分析。

## ▼ 魔法師與壺中人

如同前文中所分析的那樣，魔法師與壺中人的關係是有意義的。在這個系列的圖畫中，魔法師是位女性，她的位置也是在畫面上的左上角（圖 2-1-1），這個位置本身也代表著女性的世界。而在第四幅畫中，儘管魔法師沒有出現，但壺在畫面的左上部，是在第一幅畫中魔法師的位置上。壺在這裡其實代表著魔法師的魔力。畫中人會每天習慣性地望著壺，所以壺對他的影響力仍然在，而且這種影響力滲透在他的日常生活中。

畫中人覺得保持距離是比較舒服的狀態，所以把壺放在離自己有一段距離的位置上。作畫者受到女性的影響很大，甚至感受到被控制，他竭盡

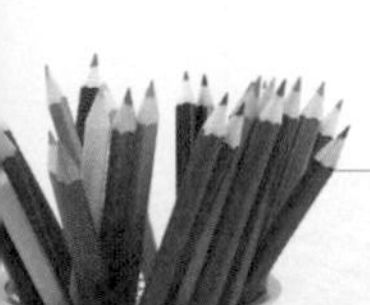

全力要擺脫這種控制，最後能做到的是保持距離，減少其控制性。

在這些系列畫中，反映出來的作畫者的主要人生命題是處理與女性的關係，更具體地說，是處理與母親的關係。四幅畫其實也是孩子與母親關係的演化：在第一幅畫中帶水的壺其實也代表母親的子宮，第二幅和第三幅其實是在比喻脫離母親、走向獨立的過程，第四幅畫是當下關係的反映：仍然受到控制，但這種控制已經減小。只是作畫者有一種矛盾的心理：在母親的控制下不是他想要的，像是在水中，但脫離母親，又像是來到沙漠中，情感上有些枯竭。而這樣的模式，也會反映在他與女性的相處上：太近，他受不了；太遠，他也受不了。他較難找到一個讓自己舒服的位置。

從四幅畫中來看，除了他自己，他沒有畫其他任何人，儘管第四幅畫有機會畫其他人，集市的一個特點就是人多，但作畫者仍然是只畫了一個人。有可能是畫技所限，但更有可能是作畫者內心的寫照：他與他人的關係就是這樣疏離，他是一個孤獨的人。

## ▼ 作畫者的應對模式

從總體上看，作畫者是一個非常樂觀的人。他的樂觀不是停留在空想上，而是展現在細節上，表現在具體的行動上。他一直對未來抱有希望，很少會絕望。不論在什麼情況下都會想到解決方法：被水淹時可以摸索到路；路上有燈；走到盡頭有門；門是可以推開的；儘管門外是沙漠，但沙漠中有綠洲、有城市，是可以生存的，甚至可以有自己的事業。

從邊框的畫法來看，作畫者每一幅邊框都用了不同的顏色、不同的形狀，共同之處是它們都是用曲線畫成，這表現出作畫者內心追求變化和豐富性，做事靈活。作畫者不怕突破規則。在第一幅和第四幅畫中，都有部分圖畫突破了邊框。好的方面是他具有靈活性，以目標為導向；不好的方面是有可能他會打破規則，他並不認為這是不好的。

從整體圖畫的用筆來說，他用筆非常流暢，毫無滯澀，力度適中，代表作畫者的智力較高。

從整體用色來看，作畫者使用了多種顏色，以暖色調為主。並且他在油畫棒和彩色筆之間自由切換，自如地運用這些工具。可以看到作畫者具有較高的審美水平，對色彩具有敏感度。

從視角來看，作畫者既能夠描繪壺中發生的情形，也能描繪外在世界的情形。之所以會有這樣的描繪，是因為作畫者的視野開闊，能夠「看到」這些，或者說他的思維中能夠考慮到這些。

當作畫者對被放逐在沙漠中的日子厭煩之時，他會採取哪種行動？我充滿了好奇，卻無法預測。

## 希望我的女朋友是魔法師

這位作畫者在四幅畫中把魔法師當成了他的朋友。

在第一幅畫（圖 2-2-1）中，整個畫面被分成了兩部分：左面的部分是一個魔法壺、一棵樹和一隻鳥，魔法壺上有各色裝飾的花紋；右邊的部分是一間房子裡的場景，有窗戶、桌子、桌子上擺著的各種水果，右下部還有一個拿著魔法棒的魔法師，有著紅色的鼻子、綠色的頭髮，看起來像是一個小女孩。作畫者說：「魔法師是我的朋友，請我進魔法壺，請我吃水果。」畫中人的情緒是「好奇」。

第二幅畫（圖 2-2-2）是在大自然中，左邊是一輪紅日，中間是山峰，

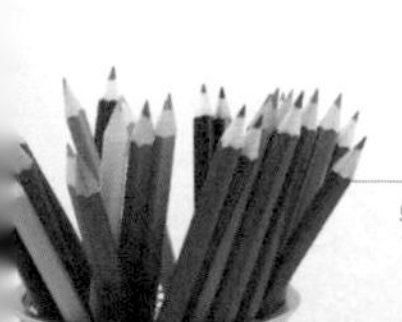

右下角是兩朵花，右上角是魔法師帶了畫中人飛在空中。畫中人的情緒是「放鬆」。

第三幅畫（圖 2-2-3）是畫中人在池塘邊垂釣。周圍是綠草地，水塘像水滴，又像心形。畫中人在畫面的右邊，坐在板凳上釣魚。作畫者說：「魔法師讓我把這裡當自己的家。」畫中人的情緒是「繼續放鬆」。

第四幅畫（圖 2-2-4）仍然是在大自然中，畫中人正在樹下趴著看書，身旁一隻小狗正追逐著球玩。作畫者說：「我在壺裡定居下來了。」畫中人的情緒是「開心」。

這四幅畫非常獨特的地方在於畫中人與魔法師的關係是朋友關係，並且畫中人一直是在魔法壺的世界中。從畫面的處理上，在第一幅畫中，畫面上既有室內也有室外，室內的部分看起來是家裡的擺設，作畫者似乎來

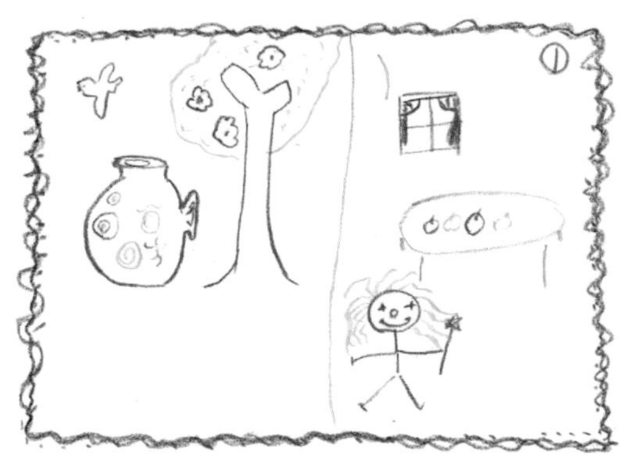


圖 2-2-1　魔法師是我的朋友

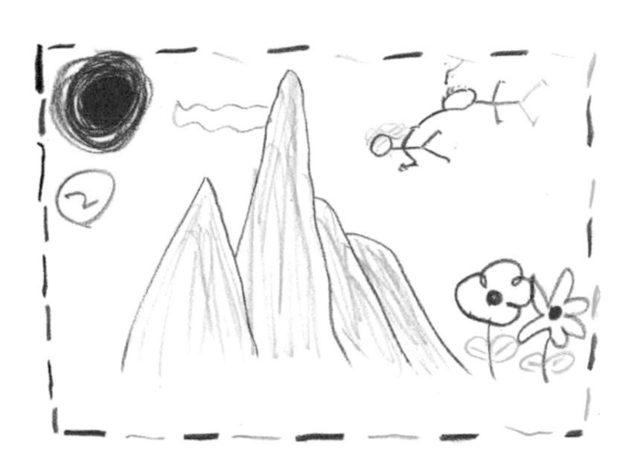


圖 2-2-2　在魔法的世界中飛翔

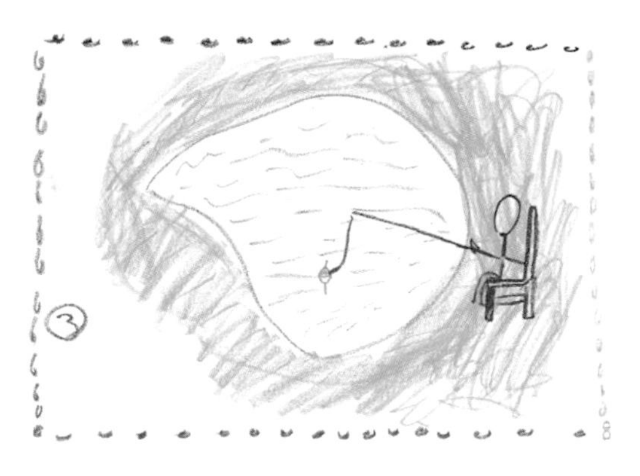


圖 2-2-3　在魔法壺中釣魚

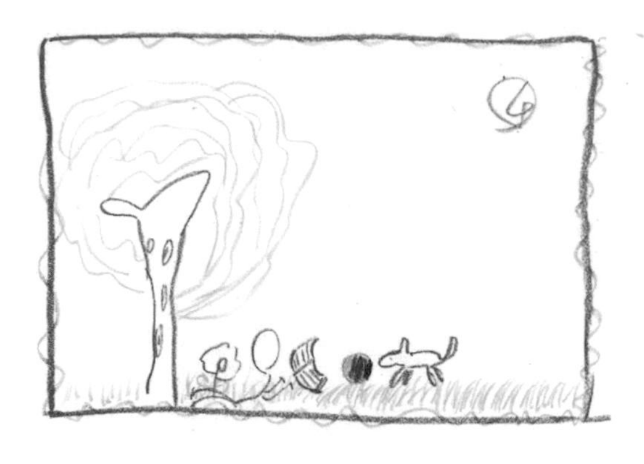

圖 2-2-4　在魔法壺中定居下來

到了魔法師的家中做客。這樣的處理並不多見，魔法師充滿了善意。

在第二幅畫中，魔法師帶著畫中人一起遨遊在天空，共同探索新世界，畫中人帶著放鬆的心態與其一同遨遊。畫面下方緊緊靠在一起的那兩朵花一藍一紅，與天空上藍色的畫中人、紅色的魔法師一一對應，表明作畫者其實是在描畫一種親密關係。魔法壺被作畫者用來述說了自己的願望：他希望自己的那一位也能夠像魔法師一樣，邀請自己進入她的世界，在她的世界中遨游和探索，一同分享更多。在她的世界中，他會覺得很安心、安全、愜意。他願意一直待在她的世界中，所以一直到最後他都沒有選擇脫離這個世界。從第三幅和第四幅圖畫所描繪的情形看，他在現實中可能還沒有女朋友，或和女朋友的相處還沒有達到他期待的境界，因為畫面中沒有再出現魔法師的身影。

在四幅圖畫的背後，可以聽到作畫者的呢喃：我希望我的女朋友是一位魔法師，帶我進入她的世界。所以作畫者描述的那些詞都深有含義：「水果」常常代表甜蜜和愛；「當成自己的家」其實是作畫者的想法，只不過借魔法師之口說出來；「定居」其實是親密關係的穩定化。畫面也有一些性的象徵性表達。

當一個人的心願非常強烈時，不論是怎樣的主題，作畫者總會藉機表達自己的想法。借助魔法壺來表達甜蜜的願望，就是一個例子。

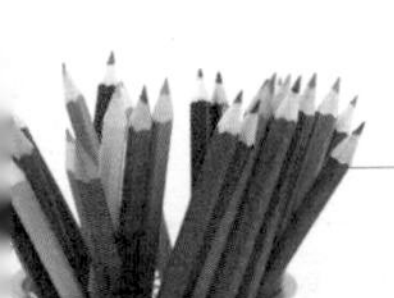

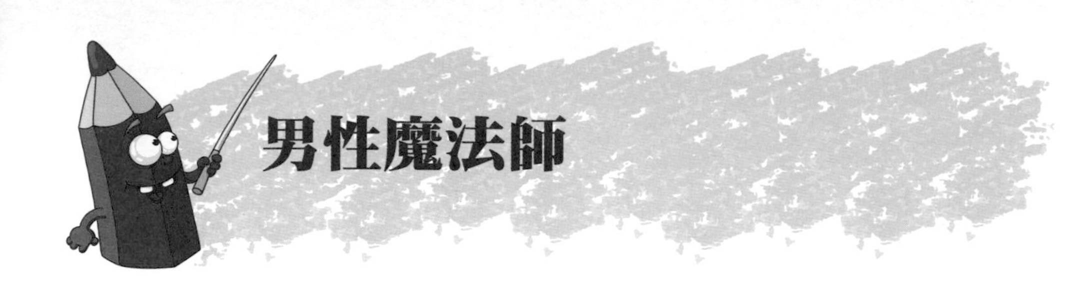

# 男性魔法師

## 輪迴

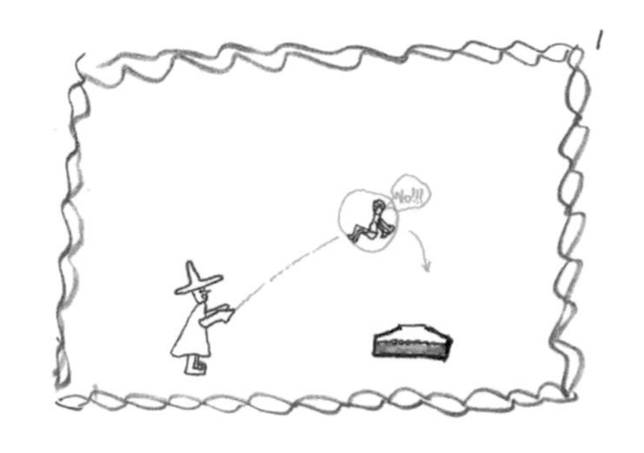

圖 2-3-1　被魔法師收進魔法壺

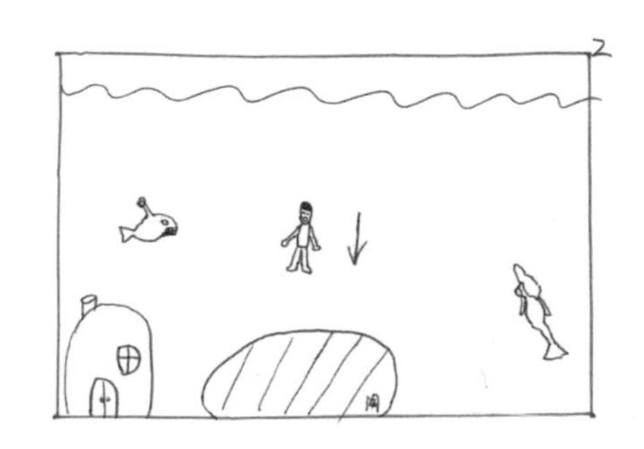

圖 2-3-2　魔幻世界

這位作畫者呈現了一個哲學般的命題。

在第一幅畫（圖 2-3-1）裡，魔法師把作畫者用魔法收到壺中。那個魔法壺看起來只是一個扁平的盒子，魔法師看起來是一個頭戴尖帽子的木偶，一切都不像在真實世界中，畫中人有些驚慌失措。

在第二幅畫（圖 2-3-2）裡，壺中人來到了一個魔幻世界，有古堡，有魚在飛。而壺中人正朝一個洞飛去。壺中人依然是驚慌失措。

在第三幅畫（圖 2-3-3）裡，壺中人從洞裡掉了下去，完全是一個陌生世界。但壺中人感覺到安全，因為他看見有一雙手在接他。「無窮無盡，下一個等待我的又會是什麼？」

在第四幅畫（圖 2-3-4）裡，壺中人被魔法師雙手接住。「這是一個輪回，不知何時開始，不知何時結束，抑或是相反。」作畫者宣稱道。

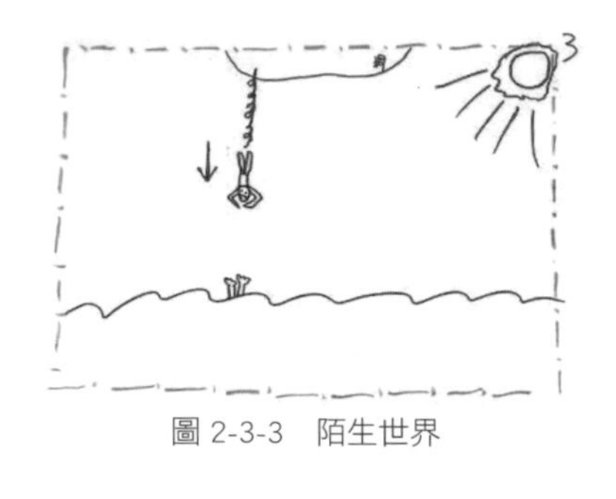

圖 2-3-3　陌生世界

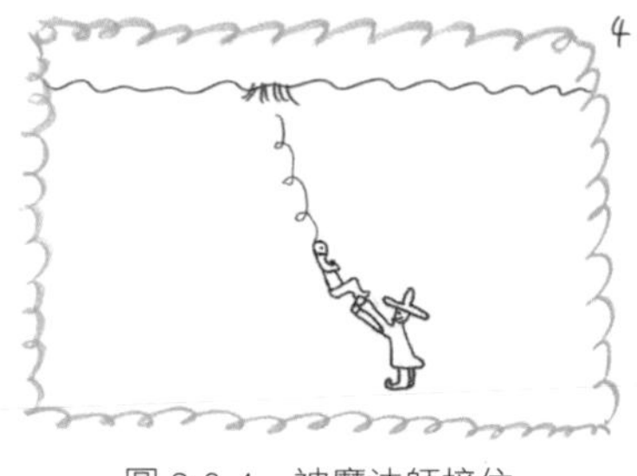

圖 2-3-4　被魔法師接住

這四幅畫彷彿是一個寓言故事，講了魔法師對人的戲弄，看起來充滿惡意，其實還有好心在其中；又彷彿是一種集體無意識，和人類最常見的墜落恐懼聯繫在一起：不停地墜落，一層又一層，似乎永無止境；又彷彿是一個魔幻故事，人在墜落過程中有許多奇境，到頭來分不清哪個是現實，哪個是夢幻。

作畫者的畫技並非訓練有素，但他有豐富的想像力，有很好的內在邏輯性，有很強的表現力，能夠把他的想法充分表達了出來。四幅圖畫之間的節奏感很好，呼應得很好，圖 2-3-1 和圖 2-3-4 相對應：圖 2-3-1 中魔法師站在左側，伸手把作畫者收進下方的魔法壺中，魔法師站的位置代表著過去；圖 2-3-4 中魔法師站在右側，伸手把壺中人接住，魔法師站的位置代表未來。

從對魔法師的畫法上來看，作畫者對魔法師沒有很排斥的感覺，這從色彩和構圖上可以看出來。儘管魔法師在魔法方面比畫中人要強，但人與魔法師並沒有非常不平等，作畫者有一種平等心和平衡心。在心理學中，一層又一層向下的部分，代表著人的潛意識。在系列畫中，作畫者一層又一層向下墜落，代表著深入到自己潛意識很深之處，探索很深但仍然能夠有安全感。魔法師是以男性的身分出現的，他代表了作畫者的哪些觀念？代表了作畫者的哪些現實關係？這些探索是有意義的。

從總體看，作畫者能夠以一種平常心去看待人生的很多事情，包括意外事件和困境，能夠接納生活的多樣性。

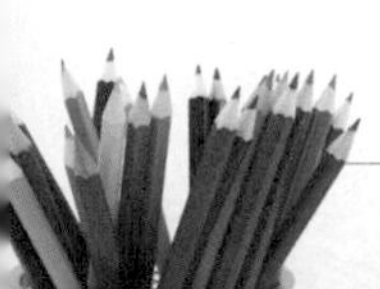

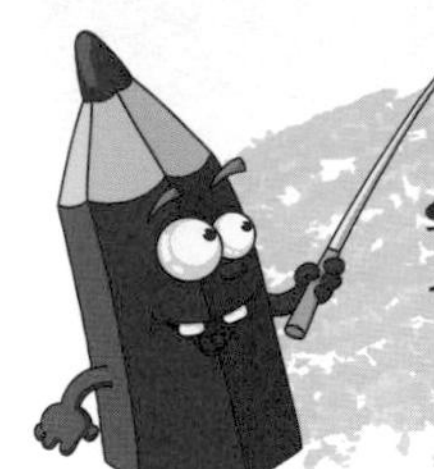

# 安心地在壺中生活？

## 長長的鬍子長出來

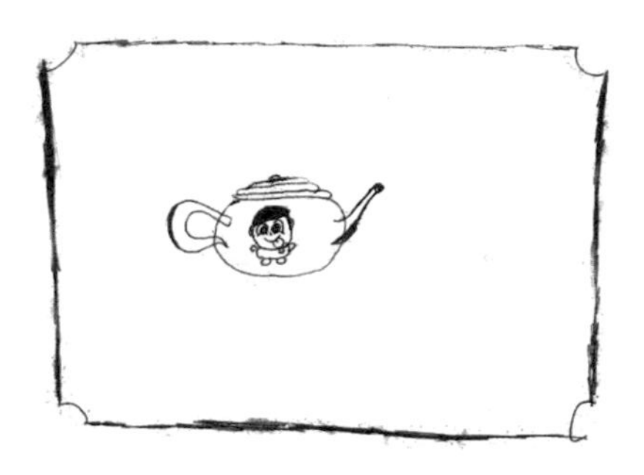

圖 2-4-1　內心恐懼、面帶微笑

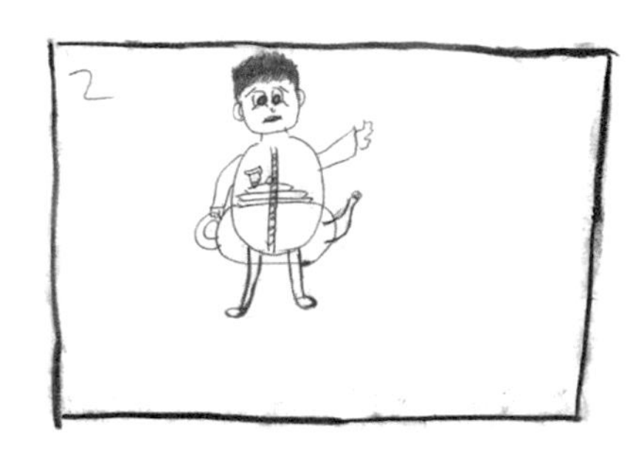


圖 2-4-2　越來越恐懼

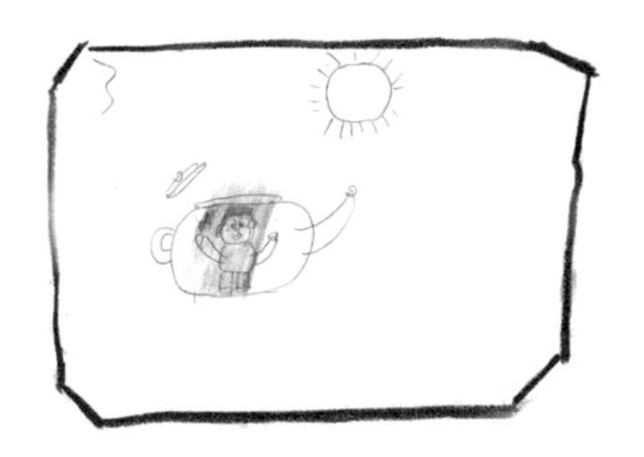


圖 2-4-3　陽光照進壺裡

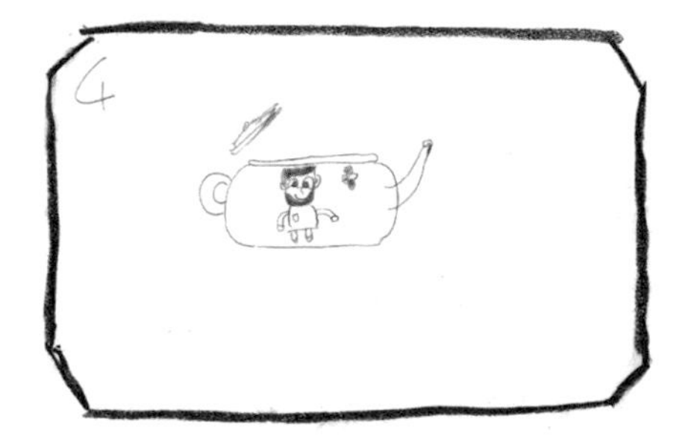


圖 2-4-4　長長的鬍子長出來

這位作畫者創造的結局是：在壺裡待著，直到長長的鬍鬚長出來。

作畫者畫了自己在壺中的心路歷程：在第一幅畫（圖 2-4-1）中整個人被關進壺裡，壺在畫面的正中稍微偏左一些。畫中人是頭大身子小的男孩，站在那裡，舌頭伸在外面，似乎是在做鬼臉。作畫者解釋說：「冷靜。我其實心裡很恐懼，但又覺得應該微笑。」

第二幅畫（圖 2-4-2）畫的是壺中人長出了壺外，身子從壺蓋處長出來，腿也從壺的下面長出來，畫中人舉著左手。作畫者說：「空間越來越小，我的恐懼心理在增加，我會開始擔心如何出去。」

第三幅畫（圖 2-4-3）陽光照進了壺中，壺蓋被掀開，陽光照在站在壺裡的人身上。作畫者說：「情緒是喜悅的、享受的、安逸的。陽光會帶來希望。」

第四幅畫（圖 2-4-4）中，壺蓋仍然是掀開的，作畫者站在壺裡，鬍子長得很長，一隻蝴蝶圍繞著他在飛舞。作畫者解釋說：「會適應的。」可以想見，如果繼續畫第五幅、第六幅，作畫者可能會畫出鬍子更長的壺中人，會解釋說，「已經適應」。

值得注意的是，作畫者的第一幅畫中出現的是一個男孩的形象，而其後的圖畫都是成人模樣，其代表的含義是：遇到突發事件時，作畫者最先出來應對的，是自己子人格當中的那個孩子，是內心深處那個孩童。所以畫中人的反應是，內心裡對意外事件感到恐懼，但又覺得不能表露恐懼，而要代之以微笑。「誰要求你微笑的？那時你多大？」如果跟著這個問題走，可以追溯到作畫者形成這一機制的時期或關鍵事件。這種防禦模式顯然首先是外界強加給作畫者的，但後來被內化為他的一種行為模式。

而在第二幅畫中，作畫者的身體長出了壺外，這種超現實主義手法其實是一個比喻：「壺中的空間已經小到我不能夠承受的程度，我必須讓自己有更大空間。」而這張畫中的人儼然是位成人，因為第一幅畫中的孩子已經不足以應對情境，所以成人會出現。因為這裡膨脹出壺的只是恐懼感，

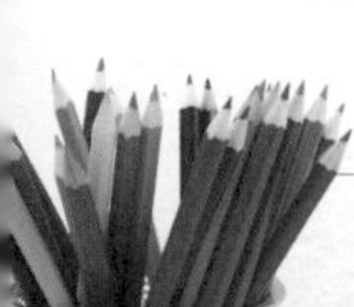

並不是真實的身體，所以作畫者並沒有藉出壺的機會徹底走出壺外。作畫者心裡很清楚，溢出壺外的只是自己的恐懼、不安和沮喪，而自己的心仍然在壺內。

從四幅畫來看，作畫者的整體思路是：既來之則安之。既然被關進來了，那就在裡面適應；既然沒有人放自己出去，那就一直在裡面待著。換句話說，作畫者遇到意外事件時的應對模式也是如此：我接受命運帶來的各種狀況，我也等著命運把我帶到另外一種狀況，而我自己是改變不了什麼的。所以壺蓋一直敞開著，外面的蝴蝶都可以進壺，但壺中人並沒有藉機出壺。這類作畫者內心一直在聽從別人的聲音，別人可能是其父母、老師、上司或他們認為的權威者。他們聽不到別人的聲音時，往往待在原地不動。他們需要發展出自己的獨立性，學會作自己的決定，傾聽自己內心的聲音，而不是去服從別人。

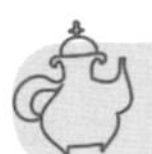

## 無聊的壺中生活：離開還是留下？

這是壺中有水的世界。

在第一幅畫（圖 2-5-1）中，壺中人仰面躺在水面上，正在自由游泳。壺是藍色的，水是藍色的，人是紅色的，壺的提手是綠色的，整體看起來鮮豔奪目。畫中人的情緒是「輕鬆、自在」。

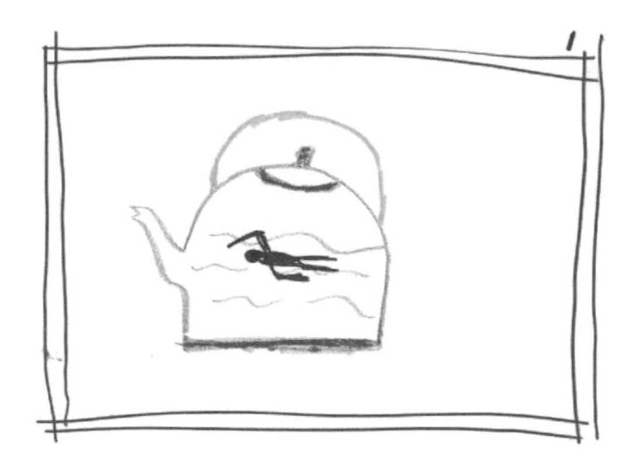

圖 2-5-1　在壺中仰泳

在第二幅畫（圖 2-5-2）中，

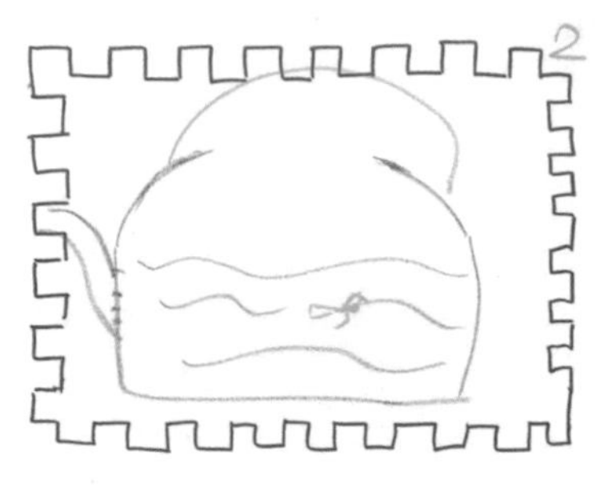

圖 2-5-2　在變大的壺中游泳

壺變得更大了，幾乎占滿了整個畫面。畫中人依然在水面上，但只用綠色勾勒了幾筆，遠沒有第一幅畫中那樣富有生機和能量。作畫者說：「壺變大了，人變小了，湖水很清澈，我在裡面游泳。」

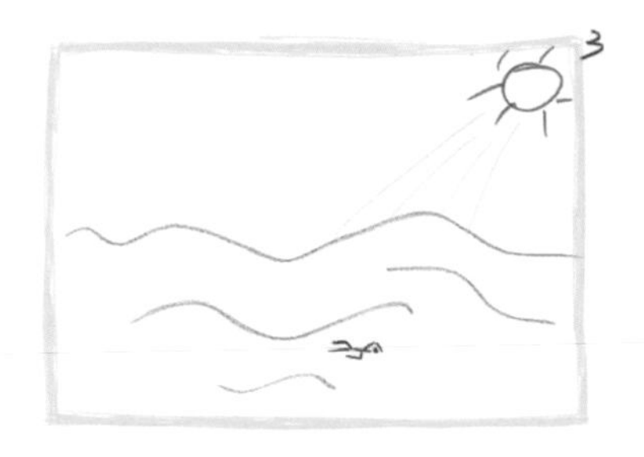

圖 2-5-3　變成魚在水裡游泳

在第三幅畫（圖 2-5-3）中，沒有壺，只有一片藍色的水域，金色的陽光從畫面的右上角照耀下來，加上黃色的邊框，整個畫面透出一種亮色。畫中人的情緒是「輕鬆」，作畫者說：「我變成了一條魚，在水裡游。」

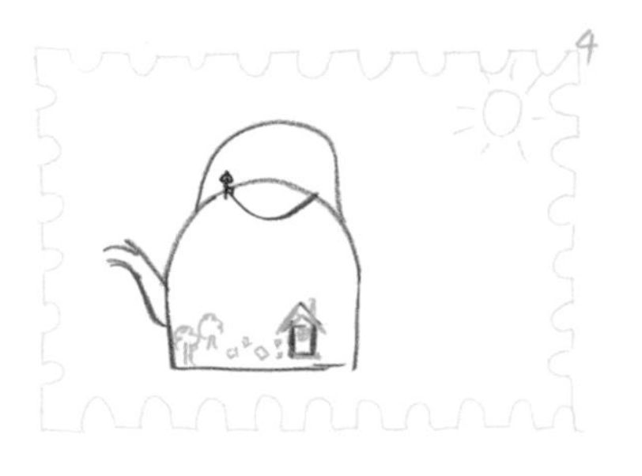

圖 2-5-4　壺中生活無聊

在第四幅畫（圖 2-5-4）中，壺又出現了，比第一幅畫中的壺略小，壺中有綠樹，有草地，還有一幢小房子。壺中人坐在高高的壺蓋上，似乎在眺望。太陽在畫面的右上角。畫中人的情緒是「無聊」，作畫者說：「一年過去了，水沒了，我就建了一座房子，周圍還栽了樹，種了田。我隨時可以出去，我坐在壺口上。」

第五張（圖 2-5-5）和第六張（圖 2-5-6）圖畫，作畫者都用了紅色，第五張畫了很多圈，第六張畫了幾圈，前者更多、更密，後者更簡潔。這兩張畫是對最後結局的補償，作畫者需要用紅色來把能量調動起來。

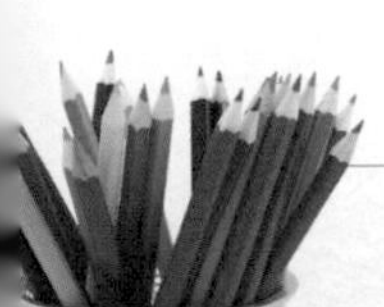

前四幅畫構圖和用色具有美感，讓人賞心悅目。這表明作畫者具有很好的審美感，在情緒的控制方面也做得很好，而且作畫者不缺乏樂觀精神，但在圖 2-5-4 中，作畫者表述出來的情緒卻明顯與畫面的感覺不符：畫面是明朗、溫馨的，但畫中人的情緒是無聊。再回看其前三幅畫，每幅畫中壺中人都是在壺中游泳，儘管在第四幅畫中他已建造出擁有小屋和樹林的世界，但他對這種單調的生活已經感到無聊。只是，騎坐在壺口的動作流露出他的猶豫：離開還是不離開呢？

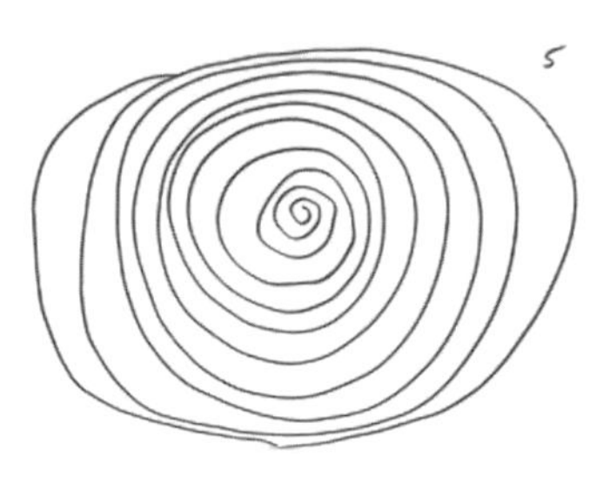


圖 2-5-5　紅色的圈

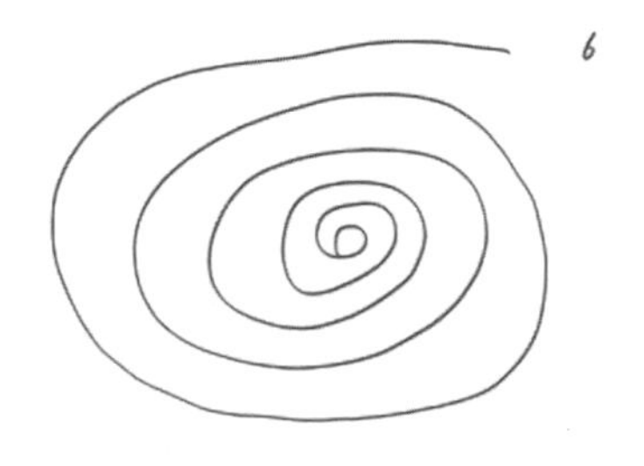


圖 2-5-6　紅色的圈

## ▼ 作畫者的應對模式

從系列圖畫中可以看到，在應對壓力、應對人生困境時，作畫者會被束縛住。不是因為他缺乏能力、方法、資源，而是因為他沒有找到生活的意義，沒有樹立目標，沒有為生活賦予具體的內容。

從四幅圖畫邊框的處理可以看出，他是一個追求變化、內心豐富的人。而在前三幅圖畫中，他都在水裡漂浮著，這種情境開始還讓他覺得放鬆，隨波逐流，但一直處於這種狀態中會讓他消沉。有些人需要一成不變的環境，這會讓他們有安全感；而對作畫者這類人來說，一成不變的環境會殺死他們，會磨滅他們對生活的激情和熱愛，讓他們沒有任何生機。

對這位作畫者來說，生活和工作的意義、目標需要由他自己去發現、去創造、去定義。如果他被動地等待環境、機遇和他人的恩賜，他就很容易失去可貴的創造力、激情和豐富度。

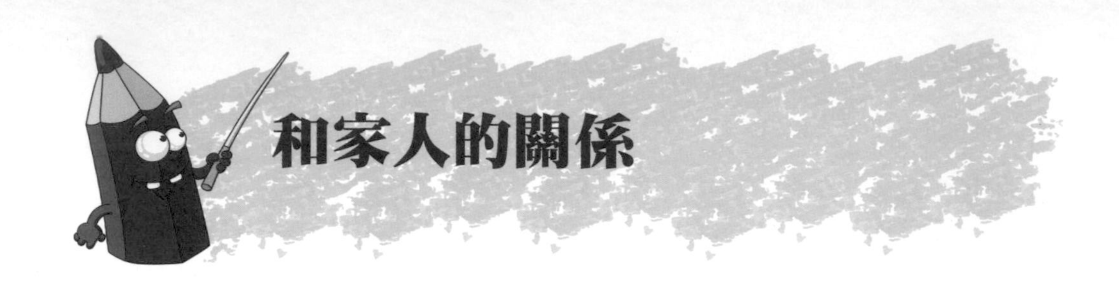

# 和家人的關係

## 把家人接到魔法壺中

這是一位年輕女性所畫，她是位公務員。

### ▼ 六幅畫

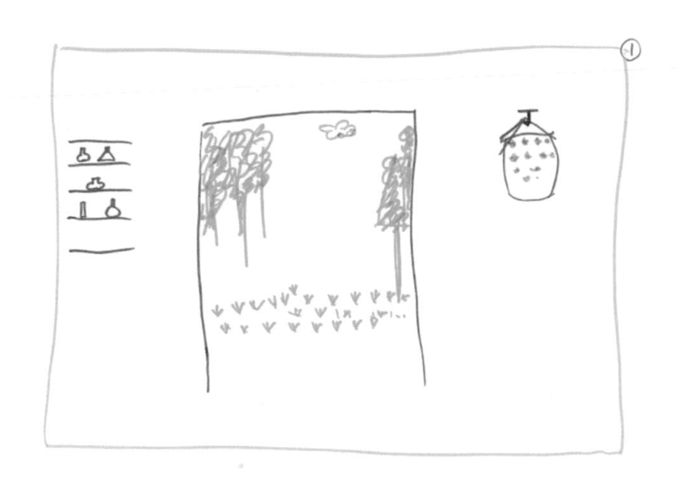

圖 2-6-1　從透明的魔法壺中看出去

第一幅畫（圖 2-6-1）。她的解釋是：「我當時被關進了一個透明的魔法瓶中，開始有點恐懼，但後來就變得好奇。我開始打量周圍的環境，這是我透過魔法瓶看到的部分：左邊是魔法師用來放魔法瓶的架子，右邊掛著魔法師的衣服，中間是房間的門，看得到門外的草地、綠樹和白雲。」整個畫面分成三部分，最中間的是門外的風景。

第二幅畫（圖 2-6-2）。她的解釋是：「我困倦地靠在壺壁上，感覺到無聊，還有一絲絕望，周圍的一切都被我無視了。」一個透明的壺中有一個咖啡色的人。

第三幅畫（圖 2-6-3）。她的解釋是：「我躺在壺中，很無聊。已經過了好幾天了，家人肯定很擔心吧！我自己試圖破壺，但無能為力。魔法壺被放在房間裡，而房間外面則是陽光燦爛，綠樹成蔭。」整個畫面被分割成兩個部分，左邊是一個巨大的透明壺，右邊是一扇小小的門。

第四幅畫（圖 2-6-4）。她的解釋是：「魔法師把我的家人都接來了！讓我們在這個世外桃源快樂地生活下去！當然，這是有代價的。代價就是我要拜她為師。我答應了，因為我願意生活在這個地方。」畫面左邊是綠樹和綠草，右上角是一輪小太陽和一幢小房子，右下角是小小的一家三口人。

第五幅畫（圖 2-6-5）。用桃紅色從裡向外畫的圈，她

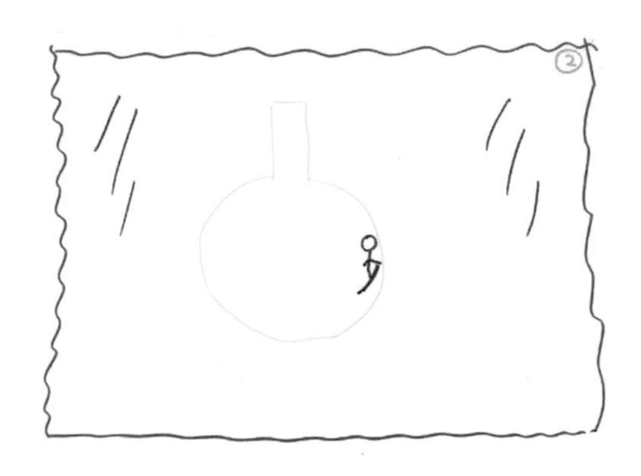

圖 2-6-2　困在魔法壺中

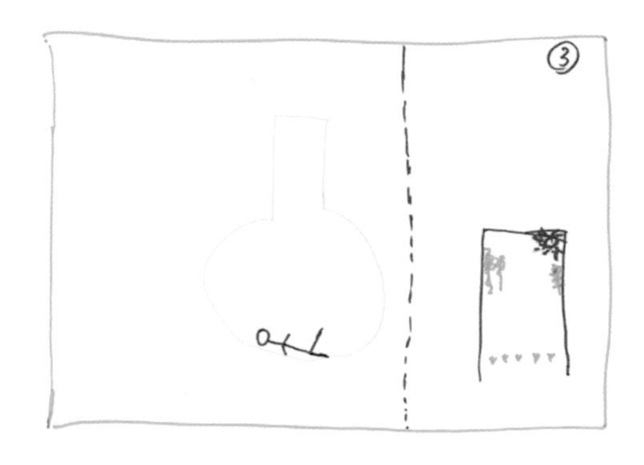

圖 2-6-3　無聊、無力地躺在魔法壺中

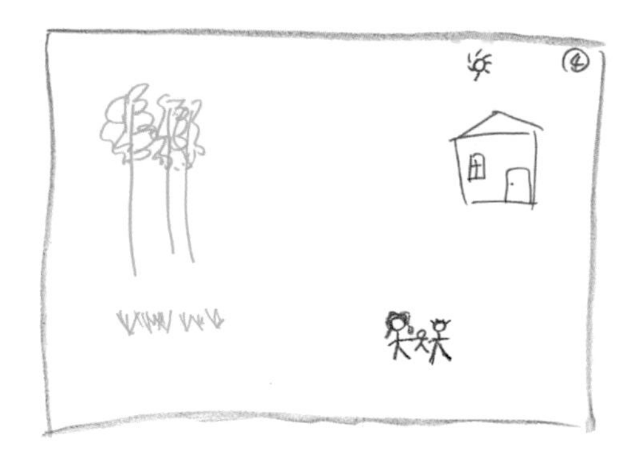

圖 2-6-4　一家三口生活在魔法壺中

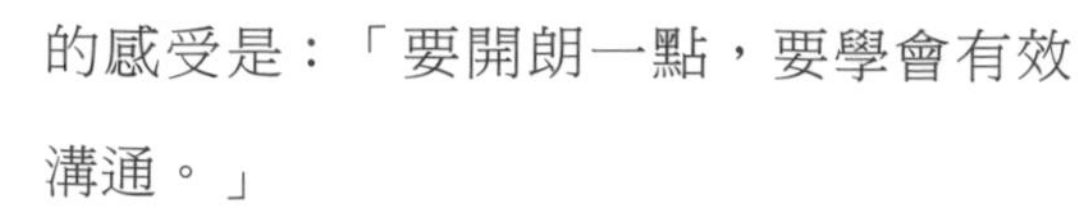

的感受是：「要開朗一點，要學會有效溝通。」

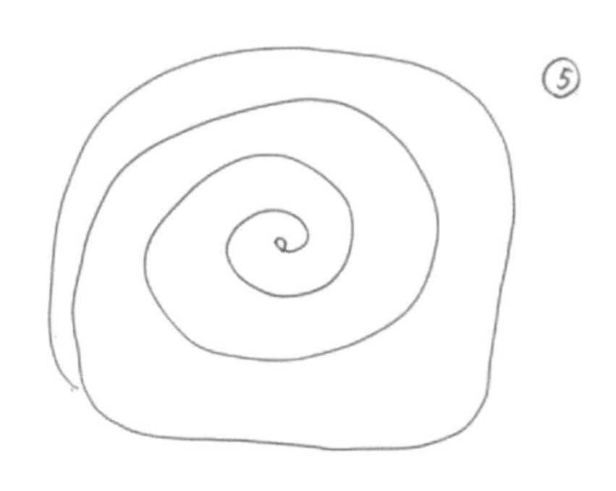

圖 2-6-5　要學會溝通

第六幅畫（圖 2-6-6）。同樣的顏色，從外向裡畫圈，一邊畫她一邊好奇地想：「這是測什麼的？」

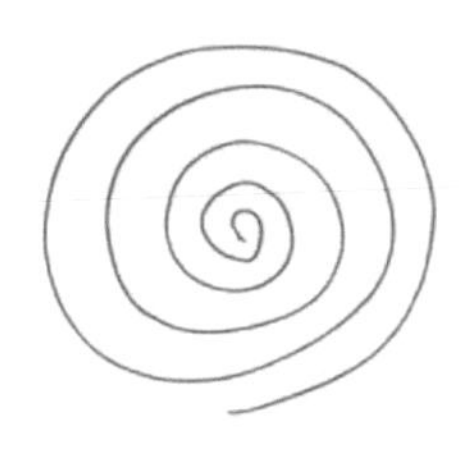

圖 2-6-6　好奇

## ▼ 視角

第一幅畫用了透視的畫法，主角並沒有現身在畫中，而是處於觀察者的角色，隱匿在畫的外面，和讀者一起看外部的世界。這種視角不是很常見，它通常反映作畫者和所畫的情境保持距離，對所畫的情境持一種觀望態度，並沒有投身其中。

第二幅畫用了客觀觀察法，和常見的畫法一致。第三幅畫則是兩種視角都用上，既有客觀呈現，又有主角看到的外部世界。第四幅畫用了常用的視角。

這些視角的轉換表明作畫者在是否要進入畫面情境上的矛盾態度：時而抽離，時而進入。這也是她在遇到困境時常用的模式：剛剛進入困境時，與其隔離，採取一種抽離的方式自我保護，然後讓自己進入不太舒服的狀態，最終把不舒服的狀態變成一種舒服的狀態，自己願意待在其中。

問題的關鍵不是抽離或投入，而是這些真正能解決問題嗎？

## ▼ 主角與魔法師的關係

魔法師在四幅畫中都沒有現身，但可以推斷出這個魔法師是一位可以和主角溝通的魔法師，主角並不懼怕魔法師，所以主角的情緒在第一幅畫中很快由恐懼轉為好奇。但這種好奇並沒有一直持續下去，因為接下來她跟魔法師沒有任何溝通，她被困在魔法壺中無所事事，卻沒有辦法掙脫。

在第四幅畫中她跟魔法師有溝通，並且達成了一樁交易：「我成為你的學徒，你讓我跟家人團聚，並且生活在世外桃源。」作畫者用「代價」這個詞來形容自己成為學徒，顯然做學徒並不是自己心甘情願的事情，但她接受了這筆交易。她沒有提及這是誰主動發起的談判，但從前面的畫來看，應該是魔法師主動的行為。在和魔法師的關係中，她更被動。

她和魔法師的這種關係，在現實中會是怎樣的？「我享受你的庇護，但同時得接受你的控制」。她和現實中的人、現實中的環境，就是這樣溝通的。

## ▼ 世外桃源

「世外桃源對你意味著什麼？」我問作畫者。

「意味著和大自然親近，意味著可以做自己想做的事情。」作畫者回答。

「你現在擁有這些嗎？」

「哪裡有？我其實非常喜歡住在鄉村的，或者森林附近，感覺特別好。城市裡太喧鬧，只有度假時才有可能去一下。我現在做的事情也不是自己喜歡的。」

「那你有考慮到改變一下嗎？」

「考慮過啊！認真地考慮過。」

「那在你的五年計劃裡，你會改變嗎？」

「哦，那不會。我的計畫是等到我退休才可以。」當說出「退休」這個詞時，作畫者臉上有一種絕望的表情閃過。她離退休還早得很。

「所以這是一個長達二十多年的計畫。」我確認道。

「是的。我現在的工作雖然我不喜歡，但周圍人都很羨慕，覺得這是一份好工作。如果我辭職，周圍人都會覺得我瘋了，家裡人也不會同意。」

所以她的感覺真的是被困在一個壺裡，她真的只能麻木自己。

「進入一個壺其實是一件非常不舒服的事情，但你寧可把它作為一個脫離現狀的機會。只要能夠離開現狀，你願意付出代價，一輩子生活在壺中，是這樣嗎？」

「其實和魔法師關係搞好之後，也不用一輩子生活在壺中啊！更何況我自己掌握了魔法，可以隨意進出魔法壺。」

「你有想過你的家人是否願意和你一同生活在世外桃源嗎？」

「我沒有想過，但他們應該是願意的吧！沒有他們我可受不了。」

非常奇妙的是，在第五幅畫完之後，作畫者的總結是：「我要開朗一點，學會有效溝通。」有效溝通剛好是補救這個問題的方法，要和家人溝通，要瞭解他們的想法。也要和魔法師多溝通，多瞭解魔法師的想法，多讓魔法師瞭解自己的想法。

我不知道這些畫畫完之後，作畫者是否會有所行動，或者她的生活、工作依然和之前一樣，但那都是她自己的事情，她要學習安頓好這一切。理想的生活並不是從退休時才開始，每一天都可以是理想的生活。

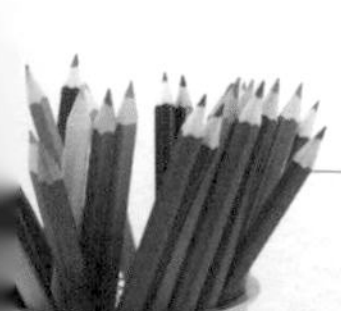

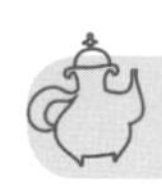

## 「女兒和家人天天來看我」

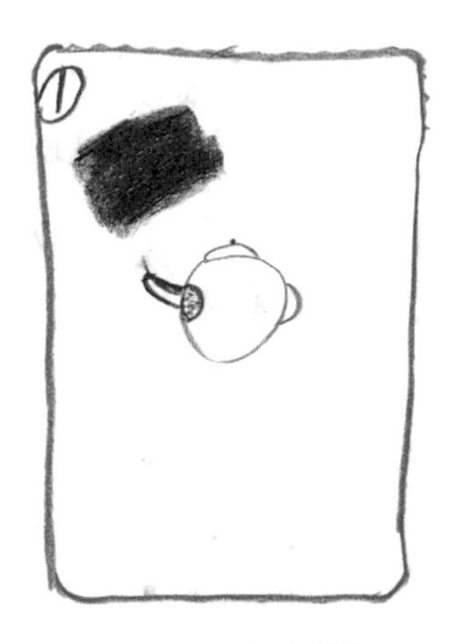

圖 2-7-1　深褐色的壺

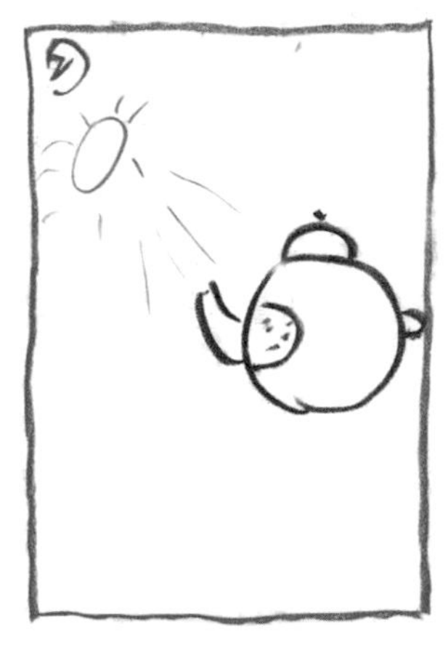

圖 2-7-2　幸好有手機和電池

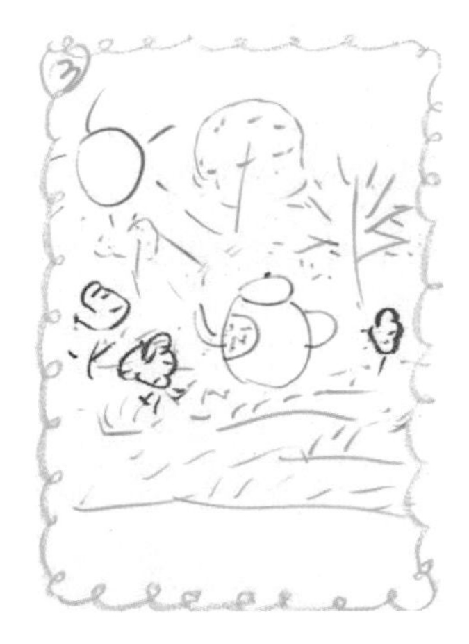

圖 2-7-3　壺在草地上

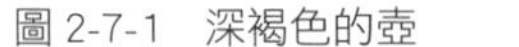

這位作畫者是自我設限的一個典型代表。

第一幅畫（圖 2-7-1）在畫面中央畫了一個深褐色的壺，在壺的左上方是一團深褐色的色塊。作畫者感嘆道：「還好，壺裡是空的，壺嘴有漏氣，還有光線和空氣。」壺中人是看不見的，但可以感受到壺中人的情緒由驚慌失措到鬆了一口氣。

第二幅畫（圖 2-7-2）畫面上仍然是一個深褐色的壺，比第一幅畫得要大一些。太陽在畫面的左邊照耀著。作畫者說：「還好我有手機，電池也還有。」

第三幅畫（圖 2-7-3）畫面中央仍然是那個壺，體積小了一些，但四周多了綠樹紅花，作畫者說：「壺在草地上，周圍鳥語花香，可以聞到小草的香味。」

第四幅畫（圖 2-7-4）的壺變大了，可以看到壺中的人。四周的景物沒有畫出來，但文字描述說明四周的景物和上一幅畫一樣。作畫者說：「壺

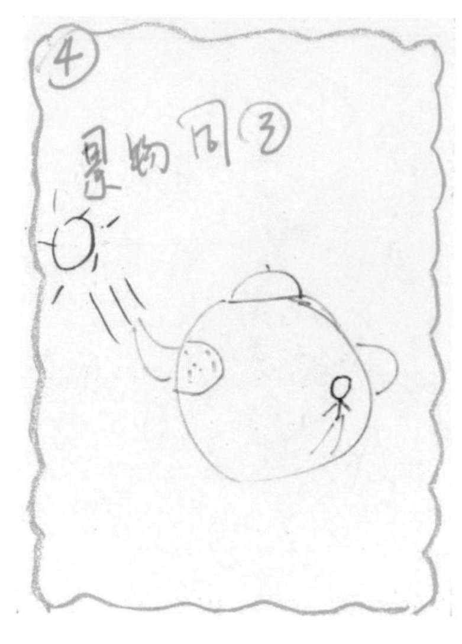

圖 2-7-4　女兒和家人天天來看我

在草地上，女兒和家人天天都來看我，和我說話，外面還放了一台收音機。」

這位作畫者明顯地受限於畫筆之拙，所以用文字的描述彌補了她沒有畫出來的部分。即使這樣，圖畫仍然傳遞著豐富的資訊：面對意外事件時，她的反應模式是從恐懼、害怕走向樂觀的。從本性上看，她是一個樂觀派，即使是在第一幅畫中，儘管她被巨大的恐懼情緒所壓倒，但她的樂觀性仍然發揮了作用，她看到了在逆境中的那些積極因素。在每一幅畫中，她都會挖掘出更多的積極因素，如圖 2-7-2 中開始用手機，圖 2-7-3 中開始享受壺外的世界，圖 2-7-4 中開始與家人和外界有互動。她需要保持一個開闊的視野，並不滿足於能夠呼吸到壺外的空氣，甚至不滿足於和家人的交流，她要瞭解壺外的世界，所以收音機出現在壺外。這是非常特別的一個附屬物，在圖畫中較少見到。

但即使她有這麼樂觀的天性，有這麼強烈的與外界溝通的意願，那麼愛她的家人，她仍然「頑固」地待在壺中。與其說是魔法師給她設下的魔法不讓她從魔法壺中出來，不如說是她自我設限，把自己圈在壺中。她的自我設限模式根深蒂固，決定著、影響著她的很多方面。她可能有很強的規則感，自己遵守，也會要求別人遵守，她和別人的衝突也往往緣於此。

她的這個模式是如何形成的還有待於發掘。但在她的成長過程中，一定曾有類似魔法師的角色，告訴她能做什麼、不能做什麼，這些聲音被她內化為自己能做什麼、不能做什麼，阻礙著她的突破。

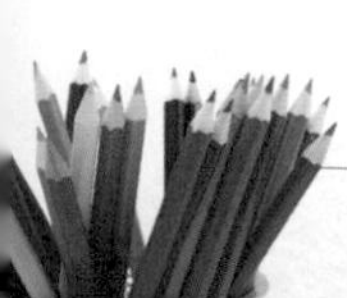

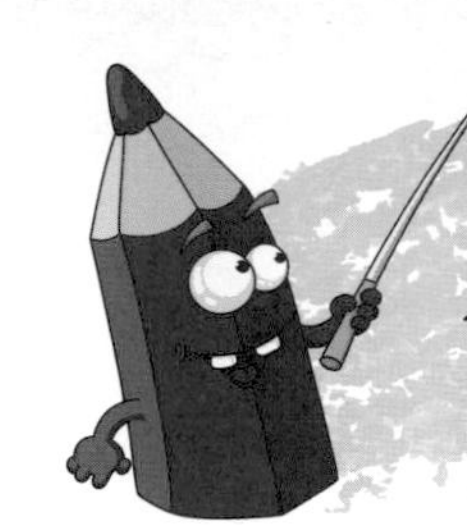

# 人在壺裡，壺在家裡

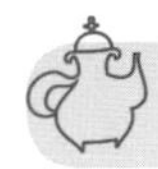

## 魔法壺是舒適的書房

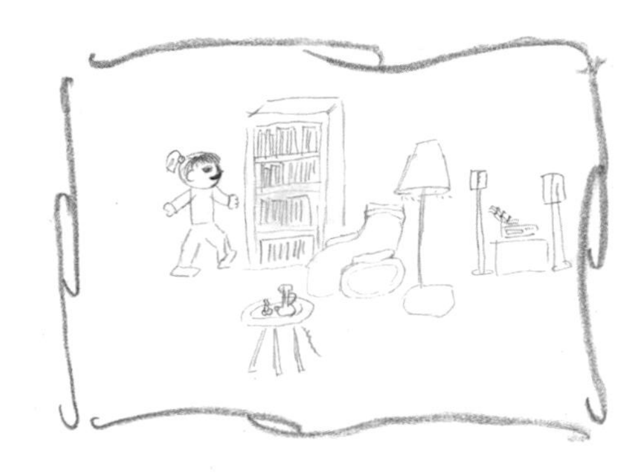

圖 2-8-1　舒適的書房

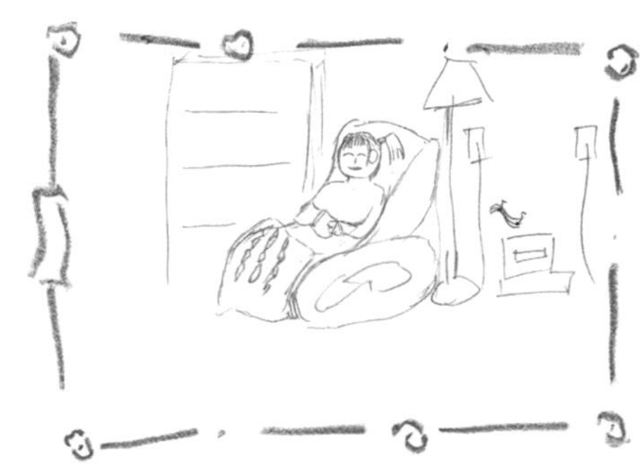

圖 2-8-2　享受一覺無夢

這四幅畫非常鮮明的特點是魔法壺中透出濃濃的家庭氣息，作畫者像是進入了自己的書房。

在第一幅畫（圖 2-8-1）中，畫中人正從左邊進入一間屋子，屋子最左邊是排書櫃，接下來是一張按摩椅、一盞落地枱燈，最右邊是一套立體聲音響。在按摩椅邊上，擺放著一張茶几，上面放了一把咖啡壺和一杯冒著熱氣的咖啡。作畫者說：「我的情緒是舒適、安心，我在房間裡面可以聽音樂、看書、喝咖啡。」在第一幅畫中就進入到這樣舒適的環境中，確實比較少見。她非常看重舒適感和平和，不論在什麼情況下，她希望自己都能處於這種狀態。

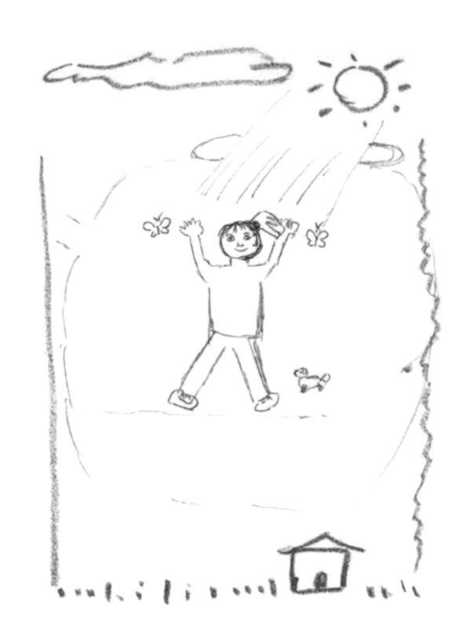

圖 2-8-3　壺蓋打開，狗狗進來

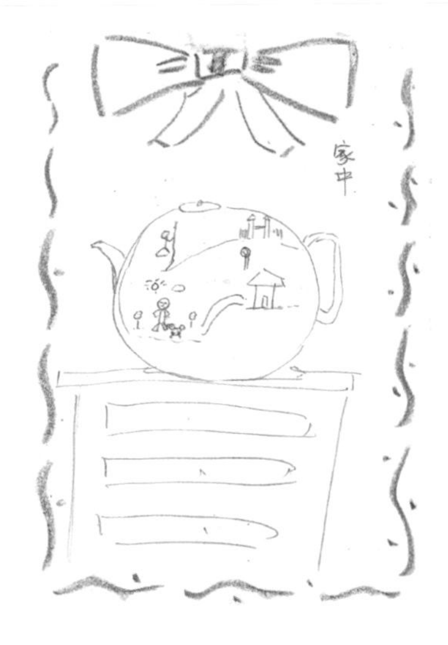


圖 2-8-4　壺在家中

在第二幅畫（圖 2-8-2）中，畫中人坐在按摩椅上，膝蓋上搭著毯子，聽著音樂，睡著了。作畫者說：「音樂輕了，燈光也暗了，輕輕放下書，慢慢睡著，一覺無夢。」整個氛圍非常恬淡、安寧。

在第三幅畫（圖 2-8-3）中，畫中人正在陽光底下伸展著雙手。右上角有一輪太陽，用藍色畫的。有兩隻蝴蝶翻飛在她的身邊，一隻小狗繞在她的腳邊。作畫者說：「陽光出現，壺蓋打開了。我看著陽光，活動身體，突然我家狗狗也被放進來了，心情愉快。」整個壺用不明顯的線條畫了一個輪廓，在畫面的右下角，在壺的外面，作畫者用藍色畫了一間小小的房子。相比於壺來說，房子更小。

在第四幅畫（圖 2-8-4）中，這個壺被放在了家中的櫃子上，可以看到家中的牆上還裝飾著一個巨大的蝴蝶結，可以看到壺中有很多事物。作畫者說：「壺中是另一個世界，自由、寬廣，有朋友，有寵物，有美麗風景。可以回現實，也可進去探險。」從畫面來看，畫中人仍然在壺中。畫中人創造了壺中的世界，而這個世界是安放在家裡的。

從四幅畫來看，作畫者在遇到意外事件時，啟動的是家庭及其支持力量。她代表了這類群體：不論外界環境怎樣，只要心中有家，就會心安。他們擅長的是在頭腦中建立一個自己的世界，這個世界可以和現實世界格格不入，只要內心存在這個世界，就會有安全感和安心感。他們強調的自由，更多是內心的自由，與外在世界並不直接相關。對作畫者而言，精神的力量是最重要的，物質的、現實的一些東西反而是不重要的。圖畫中的舒適與其說是現實世界中靠物質提供的，不如說是他們的精神世界所擁有和感受到的。

在四幅畫中，唯一出現清晰壺的是在第四幅。在前三幅中，如果不瞭解她聽到的指導語，看不出她畫的是壺中的情形。第四幅畫中出現的壺是有意義的：作畫者知道，她把自己的世界建造得再寬廣，她也是生活在壺中那個想像的世界中。儘管她提到可以在兩個世界中自由切換，但顯然還是壺中世界更吸引她，在那個世界中，她的感覺會更好。在她的特質中，她就願意擁有一個像「魔法壺」一樣的容器，裡面盛滿她所有的想像。「魔法壺」這個主題圖畫特別契合她的這種需求，所以她的壺中世界與別人的不一樣，因為那不是魔法師的世界，那就是她自己的世界。對這類人來說，想像中的世界、自我的世界比真實世界更重要。

這位作畫者是這一類人的代表。可以再看另一位作畫者的四張系列圖畫，同樣屬於這種類型。

## 坐在厚重的椅子上

第一幅畫（圖 2-9-1）是在一間屋子裡，左邊是一個櫃子，櫃子上有花瓶和花。畫面正中的上方是一盞亮著的燈，燈光下是一張桌子，桌上擺著飲料，桌子右邊有一張椅子，椅子上坐著畫中人。畫面最右邊是一個冰箱，冰箱門上還有一個小熊貼。引人注目的是那把椅子，不僅居於畫面的正中，而且特別厚重、特別大，它給畫中人提供了穩定感。畫中人的情緒是「好奇、緊張、興奮和思考」。

第二幅畫（圖 2-9-2）還是同樣的場景，稍有變化的是畫中人開始看書，茶几上也多了好幾本書。畫中人的情緒是「好奇、期待、思念和疑問」。

第三幅畫（圖 2-9-3）是畫中人在壺裡，壺蓋掀開很大的縫，陽光照射進來。畫中人的情緒是「激動、興奮、期待和疑惑」。

第四幅畫（圖 2-9-4）是畫中人在壺裡，壺蓋掀開很大的縫，畫中人坐在椅子上。整

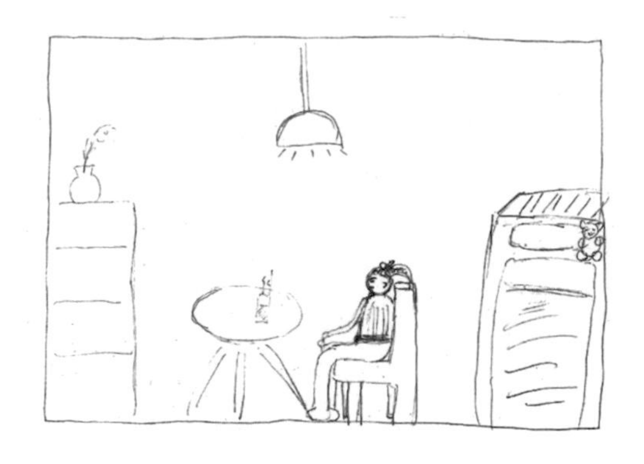

圖 2-9-1　坐在厚重的椅子上

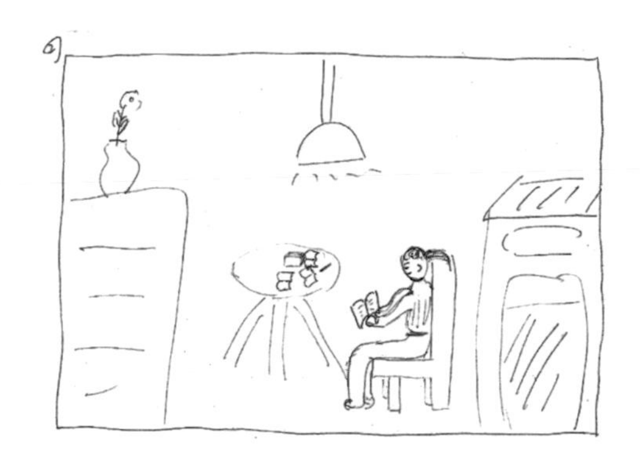

圖 2-9-2　坐在厚重的椅子上看書

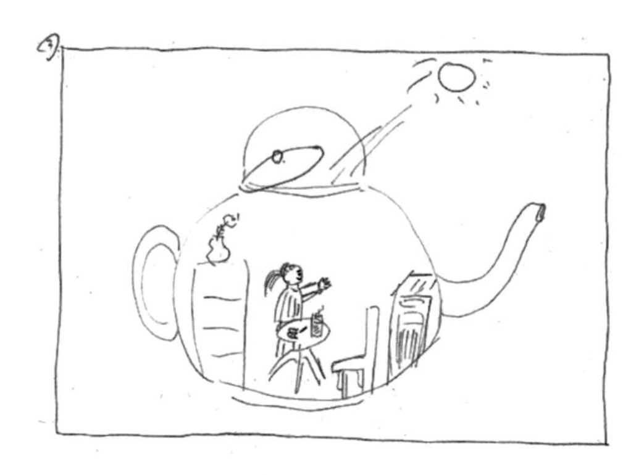

圖 2-9-3　壺蓋掀開縫，陽光照進來

個畫面被分成六格，壺被放在最左上角的那一格，這六格是擺在家裡的一個櫥櫃。畫中人的情緒是「平靜、期待和祝福」。按照空間的心理意義，壺所在的那一格代表著關注精神層面，被動的、女性或母親的方面。

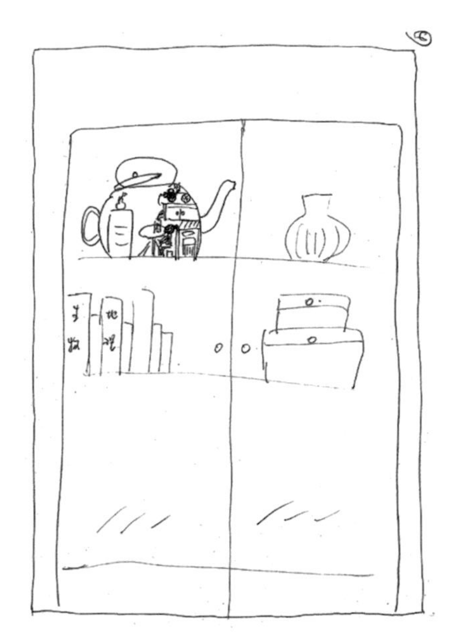
圖 2-9-4　人在壺中，壺在家中櫥櫃上

這位作畫者和上一位作畫者有很多相似性：在情緒上都是非常平和的，在價值觀方面都關注精神層面，在思維方式上都是沉浸在自己的想像世界中，在支持力量方面，家庭都是其應對突發事件最主要的力量來源。

這位作畫者在細節方面和上一位作畫者有不同之處：上一位作畫者更自信，做事更有果敢性，更多行動力，更強調舒適性，更有情調；這一位作畫者有更強的好奇心，更多的被動性，更強調穩定感，更有現實感——在第三幅畫中就出現了壺。

如果你也和這兩位作畫者屬於同一種類型，請你記住：壺中世界再精彩，你也需要行走在真實的世界中。所以，你需要有在兩個世界中轉換的能力。你可以擁有自己精神層面的追求，但同時你要具有現實力，能夠適應現實的生活。

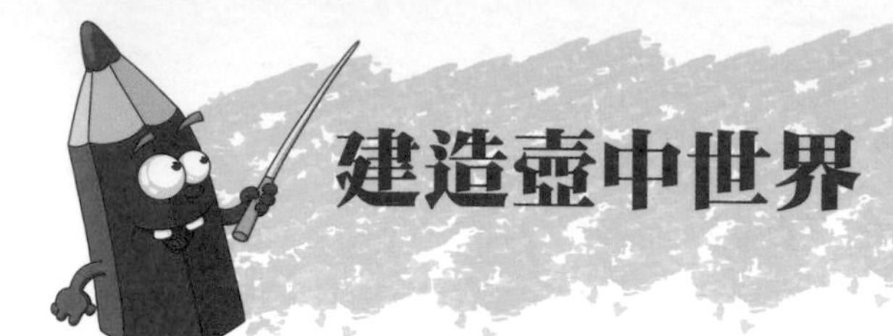

# 建造壺中世界

## 在壺裡種田豐收

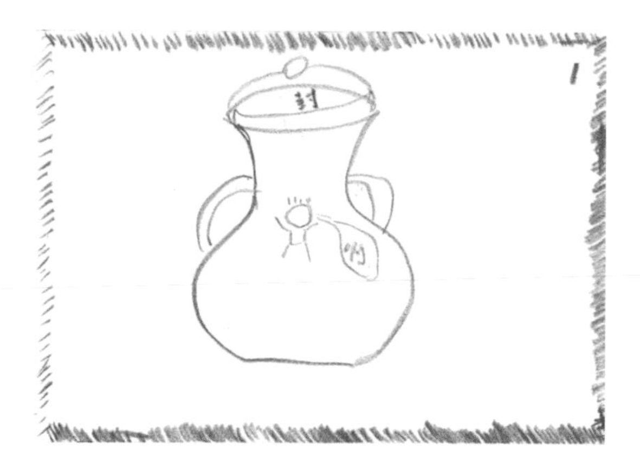


圖 2-10-1　被封住的壺

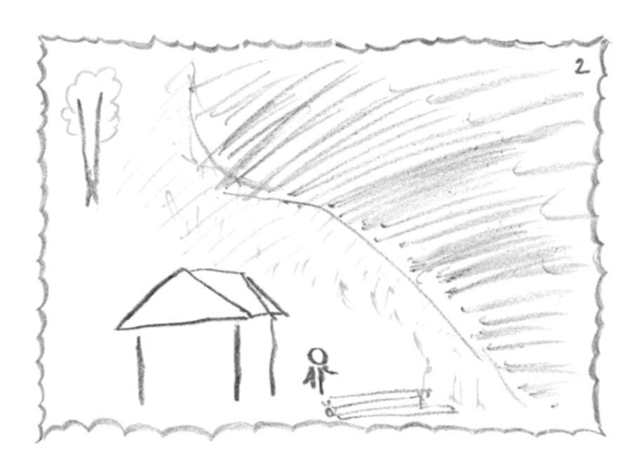


圖 2-10-2　在壺中建造房屋

這四幅畫的特點是人在壺裡，創造了一個世界，並且不停勞作，蓋房種田，最終豐收，但孤獨。

第一幅畫（圖 2-10 -1）全部用藍色畫成。畫面正中是一個藍色的大壺，一個小小的藍色人正在壺中大喊：「啊！」壺蓋又厚又重。彷彿覺得這還不夠，作畫者還在壺蓋上寫了一個紅色的「封」字，更加讓這個空間封閉，也打消了一切從這個蓋子中逃出的可能性。畫中人的情緒是「掙扎」。

第二幅畫（圖 2-10-2）用了三種顏色：藍色的水域

或田野、綠色的草地和大樹、褚紅色的房屋框架和人，以及地上堆的木柴。顯然，壺中有一個世界，壺中人馬不停蹄地工作，已經開始建造房屋了，這是非常典型的實幹派。畫中人的情緒是「平靜、期待」，越是有具體行動的人，越有一種平靜的心態。

第三幅畫（圖 2-10-3）用了四種顏色：綠色的大片田野，褚紅色的已經建好的房屋，還是兩層的，黑色的小人走在田野上，紅色的太陽照耀在這一切上。畫中人的情緒是「孤獨、坦然和期待」，其中「孤獨」是後面添加上去的。

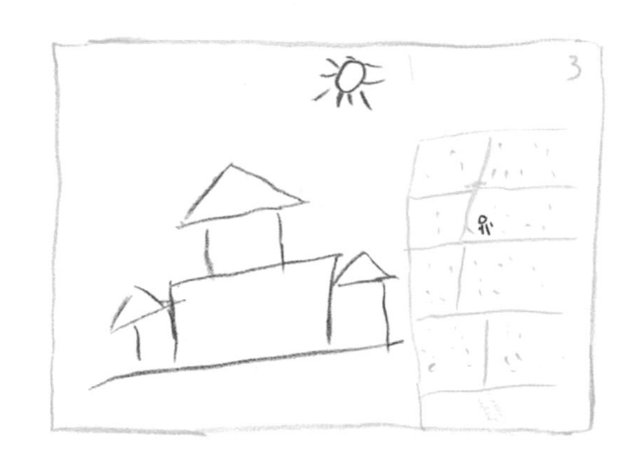

圖 2-10-3　走在壺中的田野上

第四幅畫（圖 2-10-4）用了五種顏色：綠色的田野上，有大片的橙紅色作物已經成熟；黑色的小人走在田野邊上，似乎在巡視；天上有藍色的雲和紅色的太陽。畫中人的情緒是「喜悅、孤獨」。

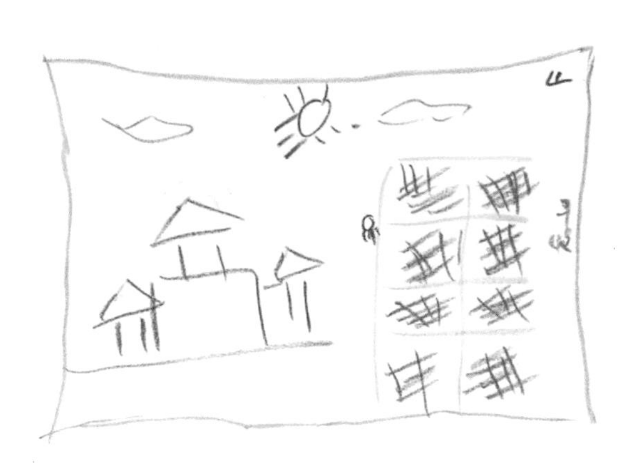

圖 2-10-4　在壺中的田野上收割

這四幅畫非常有代表性，代表了這種類型：在壺中創造一個天地，然後在其中耕種、豐收，一直在壺中生活。

這種人的類型是典型的

老黃牛型，吃苦耐勞。對他們而言，生活的意義就在於不停地勞作。就這位作畫者而言，大多數人的第二幅畫畫中人還處於負面情緒中，而這位畫中人已經找到了一個新世界，並且開始搭建房屋了。這時畫中人並不知道自己會在這裡待多久，但他已經開始做事了。重要的不是未來和過去，而是當下。所以不論待多久，建造房屋對作畫者而言都是有意義的。只要在做事情，作畫者的情緒就會保持平和，生活就是有意義的。

由於這樣的風格，第三幅畫中出現整齊的一塊一塊的田地、第四幅畫中出現田地就在意料之中了，這些都是一分耕耘一分收穫的結果。

對這些人來說，與大自然和諧相處是容易的，工作是容易的。但是，與別人溝通和建立關聯不容易，他們很多時候感受到孤獨。他們不願意孤獨，但又不知道怎樣打破孤獨。他們很容易屈從於環境的設置，很容易在別人已經設定的環境中想辦法生存下去。但他們很少質疑：環境真的註定是這麼封閉嗎？與他人的關係真的那麼難建立嗎？

在第一幅畫中，作畫者在壺蓋中標了一個「封」字，那是有象徵意義的一個字。對作畫者而言，這個「封」是魔法師加上去的。但這其實是作畫者的自我設限、自我封閉，或者把社會規則過多、過嚴地內化到自己內心，這對作畫者而言是一個阻礙。

這種類型的人和大地的聯繫非常緊密，腳踏實地，但沒有和天空建立足夠的聯繫，在精神世界和行動世界之間沒有建立通途，生活在分割開的兩個世界中。

對作畫者的建議是：可以保持這種平和心態和吃苦耐勞精神，但有時也可以抬起頭望望天，想一想自己究竟想要過怎樣的生活。

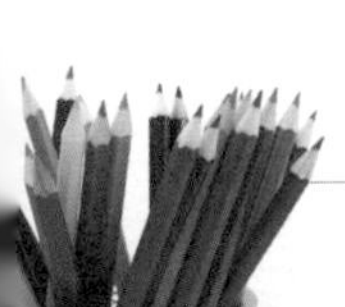

## 在海邊造房烤魚

第一幅畫（圖 2-11-1）是一個大大的人躺在一個方形的壺中。壺中人的表情是沉靜的，作畫者說：「反正也出不去，當去海邊度假，情緒是放鬆的。」

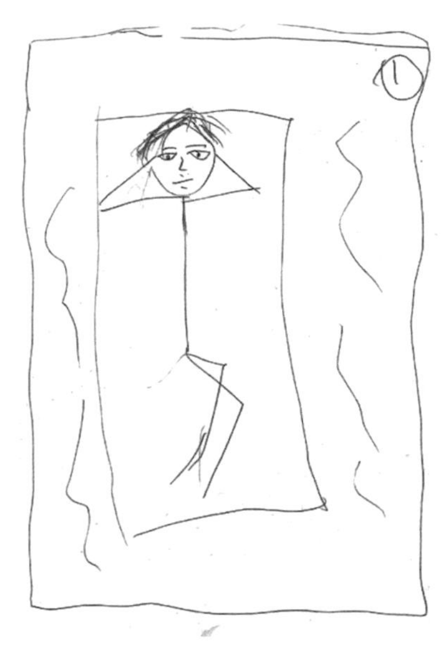

圖 2-11-1　當在海邊度假

第二幅畫（圖 2-11-2）是壺中人在海邊釣魚，岸邊有房子、遮陽傘、躺椅和茶几，太陽在畫的左邊照著這一切。作畫者解釋說：「我造了個房子，找了條船，釣釣魚，又解悶又有吃的，累了就在海邊躺躺曬曬太陽。」在很多人的第三幅圖畫中才出現的太陽，在這幅畫中已經出現。作畫者建構出的場景，很像魯濱遜的荒島求生，但顯然情緒會樂觀很多。

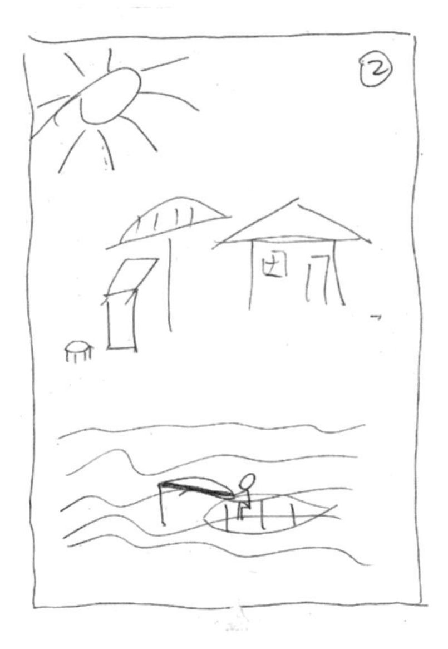

圖 2-11-2　在海邊造房、釣魚

第三幅畫（圖 2-11-3）是壺中人在海邊烤魚的場景，火上一條魚，壺中人身邊還有兩條魚。畫面左邊是一輪太陽，右邊是一間房子，畫面的下邊是大海。畫中人的情緒是愜意的。

第四幅畫（圖 2-11-4）是壺中人月夜在海邊牽著小狗散步。作畫者說：

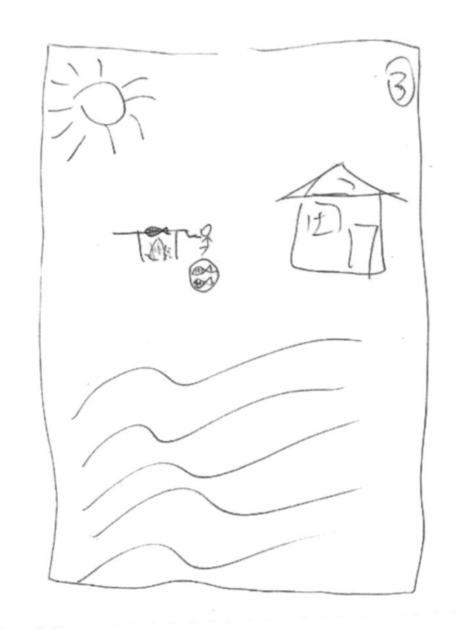

圖 2-11-3　在海邊烤魚

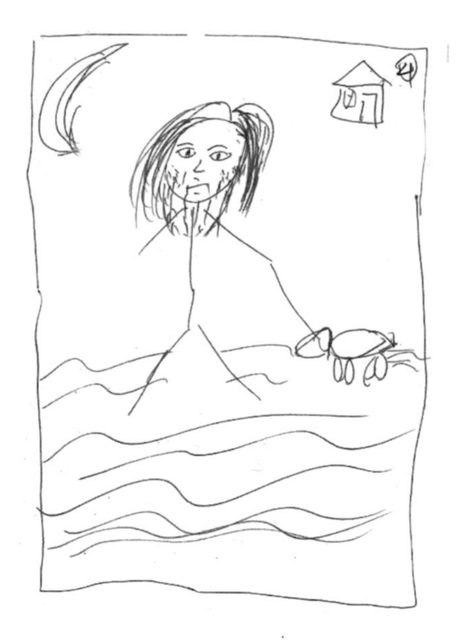

圖 2-11-4　月夜在海邊散步

「除了鬍子長了，沒變化。養了條小狗，晚上在海邊散散步。」看起來情緒是悠然自得。

這四幅畫中，只有第一幅出現了一個輪廓不清的壺，在其他圖畫中都沒有出現壺。這代表著作畫者在遇到意外事件時的反應：很快接受變化的現實，努力適應新環境，把適應新環境當作自己的任務。

作畫者是一個樂觀派。因為在第一幅畫中就已經把意外事件當作度假；在第二幅畫中就出現了代表希望的太陽，並且安頓好自己的生活，有住的、有吃的、有休閒的；在第三幅畫中，基本是在重複前一幅畫中的生活，只不過把更具體的烤魚場景畫出來；在第四幅畫中，還養了一條狗。表面看起來，一切都好，所以不用出壺，在壺中什麼都有。

只是，作畫者的內心感受並非如此。在第四幅畫中，壺中人長頭髮、長鬍子，遠沒有第一幅畫中精神，畫面上的房子縮在右上角，小得無法進

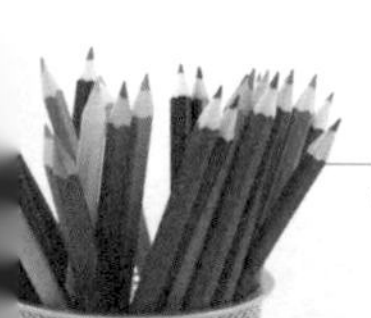

入，其所占面積遠比第二幅和第三幅要小，是無法提供溫暖的房子。更重要的是左邊那半輪月亮，增添的不是浪漫，而是孤寂和抑鬱。從前兩幅畫的太陽，轉化到這幅畫的月亮，代表著作畫者從樂觀心態轉為悲觀心態，最可怕的是壺中人不知道自己會在這裡待多久。他早已厭倦單調的生活，但由於他沒有突破困境的意識，沒有突破困境的行動，所以他所做的是創造越來越多的資源，如造房、找船、釣魚、烤魚、養狗等等，給自己充分的理由在這個僵局中待下去。他越有創造資源的能力，在這個僵局中待的時間越長，但他並不享受這個自己創造的世界，他的情緒很低落。

從畫畫的手法來看，作畫者充滿著隨意性。他做事情似乎只是為了完成任務，並沒有從中享受到什麼樂趣，所以他並不能全心投入，這種態度也妨礙了他從壺中走出。

他需要有打破僵局的意識和行動。

## 從水深火熱到打獵吃肉

這四幅畫是以紅色為主要基調的，充滿了行動力。

對第一幅畫（圖 2-12-1），作畫者說：「魔法壺中完全是另外一個世界，無邊無際，水和火在那裡非常壯觀。」他用來表達情緒的詞是「水深火熱」，左邊藍色的代表水，畫面下部的紅色代表火，水深火熱表示畫中

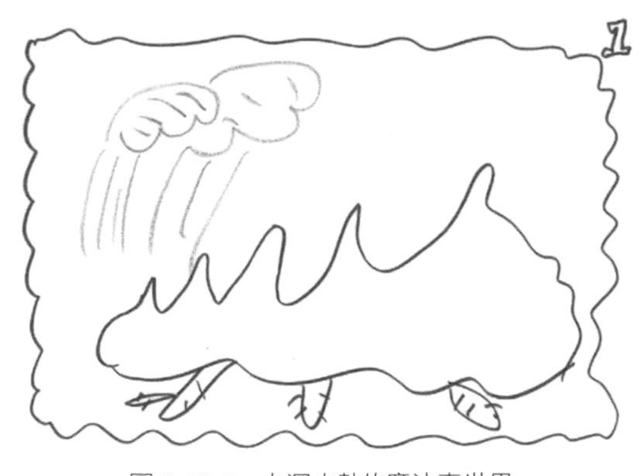


圖 2-12-1　水深火熱的魔法壺世界

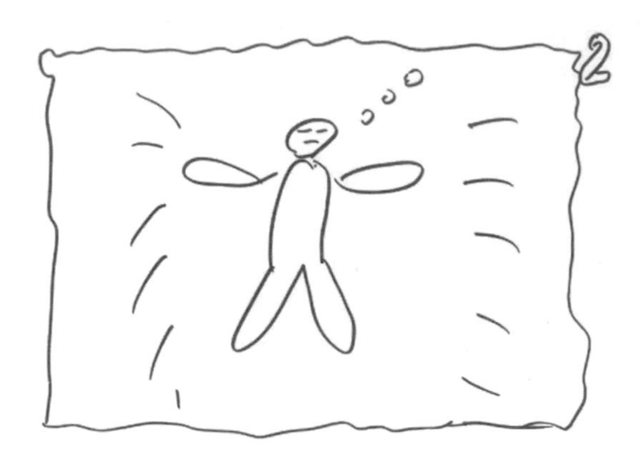

圖 2-12-2　安心在壺中睡覺

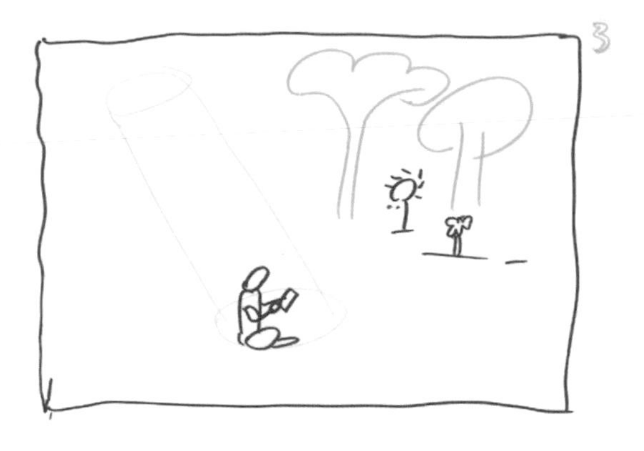

圖 2-12-3　在壺中靜心看書

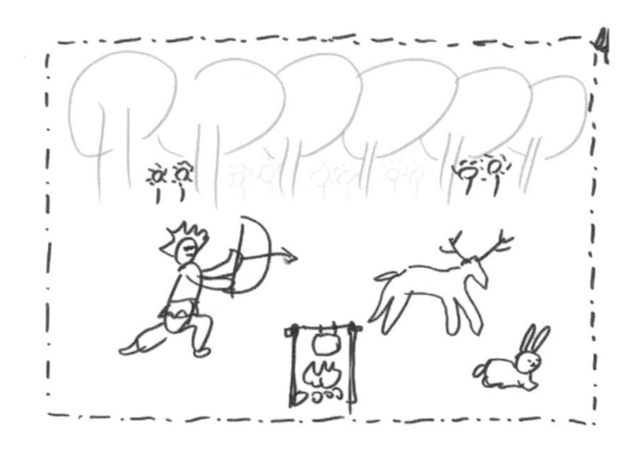

圖 2-12-4　在壺中打獵為生

人飽受煎熬。火的面積更大，所以畫中人的焦躁情緒更濃烈，作畫者用的形容詞是「心急如焚」。

第二幅畫（圖 2-12-2）是一個人呈「大」字形攤開在畫面中，還發出鼾聲。作畫者的解釋是：「安心睡覺，因為沒有出路，那就順其自然吧！我不想浪費體力。」那攤開的姿勢表明著畫中人的放鬆感。

第三幅畫（圖 2-12-3）是陽光照在坐著看書的人身上，不遠處有樹林，有鮮花。作畫者的解釋是：「享受自然，靜心看書。」

第四幅畫（圖 2-12-4）最為豐滿：畫中人手持弓箭，正在射殺鹿和兔子。畫面的下方，有一堆火正燃燒著，火上烤著肉，遠處是森林。作畫者的解釋是：「一年過去了，樹長得更加茂密。我

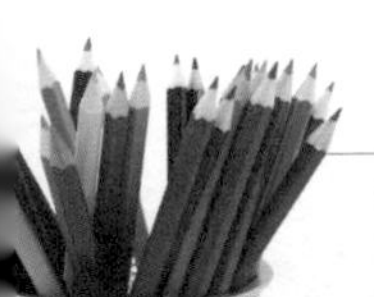

的頭髮長長了很多。這裡有很多野生動物，我以打獵為生，過著簡單的生活。」情緒很悠然自得。

這是非常典型的一類人：在遇到突發事件時，情緒會從低走向高，越來越樂觀，並且會很快適應變化的環境。在第四幅畫中，畫中人的頭髮和服飾都已經有點像野人了，但作畫者並沒有因此而有任何沮喪，也沒有刻意突出這些，而是創造了一個和諧的世界。

在四幅圖畫中，沒有出現任何壺。作畫者很快把壺默認為當下唯一的環境，並且把它當作合理的環境。所以，壺已被內化為合理的環境，從而沒有出現。

四幅畫中，第一幅出現了負面情緒，後面三幅都是積極情緒。如果說第二幅畫表現的還是泰然處之，第三幅還在等待，那第四幅已經是採取行動了。從食物的豐富性、動作的嫻熟性可以看出畫中人對這樣的生活已經非常熟悉了，他在新的環境中成為主人。

這類作畫者的特點是隨遇而安，把每一個境遇合理化，讓自己成為與環境和諧的人。他們慣於利用資源，沒有資源也會創造資源，有很強的資源意識。當他們明確所處的環境後，也會有明確的行動。

只是，他們很少會質疑：當下的環境真的是自己想要的嗎？他們不缺行動力，但缺乏改變環境的意識和理念。這在生命中的某個時期可能是有必要的，但在生命中的另外階段，可能需要一些改變。

中篇

# 走出魔法壺：圖畫和分析

走出魔法壺，是一種選擇。
有人自我拯救，有人被救出壺，有人離開壺後珍藏壺，
有人離開之後再不回頭，有人離開壺後追殺魔法師。
你的魔法壺之旅是怎樣的，你的人生道路可能就是這樣的。

| *Part 3* |

# 魔法師和魔法壺

第三部分和第四部分都是分析那些已走出魔法壺的圖畫。由於作畫者呈現的元素多樣化，第三部分主要涉及對魔法師和魔法壺相關的分析，也會涉及一部分對壺中人的分析，和第四部分並沒有嚴格的分界線。第三部分和第四部分的結構只是一種方便性的分類，並不是完全嚴格意義上的結構性分類，如果是對另外一批圖畫進行分析，可以用其他的結構。在對每一位作畫者的圖畫進行分析時，通常會對其圖畫進行全面分析，而並不僅僅限於題目所涉及的方面。

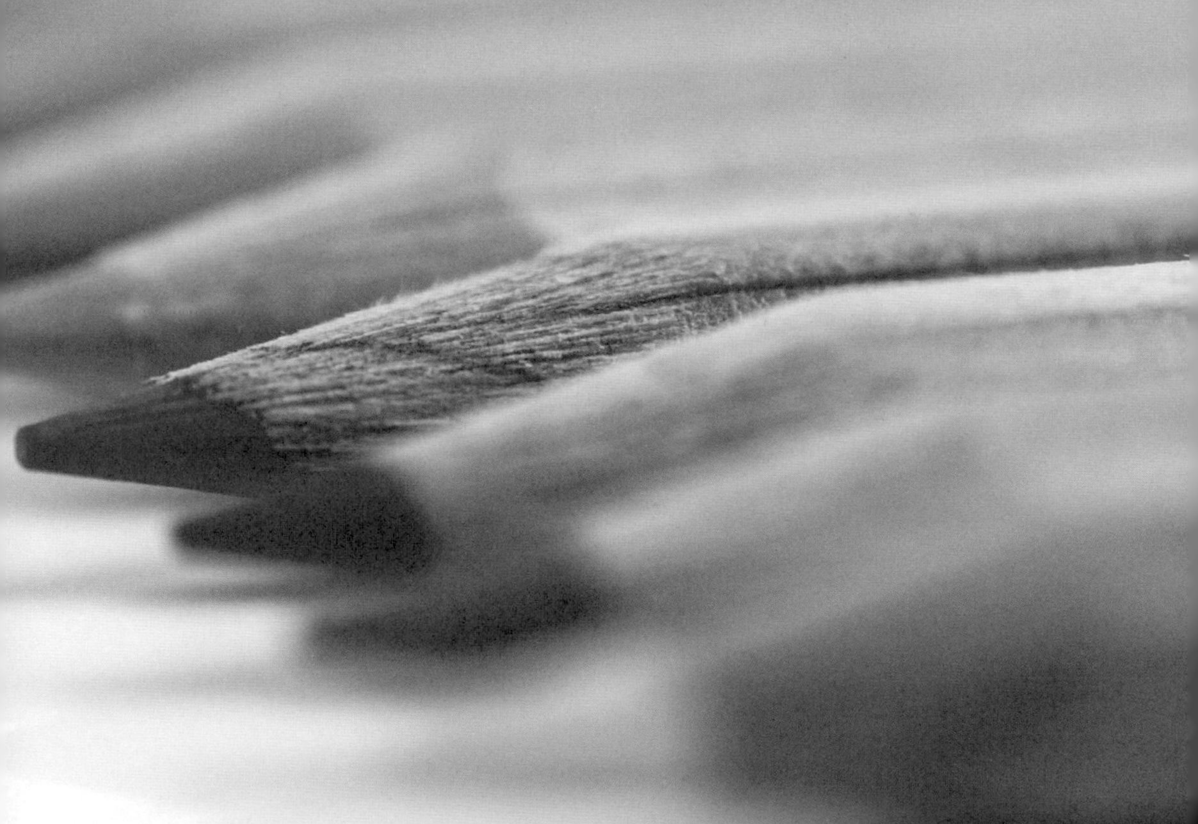

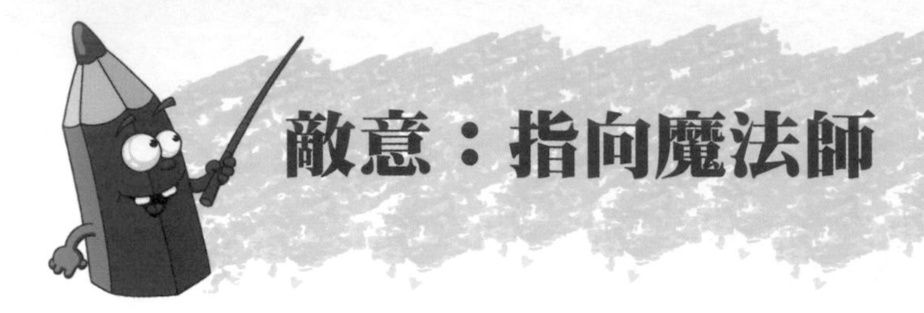

# 敵意：指向魔法師

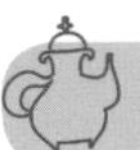

## 聯手擊敗魔法師

這是一位中層管理者的畫，具有較為奇特的故事和畫面。

### ▼ 六幅畫

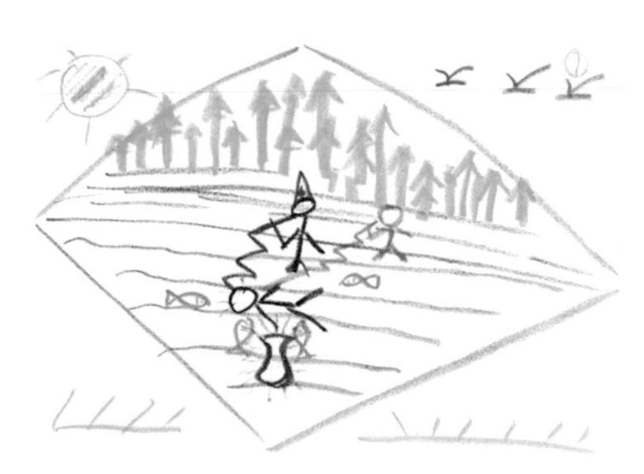

圖 3-1-1　突然被攝入魔法壺

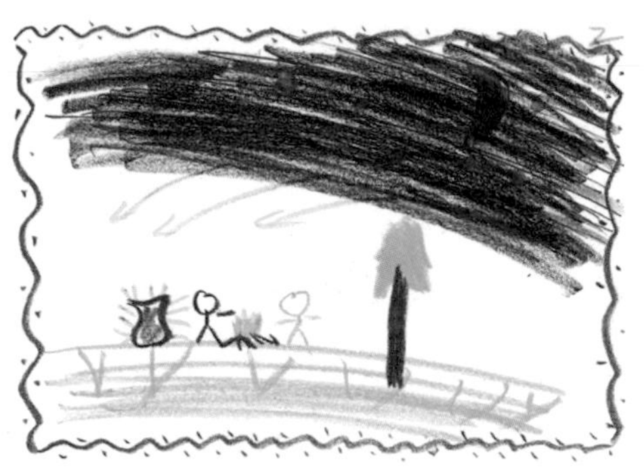

圖 3-1-2　和朋友商量如何對付魔法師

第一幅畫（圖 3-1-1）中，畫中人本來正在湖邊悠閒地散步，周圍有綠樹環繞，但突然間戴尖帽子的魔法師出現，把他攝入魔法壺中，他根本來不及反應發生了什麼，就已經被放進了帶有魔法的壺中。周圍的魚兒依然怡然自得地游著，不知發生了這樣驚心動魄的一幕。畫中人的情緒是「無力抵抗」。

第二幅畫（圖 3-1-2）中，畫中人已經從魔法壺中出來了，請來了自己的朋友，商量如何應對目前的局面。兩個人在草地上燃起一堆篝火，邊

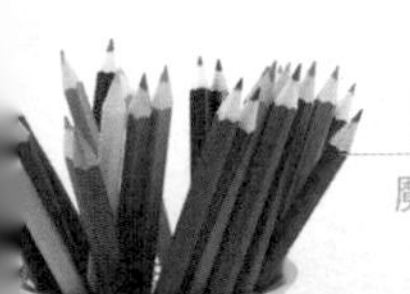

烤火邊商量。那個魔法壺在他們的左邊，右邊只有一棵樹。畫面的上部幾乎全是黑色塗出的色塊，其中可以隱約看見月亮和星星，彷彿是低垂的天幕。還有三條金色的線射出來，像是閃電，這是畫中人利用光的能量在修煉。畫中人的情緒是「輕鬆」。

第三幅畫（圖 3-1-3）中，畫中人和他的朋友找到了魔法師的老家，在銀河系中的一個地方，聯手攻擊魔法壺。魔法壺本身有光，太陽光照在上面，他們的攻擊力打在上面，周圍環境都發生了微微的變化，彷彿空氣正在波動。畫中人的情緒是「神奇」。

第四幅畫（圖 3-1-4）中，畫中人和朋友正聯手和戴尖帽子的魔法師打鬥。雙方酣戰，發出了不同顏色的光。而魔法壺也成為畫中人的一個神器，正發出光芒，要吸魔法師入壺。畫的左邊是綠樹和太陽，右邊是一座尖塔，是魔法師的住地，畫中人是直接打到魔法師的老巢了。畫中人的情緒是「勝利和喜悅」，顯然結局是他們戰勝了魔法師。

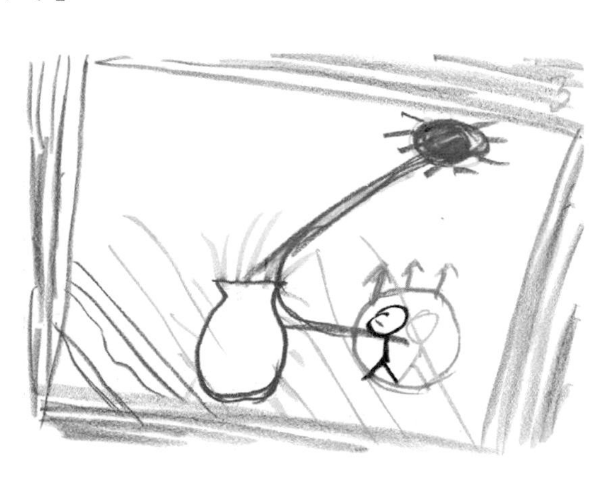

圖 3-1-3　打到魔法師的老家去

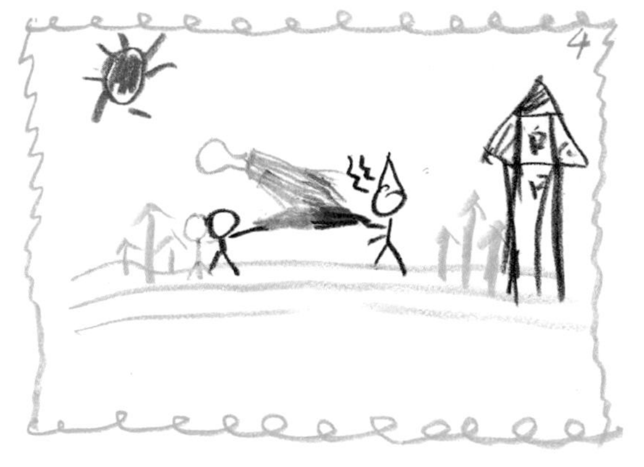

圖 3-1-4　戰勝魔法師

第五幅畫（圖 3-1-5），作畫者畫出了像銀河系一樣

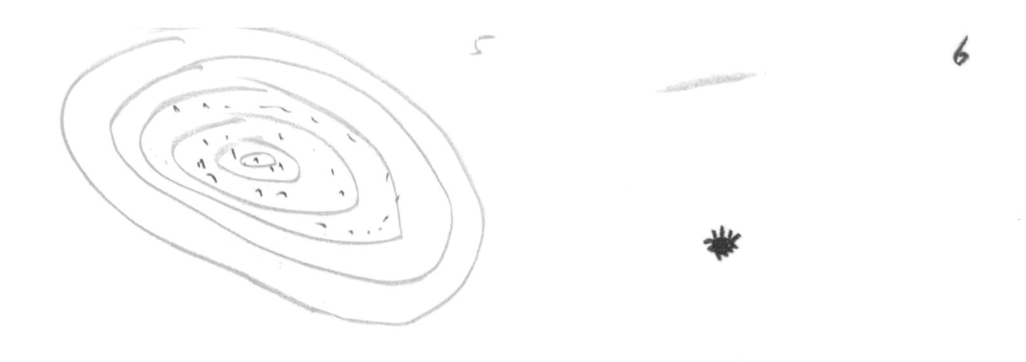

圖 3-1-5　銀河系　　　　圖 3-1-6　回歸自我

的畫面：綠色的同心圓、藍色的點，似乎是一個正在旋轉的宇宙。在前一幅圖畫中表現出來的能量在這一幅畫仍然在振盪。

第六幅畫（圖 3-1-6），作畫者用深棕色在畫面正中畫了一個小小的實心圓，四周畫了幾根短線，很像是一隻眼睛。這表明作畫者回歸到自己，那些被激發出去的能量漸漸消散，他回歸到一種真實的狀態。

## ▼ 作畫者情緒和人格分析

這六幅畫的資訊非常豐富。從主題來看，作畫者是一個敢於面對困難和挫折的人。他思維敏捷，反應迅速，在大多數人還試圖弄清楚發生了什麼事情之前，他已經作出反應，並且是具體的行動。面對困境他會有巨大的恐懼、不安和情緒低落——第二幅畫中那大面積的黑色色塊、月亮和星星就是最明顯的表現，但他會設法克服自己這些負面情緒，最終解決問題。

從情緒反應看，作畫者屬於那種大起大落型的人，喜怒哀樂形表於色。他不僅內心體驗到強烈的情緒感受，而且會把它們表達出來。這可以從他用色的豐富度、顏色對比的鮮明可以看出。愛就是愛，恨就是恨。魔法師一直是用黑色畫出來的，魔法師住的尖塔也是黑色的。畫中人的朋友一直

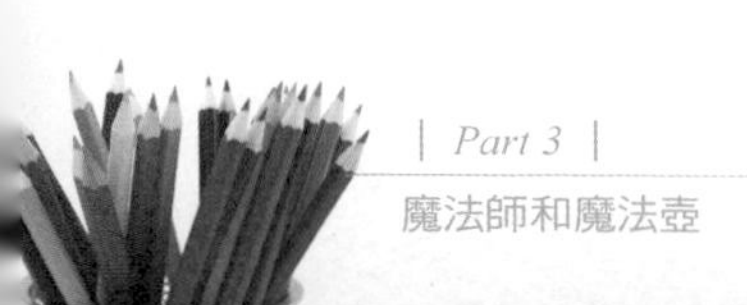

是橙黃色的。而他自己，最初出現時是粉色，只是後來被攝入瓶中後變成黑色，既代表了情緒低落，又代表了要擁有和魔法師抗衡的力量。

從看待這個世界的方式來看，作畫者感受到強烈的敵意和競爭性，而他所用的方式就是反擊和攻擊。當他被魔法師收入魔法壺中後，他的緊急反應是先把壺收服。從壺裡出來對他來說是一件非常輕易的事情，他想做的比這更多。有些人的反應是從壺裡出來後馬上遠離壺，或者和家人團聚，或者回到自己正常的工作中，但他不是，他要還擊。他不僅收服了壺，而且打上門去，把魔法師打敗。這種勝利給他帶來了成就感，這種模式也是他在現實中的模式：感受到強烈的敵意、競爭感，需要馬不停蹄地擊敗對手，或者超過別人。即使沒有真正的對手，他也有可能會造出幾個對手，競爭者會讓他熱血澎湃，勇往直前。

在感受敵意和競爭性的同時，作畫者也有強烈的團隊意識，他知道什麼時候該組建團隊，利用團隊的力量工作。從第二幅畫開始，他就不是一個人在戰鬥，始終有一個值得信任的人在幫助他，而且他其實是被這個人救出來的。所以對他來說，發出需要幫助的資訊並獲得別人的幫助，都不是困難的事情，對他來說是自然而然的事情。可以看出在現實中他的人際網路建構得非常好，而且是非常可靠的，幫助他的朋友能力比他還強，隨叫隨到，回應性非常好。

從人格特質上看，作畫者是一個較為典型的 A 型人格者，其特點是：精力充沛，永遠在忙碌，時間永遠不夠用；對周圍環境和他人有強烈的競爭意識和敵意；行動快於計畫；很少休閒，把休閒當作浪費生命。除了第一幅畫外，每一幅畫中他都在做事：商談方法和計畫、收服魔法壺，和魔法師戰鬥。

另外，作畫者還具有豐富的想像力、較高的靈活性，不是特別介意規則。邊框的畫法非常典型地展現了這一點，在所畫內容中再次印證了這一點。第一幅的邊框是用藍色畫出的菱形，草地、太陽和飛鳥畫在了邊框之外；第二幅是棕色的、帶點的曲線邊框；第三幅是藍色的不規則形狀邊框，每一邊都用多根線條畫出；第四幅是綠色畫出的波浪邊。每一幅都有變化，每一幅都是不同顏色，而且與其他人的不同。第五幅和第六幅圖畫的畫法也非常獨特，尤其是第六幅，強調回到自我，只用了一個小小的實心圓來表達。他的視野也非常廣闊，超越地球，到達宇宙。

## ▼ 結語

對作畫者而言，他身上有很多特點可以發揚光大，如他的活力、他的靈活性、他的反應靈敏、他的團隊意識和行動力、他解決問題的能力。但另一方面，他也需要反思自己的敵意和競爭性，反思自己的忙碌感，仔細考慮一下，這些是不是自己必須要的。第六幅畫其實蘊含著一個信號：也許真實的自我並不像自己認為的那樣能量巨大。

這位作畫者其實是遊戲一代的典型代表。他們的成長伴隨著各種網路遊戲，他在這個故事裡運用了網路遊戲的情節和元素，而且用遊戲的思維模式和態度來對待正在發生的事情，所以非常 happy（快樂），這當然是有積極意義的。但另外一方面，人生真的是一場遊戲嗎？它還有哪些方面和遊戲不同？這是值得遊戲一代深思的方面。從某種意義上說，第五幅和第六幅畫其實回答了這個問題：遊戲中人們可以遨遊宇宙，擁有無限能量，但現實中人們要知道自己是誰，自己有多大能力、能做什麼。

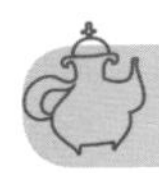

## 「生命不息，追殺不止」

這四幅畫很有特點，作畫者情緒起伏很大，愛恨鮮明，有強烈的復仇心理。

第一幅畫（圖 3-2-1）中，綠色的畫中人被關在橙紅色的壺中，壺中有一盞阿拉丁一樣的神燈，但並未點燃。這表明畫中人的情緒以負面情緒為主，沒有情緒和能量點亮燈。壺處於畫面的中央，用筆圓潤，可以看出作畫者的自信。在畫面的上部，可以看到有另外一個橙紅色的壺。問及作畫者為什麼在這裡還畫一個壺，答曰：「這是畫的第一個壺，畫好後發現太小了，於是在下面畫了更大的一個。」這展現了作畫者不怕犯錯誤，犯了錯誤馬上改正。他不是那種追求完美的人，而是強調行動力和目標達成性。畫中人的情緒是「陰暗」，和環境相映襯，也是他內心的感受。

圖 3-2-1　被關在橙紅色的壺中

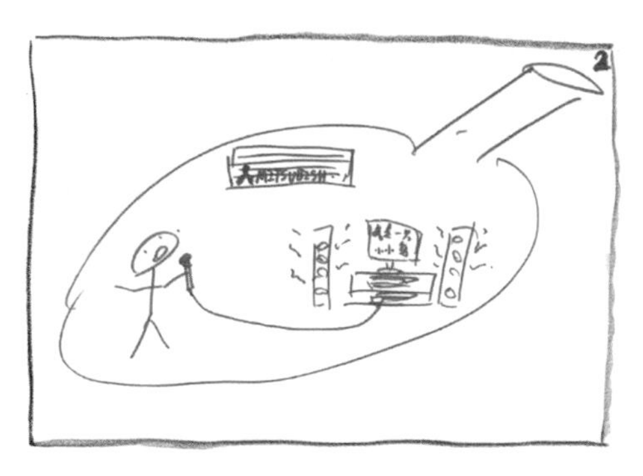


圖 3-2-2　在壺中唱卡拉 OK

第二幅畫（圖 3-2-2）幾乎讓

人忘記了這是在壺中，因為畫中人正在唱卡拉 OK，投入地唱著「我是一隻小小鳥」，從畫面來看，音響效果不錯，環境也不錯，因為有空調。畫中人的情緒是「high」。引人注目的是壺變成了一個向右傾斜的壺，而且和前一幅畫中的壺形狀也不同，從一個壺變成一隻瓶。整個畫面是用橙紅色畫成，充滿了溫暖。

第三幅畫（圖 3-2-3）的壺仍然和第二幅一樣，向右傾斜，陽光透過壺上的一個洞射進來，形成一個金色的光柱，藍色的壺中人手持弓箭，正在瞄準了洞口要射。畫中人的情緒是「激動」。

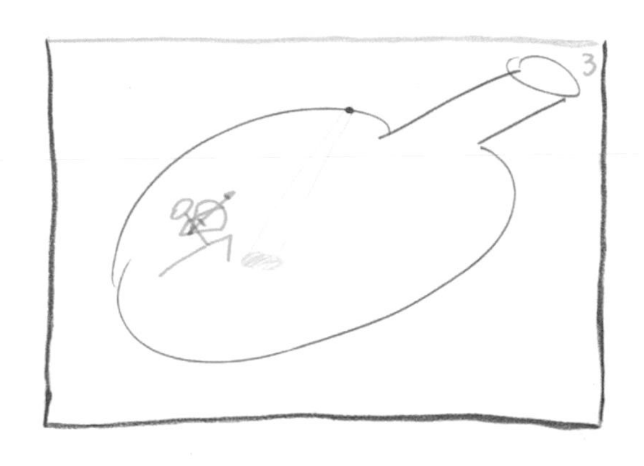


圖 3-2-3　瞄準射擊

第四幅畫（圖 3-2-4）是作畫者已經出了壺，手拿兩把巨大的刀，頭上的三束火苗代表怒火，正在追殺魔法師。魔法師正騎著一把掃帚在逃，頭上豎起的頭髮代表著極度恐懼。畫面上還有星星和月亮，整個畫面是藍色的。畫中人的心聲是：「生命不息，追殺不止！」

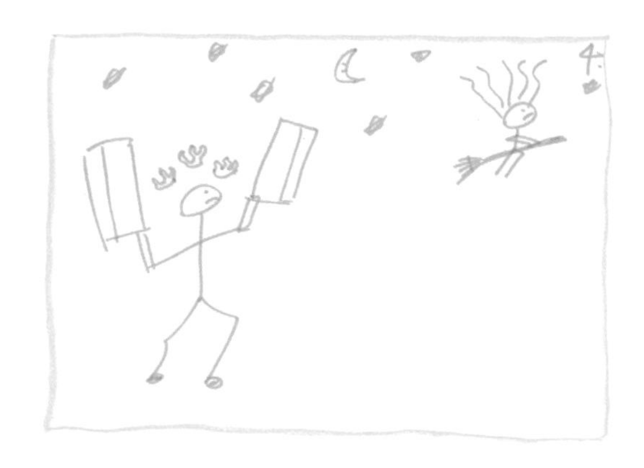


圖 3-2-4　生命不息，追殺不止

從整體看，作畫者是一個追求變化的人，四幅畫的邊框沒有重覆的，有曲線（圖 3-2-1），有直線，顏色上也有變

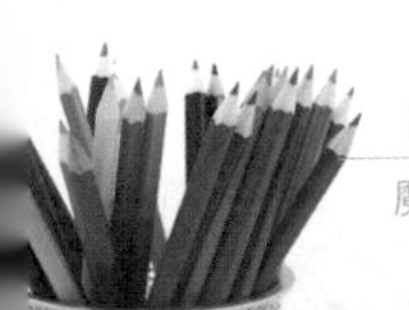

化，有時一個邊框中就有四種顏色（圖 3-2-2）。他敢於突破常規，不怕犯錯誤，富有冒險精神，如第一幅畫中那個畫錯的壺，第二幅和第三幅畫中傾斜的壺。他也富有樂觀精神，很會利用資源，如第二幅畫中的卡拉OK、第三幅畫中的弓箭、第四幅畫中的刀，也很會享受生活，讓自己抓緊每一分鐘享受。

畫中充溢著濃濃的復仇情緒，看得出作畫者有較強的攻擊性，從第三幅畫中的引弓待發和第四幅畫中的拿刀追殺，可以看到他復仇的決心是非常強的。第四幅尤其生動地呈現了他處於怒火中的狀態：頭上火冒三丈，不僅舉著巨大的刀，而且舉著兩把，儘管是星夜，仍然追殺不止。和畫中人相比，那魔法師顯得脆弱、力量不足，只能落荒而逃。

非常有意思的是，一旦畫中人變得有攻擊性，就被畫成藍色。從能量水準來看，前兩幅畫中的綠色和橙色更有能量。所以，儘管報復給畫中人帶來了動力，但並沒有帶來足夠的能量，也許有這種可能性：這種攻擊性只存在於他的想像世界中，從來都沒有現實化，所以並沒有攜帶能量。

也許作畫者可以反思一下：過去這種「別人怎樣攻擊我，我會加倍還擊」的想法，到底對自己造成怎樣的影響？如果真的這樣做了，帶來的結果是不是自己想要的？這種模式是否需要微調或改變？

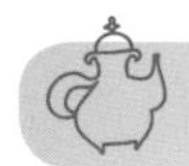

## 「誰敢抓我我殺死誰」

這四幅畫的作者有強烈的復仇情緒。

第一幅畫（圖 3-3-1）中，壺在畫的左面，整個壺幾乎是黑的，只有壺蓋上露出一些空白，在壺蓋處有幾筆紫色。那些黑的顏色塗得又厚又重，

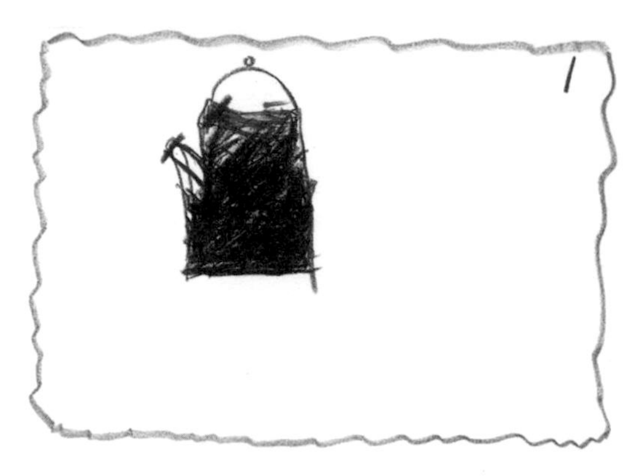

圖 3-3-1　濃重的恐懼

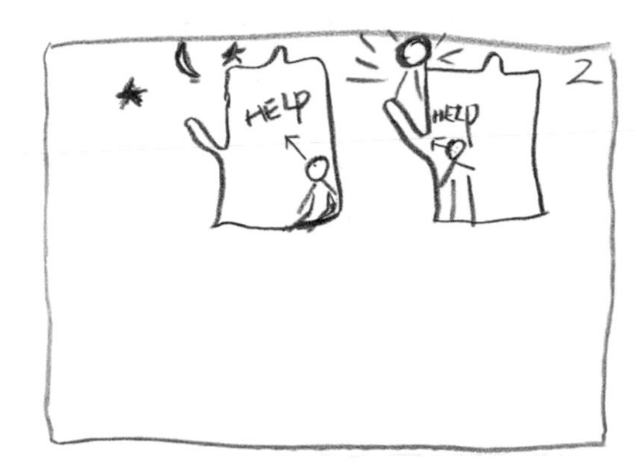


圖 3-3-2　白天黑夜呼喊救命

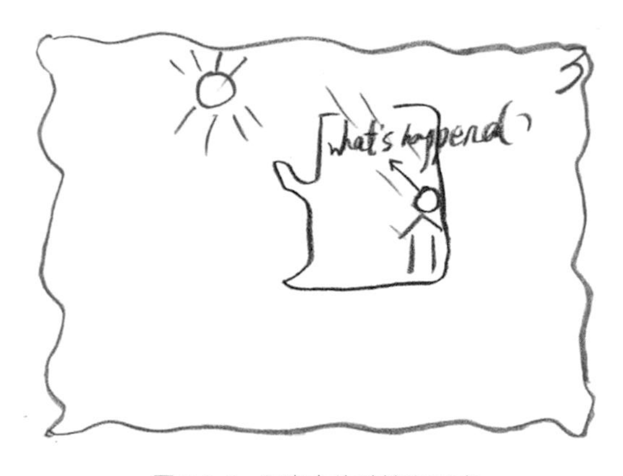


圖 3-3-3　陽光中的希望和困惑

而且塗色時相互交疊，更加表現出情緒的濃重。畫中人的情緒是「恐懼，同時帶有一絲希望」。

第二幅畫（圖 3-3-2）表現了一天一夜的情景：晚上時畫中人在呼喊救命，白天時畫中人在呼喊救命。唯一的不同是晚上可能人更虛弱和軟弱。畫中人的情緒是「焦急」。

第三幅畫（圖 3-3-3）是陽光照射進來後，畫中人抬頭看著陽光，在想到底發生了什麼。畫中人的情緒是「困惑，同時帶有希望」。

第四幅畫（圖 3-3-4）是畫中人已從壺裡出來，走在陽光下，手裡拿著一把尖利的武器，向著右邊走去，不遠處有綠樹。畫中人的情緒是「終於解放了！誰再敢抓我我就捅死誰」。

這四幅畫從用筆上看是非

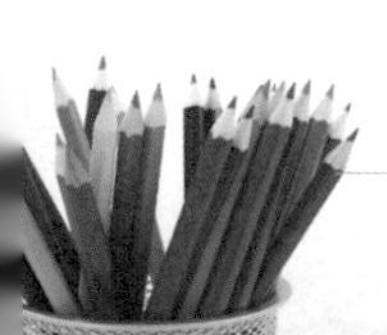

常簡潔的，這同時也是作畫者的行事風格。最為突出的是作畫者強烈的情緒：在第一幅畫中是恐懼，這表明作畫者在遇到突發事件時，出來工作的情緒首先是濃烈的恐懼、害怕和不安。在第四幅畫中最強烈的情緒是報復和攻擊，而且這種報復和攻擊直指曾經打擊過自己的人。在現實中，可能表現為作畫者對自己曾經受到的傷害耿耿於懷，需要透過以同樣的方式還擊才能釋然。

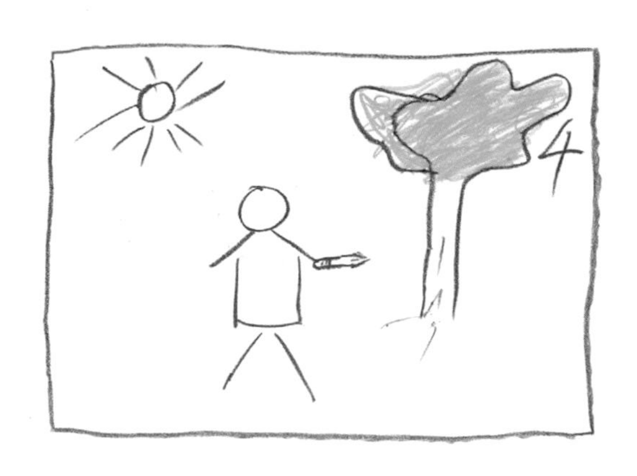

圖 3-3-4　誰再敢抓我我捅死誰

由於這種思維方式，所以在第二幅畫中畫中人本來已經在積極呼救，希望能夠擺脫困境，但到了第三幅畫，畫中人卻開始思考到底發生了什麼，是誰讓自己陷入這種境地。不是花時間、花精力來擺脫困境，而是去追究責任的部分。

給作畫者的建議是：有時候找到解決方法可能比追究責任更有效。傷害應該得到補償，但報復並不一定是唯一的補償方法。到底是念念不忘過去受到的挫折和傷害，還是更多關注未來，這是作畫者可以思索的命題。

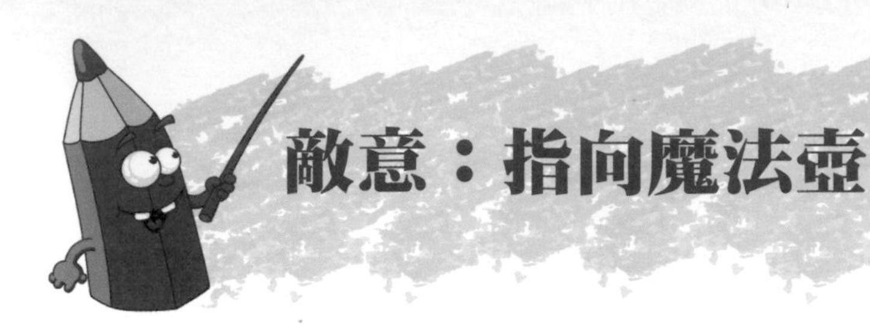

# 敵意：指向魔法壺

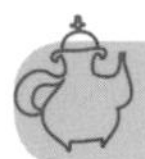

## 壺在水裡，壺破人出

這是一個魔法壺漂浮在水裡、碰到岸邊礁石、壺破人出的故事。

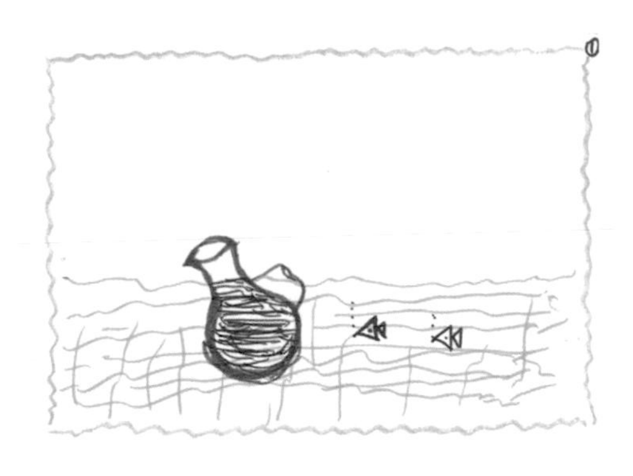

圖 3-4-1　漂浮在水裡的魔法壺

第一幅畫（圖 3-4-1），魔法壺漂浮在水裡，水裡有魚和水草。壺有著厚厚的壺壁，壺裡也有水，壺嘴向左微微地傾斜，看起來非常結實。畫面中沒有人，看不清人在哪裡，但作畫者解釋說人已在壺裡，其情緒為「渴望自由」。

第二幅畫（圖 3-4-2），魔法壺仍然漂浮在水裡，水裡的魚和水草更多，壺的體積變大，可以看到裡面有一個藍色的人，站在那裡舉著雙手喊叫著「救命」。壺壁看起來沒有那麼厚了。畫中人的情緒是「絕望」。

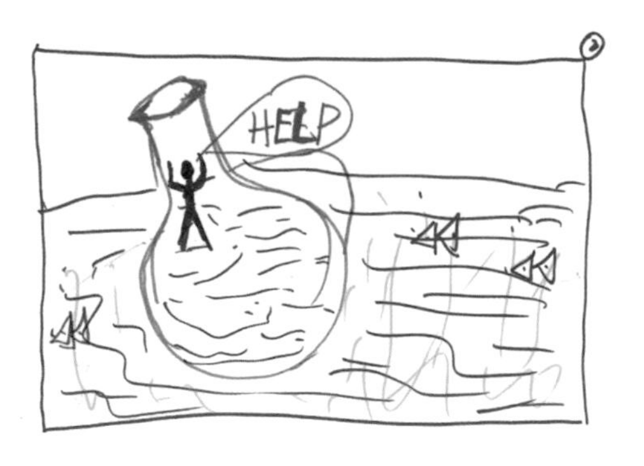


圖 3-4-2　壺裡的人喊「救命」

第三幅畫（圖 3-4-3），魔法壺仍舊漂浮在水裡，水裡的魚和水草依然，

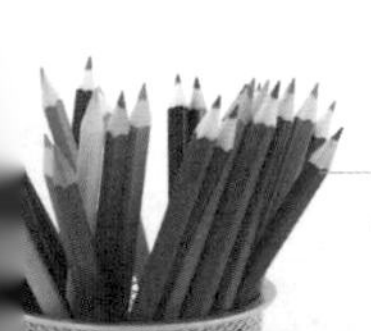

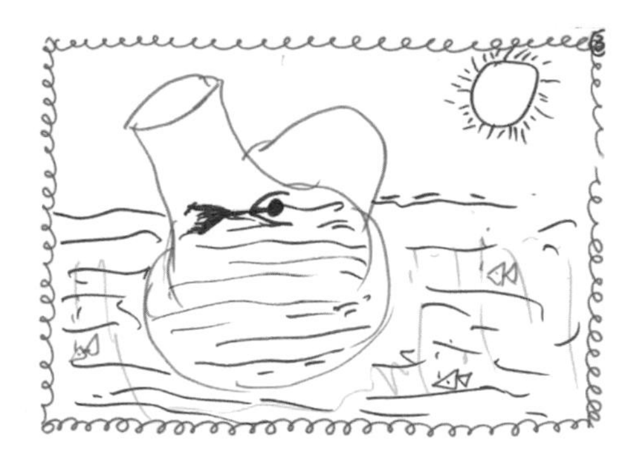

圖 3-4-3　壺漂浮在水裡，人漂浮在水裡

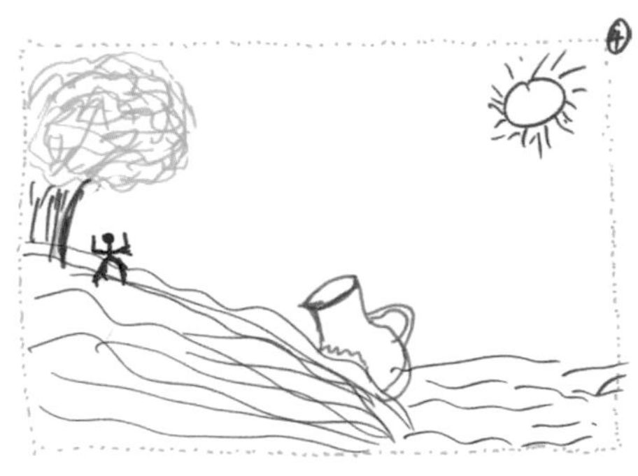

圖 3-4-4　壺撞在岸邊破了一個大洞

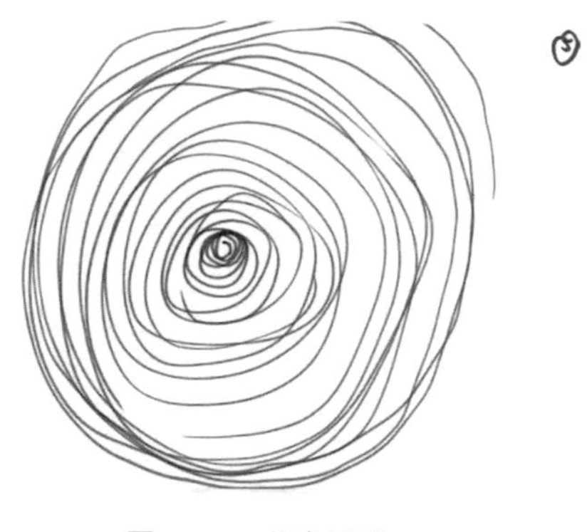

圖 3-4-5　很多圓圈

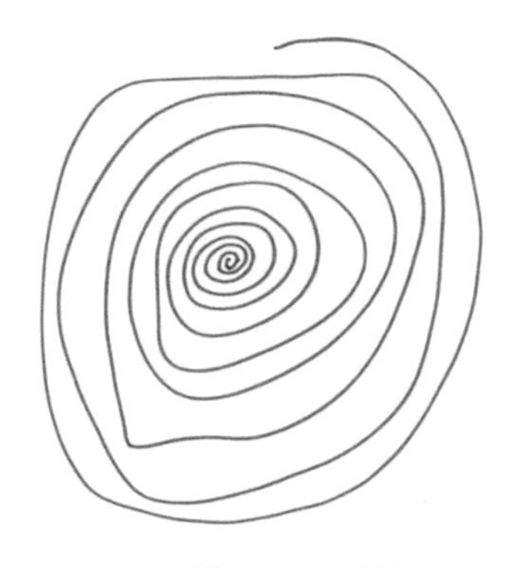

圖 3-4-6　圓圈

但右邊畫面上有一輪太陽，畫面中那個藍色的人正漂浮在水面上。畫中人的情緒是「無欲無求」。

第四幅畫（圖 3-4-4），魔法壺仍然在水裡，但撞到了岸邊，破了一個大洞。壺中人已經爬到岸上，站在樹下，看著那個壺。畫中人的情緒是「興奮、等待」。

第五幅畫（圖 3-4-5），作畫者畫了很多個圓圈，有些地方相互交疊，有些亂，看起來如果紙張再大一些，作畫者會感覺更淋漓盡致。畫這一張畫時，他的能量水平正高，需要有更大的空間來表達。

第六幅畫（圖 3-4-6），作畫者雖然也畫了很多圈，但顯然更整齊，更有控制力。

前四幅畫中魔法壺的處理很有意思：第一幅畫中的壺壁最厚，第三幅畫中的壺最大，第四幅畫中的壺最小。這樣的變化，其實代表著作畫者的情緒從悲觀走向樂觀。這種模式也是他在遇到緊急事件後的反應模式：開始時可能是悲觀的，但會越來越樂觀。

從最後壺在岸邊被撞破的結局可以看出，作畫者非常相信自己會有好運，外在的運氣會改變他的境遇。儘管在第二幅畫中作畫者也有自救的努力，如向外呼叫，但最終得救卻是由於偶然因素。可以看到作畫者的歸因方式：會把成功歸因於外部。有時候，這是客觀的，但如果總是這樣歸因，就有可能對自我評價過低，看不到個人努力在其中所發揮的作用。

以圖畫而言，儘管壺撞在岸邊是一種偶然，但壺能夠撞破，和作畫者的樂觀天性分不開：如果按照第一張圖畫中厚厚的壺壁，即使撞在岸邊，壺也難以破，但由於作畫者越來越樂觀，在第二幅、第三幅畫中，壺壁已經越來越薄了，這種變化是作畫者內在的樂觀性在發揮作用。

作畫者對畫中人的處理要嘛是不畫出來（圖 3-4-1），要嘛是塗黑的小藍人。這種色塗得很濃的圖畫通常代表著作畫者的鬱結、壓抑、能量無法釋放，在這裡，壺裡的水其實也代表著作畫者的情緒低落。第三幅畫中作畫者說自己「無欲無求」，與其說是一種真實，不如說是一種託辭和防禦，讓自己可以心安理得地置之度外。正因為有這種壓抑，所以當陽光照射進壺中時，壺中人感受到的是一種絕望，而不是一種希望，因為他已經先行把希望壓抑下去了。

圖畫中的水很多，不僅壺外有水，而且壺內還有水，這使得作畫者自然而然地運用了漂浮的力量，最終也是靠漂浮得救。這裡的「漂浮」也含

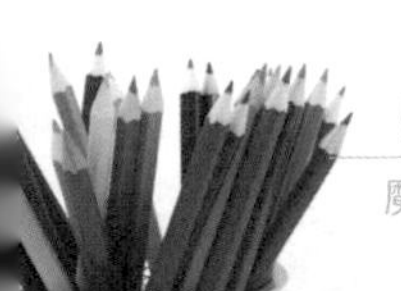

一個比喻，代表著作畫者的人生模式是隨波逐流的，沒有刻意用心，沒有刻意去計畫，也沒有刻意去努力，「漂」到哪裡算哪裡。

畢竟不是每次都能遇到壺被撞破的運氣，作畫者可以再檢視一下自己的應對模式，看看如何讓自己的能量可以更通暢，如何讓自己的天賦派上用場。

## 用炸彈炸壺

這四幅畫的特點是：壺最後是用炸彈炸開的。

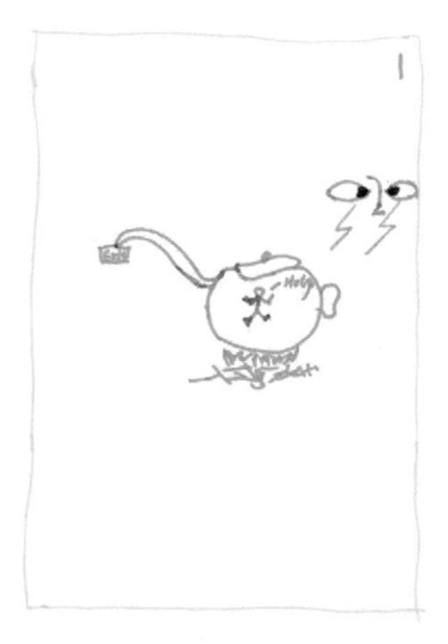

圖 3-5-1　驚慌 ing

第一幅畫（圖 3-5-1），有一個綠色的壺，壺在畫面正中，有長長的壺嘴，壺嘴上標著「出口」字樣。壺裡有一個綠人正大喊著「救命」，壺下面有雜物。在壺的右面有一雙綠色的眼睛，正發出綠色的閃電，看著這一切，這是魔法師。壺中人的情緒是「驚慌 ing」。

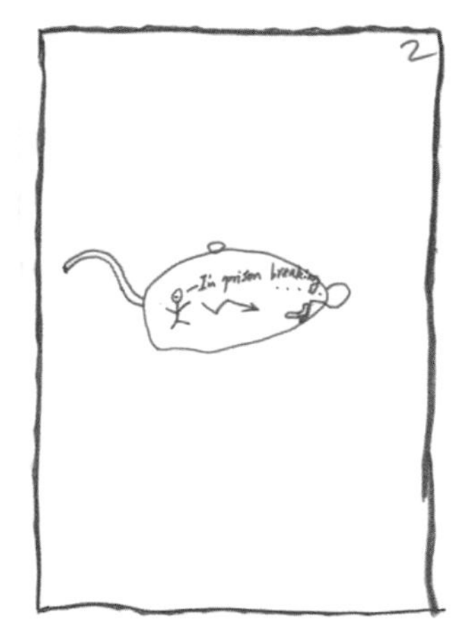

圖 3-5-2　監獄破壞者

第二幅畫（圖 3-5-2），壺變成了橙色，而且壺的樣子也有一些變形，壺中人也是橙色的，說了一句話：「我是破壞監獄的人。」壺中人正在做一些破壞工作。壺中人的情緒是「淡定」。

第三幅畫（圖 3-5-3）是用紅色畫的。壺有些變形，壺中人不再是火柴人，而是被畫上

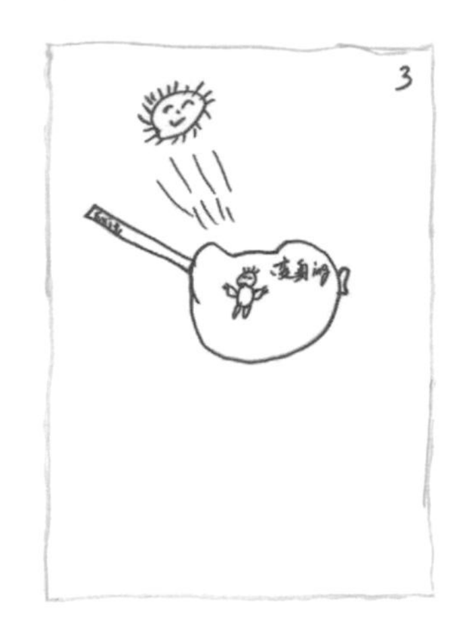


圖 3-5-3　變身 ing

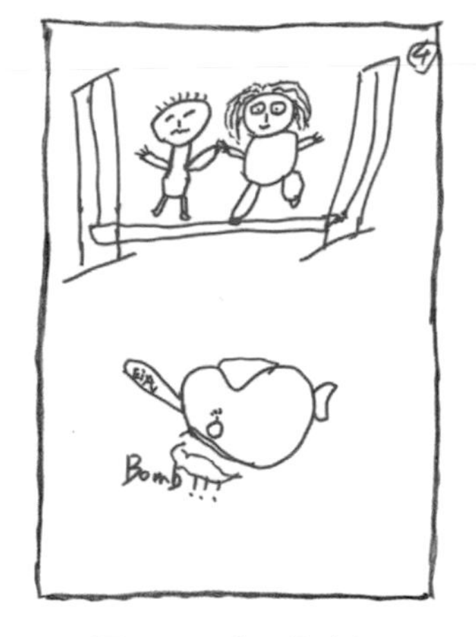


圖 3-5-4　炸彈炸壞壺

了頭髮，畫出了四肢。壺中人正在變身中，他的情緒是「怒！」。

第四幅畫（圖 3-5-4）仍然是用紅色畫的。壺從畫面正中到了畫面下部，壺上有一個洞，壺下面有一塊掉下來的不規整的碎片，顯然是被壺外的炸彈炸出來的。壺中人已經出壺，和一位女士站在一起，正在歡呼雀躍，幸災樂禍地看著被破壞的壺，他的情緒是「樂」。

會有一些人畫被破壞的壺，但動用炸彈炸壞壺，比例較少。從作畫者的處理來看，他對壺一直採取漫不經心的態度，只有第一幅畫裡的壺是完整的，有壺蓋、壺嘴、壺把手，描繪得還較為細緻，但其他圖畫中的壺都有些變形，或比較粗糙，可以看出作畫者扭曲地看待那些挫折和困難。在第四幅畫中人物也有一些變形，這表明作畫者的這種扭曲是系統性的。作畫者客觀認識自我和世界的功能其實是不健全的。

在第一幅畫中畫出的魔法師的眼睛，代表著他有被監督感、被監視感，也就是說他習慣的模式是有人監管著他做事。他並非喜歡這種監管，但他已經習慣。第二幅畫中把壺比喻成監獄，也表明這一點：在現實中他常有處於監獄之中的感覺，被束縛，不自由。

面對這種束縛，作畫者有強烈的攻擊情緒。畫中人一直在想辦法出壺，曾經呼救（第一幅畫）、曾經破壞壺（第二幅畫）、曾經變身（第三幅畫），但他沒有從出口（壺嘴）處出來，而是把壺炸開出來。他在所有的畫面中都提示壺嘴是一條出路，但他最終需要毀壞壺，因為他受到的壓抑太深，僅僅逃出壺無法宣洩他的憤怒，他需要更激烈的方式、更大的破壞力來表達他對這種束縛的不滿。他的喜悅不單是對逃出壺這件事，更是對他反抗了壺、壓倒了壺、毀滅了壺，從此可以享受自由，並且不再受權威或他人的威脅。似乎他對那些規則有強烈的憎恨。

作畫者可以思考一下魔法師到底代表了現實中的哪些人或哪些力量，除了破壞關係外，你跟他們其他的溝通方式是什麼。

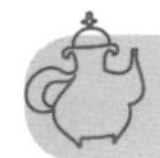

## 破壁而出

這六幅畫中最有特點的是壺中人破壁而出。

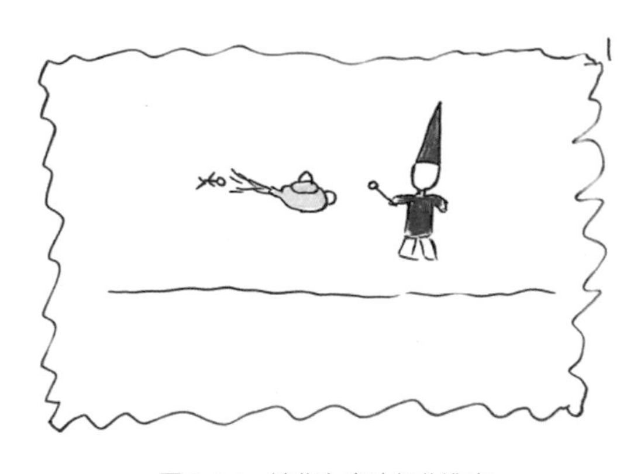

圖 3-6-1　被紫衣魔法師收進壺

第一幅畫（圖 3-6-1）中，有一個頭戴紫帽、身穿紫衣的魔法師，手拿魔法棒，正把畫中人從壺嘴吸進壺中。畫的主體在畫面的上部，整個畫面非常富有動感。選擇從壺嘴進入，代表了作畫者感受到不舒服，畫中人的情緒是「驚慌」。

第二幅畫（圖 3-6-2）中，壺中人正在觸碰壺壁，被他觸碰到的右邊的壺壁出現了一些裂紋，但厚厚的壺壁表明把壺打碎不是一件容易的事情。畫中人的情緒是「興奮」。

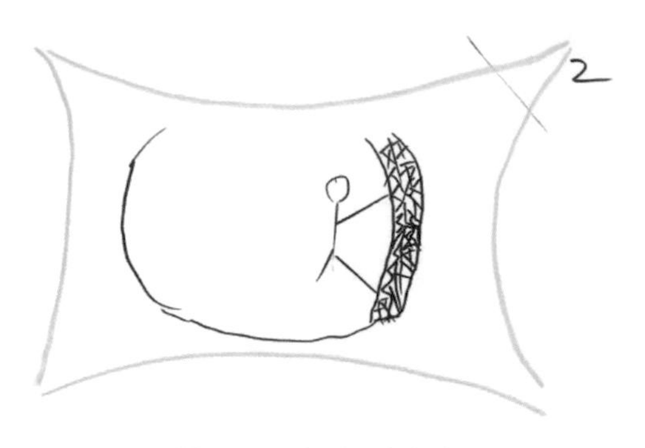

圖 3-6-2　有裂紋的壺壁

第三幅畫（圖 3-6-3）中，一道強烈的陽光穿過壺壁，照在壺中人身上，太陽掛在空中。魔法師靠在右邊的大樹上。畫中人的情緒是「激動」。

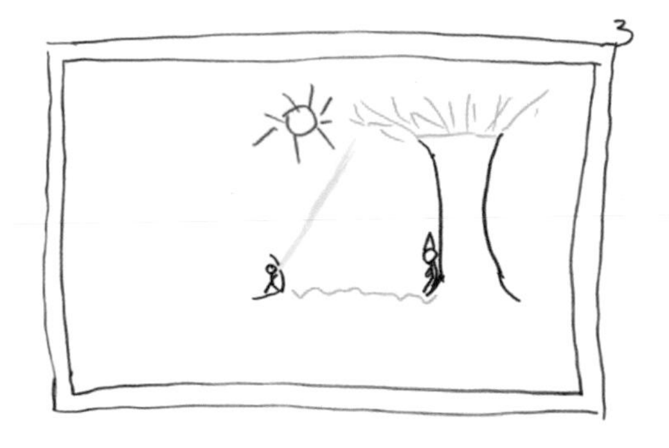

圖 3-6-3　陽光照進壺內

第四幅畫（圖 3-6-4）中，有一幢房子立在陽光下，門窗關閉著，太陽在畫面的右邊照耀著。畫中人的情緒是「安逸舒適」。

第五幅畫（圖 3-6-5），從裡向外地畫圈，比較隨意。

第六幅畫（圖 3-6-6），從外向裡，比較規矩。

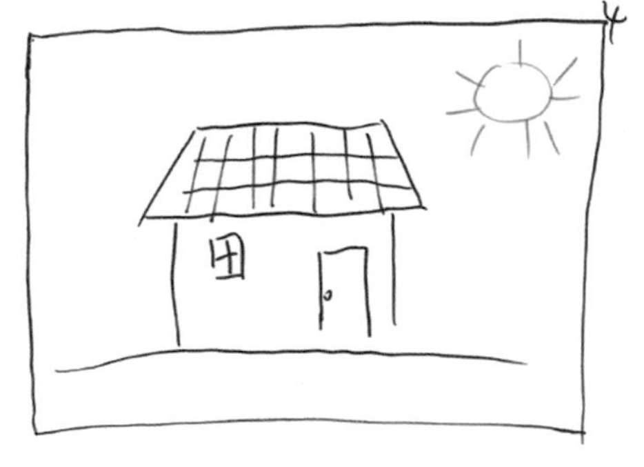

圖 3-6-4　安逸舒適地在房內

這六幅畫中，壺的畫法很有意思。在第一幅畫中出現了一個小壺，但和魔法師的身高成相應的比例，人和壺相比更小，所以傳遞出畫中人在魔法師面前無力、無助的狀態；在第二幅畫中，壺變得非常大，占據了整個畫面，而且壺壁的厚度被突出強調，人與壺相比仍然是小的，可以看出壺的難以突破；在第三幅畫中，壺變得非常小，人變大了，魔法師雖然面積最大，

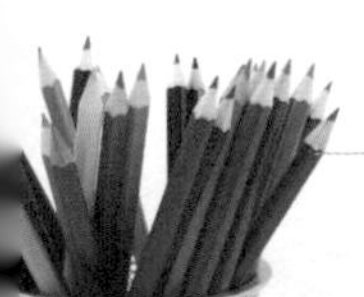

但與第一幅相比，身材大大縮水，從壺、人、魔法師的大小對比中，可以看出人的力量在增強，魔法師的力量在減弱；在第四幅畫中沒有出現壺，但可以知道畫中人已從壺中出來，壺已經不重要了，人也不重要了，最重要的是心態和感覺。壺、人和魔法師的大小和相對位置，可以傳遞出力量的對比。

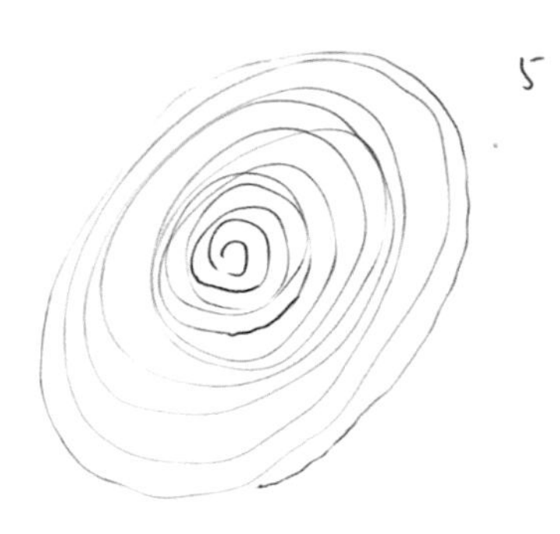

圖 3-6-5　螺旋的圓

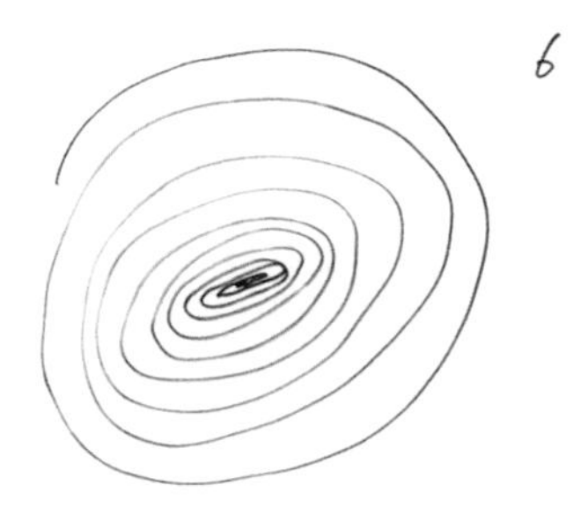

圖 3-6-6　螺旋的圓

系列畫中還有一個很有意思的資訊：魔法師沒有臉。在第一幅畫中，魔法師身形較大，作畫者有機會畫出其五官，但他沒有畫。一種可能性是作畫者不知道該如何畫五官，另外一種可能性是作畫者不知道他想像中的魔法師長得怎樣，甚至連魔法師的性別都不是特別明確。這說明作畫者並沒有把魔法師和他生活中的人物作原型對應。作畫者用了紫色來畫魔法師，紫色本身代表著「神祕、未知」等，而且是帶有一種好感的神祕，所以儘管畫中人和魔法師似乎有一番爭鬥，但這對作畫者而言並不重要，重要的是畫中人靠自己的力量出了壺。

作畫者相信依靠自己的力量能走出困境，非常樂觀，並且也有行動。只是，在第四幅畫中，雖然畫中人出了壺，但整體畫面缺乏溫暖感，可以看出這段經歷讓作畫者有不舒適的感覺。第五幅和第六幅畫表明他的能量和情緒仍然在整理中，這可能也是他的風格：經歷較大挫折或事件後，需要一定的時間來恢復和讓自己安定。

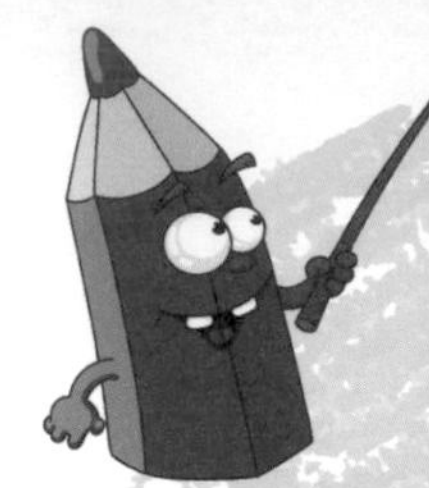

# 從受害者到認同魔法師、成為魔法師

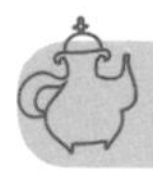

## 成為女魔法師

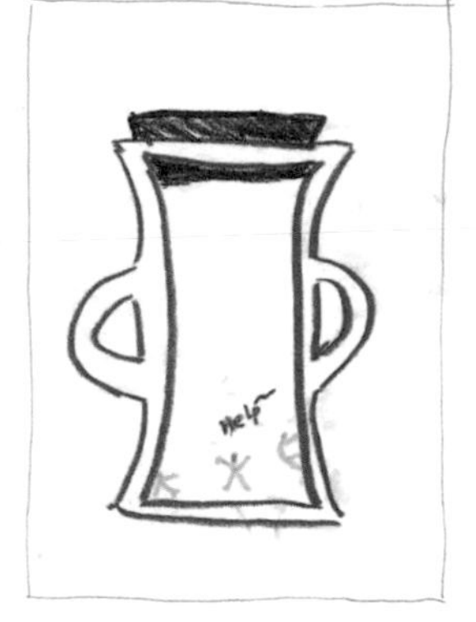

圖 3-7-1　在紫色雙耳壺內奔走呼號

這四幅畫的特點在於結局出人意料：壺中人成為魔法師。

第一幅畫（圖 3-7-1），畫面正中有一個大大的雙耳壺，紫色，有著厚厚的壺壁。壺中人在壺底奔走呼號「救命」，不停地嘗試各種方法，甚至攀爬到壺壁上，但最後頹然坐在地上。畫中人的情緒經歷了三個階段：「先是想要求救，接下來爭取逃離，都沒有用，只留下絕望。」

第二幅畫（圖 3-7-2），壺變得很大，但壺中一片漆黑。壺中人躺在壺的左下角，閉眼流淚，想家，想男朋友，想美食。主色調是黑色，但壺中人的頭髮用了紅色，壺底用了深黃色。畫中人的情緒是「想念家人」。

第三幅畫（圖 3-7-3），在很大的壺裡，壺中人感受到了陽光，對著陽光伸出了手。畫中人的情緒是「有光亮就有希望」。

第四幅畫（圖 3-7-4），畫面一條紫色的豎線被分成兩部分。在左面，有一張桌子，上面有一個紫色的花瓶，裡面插著兩朵花；在右邊，站著一個女魔法師，從紅色的頭髮可以看出是壺中人，她頭戴藍色的尖帽，上面有五角星，身穿藍色魔法師長袍，長袍上有代表魔法的五角星，左手拿著掃帚，笑嘻嘻地站在那裡。畫面的右上角有一扇紫色的窗戶。作畫者說：「最終被魔法師釋放，並傳授技藝。」

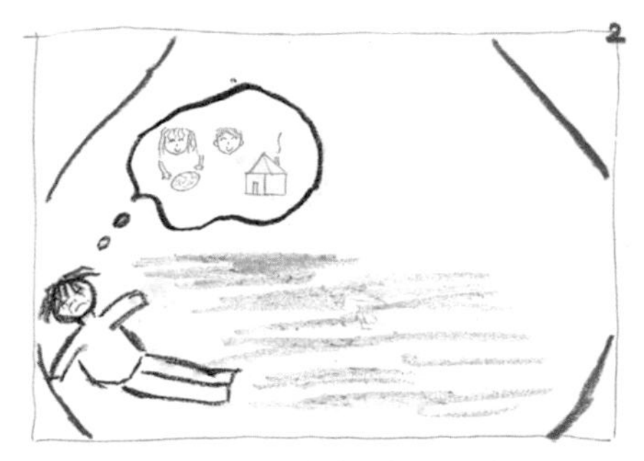

圖 3-7-2　躺在壺裡想念家人

這四幅畫最有特點的是畫中人的塑造及其與魔法師的關係。在第一幅畫裡，魔法壺的壁很厚，壺塞非常厚重密實，整個壺是個封閉的空間，根本無法透氣。與壺相比，壺中人是非常渺小的。這其實是作畫者自己創造的世界，她在告訴自己：一旦發生突發事情，結果可能就是最糟糕的，根本無處可逃、無路可去。

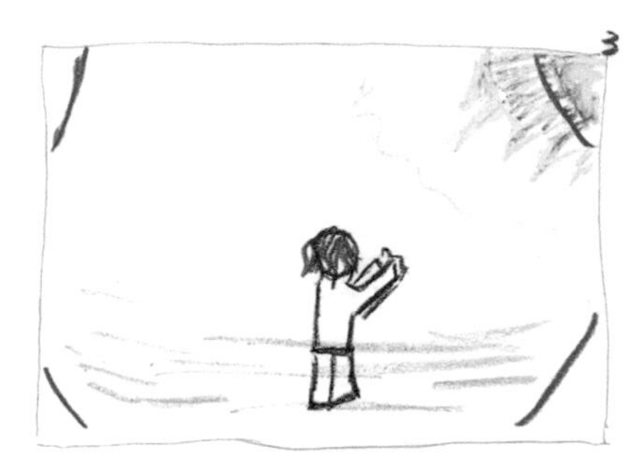

圖 3-7-3　向著陽光伸出手

作畫者本質上是一個悲觀論者，她把魔法師想像成為操控性極強、操控能力很高的他者，她在這樣的力量面前做不了什麼。第二幅畫中，壺中人是非常無助的，坐都坐不住，是半躺在壺裡的。閉著的眼睛代表作畫者不願面對現實，流淚代表她的情緒非常低落、傷心和難過。這幅畫中的壺中人是沒有畫出手和腳的，是典型的缺乏行動力的表現。

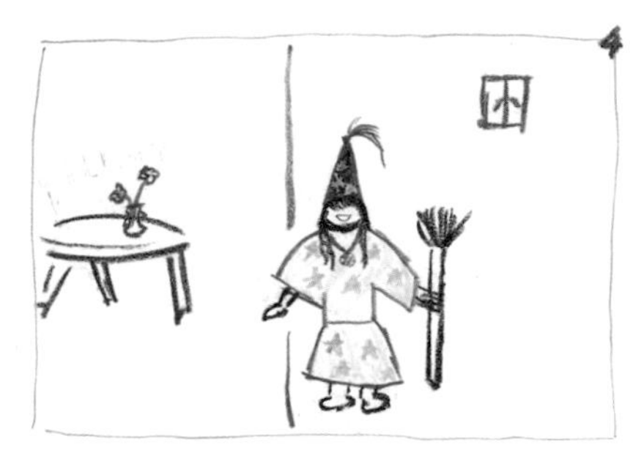

圖 3-7-4　成為魔法師的徒弟

第三幅畫的壺中人站了起來，手上有了動作，但腳仍然沒有出現，表明作畫者沒有內心的穩定感。第四幅畫中人的手腳全部出現，但那已是換了身分的人，與其說這樣的穩定感是來自畫中人內心，不如說是來自魔法師的頭銜和身分。魔法壺成為一個花瓶，表明她對魔法已能夠嫻熟運用。

魔法師最初是作為加害者出現的，但最終畫中人和魔法師相互認同，魔法師釋放她，與她成為師徒，這種結局並不常見。作畫者希望自己擁有強大的能量，這一點可以理解，但她選擇的是與魔法師和解，這種方法並不是很多人能夠想到或做到的。她在脫離困境時，讓自己付出了代價，改變了自己的身分。

這真的是她願意選擇的嗎？作畫者可以再多一些思考。

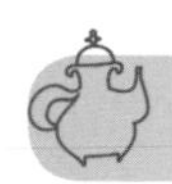

## 成為男魔法師——網路遊戲版魔法壺

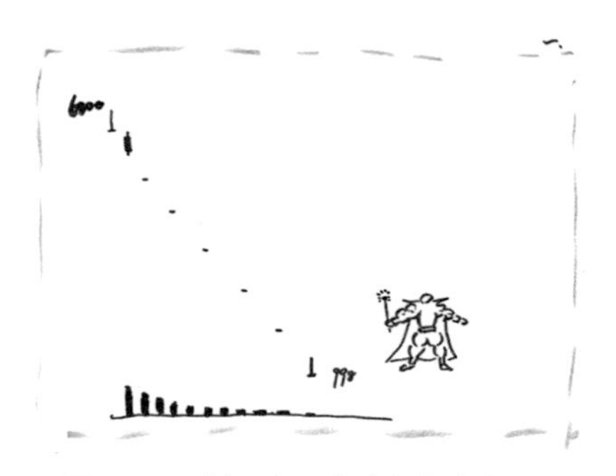

圖 3-8-1　被肌肉男魔法師收進壺內

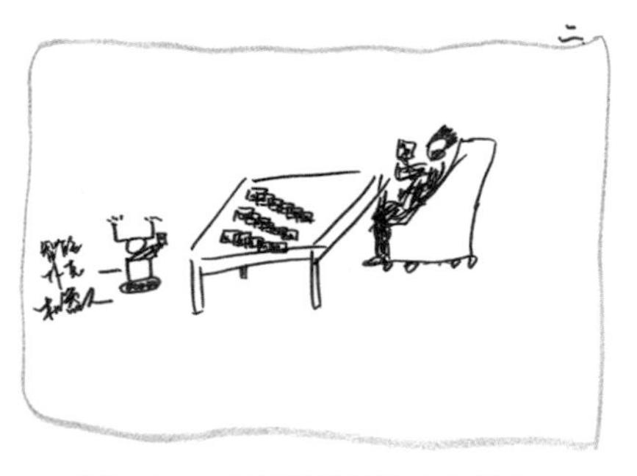
圖 3-8-2　與智慧型機器人打撲克

這六張系列畫可以說是網路遊戲版的魔法壺，其結局也是壺中人成為魔法師。

第一幅畫（圖 3-8-1）用了網路遊戲中常見的能量級數把現場的驚心動魄表現出來：右下角是一位肌肉男魔法師，手持閃著光的魔術棒，在把人收進魔法壺中後，其能量級數從九九八上升至六〇〇〇，而被收進魔法壺中的人，能量級數急遽下降。壺中人的情緒是「絕望」。

第二幅畫（圖 3-8-2）中，壺中人正在與智慧撲克機器人打牌。壺中

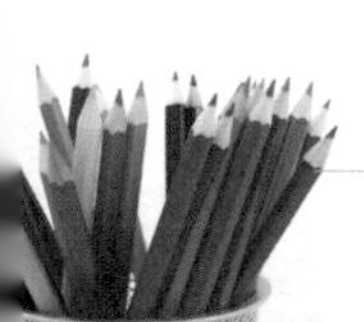

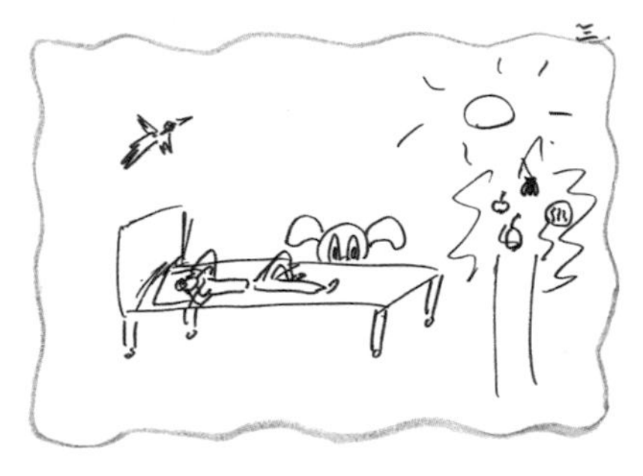


圖 3-8-3　舒適地睡覺

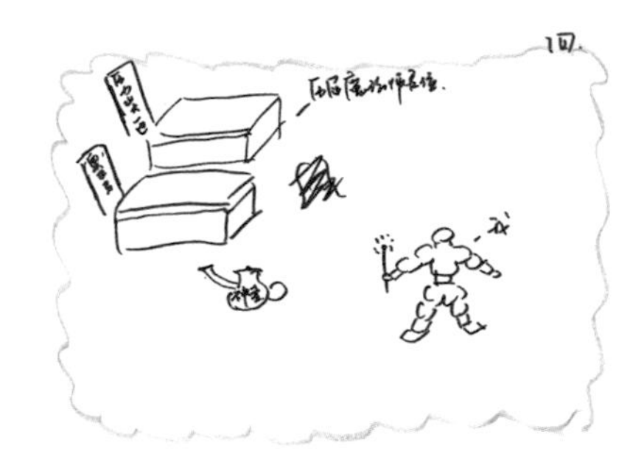


圖 3-8-4　成為強壯的魔法師

人坐在舒適的沙發上，對面的機器人比他矮小很多，雙方正在玩非常複雜的撲克遊戲。壺中人的情緒是「淡然」。

第三幅畫（圖 3-8-3）是壺中人躺在寬大的床上睡覺，床邊有一隻狗，天上有一隻鳥，右邊有一棵果樹，上面結著各種不同的果實，有香蕉、蘋果和梨子。壺中人的情緒是「舒適」。

第四幅畫（圖 3-8-4）是壺中人成了魔法師，其肌肉強壯程度和第一幅畫中的魔法師是一樣的。畫的左邊是歷屆魔法師的靈位，那個神壺在靈位的旁邊。壺中人的情緒是「很爽」。在靈位的右邊，還有一團作畫者畫錯了又塗掉的部分。

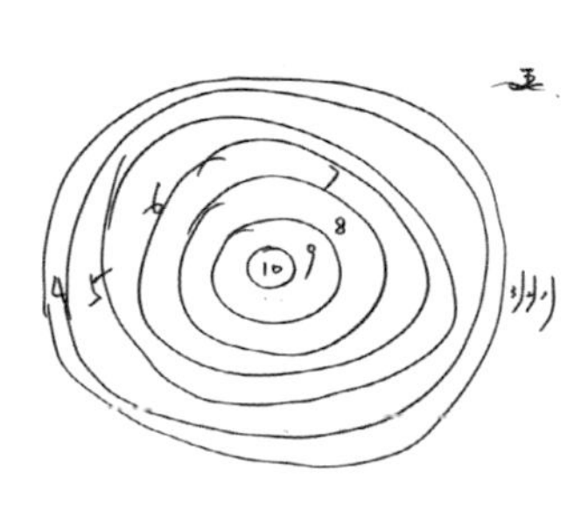


圖 3-8-5　像靶圖一樣的同心圓

第五幅畫（圖 3-8-5）畫了很多同心圓，作畫者給每 ·個圓標了一個數字，從十到一，如果紙面夠大，他會畫十個圓圈。整個圖畫像是一張打靶圖，又像是能量等級區分圖。

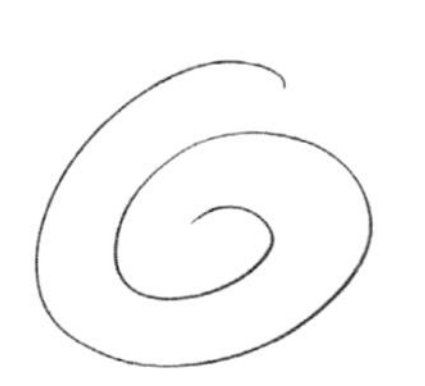


圖 3-8-6　簡單的螺旋圓

第六幅畫（圖 3-8-6）則是簡簡單單一根線畫出的圓，只畫了兩圈，這表明作畫者的心逐漸安定下來。

除了第一幅畫是負面情緒外，畫中人的情

緒都是積極的。但六幅圖畫的主體全部用黑色畫，連太陽都是黑色的，畫面透出一種憂鬱氣息，作畫者的能量似乎不高，而且和周圍的事物有一種隔絕感，儘管他在打牌、睡覺，但他未必會投入地享受這一切。那些淡然和舒適，似乎只是表面的，並沒有讓他內心快樂。

第三幅畫中的樹深有含義，許多種不同類型的果實結在一棵樹上，這是非常典型的慾求過多、且不知道自己需要什麼的樹。畫這種類型樹的人想要很多東西，但還沒有確定下來到底要什麼。他們做事會較為猶豫，因為放棄什麼都捨不得，於是就出現矛盾的做法和選擇，或時時改變想法。

在這個系列圖畫中，壺中人成為魔法師，似乎是其自願的選擇，因為壺中人以歷代魔法師為榮耀，並且對其有強烈的認同感。魔法壺仍然出現在畫面中，也表明了作畫者對過往經歷的看重。壺中人列出的那些靈位表明：「歷屆魔法師都是了不起的名人，我被他們挑中成為魔法師，我也將是一個名人。」壺中人對成為一個魔法師充滿了自豪和驕傲，這和第一幅畫中的絕望形成鮮明對比。說到底，用頭銜、他人的羨慕來證明自己是一個了不起的人，通常是內心不自信、不強大的表現。壺中人怎樣從受害者轉變為魔法師，這個部分作畫者沒有作任何交代，他並不看重，但名利和力量打動了他，所以他自願認同了這個身分。網路遊戲在多大程度上影響了他這樣的認同並不清楚，但網路遊戲中提倡的一點與此不謀而合：實力就是一切，享樂是重要的。

網路遊戲並不只是遊戲那麼簡單，有些價值觀就會無意當中滲透到玩家的心中。玩家們需要反思的是：在網路遊戲中的行事方式，在現實中是否行得通？如果在現實中沒有遊戲中那樣多的奇蹟，那麼該怎樣生活在現實中？

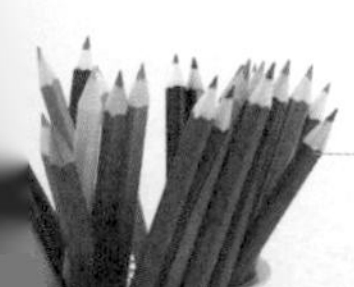

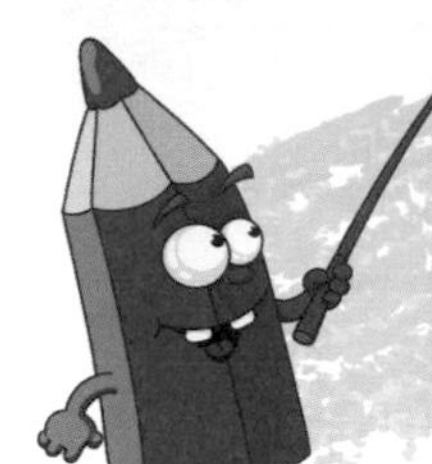

# 與魔法師的關係

## 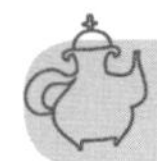 女性魔法師：母女關係的投射？

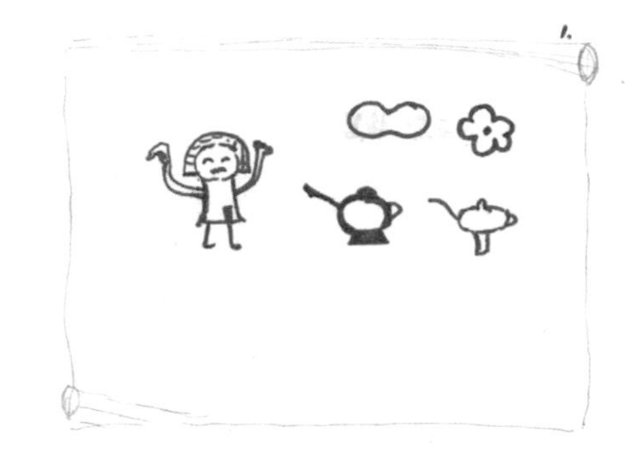

圖 3-9-1　被女魔法師收進紅色的魔法壺

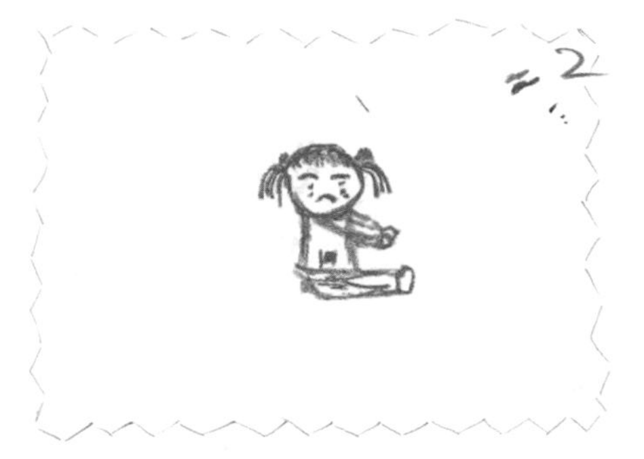


圖 3-9-2　小女孩坐在壺內哭泣

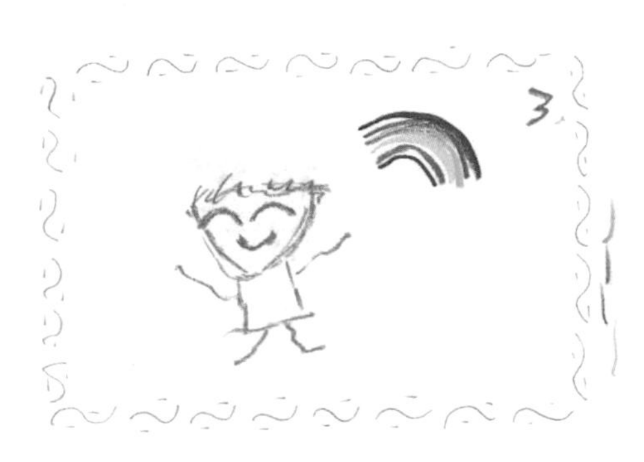


圖 3-9-3　見到彩虹

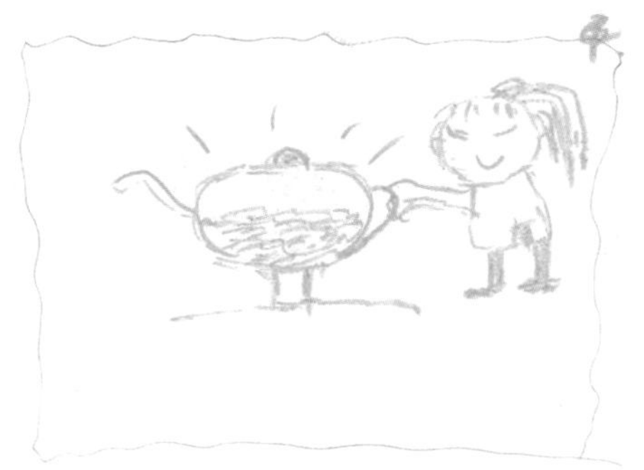

圖 3-9-4　逃出壺後拿著壺

這四幅畫值得探索的是作畫者與魔法師之間的關係。

在第一幅畫（圖 3-9-1）中，整個內容都是用紅色的彩色筆畫出的。左邊的畫面上是一位中老年女性，舉著雙手，她是魔法師。在畫面中央被反復描畫的紅色壺是魔法壺，在其右邊顏色較淡的那個壺是作畫者開始時畫錯的。畫面上的那朵雲和花代表這是在室外。壺中人沒有出現在畫面上，但作畫者對壺中人情緒的描述是「無奈和憤怒」。

接下來兩幅畫都省略了壺，直接畫出了壺裡的情形。在第二幅畫（圖 3-9-2）裡，一個紫色的女孩坐在那裡撇著嘴，似乎要哭出來。她紮著兩個翹翹的刷子辮，從頭和身體的比例看，應該是一個五～六歲的小女孩。作畫者對其情緒的描述是「悲傷和鬱悶」。

第三幅畫（圖 3-9-3）裡，畫面中央畫了一個褚黃色的女孩，仍然是大大的頭，但更抽象，身子和腿都簡化處理了。畫面的右上角有彩虹，畫中人的情緒是「開心、歡呼、看到希望」，用彩虹來代表希望的圖畫不多。

第四幅畫（圖 3-9-4）全部是用綠色畫出，畫面中央是一個壺，閃著綠光，壺裡還有一些水。右邊是和壺差不多大小的女性，紮著馬尾辮，正高興地拿著壺。畫中人控制了壺，終於逃出來了，其情緒是「勝利的喜悅」。

這四幅畫引人注目的是畫中人的關係：在第一幅畫中只出現了一個女性魔法師，看起來很像一位中年老大媽，渾身上下沒有一點魔法師的特質；在第二幅畫中出現了一個處於童年階段的壺中人；第三幅畫中壺中人顯然長大了許多；第四幅畫中畫中人更成熟。顯然，那個小女孩在不斷成長。這些資訊揭示出兩點：一是系列圖畫在講作畫者與母親或與其他女性長輩的關係，在講她如何掙脫這種關係的控制，擁有自己的獨立性。她與那位女性矛盾的焦點是控制與反控制。當然，這是一個比喻，有可能這種關係在現實中並不這樣劇烈和戲劇化，但透過圖畫表達出的感受是真實的。二是作畫者在遇到困境時，第一反應是退行，退行到孩童狀態，不用對周圍

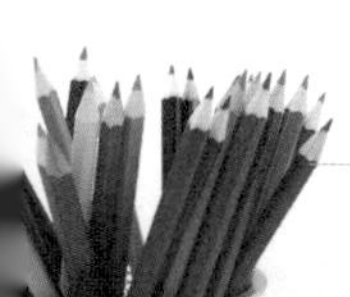

的事物承擔起責任的狀態，然後才慢慢接受現狀，重新回到成人狀態，承擔起責任和控制權，這是她的應對模式。

在第一幅畫中，魔法壺看起來很小，而且是封閉的、不可進入的，在第二幅、第三幅畫中，魔法壺被省略掉，而在第四幅畫中，魔法壺變得很大，而且變得富有生機、活力和魔力。這樣的對比其實是在說：那個魔法師並不能真正有效地操弄魔法壺，畫中人反而能讓魔法壺煥發出真正的魔力，魔法壺代表的是自由。

## 笑笑的魔法師

這是一個樂觀的人所畫的魔法壺，她的魔法師是呈現笑臉的魔法師。

在第一幅圖畫（圖 3-10-1）中，畫中人已經被關進壺裡，是站著的，魔法壺還閃著金光。右邊的畫面精心地描繪出魔法師：頭戴尖帽，手拿魔法棒，腳也是尖尖的，魔法師滿臉笑意。圖畫主體的基本色調是橙色，在畫魔法師時是橙色中填充了黑色。整個畫面並沒有感覺到陰沉，但畫中人的情緒是「害怕、恐懼」。

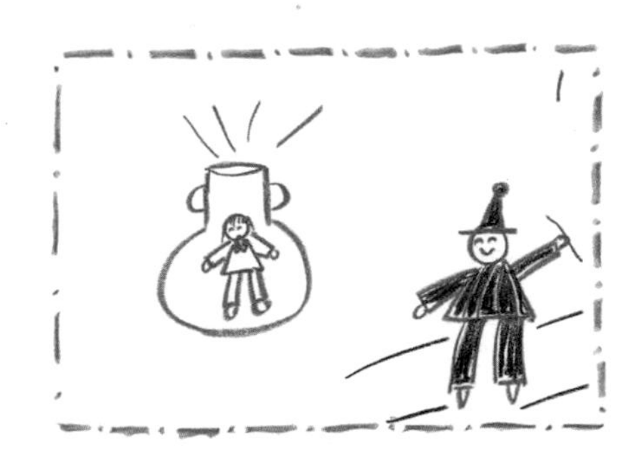

圖 3-10-1　滿臉笑意的魔法師

在第二幅畫（圖 3-10-2）中，畫面正中是一個大大的壺，壺中人似乎是在房間裡面，桌上有吃的，可以看

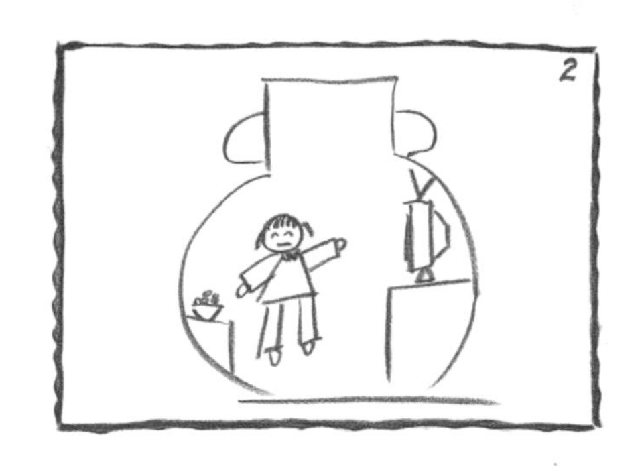

圖 3-10-2　壺中的房間

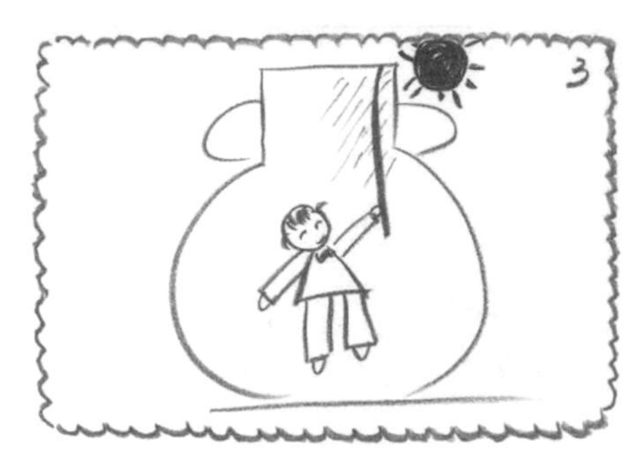


圖 3-10-3　一根繩子垂下來

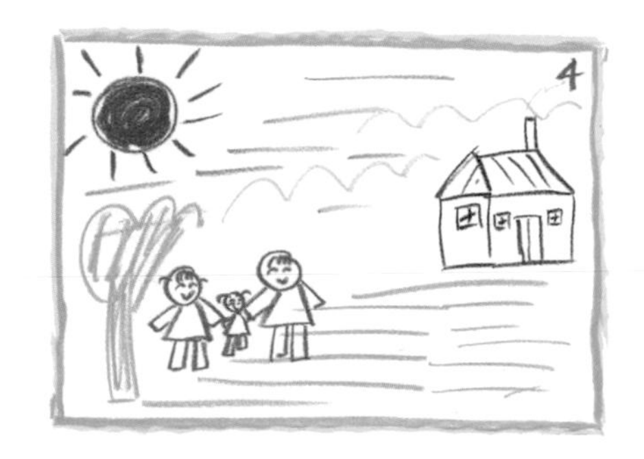


圖 3-10-4　和丈夫、孩子一起散步

電視，壺中人正站在那裡，表情是平靜的，畫中人的情緒是「等待」。

在第三幅畫（圖 3-10-3）中，畫面正中仍然是那個大大的壺。一輪紅紅的太陽，陽光照進壺中，壺中人正抓著垂下的一根繩子，畫中人的情緒是：「有希望了！真高興！」。

第四幅畫（圖 3-10-4）是畫中人已經出了壺，和自己的丈夫、孩子一起高高興興地在家門外散步。天空有太陽，左邊有樹，右邊有房子，遠處有山，畫中人的情緒是「幸福」。

雖然是魔法師把畫中人捉進魔法壺裡的，但在整個畫面中，畫中人並沒有很強烈的受害者情緒，她畫的那個魔法師更像一個人見人愛的小丑。這表明在現實生活中，她更容易從好的方面去看待事物，用積極的心態面對自己所遇到的事情。

剛進到魔法壺時，她也會有害怕和驚慌，但很快她就讓自己過得舒適。一有希望，她就創造出了一根繩子，儘管這是借助外力才得救，但還是因為她的樂觀才會創造這樣的資源。系列圖畫中呈現的是積極的信號。

和那些畫出面目猙獰的魔法師的作畫者相比，畫出和善的、面帶笑容的魔法師，代表著作畫者感受到的世界更有善意。在自己過往的經驗中，在自己的觀念中，自己更相信這個世界是善良的，更願意用人性善的哲學觀來對待他人。

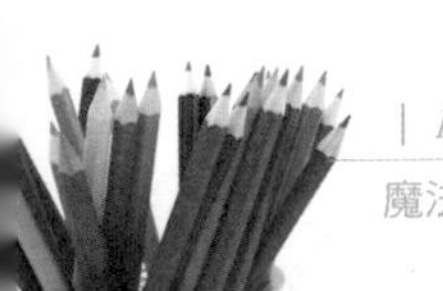

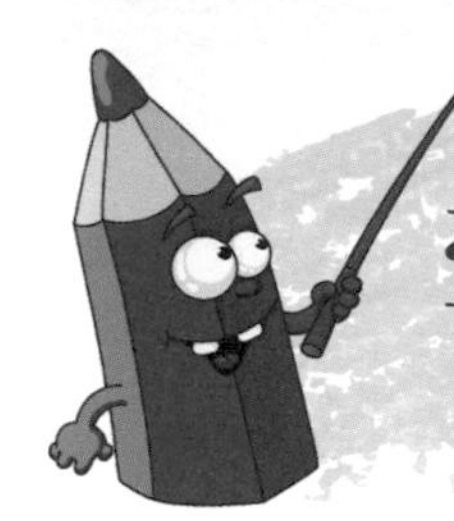

# 壺中人與魔法壺的比例

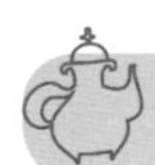

## 魔法壺中大大的人

這些畫的特點是人在壺中體積很大。

第一幅畫（圖 3-11-1）中，與壺相比，壺中人的體積非常大。從畫法上看，作畫者把壺中人的大半身都露在壺外面。壺中人的表情是怒目圓睜、嘴唇緊閉，兩手伸張，兩腿用力蹬，看起來心有不甘，正在奮力掙扎，壺中人的情緒是「緊張、恐懼和不平」。

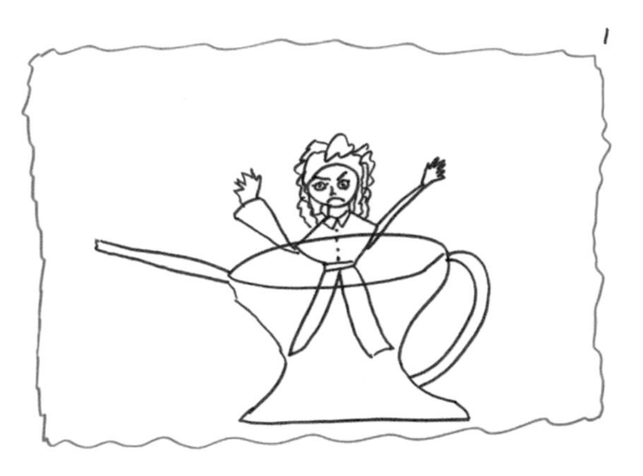


圖 3-11-1　身子在壺外

第二幅畫（圖 3-11-2）中，壺中人變小了，像個胎兒一樣蜷縮在壺裡，作畫者說：「蹲在壺裡想辦法，有點無奈，有點希望。」

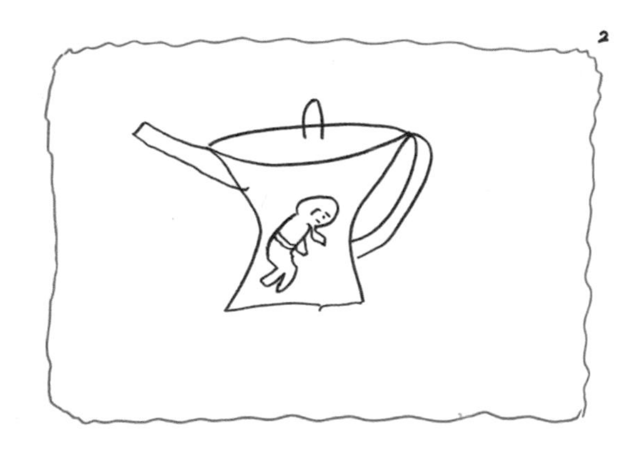


圖 3-11-2　像個胎兒一樣蜷縮在壺裡

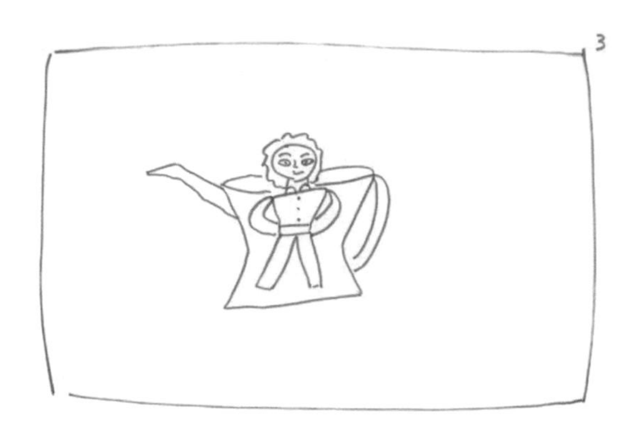

圖 3-11-3　鑽出壺口露出微笑

第三幅畫（圖 3-11-3）中，壺中人又變大了，作畫者說：「我抬起頭，挺起胸，鑽出壺口，對著陽光，露出微笑。」

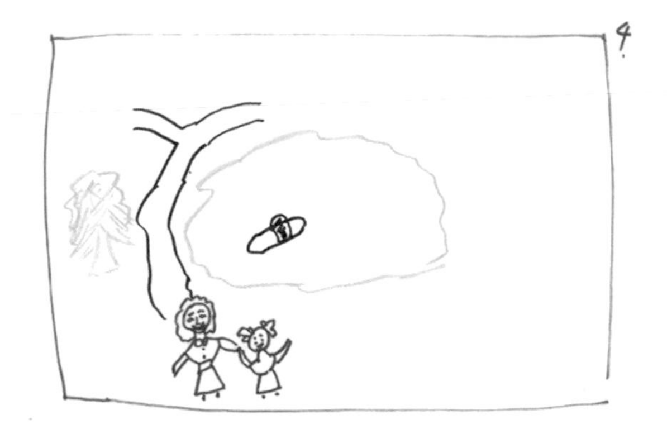

圖 3-11-4　帶著女兒在湖邊散步

第四幅畫（圖 3-11-4）中，壺中人已出壺，穿著裙子，帶著女兒在湖邊散步，湖中還有一個小島。作畫者說：「我帶著女兒，非常開心！」。

從顏色看，第一幅和第二幅用黑色畫成，第三幅用橙色畫成，第四幅用到紫色、綠色和黑色。這些顏色表明作畫者的情緒變化鮮明，從負面情緒轉到積極情緒。

從畫中人的處理看，作畫者藉畫中人的面積、顏色、表情等來表達情緒。第一幅中，畫中人不僅所占面積大，而且兩隻手、兩條腿的粗細完全不對稱。結合其表情，可以看到這是畫中人在奮力掙扎時身體的感覺：手和腳的位置不確定，手和腳的感覺和平時完全不一樣，好像都不是自己的了，完全沒有平時能夠控制自己身體的感覺，掉進壺裡時四肢就有可能變得力量不均勻，完全沒有穩定感。尖尖的手指代表作畫者想對加害者實施

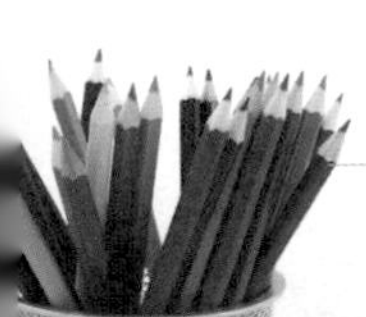

反擊，讓其嘗到被攻擊的感受。這是作畫者在遇到突發事件時的本能反應：感覺到害怕、不知所措，但同時又非常憤怒，即刻就會有反抗和掙扎，非常不甘心。這種憤怒、掙扎和攻擊有時是一種力量，使得她更有可能馬上擺脫困境，但有時也會讓她在困境中陷得更深。她要學會控制憤怒，這很難，但她會獲得收益。

在第二幅畫中，畫中人完全變了一個人，不僅所占面積大大縮小，而且人全部縮在了壺裡面。作畫者的圖畫生動地表現了退行的狀況，在遇到挫折，掙扎之後，隨即而來的是退行到小孩子的狀態，用孩子的方式對待發生的一切：「我只是一個孩子，我什麼都做不了，我沒法做什麼，我只是一個孩子，不要對我期望太高。」作畫者在緊急狀況下有過抗爭之後，接下來會陷入到無力、無奈的狀態中，似乎所有的能量都已經消耗殆盡。

第三幅畫中，畫中人的面積又變大。雖然在所占面積上沒有第一幅畫大，但與壺的相對比例並沒有變小。整個人是勻稱的、美麗的、有朝氣的，表情是愉悅的，那種活力會透過紙面傳遞出來。

第四幅畫中，畫中人的體積不大，而且不像之前三幅畫，人處於畫的中心，這幅畫中，人在畫的左下角，但畫中人是經過了修飾、穿著連衣裙的，手裡牽著女兒，更有了母親的感覺。身旁的女兒綁著羊角辮，很有活力。作畫者用紫色畫了這兩個人，代表著兩個人心意相連，同為一體。

除第二幅的人外，所有的人物都有一個特點：五官齊整（耳朵除外），畫了脖子、領子和扣子，即使是那個掙扎的人，這些也是一樣不缺。這表明作畫者的自我意識較為清晰，對自我有明確的瞭解。另外，這些人物大多沒有畫出手和腳，這其實代表著作畫者的行動力尚不夠，內心的穩定感也不夠。

作畫者在困境和挫折面前，最初的反應是驚慌失措，感覺到無助，但隨著時間的流逝，希望和自信會回到她身上，她會努力和抗爭，並最終從困境中走出。她需要瞭解自己有一個反應過程，即使在最初感覺很糟糕，最終她也會走出來的。

## 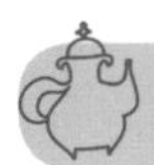 頭露在魔法壺外

### ▼ 六幅畫

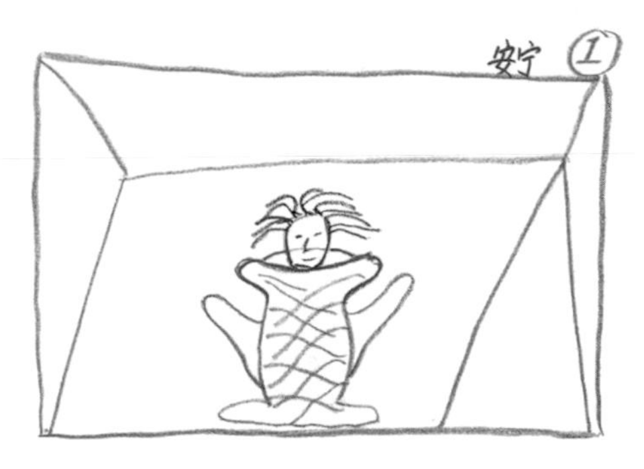


圖 3-12-1　頭露在壺外，安寧

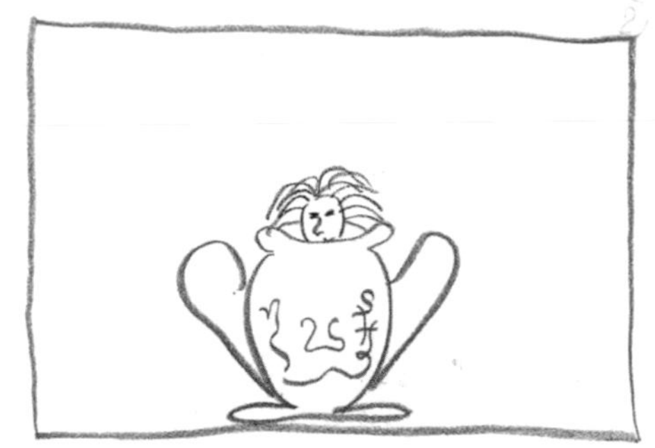

圖 3-12-2　頭露在壺外，平靜

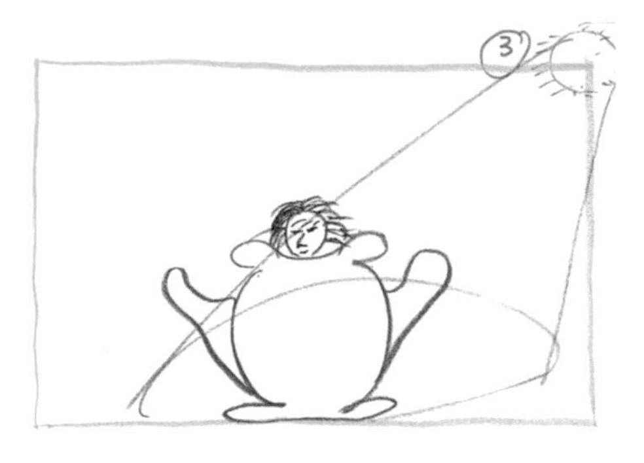


圖 3-12-3　頭露在壺外，陽光

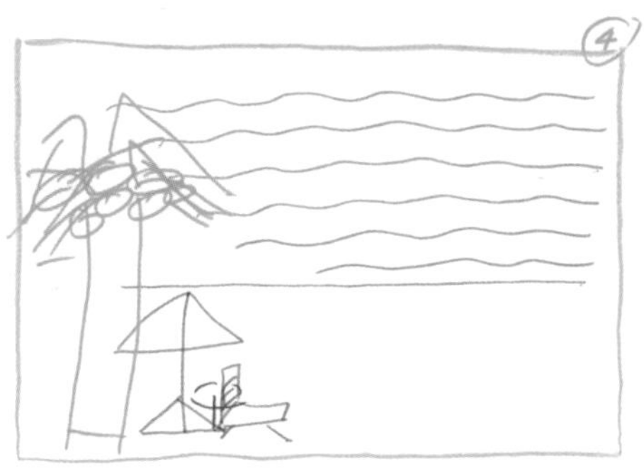


圖 3-12-4　海邊

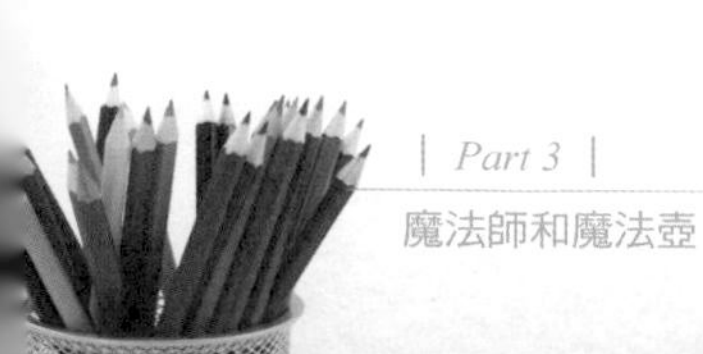

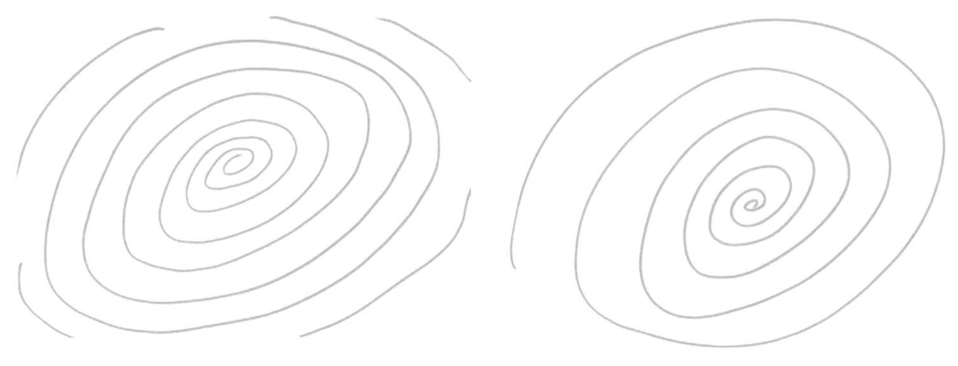

圖 3-12-5　綠色的圓圈　　圖 3-12-6　綠色的圓圈

在前三幅畫中，壺中人的頭始終露在魔法壺外面。

在第一幅至第三幅畫中，作畫者把魔法壺打造得越來越精緻，各部分的比例有些微調。壺中人的頭始終露出壺口之外，沒有太大變化。

第一幅畫（圖 3-12-1）中，作畫者在邊框上做了一些修飾，把橙色的邊框畫出了縱深感。壺身上有一些橙色的裝飾紋路，像是水波紋，壺中人的情緒是「安寧」。

第二幅畫（圖 3-12-2）中，壺身上的裝飾紋路就變成了紅色的複雜曲線，壺中人的情緒是「平靜」。

第三幅畫（圖 3-12-3）中，壺身上沒有畫紋路，但有大片紅色的陽光從右上角照射下來，幾乎把整個壺籠罩在陽光中，壺中人的情緒是「祥和」。

第四幅畫（圖 3-12-4）中，壺中人已經出了壺，坐在海邊遮陽傘下的躺椅上，身旁是一棵椰子樹，遠處是碧藍的大海。在這幅畫中，人已經被省略了。

第五幅畫（圖 3-12-5）和第六幅畫（圖 3-12-6）都是用綠色畫出的圓圈。

為什麼作畫者會把頭畫在壺口？這樣的處理不多見。一個可能的原因是作畫者很不習慣幽閉的空間，如果把人畫在壺中，會讓他有不舒適感。他需要讓自己能夠舒暢地呼吸，不讓那種憋悶感壓倒自己，所以選擇了非常規的畫法，把頭畫在魔法壺之外，這樣他的心才能安寧下來。對這樣的作畫者需要特別留心，關注其在活動結束時是否仍然殘留著憋悶感和不舒適感，這可以從第五幅和第六幅畫中看出。這位作畫者沒有任何不舒適感。如果在作畫過程中有人感覺不舒適，需要作一些恰當的處理。

正是因為作畫者強烈地回避幽閉的空間，所以他出了壺之後選擇的地方會是大海。在第四幅畫中，大海的面積特別大，因為作畫者需要這種寬廣來補償壺中感受到的狹隘感。

作畫者所畫的壺也非常有特點，充滿了柔軟感、包容感和女性氣質。從某種意義上講，這可能投射出作畫者在現實中與女性相處的模式，有一些功課他還需要修煉。

## 魔法壺中小小的人

這些畫的特點是：相比於魔法壺，壺中人太小啦！

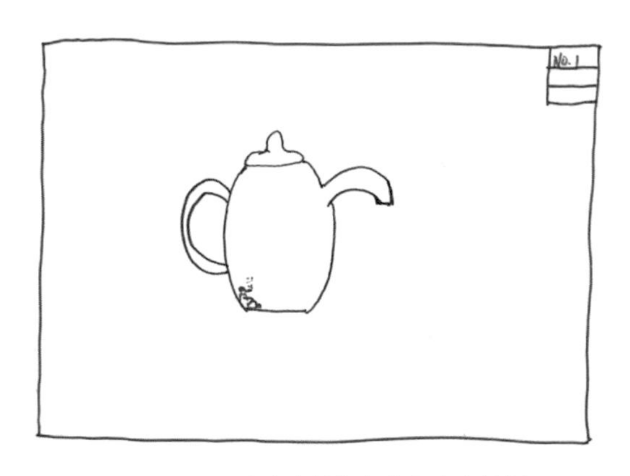


圖 3-13-1　小小的藍色人坐在壺中抽煙

在第一幅畫（圖 3-13-1）中，畫正中偏左的地方有一個褐色的魔法壺，壺把、壺身、壺蓋和壺嘴非常完整，有個小小的藍色人坐在壺中左下角在

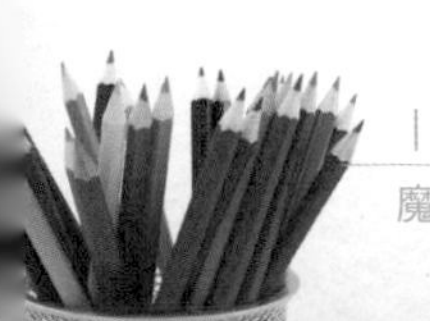

抽煙，畫中人的情緒是「悠閒、靜心，有酒就好了」。

在第二幅畫（圖 3-13-2）中，壺變大了，作畫者用筆更粗糙一些，藍色的小人躺在壺底睡著，他想念家人，想念老婆和孩子，畫中人感覺到「無聊、有點冷」。

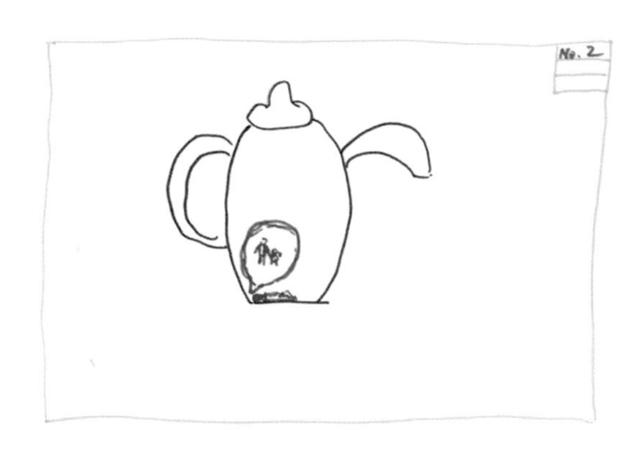

圖 3-13-2　藍色的小人躺在壺底想念家人

在第三幅畫（圖 3-13-3）中，壺變得更大，壺的右面破了一個洞，陽光照進來，壺中人站立著，舉起雙臂歡呼著，他感覺到「開心和溫暖」，希望壺的下面也破一個洞。

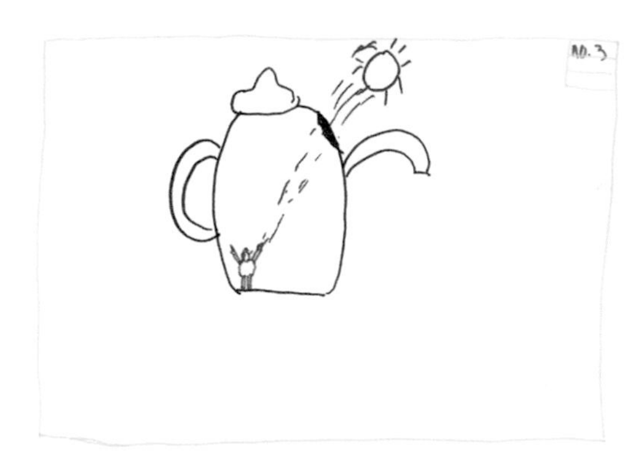

圖 3-13-3　陽光透過壺的破洞照進來

在第四幅畫（圖 3-13-4）中，畫中人已經從壺裡出來，和老婆孩子在散步。太陽掛在天空，他們身旁有樹和綠草。

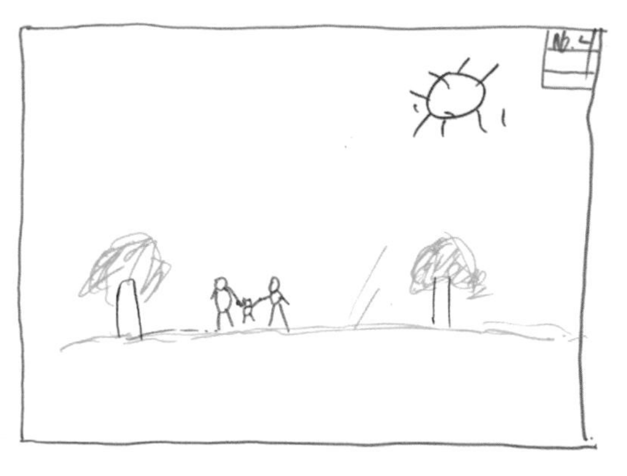
圖 3-13-4　和老婆孩子散步

第五幅畫（圖 3-13-5）和第六幅畫（圖 3-13-6）都是用藍色畫成的，第五幅是深藍色，第六幅是淺藍色，都是非常規整的。

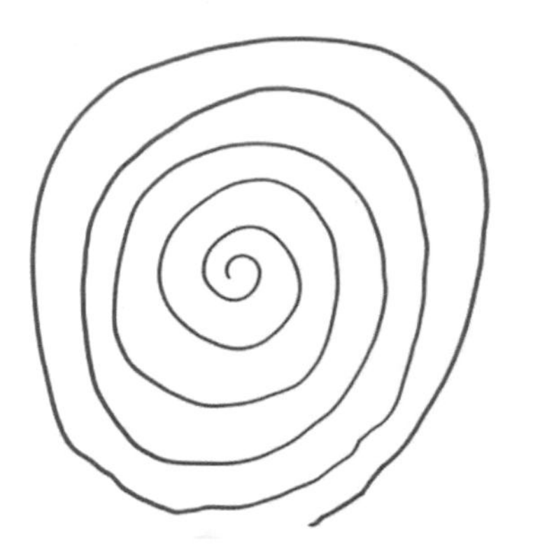

圖 3-13-5　深藍色的圓

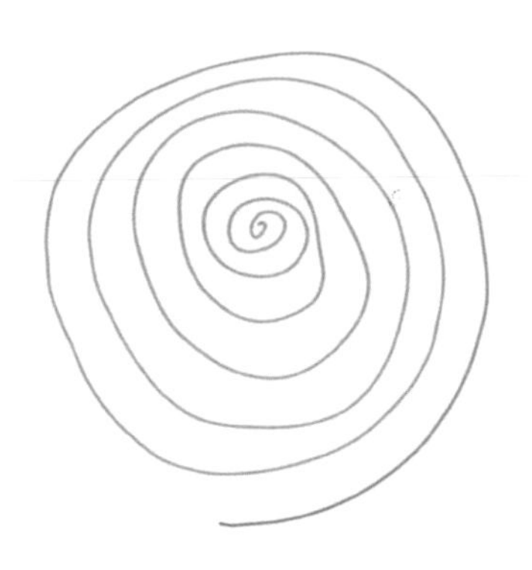

圖 3-13-6　淺藍色的圓

這些畫最大的特點就是畫中人非常小，和壺的大小相比，壺中人非常小。出了壺，和整個畫面相比，畫中人還是非常小。從整體上看，作畫者內在的自信不夠。在遇到壓力和挫折時，他會持一種保持距離的態度，這樣能夠讓他的心態保持平穩。在解決困難時，他也更多地希望依靠外力或幸運，他似乎不太敢運用自己的力量。

這也許和作畫者的思維方式有關。從邊框的畫法來看，他屬於方方正正的人，從標示圖畫編號的方式來看，他是一個把專業的認真勁用在任何小事上的人。從畫壺的方式來看，他屬於既可以細緻又可以粗糙的人。他構造出的整個畫面是偏冷的。他的第五幅和第六幅圖畫沒有大的變化。可以看出，作畫者在其工作中不需要用到太多的情感，只要把事情做好就可以了。雖然在生活中他可能有豐富的情感，但這部分經常得不到展現和表達。

他代表了一種典型：非常認真地生活和工作，但非常清楚自己的定位，不逾越，不野心勃勃，平平淡淡地生活，看起來缺乏激情，卻非常接地氣，雙腳踏在地面上。如果有人告訴他人類是可以飛翔的，他不會理睬，因為他堅信人是不會飛的。

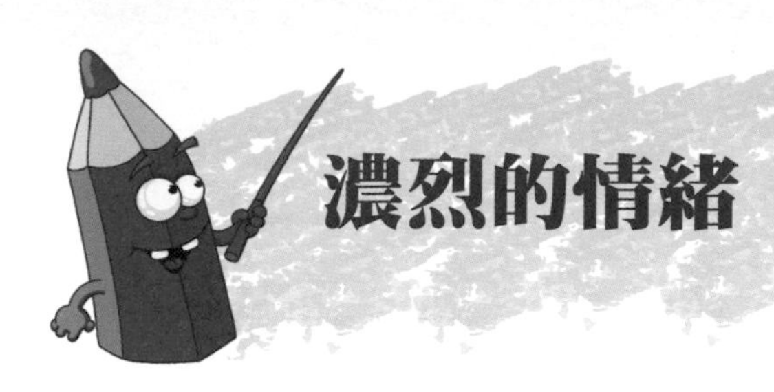

# 濃烈的情緒

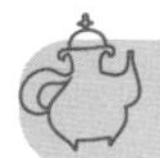

## 鋪天蓋地的藍色

這四幅畫的特點是其情緒非常濃烈，藍色是其底色。

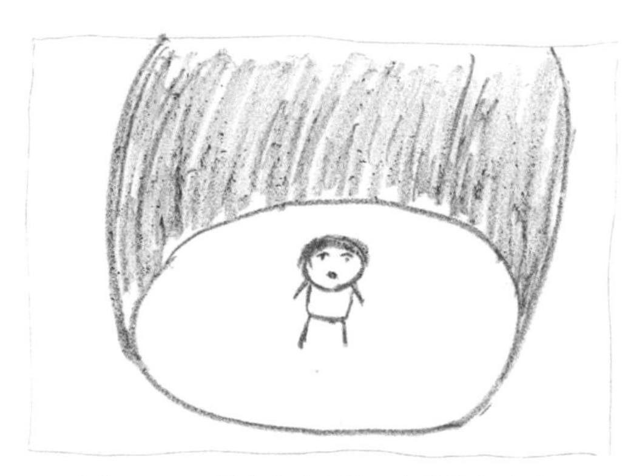

圖 3-14-1　藍色的人站在巨大的藍色壺中

第一幅（圖 3-14-1 ）到第三幅（圖 3-14-3）畫，都是相似的壺的剖面圖：一個藍色的人站在巨大的藍色的壺中，背景塗了大面積的藍色陰影。在第一幅畫中，壺中人站在壺的中央，其情緒是「迷茫、無助和焦慮」。

在第二幅畫中，相似的構圖，只是壺中多了茶几，茶几上有一盆鮮花，壺中人的情緒是「平靜、迷茫和逐漸適應」。

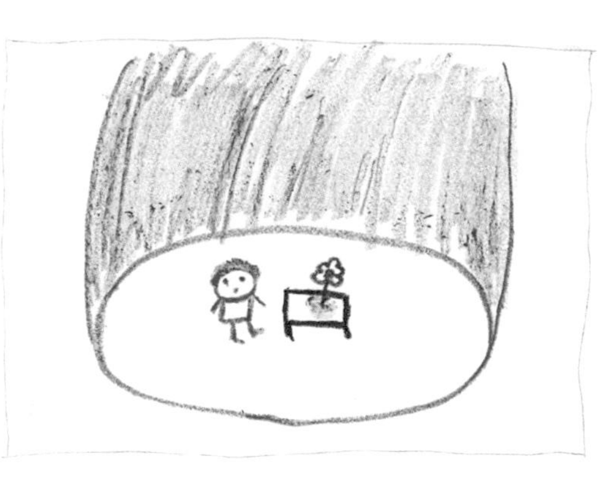

圖 3-14-2　在藍色的壺中逐漸平靜

第三幅畫（圖 3-14-3）中，和第二幅畫有相似的構圖，只是畫中人到了右邊，一束陽光穿透右邊的壺壁照射進來，壺

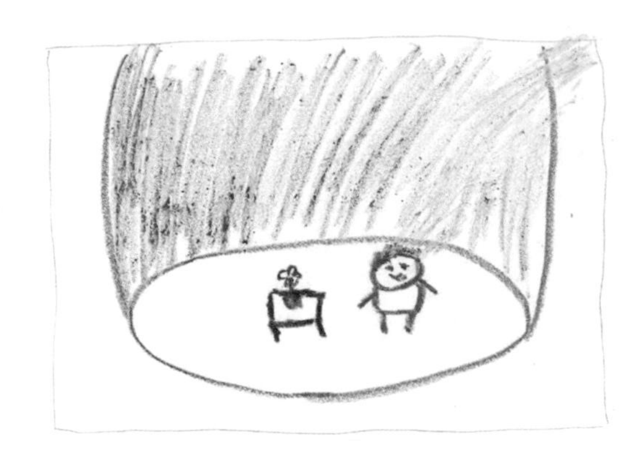

圖 3-14-3　陽光照進藍色的壺中

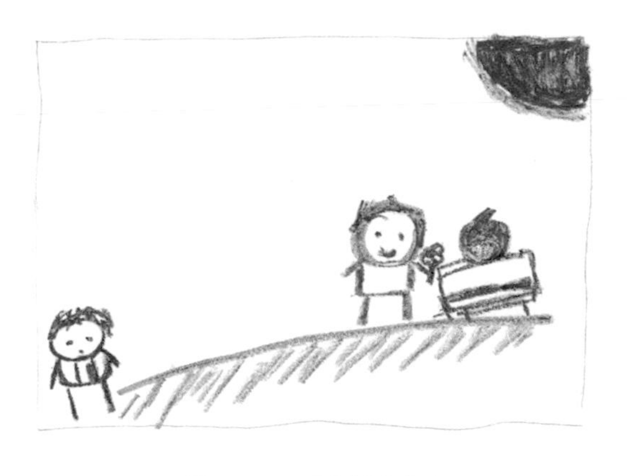

圖 3-14-4　公園裡的約會

中人的臉上有笑意，其情緒是「平靜、有希望」。

第四幅圖畫（圖 3-14-4）中，壺中人已經出壺，站在公園的一把長椅旁，左手裡拿著一束花，椅子上放著那個藍色的魔法壺。在畫面的左下角，一位女士正有些羞澀地出現。畫面的右上角有紅色的太陽，畫中人的情緒是「平靜和等待」。

在前三幅畫中用那麼大面積的顏色陰影並不多見，這種塗色其實代表著作畫者的情緒濃烈，尤其是其迷茫、焦慮和低落的部分，在三幅畫中持續出現，就有一種可能性：這些情緒並不僅僅是突發事件引起，而是這些情緒一直在作畫者的心裡，只是突發事件加劇了它們。如果在現實生活中也背負著這些情緒，對於作畫者而言，有些太沉重了。

系列圖畫中亮點的部分在於紅色的補充。從第二幅至第四幅畫中，都有一朵紅色的小花。在第四幅畫中，紅色的面積顯著增加，從座椅到太陽到異性，都是紅色，給整體增加了不少溫暖和力量。第四幅的紅色其實是對前面三幅畫藍色的一種補償，不論有意識還是無意識，作畫者自己察覺到在應對挫折時他缺乏能量，所以在第四幅畫中增加了力量、能量和溫暖感。這種溫暖感的根本在於人際互動，作畫者意識到，親密關係能夠讓自己擁有更多能量，他需要建立自己的親密關係。而挫折經歷，也將被他收藏，讓它成為自己的一部分。

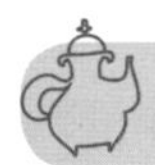

## 低沉的情緒黑色的壺

這個系列畫的主要特點是黑色的壺和大面積的陰影。

第一幅至第三幅都是黑色的壺，第一幅的壺最大，後面兩幅的壺差不多大小。前兩幅的壺中全部塗滿黑色，代表壺中是黑暗的。第一幅畫（圖 3-15-1）的壺構造得更隨意，用筆更隨意自由，壺中人在右下角的位置上，似乎在掙扎，壺中人的情緒是「無助和恐慌」。第二幅畫（圖 3-15-2）中的壺用筆更有控制感，壺中的陰影塗得更黑，壺中人仍然在右下角，似乎是坐在那裡，其情緒是「恐慌和安靜」。第三幅畫（圖 3-15-3）沒有直接畫出陽光，但壺中的陰影沒有了。壺中建造出了一間房屋，有傢俱，有電視，壺中人坐在中間，其情緒是「驚喜和希望」。

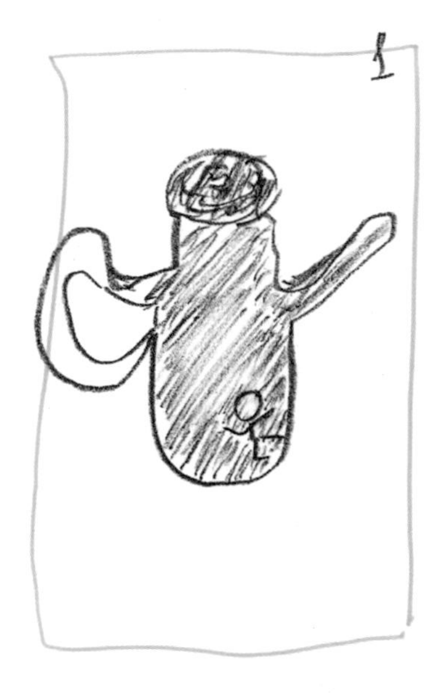

圖 3-15-1　充滿黑色陰影的壺

第四幅畫（圖 3-15-4）是壺中人已經出壺，他站在高高的山上，望著大海，太陽掛在空中，其情緒是「輕靈和自由」。

第五幅（圖 3-15-5）和第六幅（圖 3-15-6）都是用綠色畫出的圈。與其他人的這兩幅圖畫一樣，第五幅圓圈更多，第六幅更少。第六幅在用筆上更自由和放鬆。

從畫中可以看出，作畫者更擅長應對長期的人生困境。對那些突發事件，在短期內他的情緒會糟糕到極點，但只要看到一絲希望，他就會有轉變。

第四幅至第六幅畫是對第一幅和第二幅畫的一個補償。圖畫中的補償機制並沒有表現在每一幅圖畫中，它常見於那種情緒非常濃烈的圖畫中。情緒用非常強烈的方式表達出來後，它就會自然地走向另外一個極端，這其實也是情緒表達的對偶性。如果作畫者一直表達的是平淡的情緒，則看不到這種對偶性。

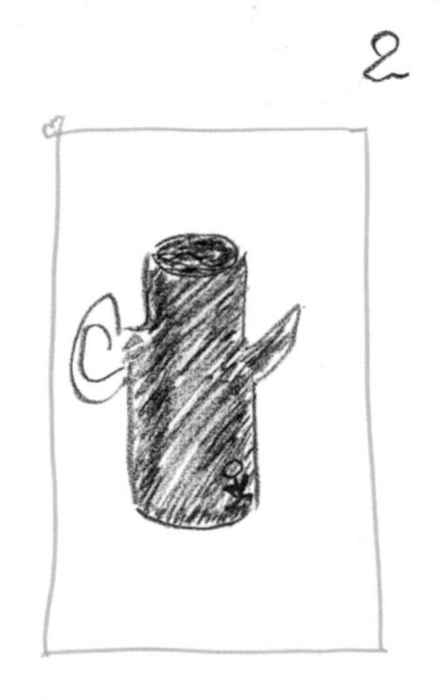


圖 3-15-2　充滿濃烈黑色的壺

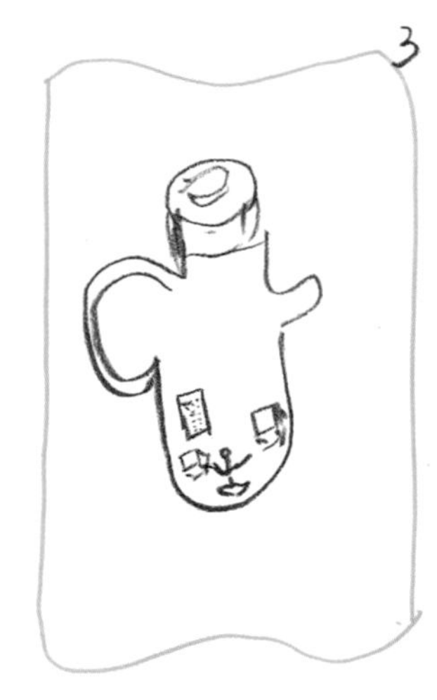


圖 3-15-3　壺中的房屋

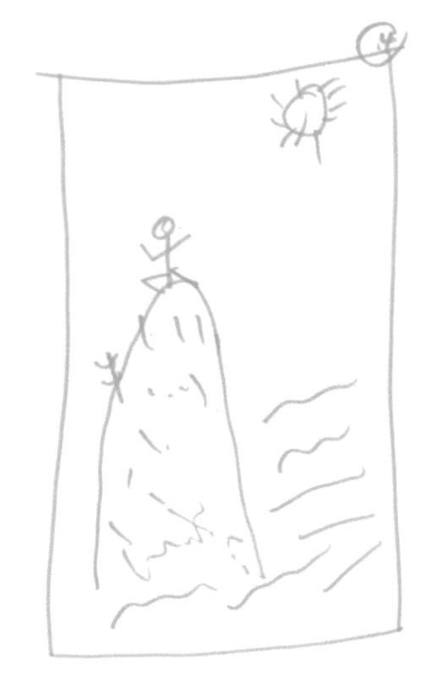

圖 3-15-4　站在山頂望大海

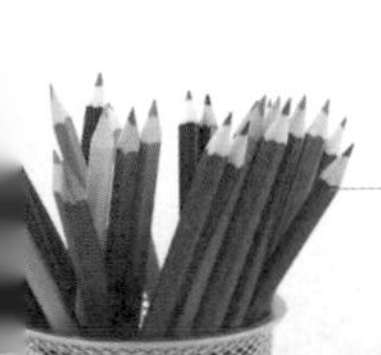

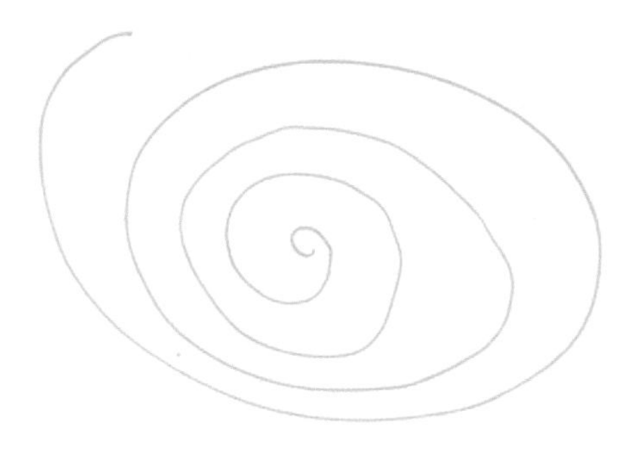

圖 3-15-5　綠色的圓

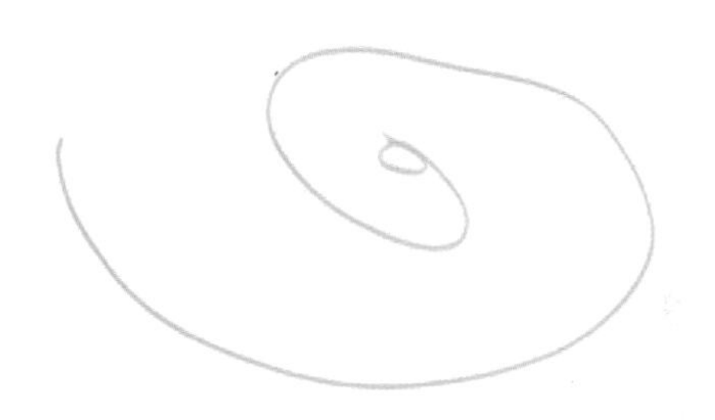

圖 3-15-6　綠色的圓

這其實很像在心理諮詢技術中的情緒發洩，當一種情緒徹底表達後，另外的情緒才有機會露出頭角。這位作畫者把自己的恐懼、無助、無奈、孤獨、低落、沉重、受制於狹小空間不加掩飾地、充分地表達出來後，那些生機、生命力、自由、寬闊、輕靈才有可能出現在後面的圖畫中。

前兩幅畫中壺中人蜷縮在壺的右下角，在第四幅畫中，畫中人立於左面的山頂，空間和位置本身也是一種對偶，傳遞出情緒的對偶。壺中人在壺裡沉得有多深，在壺裡就有多麼低落，出壺後他就會站得有多高，感受到有多高昂。第五幅和第六幅都用綠色畫出，其實代表著作畫者感受到的生命力和活力仍在延續。

在遇到挫折時，如果作畫者感到天塌地陷，整個世界都在和他作對，他對整個世界都失望時，他可以想一下站在山頂眺望大海的場景，那是他接下來會體會到的。所以，不要把暫時的黑暗當成永遠的黑暗。

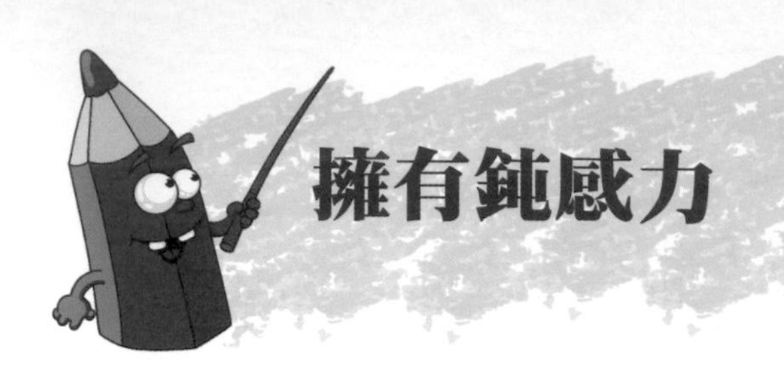

# 擁有鈍感力

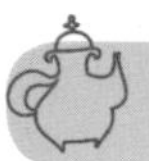

## 恐懼與希望同在

前四幅畫中最有特點的是第三幅畫：恐懼與希望同在。

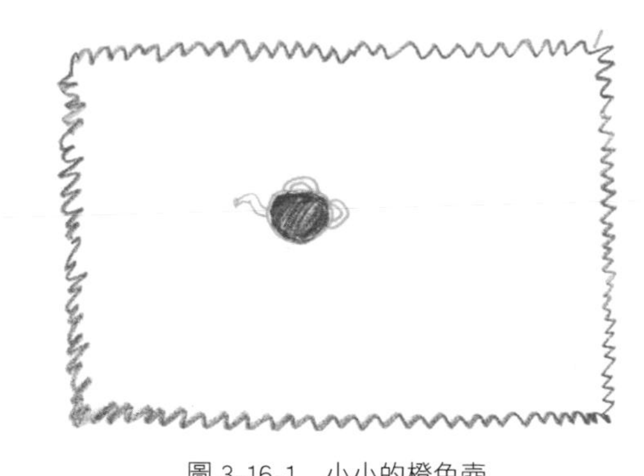

圖 3-16-1　小小的橙色壺

在第一幅畫（圖 3-16-1）中，畫面中有一個小小的壺，位於畫面偏左的地方。作畫者用綠色勾勒出壺的外形，壺身上塗滿了橙色。人已經在小小的壺裡了，作畫者對情緒的描述是「平和、好奇、不恐懼」。非常有意思。

在第二幅畫（圖 3-16-2）中，壺一下變得很大，處於畫面的正中，仍然是綠色。壺中有一個小小的藍色人，充滿了困惑，想知道發生了什麼，想知道為什麼被抓進來，作畫者說：「開始有點害怕和擔心。」

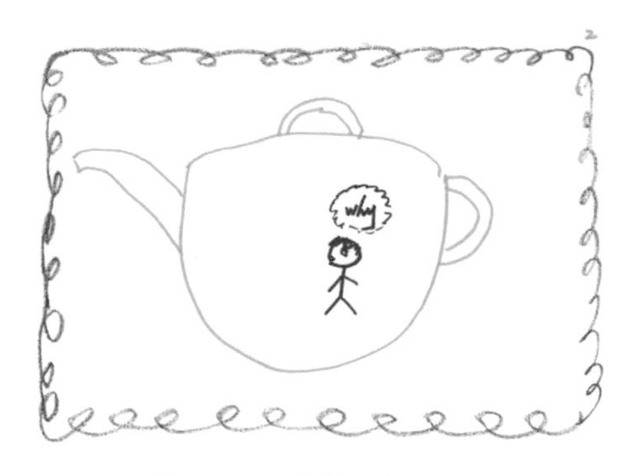


圖 3-16-2　為什麼會這樣？

在第三幅畫（圖 3-16-3）中，壺蓋打開了，壺中人仰臉向天望去，陽光灑下來。但壺中同時塗滿了黑色，作畫者說：「感到希望。」但其實準確的描述是「既感受到希望，又感受

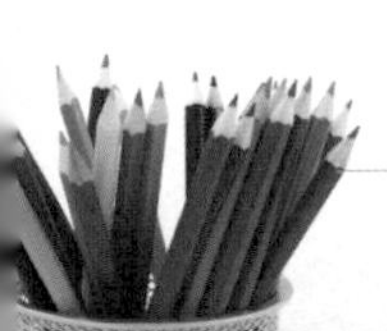

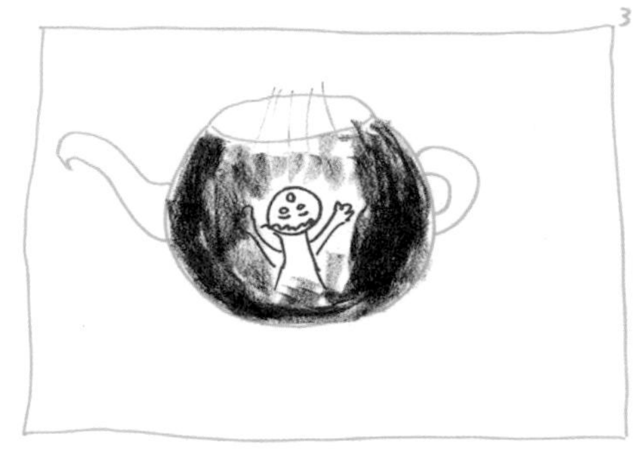

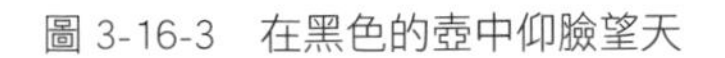
圖 3-16-3　在黑色的壺中仰臉望天

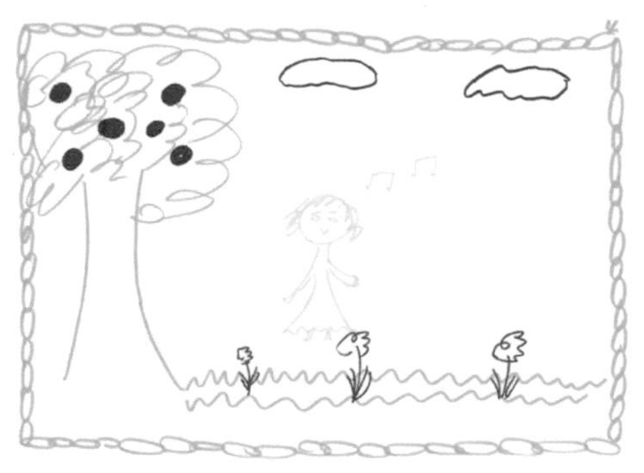
圖 3-16-4　在果樹旁哼著歌

到恐懼」，那麼濃厚的黑色，表明恐懼是非常強烈的。

在第四幅畫（圖 3-16-4）中，畫中人已經從壺裡出來，畫的左面是一棵果樹，上面結了紅紅的果實。畫中人站在畫面的中央，穿了一條連衣裙，正哼著歌，地上有花有草，天上有雲，作畫者說：「感覺到開心和愉悅。」畫中人是用黃色畫的，似乎想隱藏在畫中。

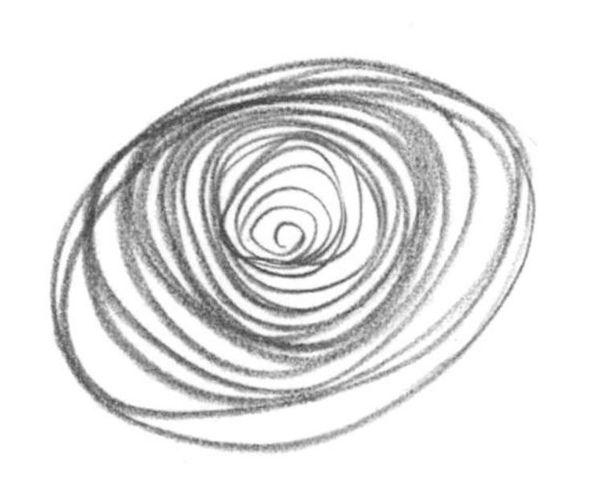
圖 3-16-5　橙色的圓圈

第五幅（圖 3-16-5）和第六幅（圖 3-16-6）是用橙色畫出的圓圈，與其他人的畫一樣，第五幅畫有些密、有些亂，第六幅畫更規整。

作畫者在第一幅畫中表現出了樂觀性，她願意從積極的、好的方面看待突發事件。如果這種樂觀性能夠持續，那也是很好的。只是作畫者的這種樂觀性沒有強大的內心支持，所以很快滑向了困惑和恐懼。

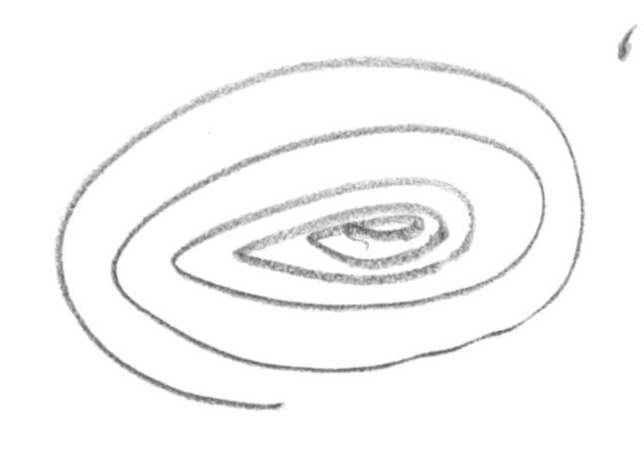
圖 3-16-6　橙色的圓圈

從整體看，作畫者應對壓力的風格是遲滯，用另外一個詞，也可稱之為具有鈍感力。她是在過了一天一夜才開始感受到困惑（第二幅畫），這是很多人在事件發生當時就會有這樣的反應，通常會反映在第一幅畫中。她在第三幅畫中感受到巨大的恐懼，而很多人是在第二幅畫中感受到，她好像總是慢一拍才作反應。從這個意義上看，她具有鈍感力，這種鈍感力在一定程度上可以保護她，讓她慢慢地作出反應，不至於由於過快而破壞了內心的平衡。但另一方面，這種鈍感讓她會有踏錯節拍的感覺，有時會與周圍環境脫節，會與其他人的反應不同，如她的負面情緒高峰不是出現在第一幅或第二幅，這種節奏與其他人不同。但這位作畫者還是會有自己的調節方式，所以在第三幅畫中，她還是出現了希望，只是她出現的是希望與恐懼並存。

可能正是由於這種慢一拍，所以當第四幅畫她從壺中出來時，她不是很確定，沒有內在的確定感，所以她畫出的人物是一個想要隱藏自己的人。

鈍感力有時確實給我們帶來麻煩，但它也會帶來意想不到的收穫。所以，請用好鈍感力。

## 坐在魔法壺的壺口上

這個系列畫的結局頗有深意：畫中人坐在魔法壺的壺口上，還沒有完全出來。

第一幅畫（圖 3-17-1）是俯視圖，一位頭戴尖帽、身穿紫衣的魔法師正右手拿著魔法壺順著路走過來，路兩旁是綠色的樹林。儘管人沒有畫出來，但已經被抓進壺裡了，壺中人的情緒是「平和的」。

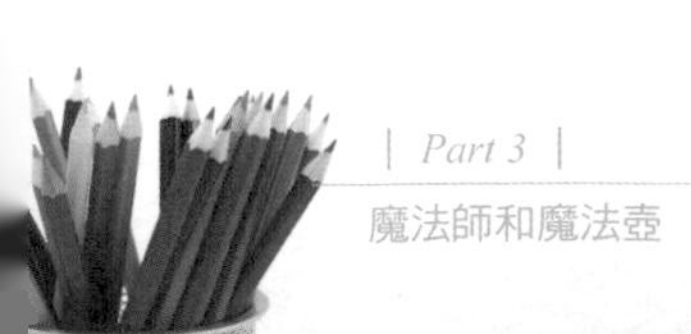

第二幅畫（圖 3-17-2）是魔法壺的剖面圖，整個壺變成了黑色，壺占滿了整個畫面，壺中塗的紫色陰影又占滿了壺。壺中人在壺的左下角半躺著，眼睛閉著，嘴角下彎，其情緒是「沮喪的」。

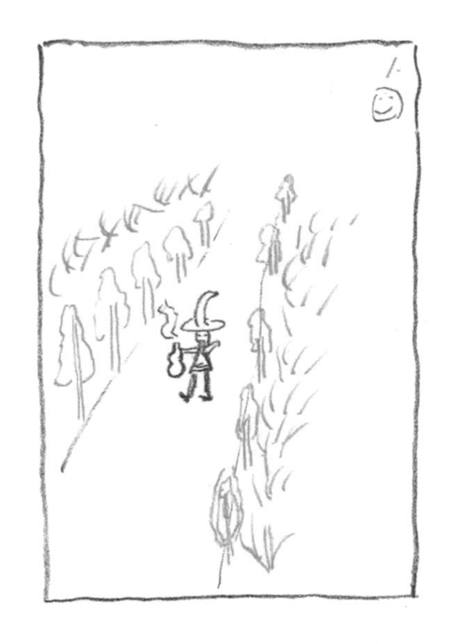

圖 3-17-1　魔法師走在林蔭路上

第三幅畫（圖 3-17-3）中，壺又變小了，壺蓋也沒有了，畫面右上角畫了一輪太陽，陽光直接照在了壺裡。壺中人在壺的左下角，正舉著雙手伸向陽光，其情緒是「有希望了」。

第四幅畫（圖 3-17-4）中，壺只出現了上半部，在畫面的下半部，小小的壺中人正坐在壺口上望著遠處。壺的旁邊是樹林，遠處有一戶人家，正有炊煙嫋嫋，更遠處有山，天空上有太陽。畫中人的情緒是「解脫」。

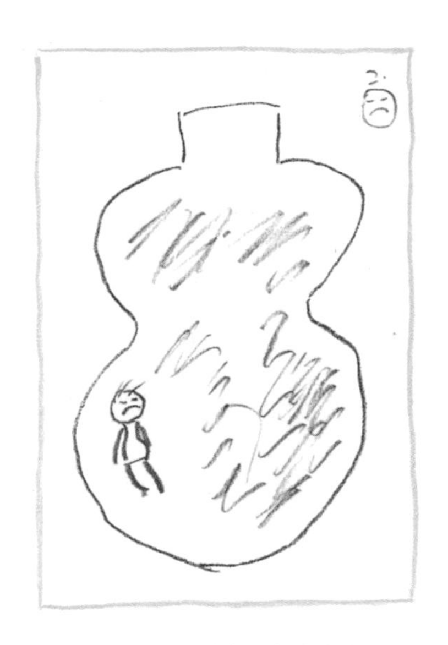

圖 3-17-2　躺在黑色的壺中

第五幅畫（圖 3-17-5）和第六幅畫（圖 3-17-6）是用綠色畫出的圓圈，可以看出畫第五幅畫時情緒仍然是飽滿的。

從整體看，這位作畫者在應對壓力方面也屬於「慢一拍」的類型，他具有一定的鈍感力。在突發事件的當時，他的注意力在於外界，來不及關注自己，所以他在第一幅畫中畫出了魔法師和周遭的場景，但沒有畫壺中人的狀況。他在一天一夜後出現的情緒（圖3-17-2），常常是別人在第一幅圖畫中就出現了的。很多人在第四幅畫呈現的是已經出了魔法壺的狀態，但作畫者呈現的是正在從魔法壺出來的情景。

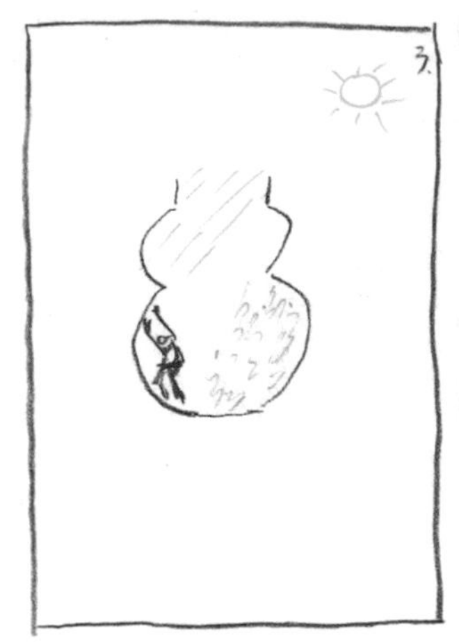

圖 3-17-3　雙手伸向陽光

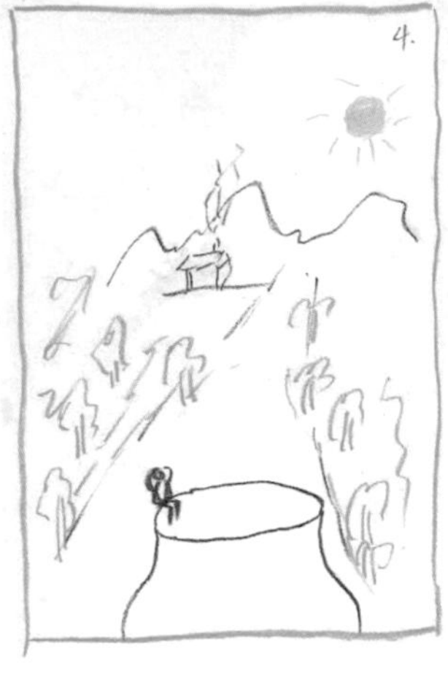

圖 3-17-4　解脫

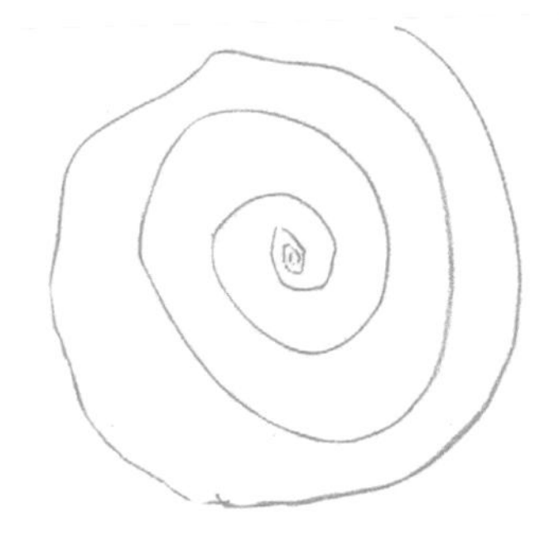

圖 3-17-5　綠色的圓圈

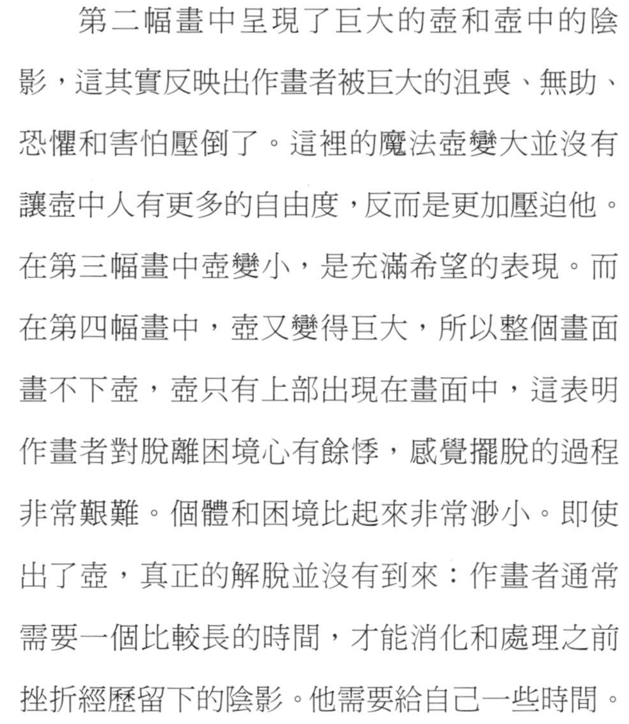

第二幅畫中呈現了巨大的壺和壺中的陰影，這其實反映出作畫者被巨大的沮喪、無助、恐懼和害怕壓倒了。這裡的魔法壺變大並沒有讓壺中人有更多的自由度，反而是更加壓迫他。在第三幅畫中壺變小，是充滿希望的表現。而在第四幅畫中，壺又變得巨大，所以整個畫面畫不下壺，壺只有上部出現在畫面中，這表明作畫者對脫離困境心有餘悸，感覺擺脫的過程非常艱難。個體和困境比起來非常渺小。即使出了壺，真正的解脫並沒有到來：作畫者通常需要一個比較長的時間，才能消化和處理之前挫折經歷留下的陰影。他需要給自己一些時間。

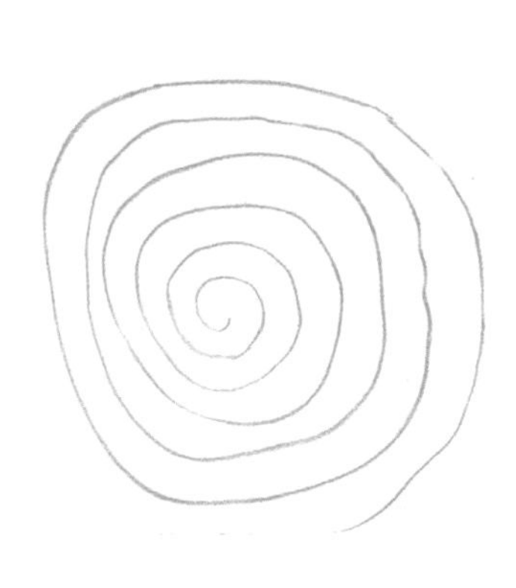

圖 3-17-6　綠色的圓圈

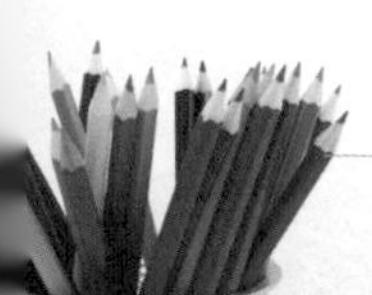

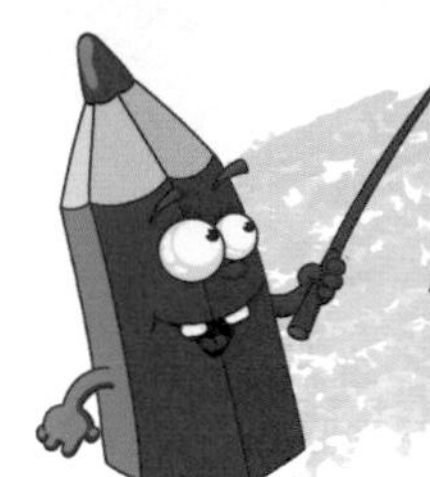

# 用孩子的態度面對困境

## 用內心孩童面對人生困境

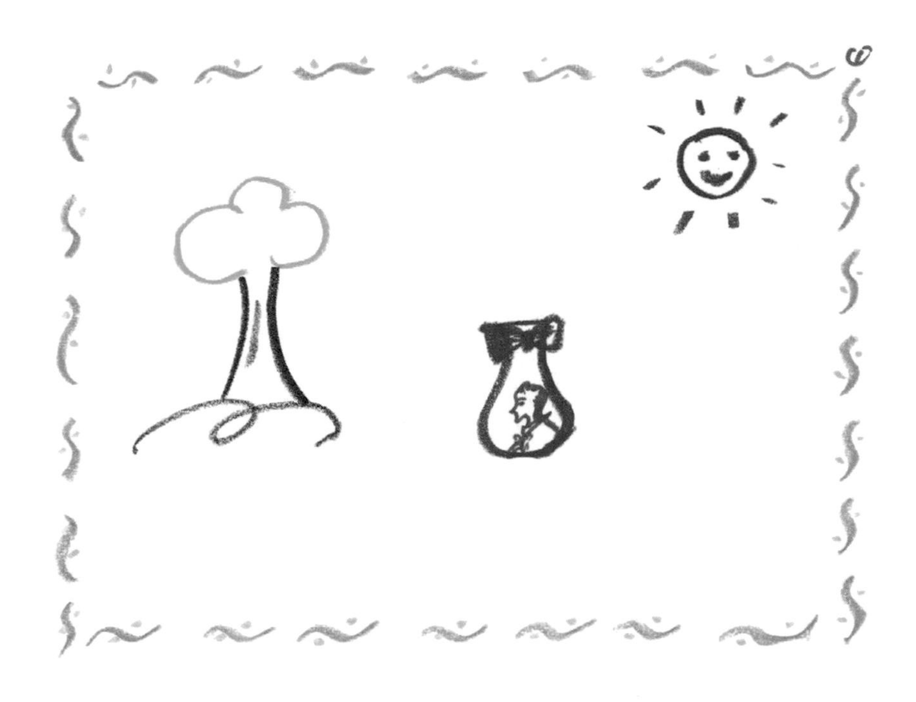

圖 3-18-1　少女在紫色的壺裡

這四幅畫最大的特點是作畫者用孩子的心態面對人生困境。

第一幅畫（圖 3-18-1）左邊是一棵樹，畫面偏右的位置有一個紫色的魔法壺，壺口還繫著一個同色的蝴蝶結。壺中有一個少女的半身像，畫面的右上角有一輪太陽，畫中人的情緒是「好奇」。

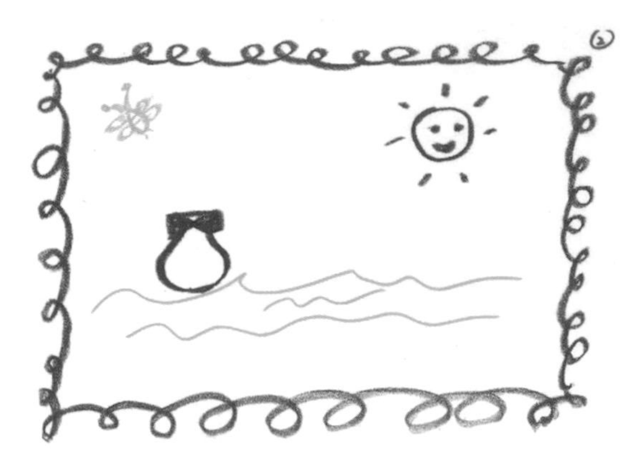

圖 3-18-2　漂浮在水面的紫色壺

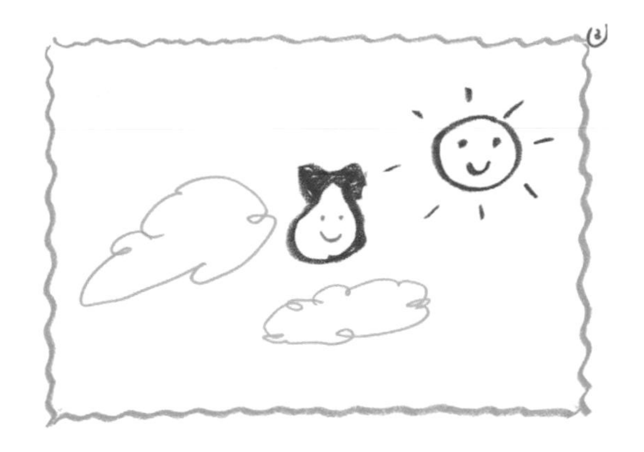

圖 3-18-3　漂浮在空中的紫色壺

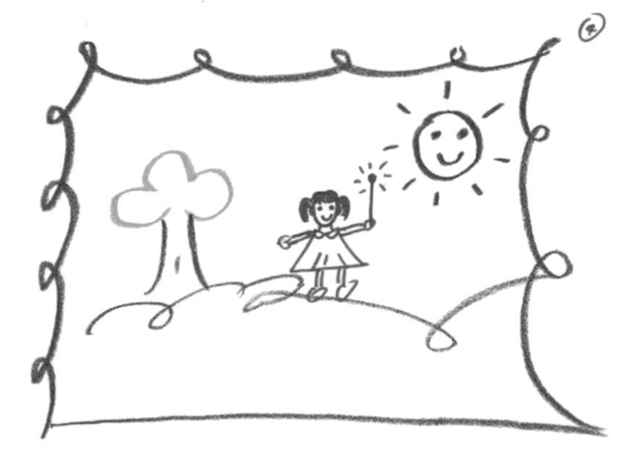

圖 3-18-4　舉著魔法棒的紫衣女孩

第二幅畫（圖 3-18-2）是壺漂浮在水裡。壺在畫的左面，右上角有一輪太陽，畫中人的情緒是「悶」。

第三幅畫（圖 3-18-3）是壺飄浮在空中，與雲朵相伴，太陽依然在畫面的右上角照耀著，只不過由於距離近，變得更大了，畫中人的情緒是「欣喜」。

第四幅畫（圖 3-18-4）畫面稍微複雜一些，左邊一棵樹，中央是一個小女孩舉著一根魔法棒，興高采烈地走著，右上角是太陽照耀著，畫中人的情緒是「感受美好」。

這四幅畫的邊框非常有特點，具有典型的少女氣質：用了淡紫、深紫、綠色和紅色，在畫法上全部用了波浪紋，像是小女孩所用的手帕的邊，清新而可愛。

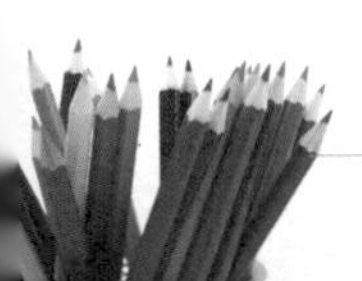

作畫者充滿了好奇心，所以讓魔法壺去不同的地方和空間旅行，有地面，有水面，有天空。

作畫者有完全的樂觀精神，所以沒有一幅畫有完全的負面情緒。第二幅畫壺中人的情緒是「悶」，但整個畫面仍然透露出積極性。

作畫者在遇到突發事件時，所用的模式是：像孩子一樣好奇和天真。與之前圖畫中表現出的退行現象不同，這位作畫者始終如一都是用孩童的心態面對周圍。從第四幅畫中塑造出來的形象看，那個畫中人可能只有五、六歲或七、八歲，她塑造出來一個童話的世界。在童話的世界裡，沒有人會傷害她，她也不會受到傷害，連魔法師都送給她一根魔法棒，畫中人像舉著一根棒棒糖一樣舉著它。帶著這種孩子式的樂觀，她可以行走天下無敵手，把一切惡意均淨化成善意，一切都顯得很美好。

可是，這一切是真的嗎？儘管打破那個童話世界似乎有些殘酷，但這個問題還是值得作畫者深思：這是真實的世界嗎？每個人內心都有一個或幾個小孩，那是沒有長大的自己，或者是活潑可愛的自己，活力四射的自己。但這小孩只是我們的一部分，不是我們的全部。遇到挫折時，除了孩子的好奇和天真，可能還需要有責任和承擔。而這些，需要成人自我來面對。

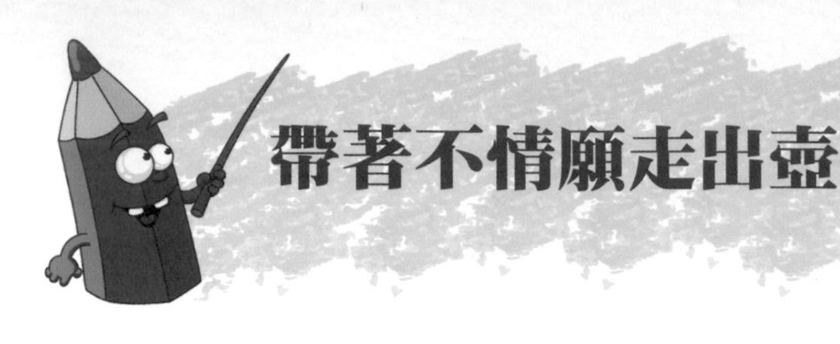

# 帶著不情願走出壺

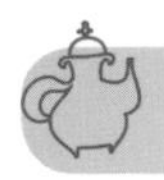

## 「回到公司不舒服」

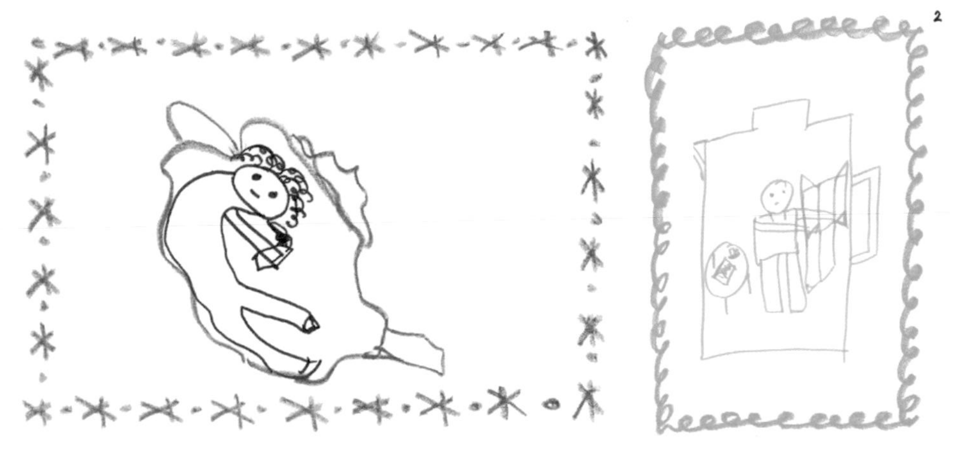

圖 3-19-1　躺在變形的壺裡

圖 3-19-2　綠色的屋

這六幅很有特點：作畫者出了壺，卻很不開心。

在第一幅畫（圖 3-19-1）中，魔法壺是變形的，壺中人是隨意地躺在壺中的。壺是藍色的，邊框是藍色的，壺中人是黑色的，作畫者的情緒是「舒適」。這幅畫最大的特點是壺和壺中人都呈現出非常柔軟的感覺，壺的變形也在突出這種柔軟和舒適。

在第二幅畫（圖 3-19-2）中，壺化身為一個長方形的壺，是一間綠色的屋子，屋子裡邊有一張桌子，上面擺著一些東西，壺中人正在開窗，看起來整個屋子非常敞亮。邊框也是用綠色畫成的，只不過是油畫棒。

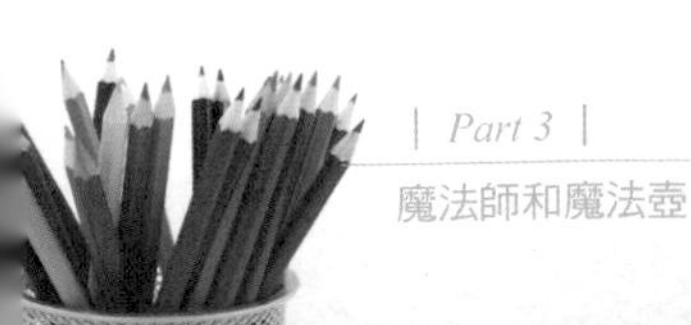

在第三幅畫（圖 3-19-3）中，壺看不到了，只能看見壺中的世界，是在室外，豔陽高照，有綠樹，一個燒烤架正在草地上。作畫者的情緒是「舒暢」，看起來壺中人非常享受在壺中的生活。

在第四幅畫（圖 3-19-4）中，作畫者已經從魔法壺中出來，在公司上班，從一排排的桌椅板凳中可以看到一些刻板。整幅畫的主體都是用黑色畫成的，有些壓抑感。作畫者的情緒是「不舒服」，因為他不願意回到原公司上班，回去上班讓他感覺非常鬱悶。

在第五幅畫（圖 3-19-5）中，作畫者用藍色畫了很多圈，圈與圈之間相互糾纏著，這代表了作畫者在前一幅畫中感受到的不舒服，他需要宣洩這些不舒服。

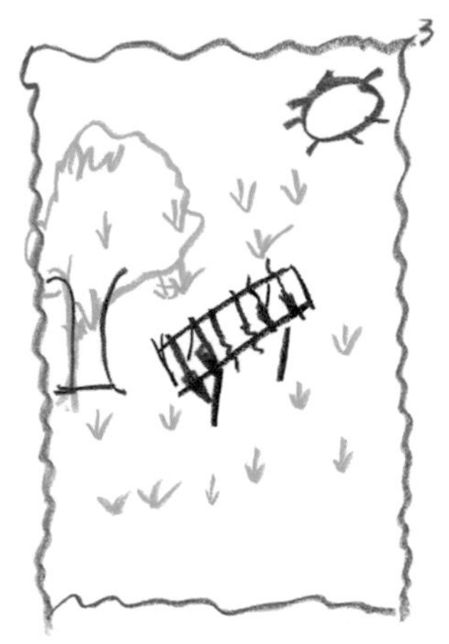

圖 3-19-3　在野外燒烤

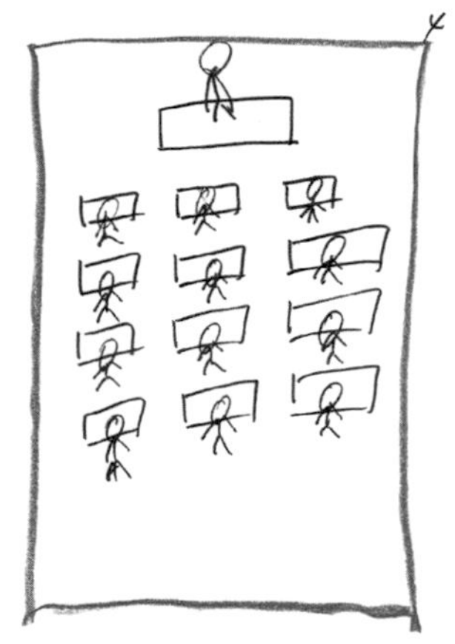

圖 3-19-4　不願回到公司上班

在第六幅畫（圖 3-19-6）中，作畫者用藍色畫了很多同心圓，雖然中間有斷續的用筆，但整體還是流暢、整齊的，表明作畫者的情緒已經恢復。

作畫者雖然最終出了壺，回復到正常生活，但顯然這不是他想要的生活。在六幅畫

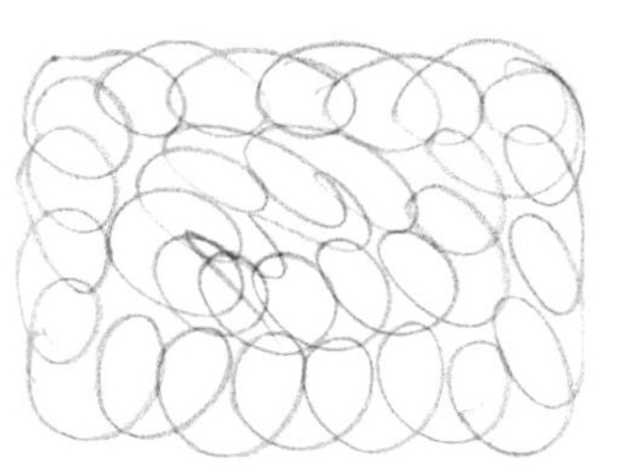

圖 3-19-5　糾纏的圓圈

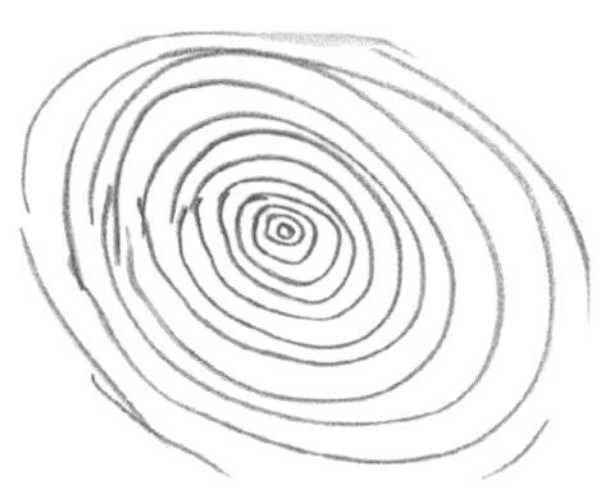

圖 3-19-6　藍色同心圓

中，最缺乏活力、最刻板的就是第四幅畫，回到公司的那張畫。看來，作畫者對目前狀態，尤其是工作狀態非常不滿，但又無力改變這種狀態，他無力到盼望能發生什麼意外事件，讓他可以脫離現狀。由於這種盼望和渴望，意外事件在他看來並不可怕，而是一種舒適。第一幅畫中壺和人的變形，其實是一個隱喻：渴望重新出生或重新選擇。

前三幅畫也是一個非常典型的心理舒適區形成的圖畫：在第一幅畫中，壺很小，壺中人幾乎占滿了壺。到第二幅畫中，壺中人已擁有了一間房子。在第三幅畫中，壺中人已擁有了一個室外的空間，並且可以做自己想做的事情，舒適區一點一點被擴大。第四幅畫是一個終點，從壺中走了出來，但對作畫者來說是另外一個起點：把工作地方建設成自己的舒適區。其過程會和在魔法壺中一樣。

作畫者的模式是清晰的：遇到人生困境或困難時，常常被動等待，不願意作決定，不願意作主動的決定。有時即使非常不舒服，也會不情願作決定。因為決定的背後，意味著責任，作畫者覺得他很難承擔這麼重的責任。第二幅畫中，壺中人沒有手、沒有腳就是非常典型的特徵：很難有具體行動，很難下決心去做事情。

第四幅畫可以說驗證了這一點：作畫者不喜歡目前的工作地方，但他仍然一直在這裡上班。他不喜歡的程度是非常強烈的，以至於有任何離開目前公司的事件，哪怕是突發和意外事件，都會被他當作有積極意義的事件。但他並沒有去改變這個現狀，仍然在當下不舒服的狀態中生活著。

也許作畫者需要考慮：是維持現狀、調整心態，還是改變現狀讓自己舒服一些？

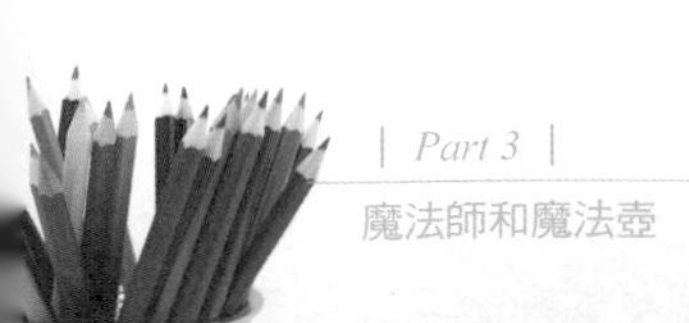

| *Part 4* |

# 透過魔法壺瞭解個性

這部分與第三部分一樣，仍然分析那些走出魔法壺的圖畫，但偏重分析壺中人的個性特徵、走出魔法壺的方式，以及走出魔法壺之後的情景：到哪裡去？怎樣安置魔法壺？

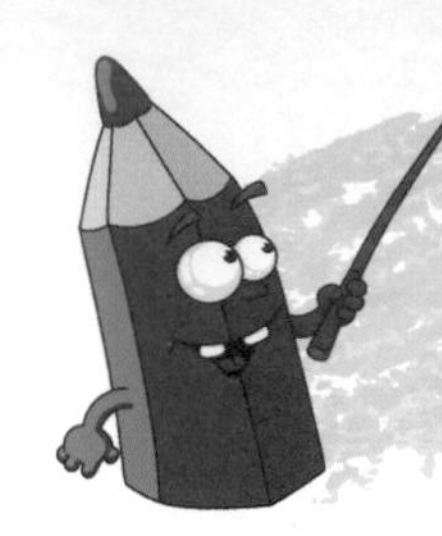

# 完美者的魔法壺

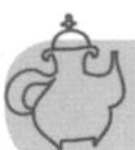

## 哪怕做速度最慢的那個人

這是一位年輕女性的圖畫。她是一位公務人員。

### ▼ 六幅畫

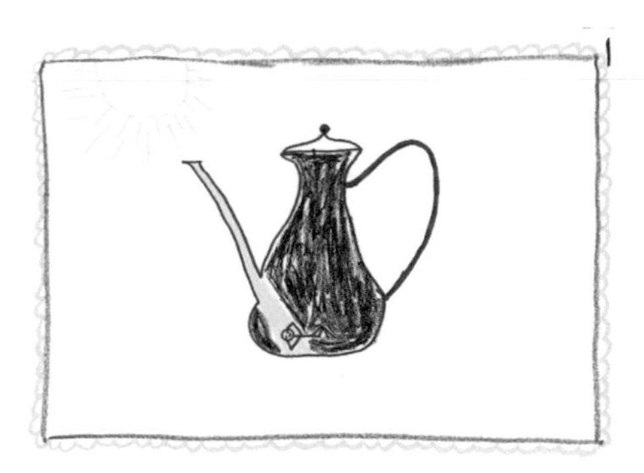


圖 4-1-1　躺在陽光照得到的地方

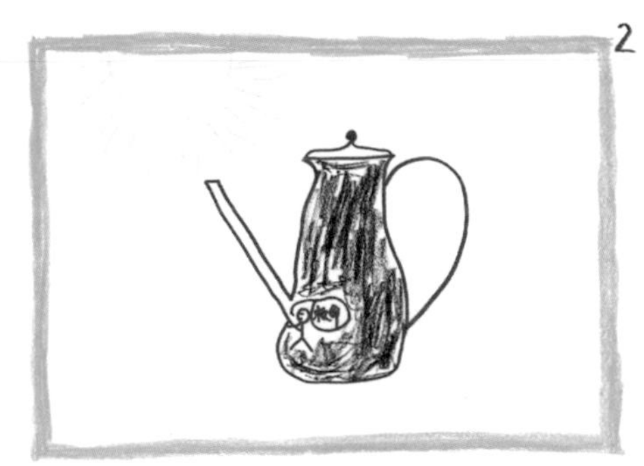


圖 4-1-2　焦躁地大叫救命

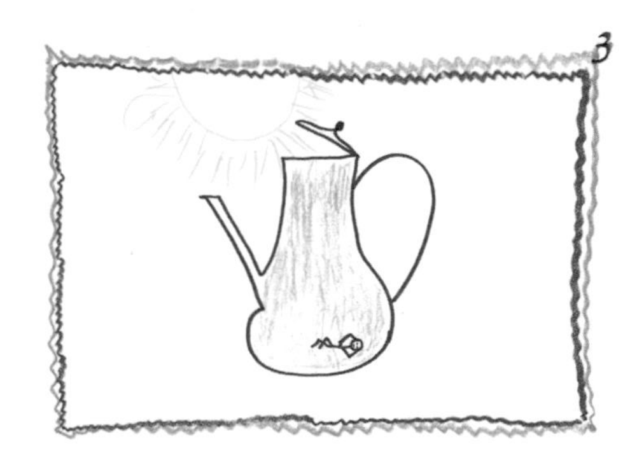


圖 4-1-3　躺在陽光下

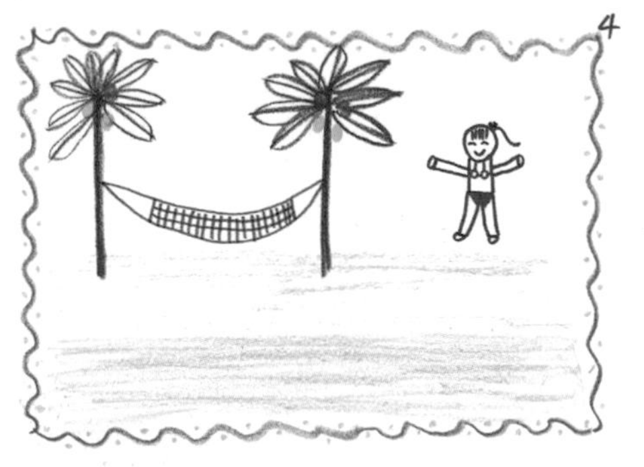


圖 4-1-4　在海灘邊享受假期

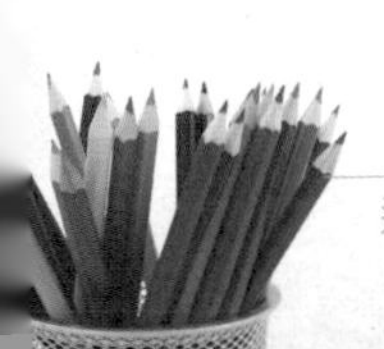

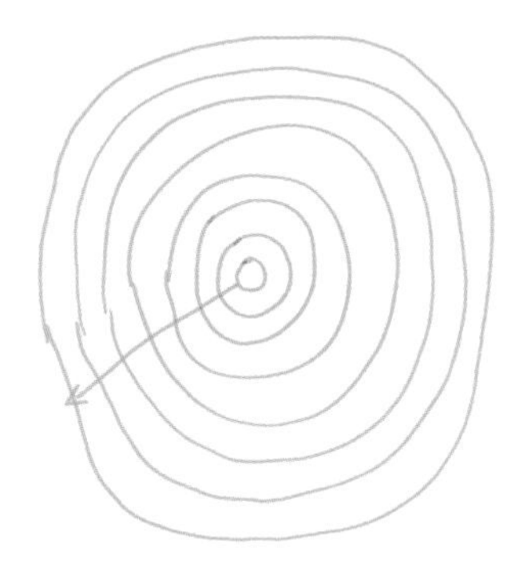

圖 4-1-5　藍色圓圈

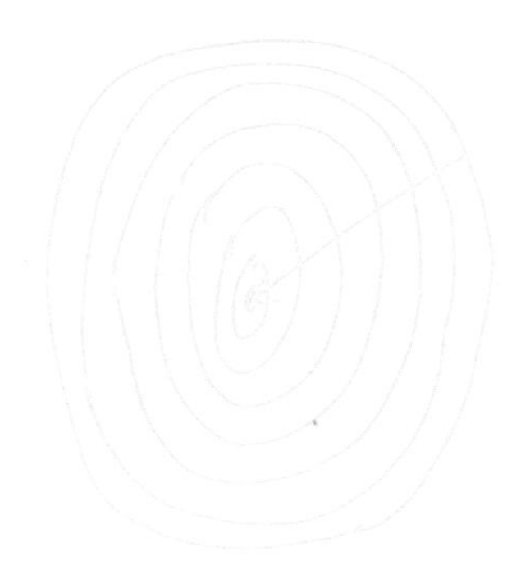

圖 4-1-6　黃色圓圈

第一幅畫（圖 4-1-1），一把鴨梨形的壺，壺把彎彎，壺嘴細長，壺裡面都是黑暗的，但有光透過壺嘴射進來。主角在黑暗中感覺到很恐懼，後來讓自己躺在陽光照得到的地方，有了安全感，心靜下來了。

第二幅畫（圖 4-1-2），壺裡漆黑一片，陽光只在壺的外面照射。主角在壺裡靠近壺嘴的位置大叫救命，希望有人來救自己，情緒是焦躁的。

第三幅畫（圖 4-1-3），陽光透過半揭開的壺蓋灑了進來，主角舒服地躺在陽光下，她心裡想：「終於有人來救我了，太開心了！」。

第四幅畫（圖 4-1-4），主角站在沙灘上，身穿比基尼，面對著大海，身旁有椰林和吊床，開心地享受著快樂的假期。

第五幅畫（圖 4-1-5），作畫者畫了從裡向外的湖藍色圈，她想要畫得儘量均勻。

第六幅畫（圖 4-1-6），作畫者畫了從外向裡的明黃色圈，她想儘快畫完。

## ▼ 即使是最慢的那個，也要……

這些畫最引起我關注的不是圖畫內容本身，而是她的作畫過程。在八個人的團隊當中，幾乎每一個步驟她都是最慢的那個人：畫邊框她最慢，畫第一幅畫最慢，畫第二幅畫最慢，直到畫第四幅畫，她依然是最慢的。我無法不注意到她，因為所有人都已經停筆關注著她。這時，她完成的部分是前景中的綠色、代表沙灘的橘色和椰子樹。當七雙眼睛看著她時，她正一絲不苟地畫吊床。她畫完兩根弧線，又畫了兩根豎線、兩根橫線，把吊床的樣子先勾勒出來，然後開始一根一根地畫豎線，「織」出這張吊床。接下來，她重新挑了一支畫筆，開始畫人。團隊中的人極其有耐心地注視著她。她畫出了人形，又換了一支畫筆，開始畫比基尼，最後給泳褲塗色。

最後總結時，我問她：「在眾目睽睽之下畫畫，是否感覺到有壓力？」

「我知道所有人都畫完了，都在等我，但我不畫好心裡會很難受的。」她辯解道。

「平時做事情你也經常是最慢的那個人嗎？」我問。

「還好啦！自己做熟悉的事情，速度還可以。但通常會比較慢。」

她的做事風格不是一般慢，是非常慢，從她的邊框中可以看出：四幅畫的邊框沒有一個重覆的樣式，每個邊框都是精心設計的。除第二幅外，每一幅的邊框都用了兩種顏色，第一幅是紅色邊框加黃色花邊；第二幅是加粗的綠色；第三幅是深紫和淡紫細紋花邊的疊加，那些小小的細紋要花多少時間啊！第四幅是藍色粗花紋邊配橙色的點，那些點可是一個一個點出來的啊！這些細緻的動作，怎會不花時間？！

但作畫者長久以來形成了這種做事風格和模式，不論在什麼情況下，她都會習慣性地用這種模式，即使環境讓她有壓力，她自己也著急，她仍然無法改變。

這是非常典型的完美主義傾向者。完美傾向並沒有什麼錯，但如果僵

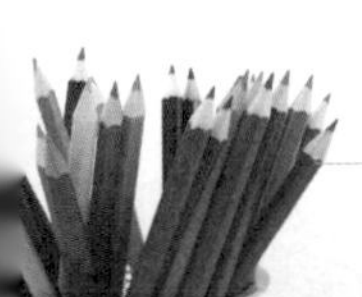

化到無法有靈活性，會帶來一些問題：效率、成本和時間的問題，內在的衝突，與他人的衝突……等等。

## ▼ 恐懼情緒及其轉化

第一幅和第二幅畫中的恐懼情緒是非常強烈的，那些大面積的黑直接地表達出這種情緒，它代表著作畫者在遇到緊急問題時，第一反應和第二反應都是恐懼。這在年輕女性中是一種常見的模式。

作畫者的一個特點是，她非常擅長轉化恐懼情緒。第一幅畫中，她畫出了一輪太陽，並且讓光線順著壺嘴透進去，這樣主角在壺裡就不怕了。第二幅畫中，雖然焦躁，但壺的外面仍然有陽光。第三幅和第四幅畫就轉為積極情緒了。

這位作畫者是她同齡人的典型代表：對挫折和困難較為陌生，更熟悉的是順利和休閒。在第一幅中出現的陽光與其說代表著真正的希望和光明，不如說代表著自我安慰，有些虛幻，有些不真實，並沒有給她真正的力量。所以在第二幅畫中恐懼仍然那樣濃重。

但從本質上說，她是一個樂觀主義者，她對這個世界有很多美好的看法。但這種樂觀有些脆弱，遇到事情時，她會有極強的負面情緒，只不過，任何時候她都不放棄那種樂觀。

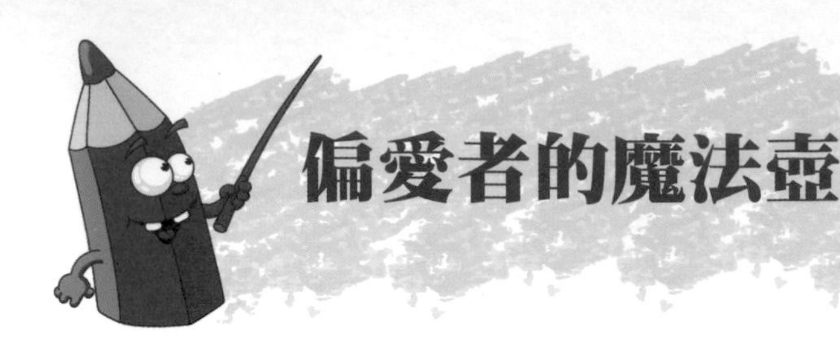

# 偏愛者的魔法壺

## 濃紫的偏愛者

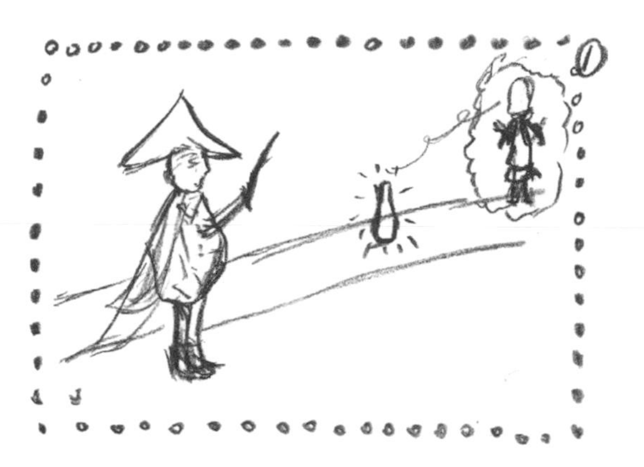

圖 4-2-1　紫色的人被紫色的魔法師吸進紫色的壺中

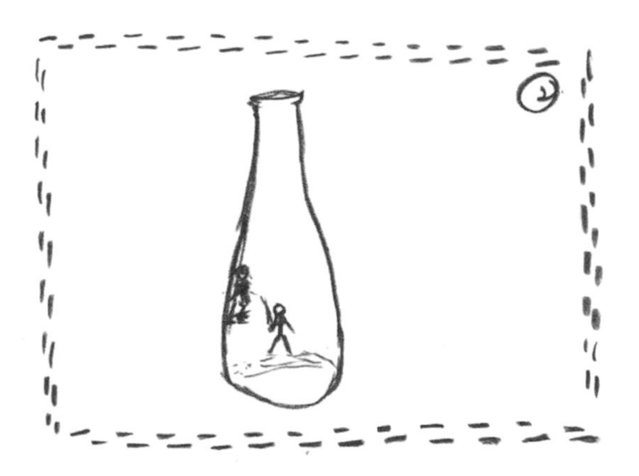

圖 4-2-2　紫色的人在紫色的魔法壺中上躥下跳

這六張畫最大的特點是全部用了單一的紫色，從邊框到內容，從人物到景物。她是非常典型的偏愛者，非常執著於自己喜歡的事物。

第一幅畫（圖 4-2-1）中，一位頭戴尖帽、身披長袍的魔法師正拿著魔法棒念念有詞，他的面前，在一條小路上，有一個閃著光的魔法壺，有一個人正被吸進魔法壺中。人臉沒有畫出，壺中人的情緒是「害怕」。

第二幅畫（圖 4-2-2）中，魔法壺變大，壺中人在裡面躥上跳下，爬到壺壁上，試圖找到出去的辦法。壺中人

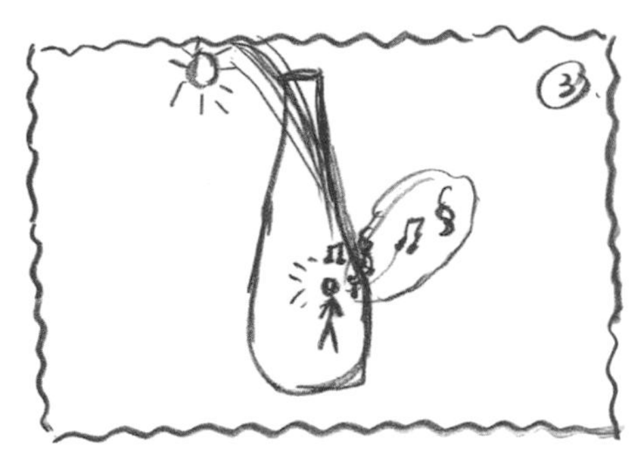

圖 4-2-3　壺壁奏出音樂

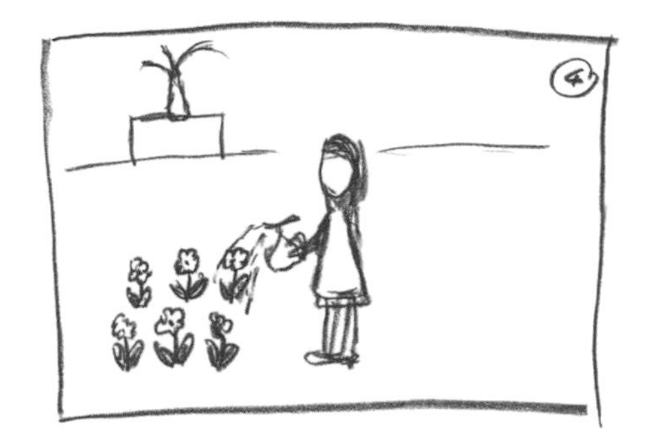

圖 4-2-4　魔法壺成為花瓶

的情緒是「著急」。

第三幅畫（圖 4-2-3）中，陽光照進魔法壺中，陽光照到壺壁上，壺壁發出聲音，壺中人的情緒是「期盼」。

第四幅畫（圖 4-2-4）中，壺中人已經出壺，正在澆花，那個魔法壺被放在櫃子上當作花瓶，有花插在裡面。畫中人沒有畫出臉。魔法壺成為一個工具。

第五幅畫（圖 4-2-5）是密密的紫色圓圈，一圈又一圈，看得出作畫者的情緒仍然處於濃烈狀態。

第六幅畫（圖 4-2-6）是整整齊齊、間距更大的幾個圈，看得出作畫者的情緒趨於平穩。

六幅畫用同一種顏色的人不是很多見，這位作畫者是一個極致。有些景物用紫色畫出來有些奇怪，如紫色的小路、紫色的太陽、紫色的陽光和紫色的水，但作畫者仍然堅持用紫色。四幅邊框用同一種顏色的本來也不多見，邊框和內容全部用同一種顏色的更不多見。還有，第五幅、第六幅圖畫和前面所用顏色完全一致的也不多見。

從所畫內容、邊框形狀的處理來看，作畫者

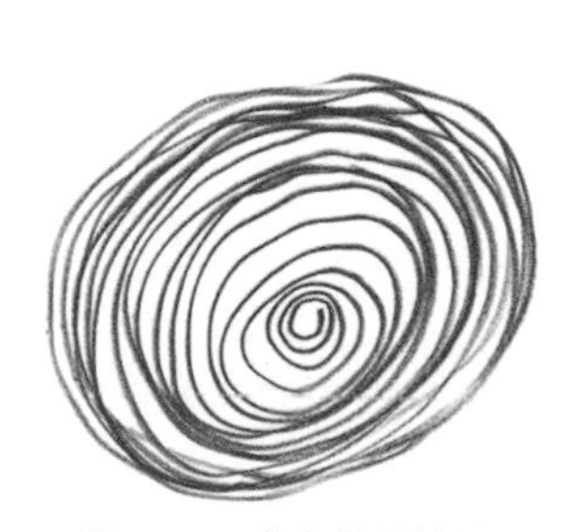

圖 4-2-5　紫色的螺旋圓

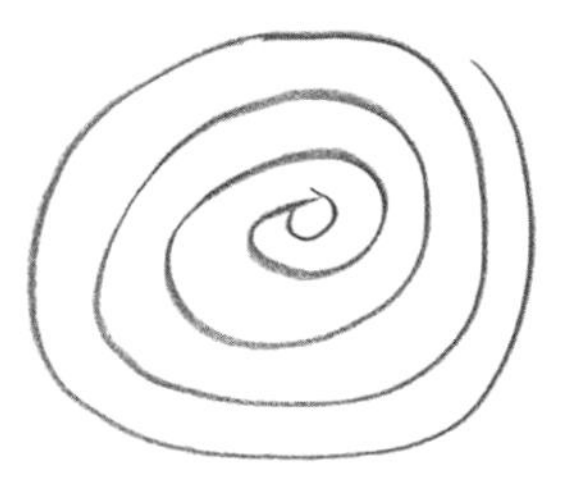

圖 4-2-6　紫色的螺旋圓

其實是有靈活性的，而且也有豐富的想像力和創造性，但為什麼在用色上不靈活、有些僵化呢？作畫者說：「我喜歡紫色，所以從頭到尾我只用一種顏色。」在她的世界中，她喜歡紫色的太陽和紫色的陽光。如果佈置她自己的房間，她喜歡用紫色的傢俱、紫色的窗簾、紫色的床上用品。

這就是她的行為模式：只要是自己喜歡的，那就會在任何情況下都使用。一旦自己認準了什麼，就不會輕易放棄。如果不是自己喜歡的，那就會碰也不碰、試也不試。這種類型的人憑性情做事，屬於性情中人，對外界和別人的看法並不看重，自己內心的感受更為重要，屬於比較典型的獨立的人：用自己內心的感受做標準，而不是外界的看法和尺度做標準。

紫色代表著浪漫和神祕，常和現實隔著一段距離。所以第一幅和第四幅畫中作畫者沒有畫出畫中人的臉，本身也是保留一種神祕感，和他人保持一種距離。

在結局中，作畫者仍然保留了魔法壺，把它當作一個擺設放在房間裡，這通常代表作畫者能夠接受自己過去的挫折經歷，那些挫折經歷對其有積極意義。

## 淡紫的偏愛者

這六幅畫的特點是作畫者全部用了淡紫色，與之前一位作畫者相同的部分就不再展開分析。

在第一幅畫（圖 4-3-1）中，畫中人已經在壺裡。這是一個壺口很大的壺，壺中有水。壺中人沒有完全踩在壺底，似乎是在水中掙扎，其情緒是「焦慮」。

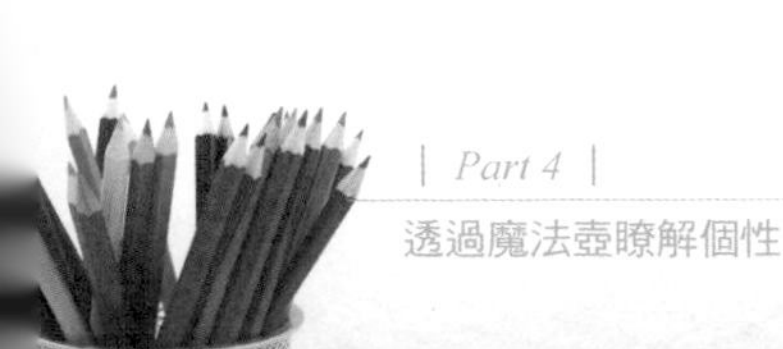

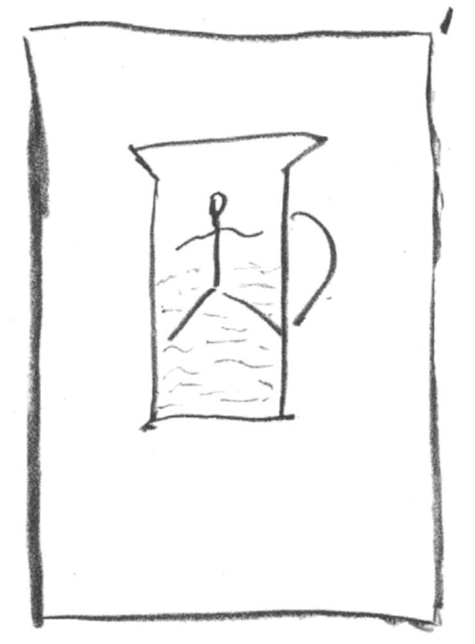


圖 4-3-1　壺中人在有水的紫色壺中掙扎

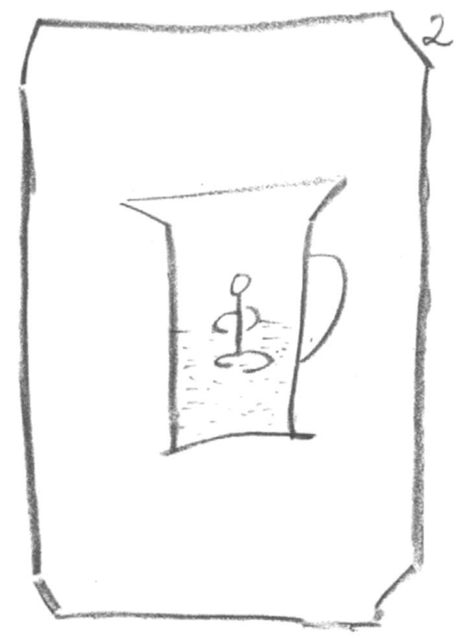


圖 4-3-2　盤腿坐在紫色的壺中

在第二幅畫（圖 4-3-2）中，壺中人已經盤腿坐在壺裡，其情緒是「無奈」。

在第三幅畫（圖 4-3-3）中，太陽掛在左邊，左邊還有一扇窗，壺中人已經站起來，正望向左邊，其情緒是「渴望」。

在第四幅畫（圖 4-3-4）中，壺中人已經出壺，站在室外，旁邊有樹有草，天上有太陽。畫中人的情緒是「高興」。

第五幅畫（圖 4-3-5）、第六幅畫（圖 4-3-6）也都是用紫色畫的圈，差別不大，只是第五幅畫更亂一些，而第六幅畫更規整一些。

從整體的構圖和用色看，作畫者屬於比較單純的人，其邊框有細微的變化，但總體都是用直線條組成。魔法壺也是用簡單的線條畫出，沒有任何多餘的裝飾或細膩的刻畫。人物也都是「火柴人」，即使作畫者有可能畫出其五官或表情（如在第四幅畫中），作畫者也沒有畫。作畫者做事的風格簡潔明快。從其筆觸來看，是比較輕的，可以看出作畫者做事有時還不夠有力，缺乏力度和魄力。

從作畫者的用色來看，她非常喜歡淡紫色，就全部用這種顏色，和上一位作畫者一樣具有明確的偏好和選擇性。她喜歡用的東西就會一直用，毫不掩飾，不加控制。在第四幅畫中，其邊框的形狀與前三幅畫中的魔法壺很像，這表明她常用這種形狀，邊框是這樣畫，魔法壺也這樣畫。

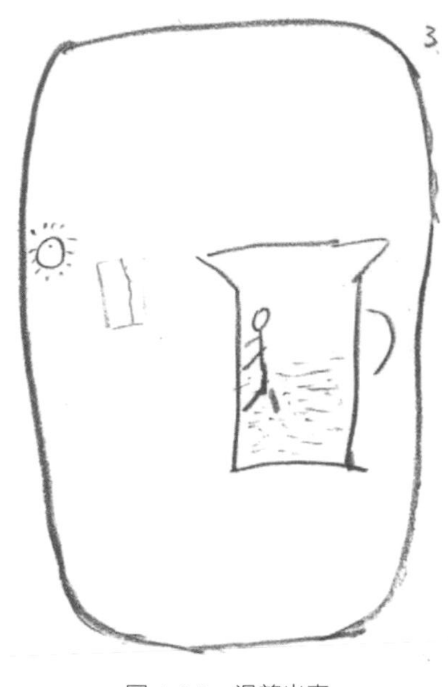


圖 4-3-3　渴望出壺

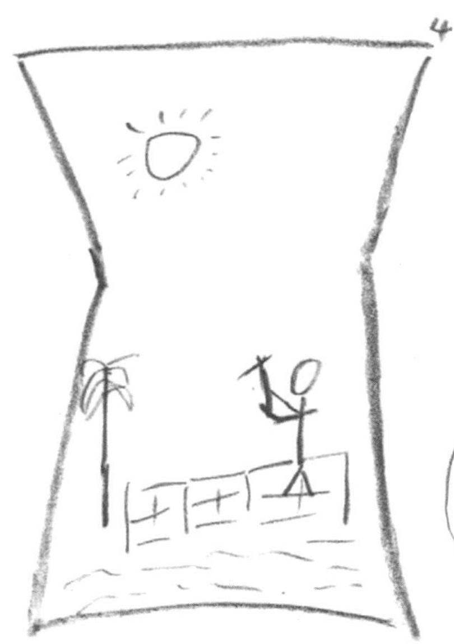


圖 4-3-4　站在壺外

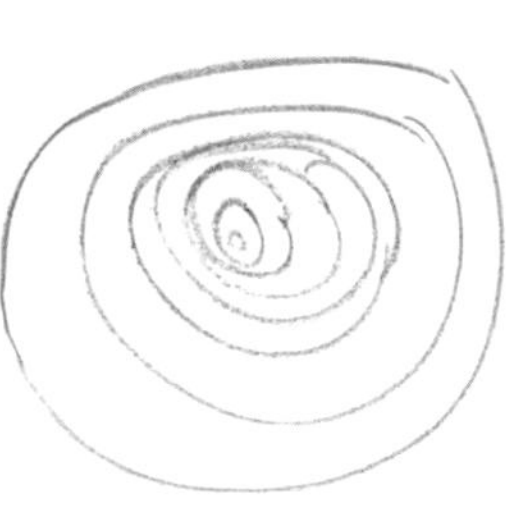

圖 4-3-5　紫色的同心圓

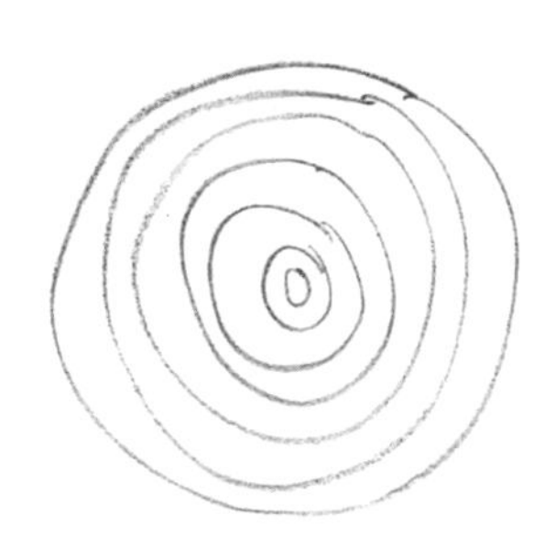

圖 4-3-6　紫色的同心圓

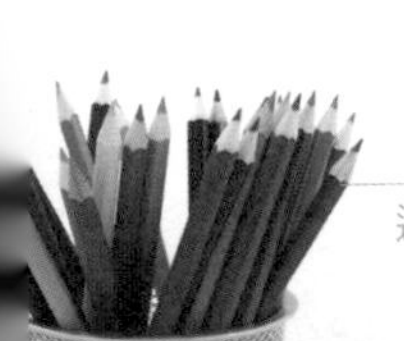

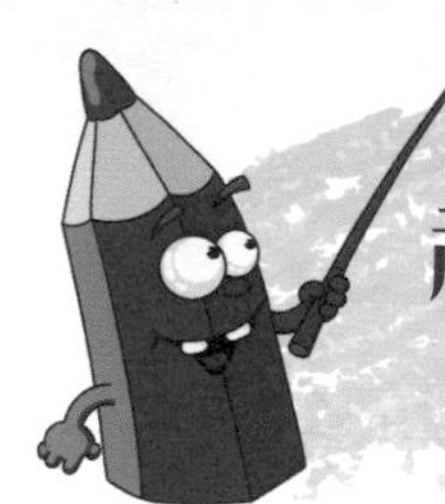

# 視覺偏好者的魔法壺

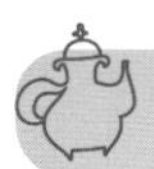

## 用眼睛感受這個世界

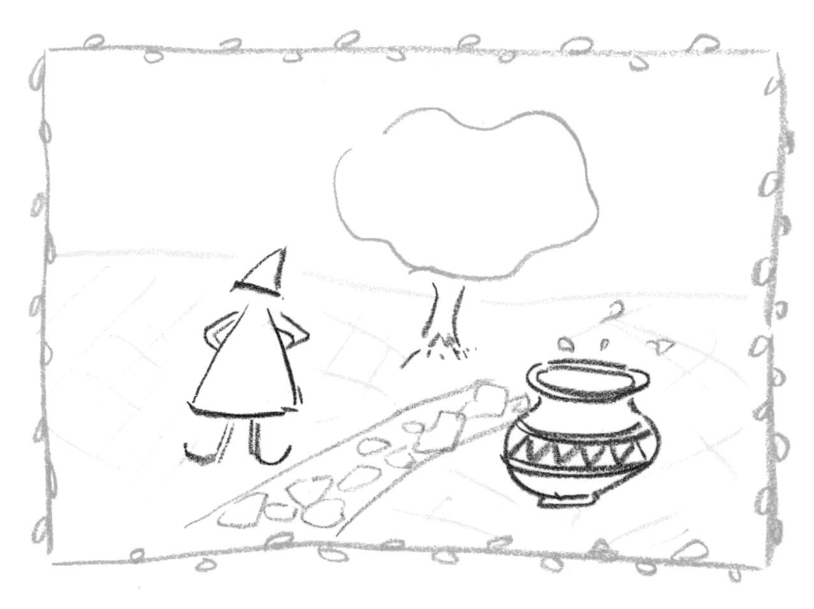

圖 4-4-1　田野中的魔法師和魔法壺

這六幅畫有一個明顯特點：作畫者是一個典型的視覺型的人。

在第一幅畫（圖 4-4-1）中，畫面的正中是一棵樹，樹的左邊站著魔法師，是背影，戴尖帽、穿黑袍，站在一片田野上。他的右邊是一條鵝卵石小路，路的右邊是一個很大的魔法壺，看起來像一個罈子，敞著很大的口，是棕紅色的。看不見壺中有人，但作畫者說自己已在壺中，情緒是「鬱悶」。

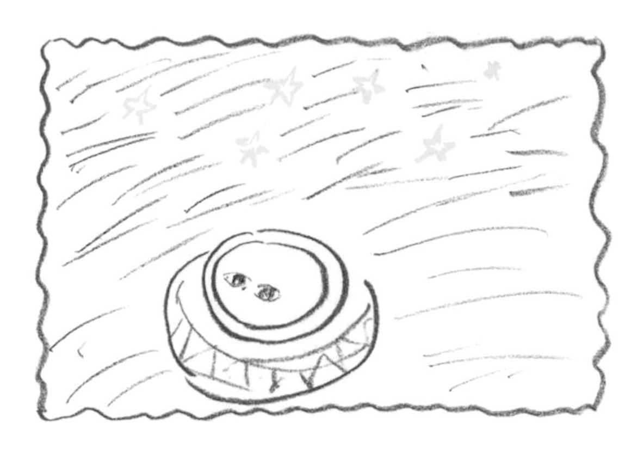

圖 4-4-2　從壺裡看見星星

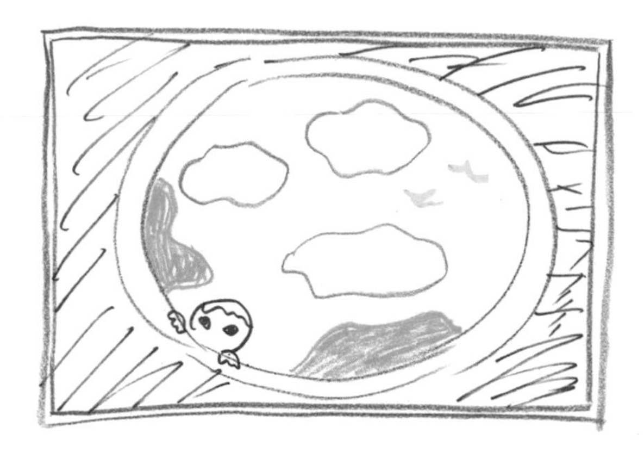

圖 4-4-3　從壺裡看見天空

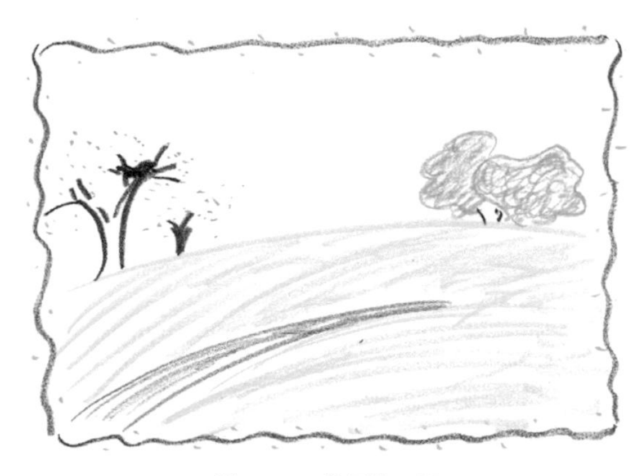

圖 4-4-4　秋天的田野

在第二幅畫（圖 4-4-2）中，大面積的是天黑的場景，黑暗的天、地，還有星星在天空閃亮。魔法壺的口敞開著，看得見兩隻眼睛從壺中望出去，看夜空中的星星，壺中人的情緒是「期待」。

第三幅畫（圖 4-4-3）畫的是白天，壺中人手攀著壺口向外望，她看見藍天、白雲和飛鳥，還有綠樹。壺口畫得很大，壺中人似乎看見了整個世界，她的情緒是「喜悅」。

第四幅畫（圖 4-4-4）畫的是秋天的景色，在畫面右邊，春天的綠樹變成黃色，田野也變成黃色。左邊的樹有稀疏的綠葉，看不見人。作畫者說自己已經從壺中走出，看著周圍的一切，情緒是「愜意」。

第五幅（圖 4-4-5）是用

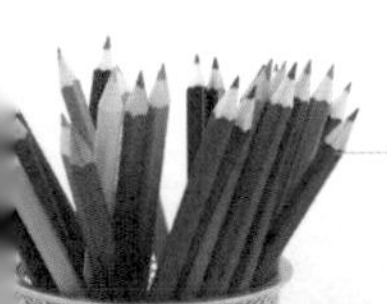

藍色畫出的螺旋圈，每個圈之間的間距並不相等，充滿了隨意性，圓圈之間還有交疊的部分。

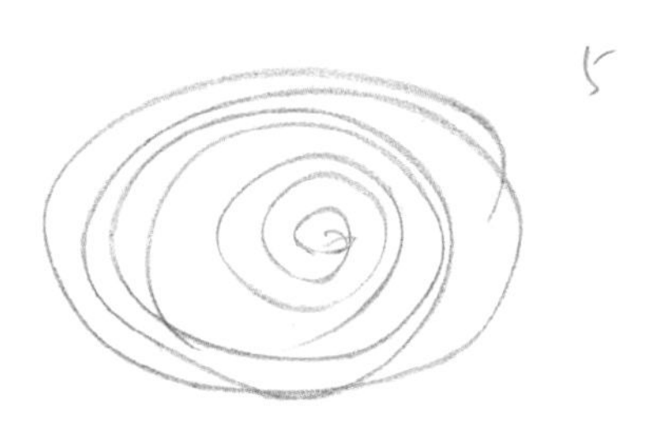

圖 4-4-5　藍色圓圈

第六幅（圖 4-4-6）的圓圈之間間距大很多，更加有秩序感。中心點被特意地塗了又塗，看起來很像一隻眼睛。

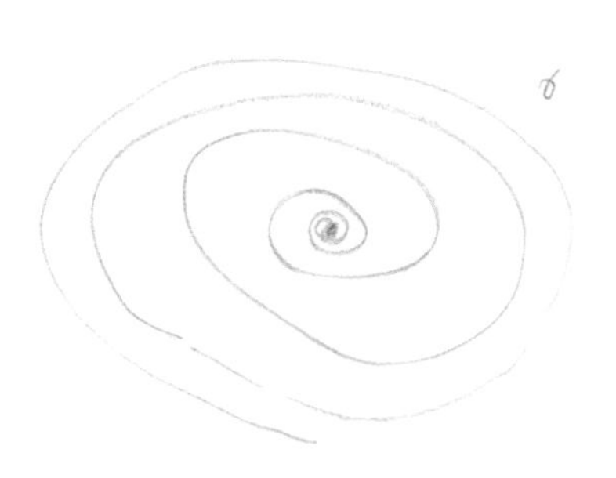

圖 4-4-6　眼睛狀的藍色圓圈

前四幅畫都在強調眼睛。雖然第一幅和第四幅都看不見眼睛，但可以感受到作畫者的存在，她就站在畫紙的面前。那些畫在紙上的，就是她眼睛所看見的，她在這兩張畫裡是一個觀察者。第一幅畫中沒有出現壺中人，因為這不是剖面圖，作畫者作為觀察者，她和讀者一樣無法透過壺壁看到壺中人，她始終堅持只畫下她能夠看到的事物。

而第二幅和第三幅畫，作畫者直接進入畫裡，那兩雙眼睛就是她的眼睛，她看到什麼，就畫下了什麼。這兩種視角即使有轉換，仍然可以清楚地看到作畫者是多麼重視眼睛所看到的事物，她絕大多數的感覺都來自她的視覺。這就是為什麼作畫者把壺設計為敞口的，這樣壺中人的視線就可以毫無阻礙，看到周圍的一切。只要能夠看到周圍，作畫者就有一份心安。在現實中這種模式就是：只要一切發生在我的眼皮底下，我就會有安定感。對作畫者來說，她最不能接受的是別人背著她做一些事情，她最痛恨的是被蒙在鼓裡。

作畫者可以瞭解自己的視覺類型，在做事時充分揚長避短。

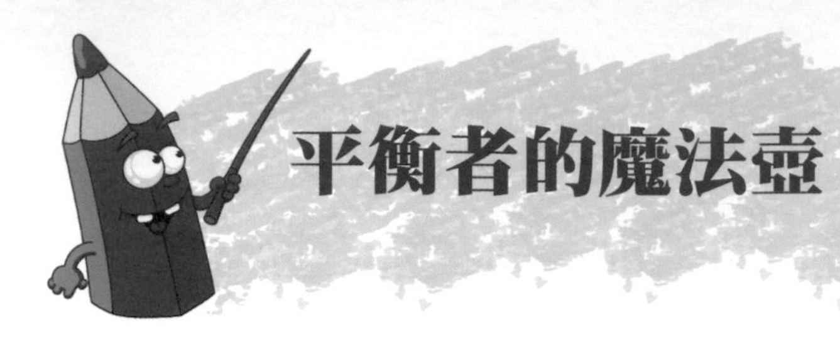

# 平衡者的魔法壺

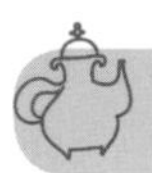

## 理性和感性的平衡

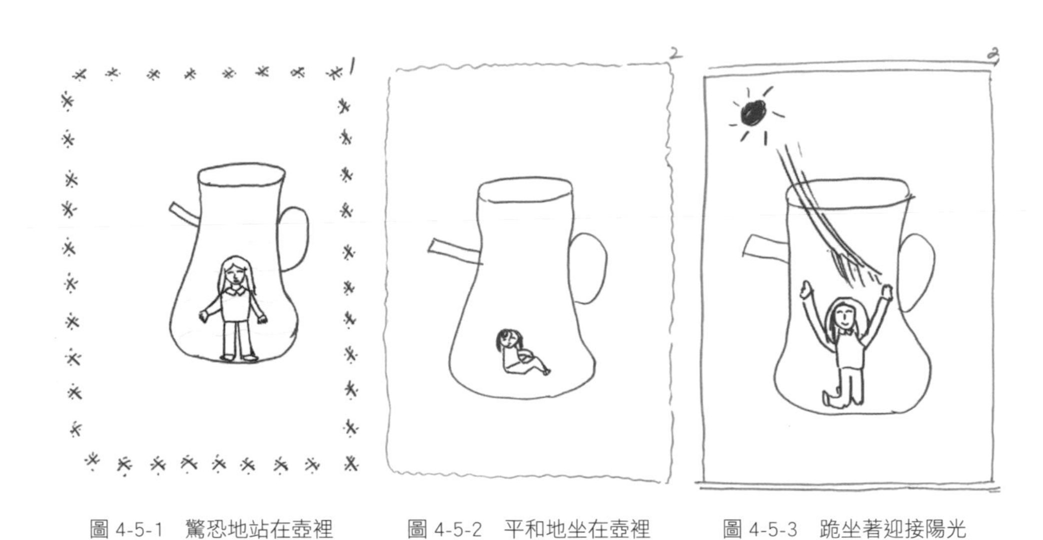

圖 4-5-1　驚恐地站在壺裡　　圖 4-5-2　平和地坐在壺裡　　圖 4-5-3　跪坐著迎接陽光

這六幅畫的特點是作畫者在理性和感性之間有良好的平衡。

在第一幅畫（圖 4-5-1）中，畫中人已經進入壺中，是一把紫色的壺，壺口很大，看不出有壺蓋，壺的表面有一些黃色的花紋。壺中人攤著手站在那裡，眼睛似乎是閉上的。整個人是用藍色筆畫的，唯有嘴唇塗了桃紅色，畫中人的情緒是「驚恐」。

在第二幅畫（圖 4-5-2）中，壺中人坐在那裡，表情看起來比較平和，畫中人的情緒是「等待」。

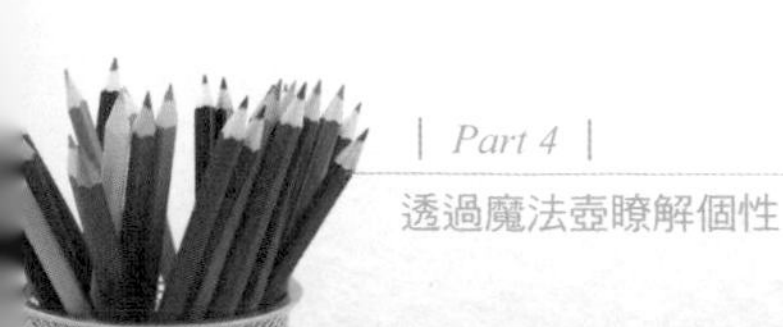

第三幅畫（圖 4-5-3）中，壺中人已經跪坐在那裡，雙手向上揚著，表情是帶笑的，陽光照進壺裡，畫中人的情緒是「有救了，盼望」。

第四幅畫（圖 4-5-4）中，壺中人已從壺中出來，站在樹下。她的前面有一條河，河裡有兩隻鴛鴦，河邊是一幢冒著炊煙的房子，再遠處是群山和太陽。畫中人的情緒是「自由放鬆」。

第五幅畫（圖 4-5-5），有很多同心圓，作畫者還是很細心地畫它們，所以呈現了平行的形狀。

第六幅畫（圖 4-5-6），仍然是一些同心圓，數量較第五張少一些，形狀上更隨意一些，看起來作畫者的情緒還沒有得到完全的宣洩。

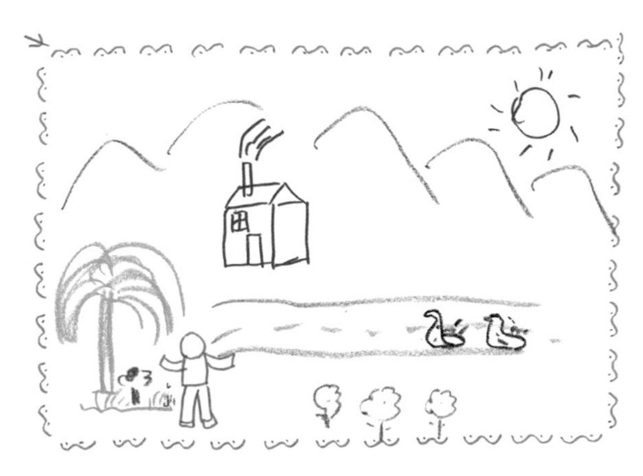

圖 4-5-4　自由放鬆地在小河前

六幅畫的特點是作畫者都用了暖色調的顏色作為基調，顏色最深的是鴛鴦，用了黑色。壺中人全部用了藍色，可是一旦從壺裡出來，畫中人的顏色馬上就轉換為暖色調的橙色，這些基調顏色代表了作畫者的樂觀。她的魔法壺

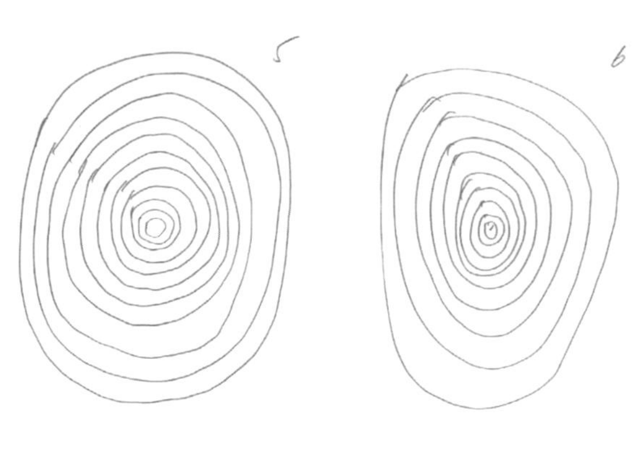

圖 4-5-5　橙色同心圓

圖 4-5-6　橙色同心圓

似乎一直是透明的，壺中人似乎沒有受到憋悶、黑暗的威脅，這和她的樂觀性、積極情緒有關。

四幅圖畫的邊框都用了橙色，而且每一幅都有變化。這些邊框的顏色、圖案和主題圖畫一起構成了清新、活潑的風格，這也是作畫者在現實中的風格。從這些風格來看，作畫者是一個感性的人。

但從四幅畫的整體來看，作畫者又是一個非常理性的人。她有情緒的變化，但她每次都能很好地控制自己的情緒，情緒的反應沒有強烈到失控的狀態。從第一幅到第三幅畫，壺的面積越變越大，這種變大代表了作畫者有更大的空間來採取行動，解決問題。在該採取措施時，她也會有相應的行動，在第四幅畫中她就從壺中出來了。

只是，第四幅畫中透出一些擔心和不確定的情緒：畫中人沒有出現臉和手，看起來作畫者缺乏行動力；那幢房子似乎也是無法進入的、不夠溫暖的；而兩隻鴛鴦是黑色的，更有一些低落情緒在其中。這些資訊可能和她要處理的親密關係、家庭關係有關。其實在之前的三幅畫中，畫中人都是眉眼清晰，身體各個部位都畫出來的，應該說作畫者的自我意識還是非常清晰的。第四幅畫與其他不一致，可能和作畫者不確信自己能夠找到應對長期困境的方法有關。她很期望能夠擺脫困境，但具體方法還不清楚，信心也不是很足，她目前還沒有能力做到這一步，所以畫中人就沒有眉眼和手。她身體的姿勢在四幅畫中有變化，從站、坐、跪到重新站起來，代表了她內在能量的變化，走出魔法壺讓她重新擁有能量。

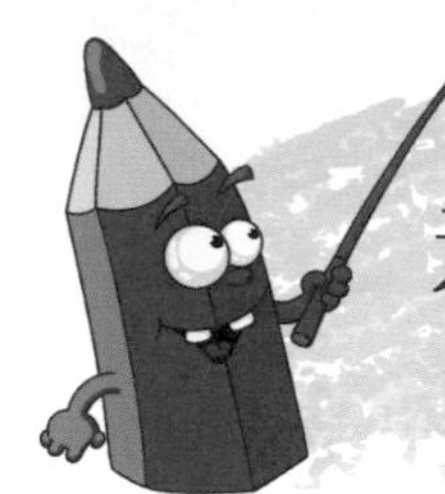

# 未來導向型的魔法壺

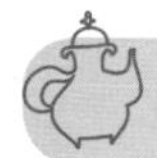

## 坐得高，看得遠

這六幅畫的一個特點是作畫者是未來導向型的。

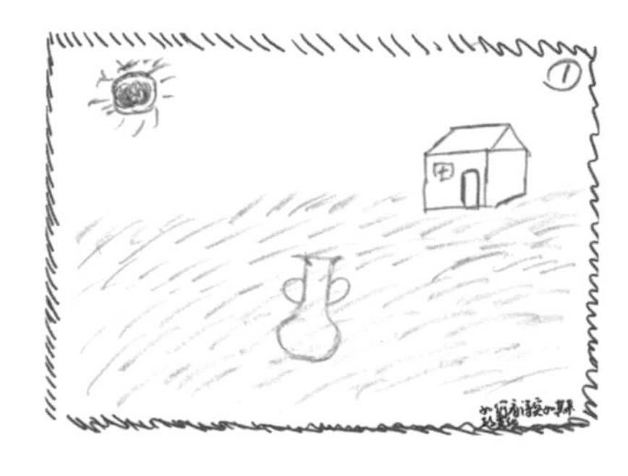

圖 4-6-1　橙紅色的魔法壺

第一幅畫（圖 4-6-1）中，大片的底色是綠草地，畫面靠近下部中央的地方有一個橙紅色的魔法壺，人已經在壺中，左上角是橙紅色的太陽，右上角是桃紅色的房屋。壺中人的情緒是「平靜」。

第二幅畫（圖 4-6-2）中，壺仍然在草地上，但壺變大了，而且變成了藍色。壺中人坐在裡面，也是藍色的。畫面的上部是夜空，有月亮和星星，壺中人的情緒是「慢慢等」。

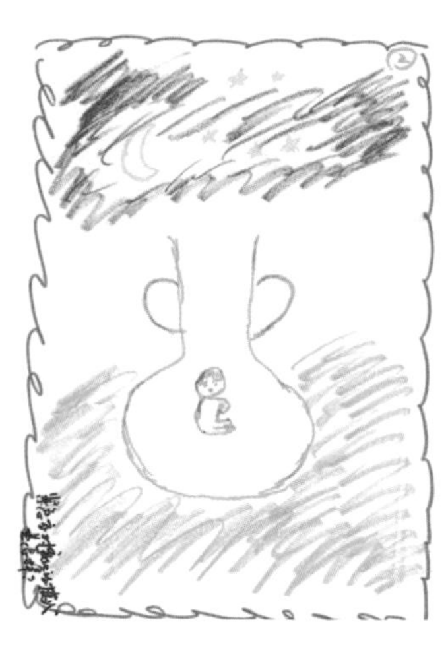

圖 4-6-2　在夜空下等待

第三幅畫（圖 4-6-3）中，陽光照耀著，壺變大了，周圍的風景進來了。有一個桃紅色的人正在草地上放風箏，一個藍色的風箏，草上有一些花兒在開放。太陽在天空中照耀著，畫面的右邊有一棵生機勃勃的樹。畫中人的情緒是「驚喜」。

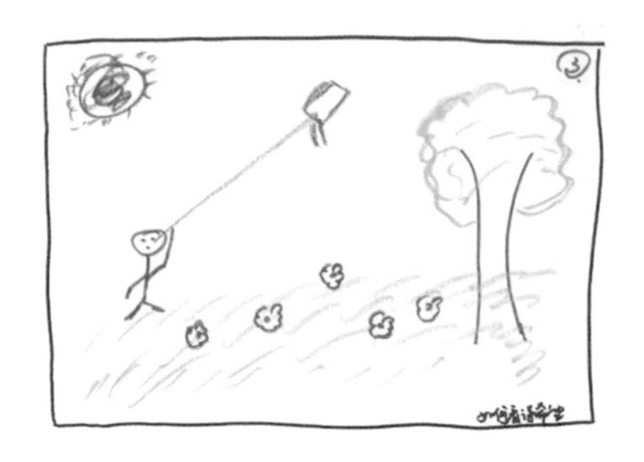

圖 4-6-3　在草地上放風箏

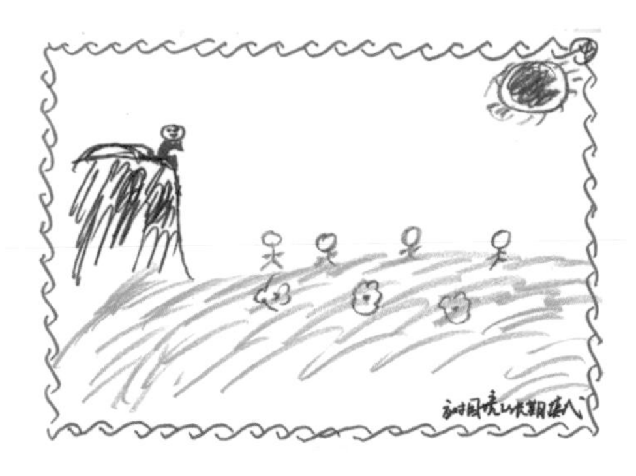

圖 4-6-4　坐在高坡上看別人玩耍

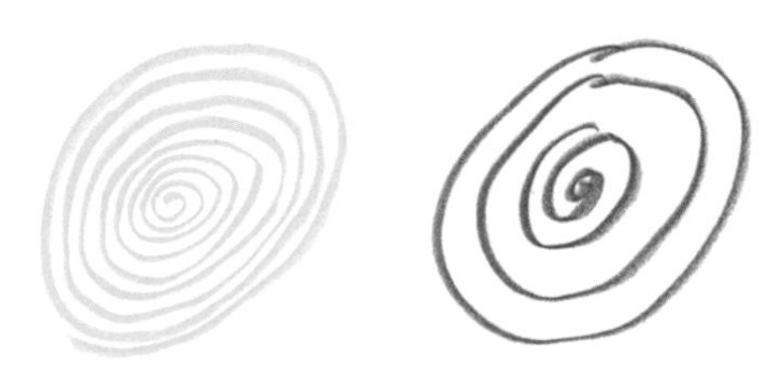

圖 4-6-5　黃色螺旋圓　　圖 4-6-6　藍色圓

第四幅畫（圖 4-6-4）中，桃紅色的人正坐在一個高坡上，看著草地上的四個人在玩耍，太陽照耀著。畫中人的情緒是「享受」，作畫者說：「一年了，我坐在山上看別人，不記得壺在哪裡。」

第五幅畫（圖 4-6-5）是用黃色畫的螺旋圓，畫得很整齊。用這樣鮮亮的顏色畫第五張畫不多見，表明作畫者在此時的能量水準很高。

第六幅畫（圖 4-6-6）是用藍色畫出的圓，要比上一幅簡潔、有力，但更內斂，沒有上一張那樣張揚。

從四幅畫中可以看到，這位作畫者的短期應對模式和長期應對模式不同。在遇到突發事件時，她的短期反應模式是：保持冷靜，靜觀其變；她的長期反應模式是：採取行動脫離困境。她的優勢更多是在長時間的人生困境和挫折時顯現出來。

第四幅畫具有深刻含義：畫中人所處的位置較其他人高，而且更悠閒。她面朝右邊，通常是看向未來。這表明在經歷人生挫折後，作畫者會看得更高遠。她是一個未來導向的人，所以不會停留在過去的經歷中，而是向前走得更遠。

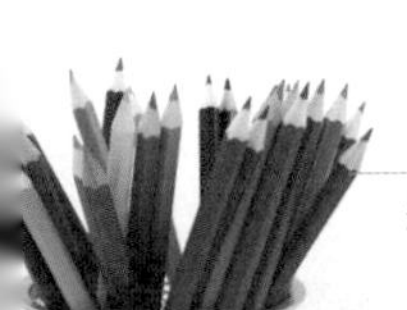

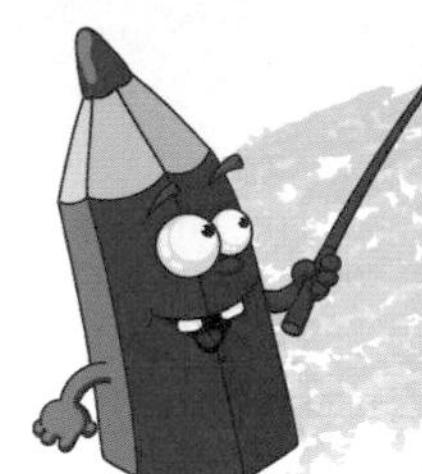

# 樂觀者的魔法壺

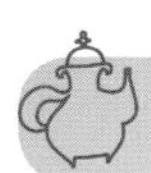

## 超級樂觀者

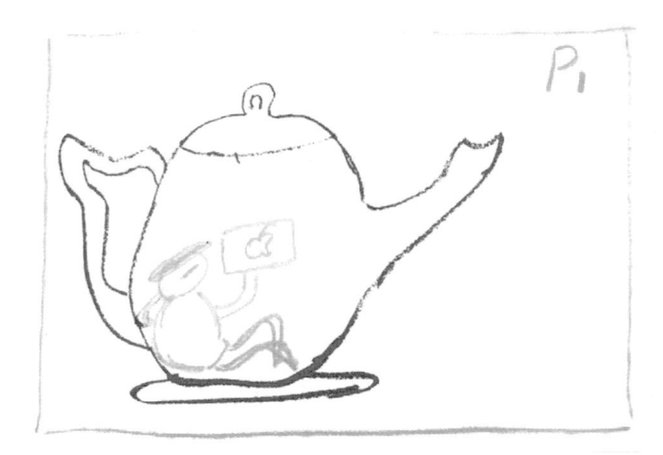


圖 4-7-1　在壺裡玩 iPad

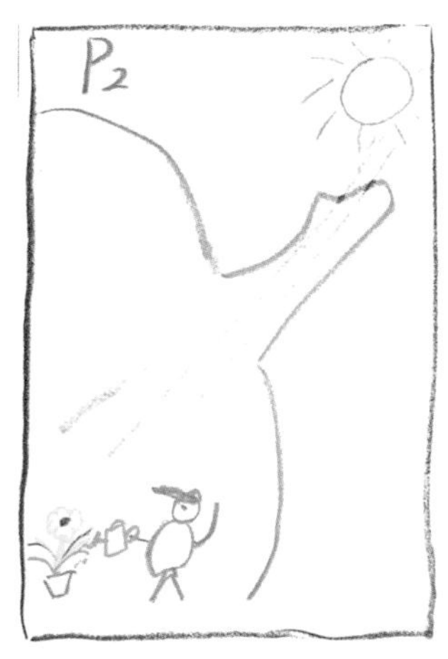


圖 4-7-2　在陽光下給花兒澆水

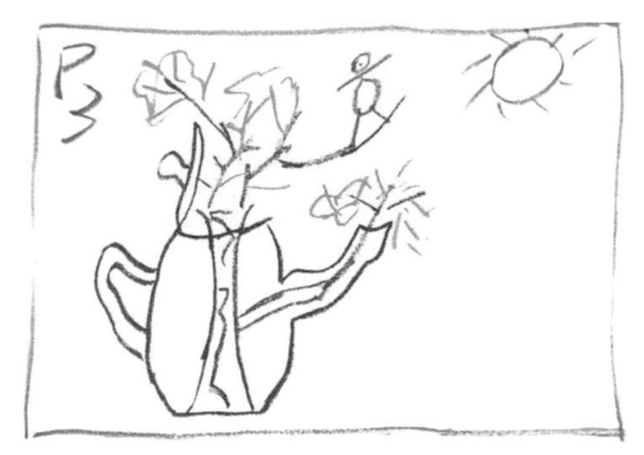


圖 4-7-3　一棵大樹長出壺外

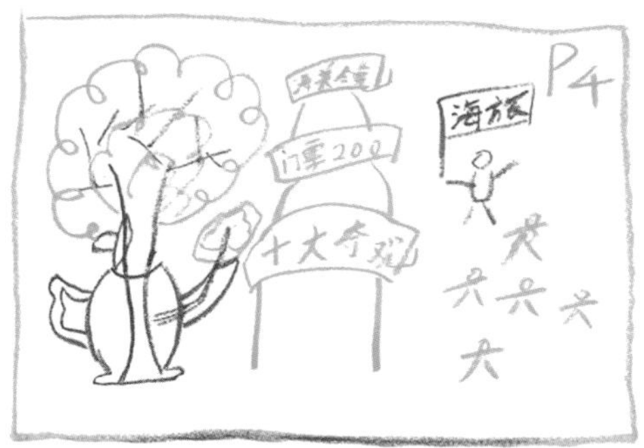


圖 4-7-4　壺中樹成為旅遊景點

第一幅畫（圖 4-7-1）代表的是作畫者面對突發情境的反應。作畫者描述了自己剛進入魔法壺時的場景：「剛剛進到壺裡，不知發生了什麼事情，但總想著不會是什麼壞事，於是拿出 iPad 玩起來。」所有的特徵表明作畫者是位超級樂觀者：一是他的情緒基調是積極和樂觀的，即使是面對突發情況，也有一份安定，畫中人斜靠在壺壁上，非常愜意，呈現出放鬆的狀態；二是他對陌生的場景沒有強烈的不安感，而是想著「不會是什麼壞事」，儘管也有不安，但比較輕微；三是他在任何情境下都能較快地適應，找到讓自己有舒適感的事情，即使在困難情境中，他也給自己配備 iPad；四是他的圖畫都是暖色調的：橘黃色的壺、橙黃色的人、綠色的蘋果象徵。整個畫面具有一種暖融融的感覺，這和那些充斥著黑色的畫面形成鮮明對比。

第二幅畫（圖 4-7-2）中，代表作畫者緊急應對壓力的模式。他的樂觀性再一次在這幅圖畫中得到發展：陽光透過壺嘴照進了壺裡，作畫者在陽光中種花、澆花。太陽代表著希望，而且處於圖畫的右面，代表著光明的未來。花兒代表著生機，水也代表著生命能量，整幅圖畫充滿了生機。這幅畫的主色調是藍色，代表著一種內心的安定。這在處於緊急事件中尤為難得。對於有些悲觀者來說，他們無法想像出壺裡會有生命力；對於有些樂觀者來說，即使有生命力，也有一個孕育的過程，可能是先有種子，澆水施肥光照之後才會發芽，然後才會長大、開花。但在這位超級樂觀者的世界中，花兒本來就應該是開放的。

第三幅畫（圖 4-7-3）中，代表著希望對於人們的意義。這幅圖畫繼續了樂觀的主旋律，同時增添了創造性。「隨著陽光的照射，花兒逐漸長大，長大成為一棵樹，頂開壺蓋長出壺，我站在樹上，自然而然出了壺，外面的世界陽光普照。」透過壺中長樹的方式從壺裡出來，這種方法很少

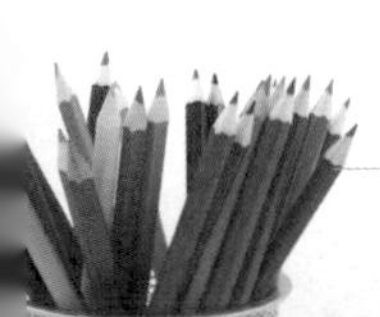

有人會想到，但在這位超級樂觀者的世界裡，這種事情似乎可以信手拈來，輕而易舉。即使這種方法行不通，也難不倒作畫者，他似乎有很多種方法，只是隨隨便便就想到了這種方法，他很善於創造資源。

整幅畫以紅色為基調，充滿了能量感和力量感。畫面右上角的太陽，再次強化了這種力量感。

第四幅畫（圖 4-7-4）中，代表著人們應對壓力的長期模式。作畫者在這裡展現了樂觀、創造性利用資源的一個極致：把壺中樹開發成一個旅遊景點，包裝成世界「十大奇觀」之一，成立一個專門的旅行社，召集遊客們來旅遊，遊客絡繹不絕。

當作畫者脫離了困境後，他不僅沒有把自己的那段經歷拋掉或砸碎，反而是把挫折經歷當作可以利用的資源，進行再次開發和利用，與人們分享他的奇蹟的同時，獲取豐厚的物質利益。他的想像力和現實性有了完美的結合。

整幅圖是以綠色為主色調，代表著生機。

## ▼ 作畫者的優勢和劣勢

從四幅畫可以看出作畫者具有以下優勢：

非常積極樂觀的心態；面對壓力時超強的定力，非常有力量；具有創造性思維；善於解決問題；能與周圍環境和諧相處，這從圖畫中壺裡壺外的顏色、景物、大小的和諧中可以看出。

作畫者需要關注的是：

在積極樂觀的同時，不要盲目樂觀，或過於樂觀。有時需要有預防性悲觀。世界上並不是每一朵花兒都會開放的，並不是每一個角落都會灑滿陽光的，不要過濾掉那些預警信號。

在擁有靈活性的同時，不要過於隨性。有時我們需要一些約束、規則。過於隨性會讓有些人質疑你的態度是否認真、你的能力是否達到，帶來一些不必要的不信任。

在擁有想像力的同時，不要忽視踏實行動的力量。有時微小的行動都比宏大的空想有力量，不要看不起每一步小小的行動。

在迅速成長的同時，需要擁有韌性和耐力。樹木不可能一天長成，成就不可能一天達成。不論當下的工作還是長遠的職業發展，都要做好漫長累積的心理準備，要有足夠的耐心。

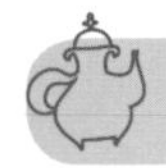

## 開辦專題宣講會

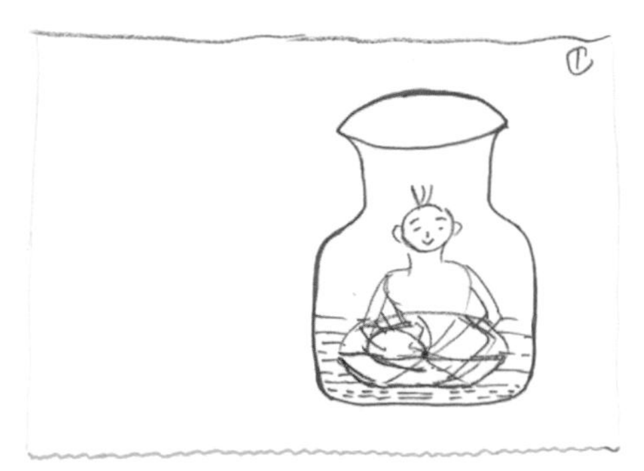

圖 4-8-1　在壺中坐禪

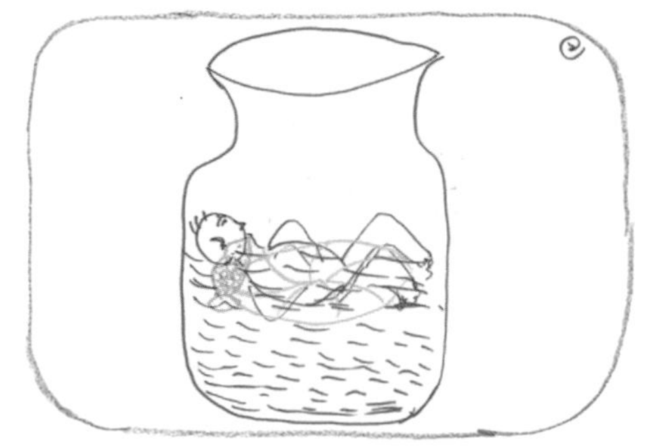

圖 4-8-2　躺在荷葉上

這也是一個超級樂觀者所畫的魔法壺系列。其最大的特點是始終比別人快一步，並且能從自己的挫折經歷中獲益。所有的內容均用桃紅色畫成。

第一幅畫（圖 4-8-1）中，魔法壺在畫紙的右邊，壺較大，壺口較大，壺中人所占面積也較大，盤腿坐在壺的正中，臉部是平和的。壺中有水，水位在壺中人的腰部，壺中人的情緒是「淡定」。

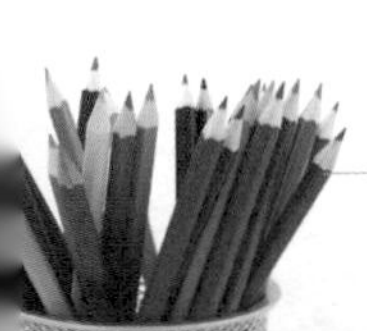

第二幅畫（圖 4-8-2）中，魔法壺變得更大，更加處於畫面的中央。壺中人正仰面躺在水面的一片荷葉上，頭下有一條藍色的魚在調皮地嬉戲，壺中人的情緒是「曙光乍現」。

第三幅畫（圖 4-8-3）中，一束金色的陽光照進壺裡。壺中人站起來，正在壺壁上題詞「某某到此一遊」，其情緒是「苦中作樂」。

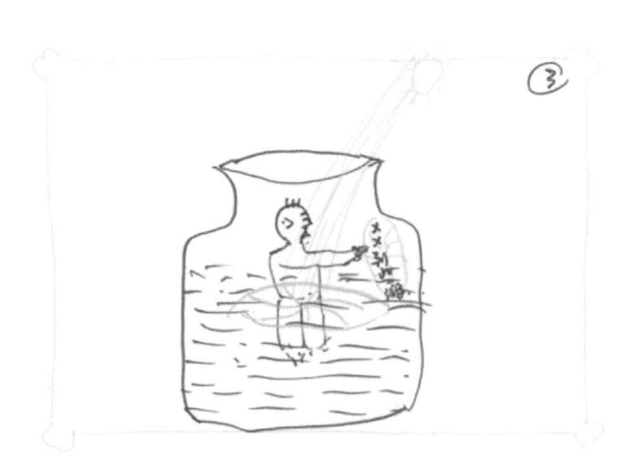

圖 4-8-3　在壺上題詞「到此一遊」

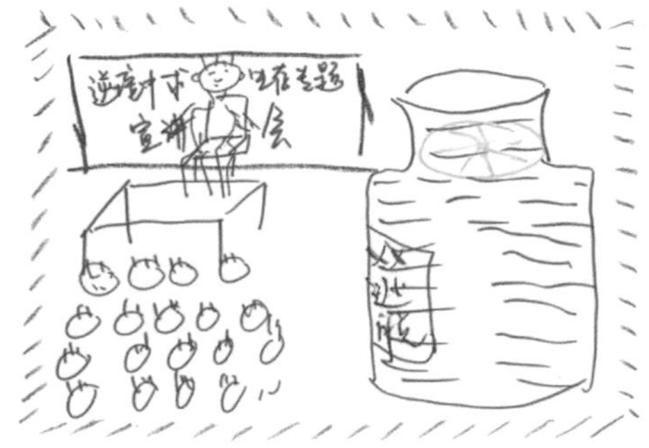

圖 4-8-4　舉辦「逆境中求生存專題宣講會」

第四幅畫（圖 4-8-4）中，壺中人已出壺，坐在高高的講臺上，正在舉辦「逆境中求生存專題宣講會」，下面聽者眾多，魔法壺在畫面的右邊，裡面仍然有水，仍然有那片荷葉，壺上貼著一張標籤：某某逃脫。畫中人心裡的一句話是：「此瓶安能困住老夫！」其情緒是豪邁的、得意的、驕傲自豪的。

需要特別說明的一點是，這四幅畫是一位女性所畫。畫中人很明顯是男性，為什麼會出現畫中人與作畫者的性別不一致呢？一種可能的解釋是當遇到挫折和困難時，作畫者會調用自己人格中的男性子人格出來應對，因為這個（些）子人格更有力量，更有勇氣。

作畫者在應對挫折和困難時，其樂觀精神在其中發揮很大的作用。在第一幅畫中表現出的鎮定，很多人需要在第二幅和第三幅畫中才會表現出來，而這位作畫者直接跨越了這些階段，即使在突發事件面前，仍然會有一種安定感。

在第二幅畫中，作畫者已經感受到「曙光乍現」，看到希望了，而這通常是人們在第三幅畫中才會出現的。第三幅畫中「某某到此一遊」的舉動看起來無聊，但可以看到作畫者的樂觀心態，把在壺中的經歷當作是一次旅遊。

而第四幅畫中的宣講會，更是把樂觀精神推向了一個高潮：利用自己的挫折經歷，讓自己受益，讓更多的人受益。經歷可以轉變為財富，這和前一位作畫者非常相似，樂觀者的特點就是這樣：任何經歷都是有意義的，關鍵看你怎樣利用這些經歷。那個魔法壺仍然被保留是意料當中的事情。從第四幅畫中魔法壺所占的面積來看，它依然被重視，其分量仍然很重。

畫中的很多細節都在突出樂觀性：圖畫採用了紅色，是非常具有能量的一種顏色。壺中有一片荷葉，它不僅是生命力的象徵，也代表著不論環境怎樣，人都可以把經歷轉化。荷花的特點是出汙泥而不染，它會把汙泥轉化成營養進行吸收，或者說它汲取了汙泥中的營養。至於壺中的水，也表現為一種能量和流動，因為它能夠讓畫中人休養，能夠讓荷葉生長。但壺中那些水，代表著樂觀背後的抑鬱。作畫者想要忽略這種情緒，但她知道這些情緒在那裡。

樂觀者有較清晰的自我意識，而且對自我的評價較高，自我效能感較高。在圖畫中，畫中人相對是完整的。在作講演時，底下也畫出了很多聽眾，突出講座的受歡迎。作畫者相信自己是有能力的一個人，能夠吸引到這麼多人來聽，而且會受到歡迎。

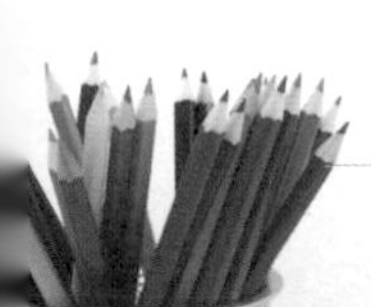

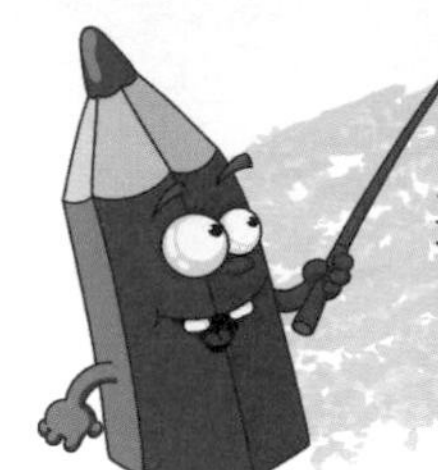

# 善於解決問題者的魔法壺

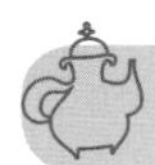

## 請農夫幫忙打死魔法師

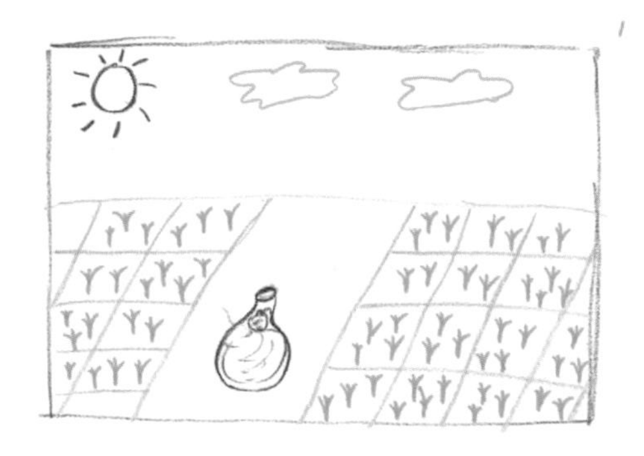


圖 4-9-1　在野外踏青時被抓進魔法壺

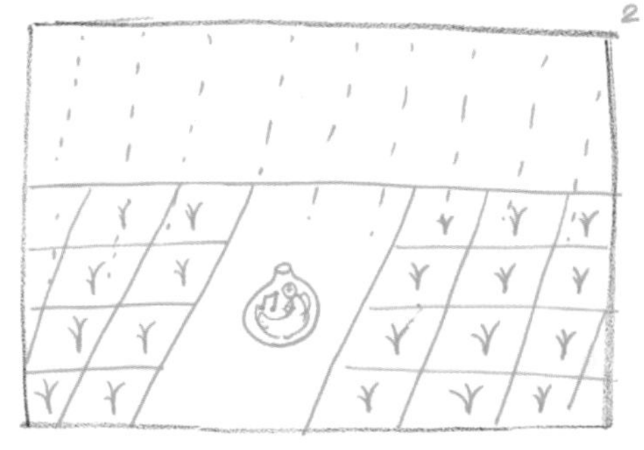


圖 4-9-2　在壺裡唱歌

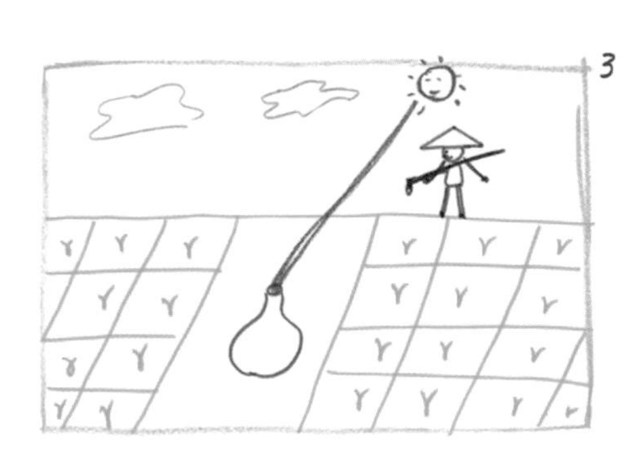


圖 4-9-3　田野裡走來一個農夫

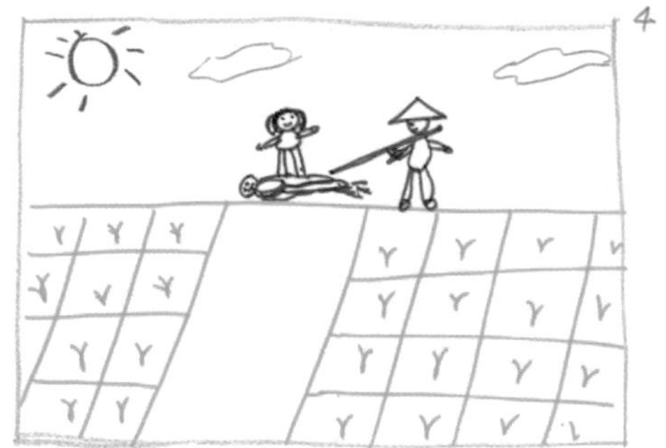


圖 4-9-4　農夫幫助她戰勝了巫師

這四幅畫在結局上有些獨特性：農夫幫忙打死了魔法師。

在第一幅畫（圖 4-9-1）中，魔法壺被置放於田野上，處於畫面的下部，是深棕色的。大片的田野占據畫面最大的面積，在餘下的空間中，太陽在左，雲朵在右。田野裡的莊稼長得很好，看樣子是被精心耕種和照料著的。而壺中人似乎正憋悶在壺中，壺中人的情緒是：「有信心，等待救援」。作畫者的解釋是：「這是春天，我正在野外踏青，陽光明媚，我非常開心，卻被抓進了魔法壺。我信心滿滿，一定會有人來救我。」

在第二幅畫（圖 4-9-2）中，魔法壺所處的環境和位置沒有發生變化，但天上下著雨。壺也和周圍的顏色一樣，變成了綠色，壺中人也成了綠色。壺中的音符代表壺中人正在用唱歌來自娛自樂，其情緒是「耐心等待」。

在第三幅畫（圖 4-9-3）中，背景都還一樣，只是太陽照耀著田野和魔法壺，有一個農夫走在田野上。壺中人聽到了外面的腳步聲，想要出去，就用力搖晃魔法壺，發出聲音，其情緒是「有希望了」。

第四幅畫（圖 4-9-4）中，背景沒有變化，但壺中人已經出來，農夫救了她，幫助她戰勝了巫師，然後她扔掉了壺，因為壺是邪惡的。壺中人的情緒是「興奮」。

從整體來看，畫中人是一個追求完美、遵守規則、充滿樂觀精神、做事講究方法和步驟的人。

追求完美可以從作畫者畫田野的方法中看出。四幅畫她堅持畫了四次田野，每片田野都會畫秧苗，雖然後面三幅沒有像第一幅那樣畫滿秧苗，但都整整齊齊、認認真真地畫出了秧苗。從後面的簡化處理中可以看出，作畫者在效率和完美之間會有一個平衡和取捨，她追求完美，同時兼顧效率。

遵守規則可以從其邊框的畫法中看出，每一幅畫的邊框都用規規矩矩的直線線條畫出，每一邊的距離離邊緣都是一公分。她是一個善於按照指

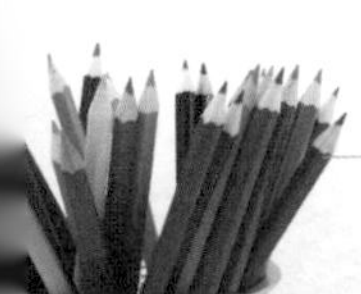

令、規則來做事情的人，但並不關注變化。

充滿樂觀精神可以從作畫者的情緒反應中看出，每一幅畫都存在著希望，相信等待是有意義的。另外，四幅畫的基調顏色都是綠色，本身也是充滿了希望和生命力的顏色。通常，畫出在田野中和大自然親近的作畫者，往往有更高的樂觀性，更有天人合一的可能性。

做事講究方法和步驟，可以從四幅畫的節奏中看出來。在第一幅和第二幅畫中，作畫者感受到壓力，但她非常耐心，能夠沉住氣等待；在第三幅畫中，雖然田野上出現了農夫，但她並沒有直接讓農夫來解救壺中人，而只是先發出信號；接下來，她並不滿足於僅僅是從壺裡出來，她需要徹底解除威脅，所以請農夫出手相助，一同把魔法師除掉。

而農夫，是作畫者自己創造出來的資源，她是一個善於創造和利用資源的人。

很有意思的一點是，作畫者在後來把「魔法師」變成了「巫師」，這種轉變不是字詞弄錯了，而是她在內心裡對魔法師的定位：魔法師是邪惡的。她其實把壺也定義為邪惡的，所以在她的人性觀中，世界分為善和惡兩部分，人分為善良和邪惡兩種。這是一種孩童式的世界觀，單純、簡單，卻並不足以解釋這個世界的複雜性，所以有時會讓她在成人世界中遇到困難。

## 利用《逃生指南》出壺

這位作畫者也非常善於利用資源，憑藉《逃生指南》出了壺。

第一幅畫（圖 4-10-1）是壺中人站在大肚子的壺裡。整幅畫都是黑色的，但細看的話，可以看到作畫者先用綠色畫了壺，又用黑色描了一遍。儘管看起來作畫者做事情有些粗糙，但他其實有細緻的一面，壺中人的情緒是「驚恐」。

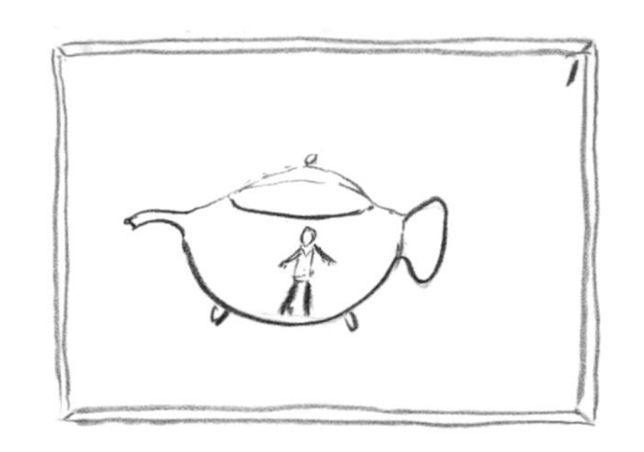


圖 4-10-1　壺中人在大肚壺中感到驚恐

第二幅畫（圖 4-10-2）是壺中人盤腿坐在壺中，壺沒有畫出全貌，只是用黑色淡淡地描出了一個輪廓，畫的主體仍然是黑色。壺中人「做過出去的嘗試，沒有成功。無奈，還在想辦法」。

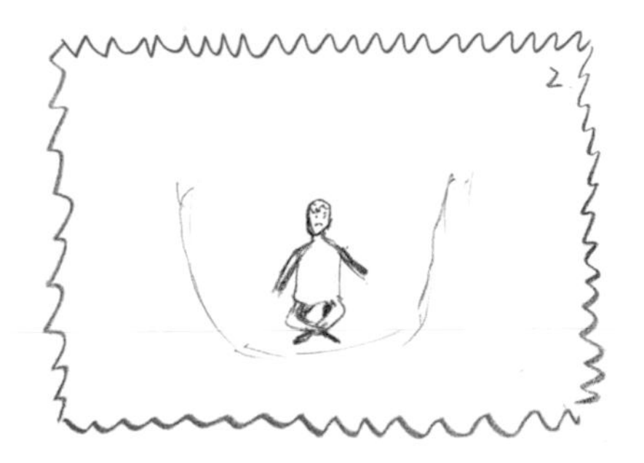


圖 4-10-2　壺中人盤腿坐壺中想辦法

第三幅畫（圖 4-10-3）是壺中人站在壺中，似乎是在用兩手推壺壁。畫的主體用了黃色，畫中人的情緒是「激動」。

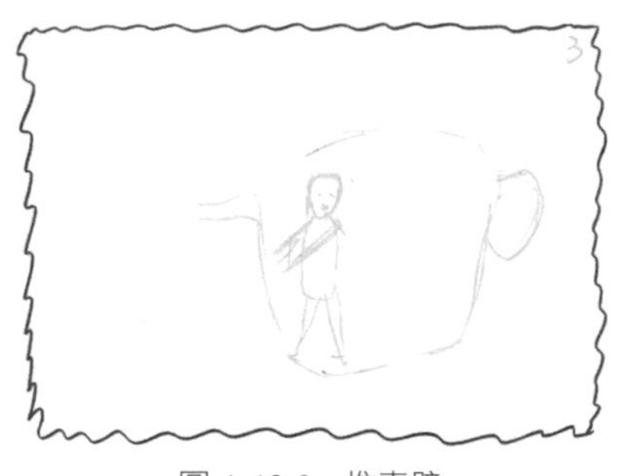


圖 4-10-3　推壺壁

第四幅畫（圖 4-10-4）是畫中人站在壺外，而他之所以能夠出壺，是因為他在壺內找到了《逃生指南》。從壺裡出來後他的情緒是「平靜」。

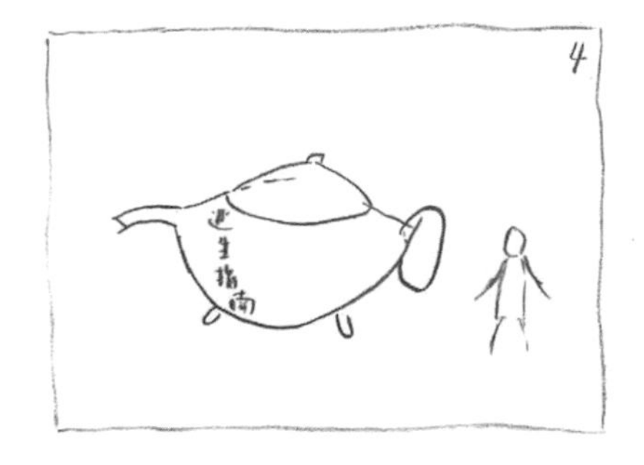


圖 4-10-4　利用《逃生指南》從壺裡出來

第五幅畫（圖 4-10-5）是用紅色畫出的圈，有很多個螺旋圈，這表明作畫者並不像他在第四幅畫中所說的那樣平靜。進入魔法壺並且出來的過程在他內心激盪起很多的情緒，他需要透過這些圓圈來平復自己的情緒。

第六幅（圖 4-10-6）也是用紅色畫出的圈，但更簡潔，更有控制感。

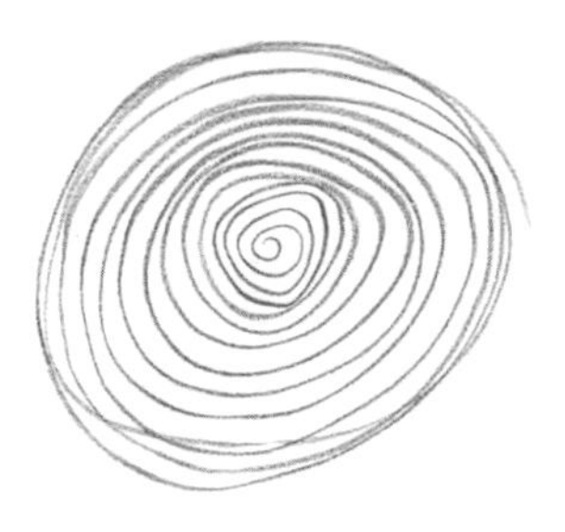

圖 4-10-5　紅色的螺旋圈

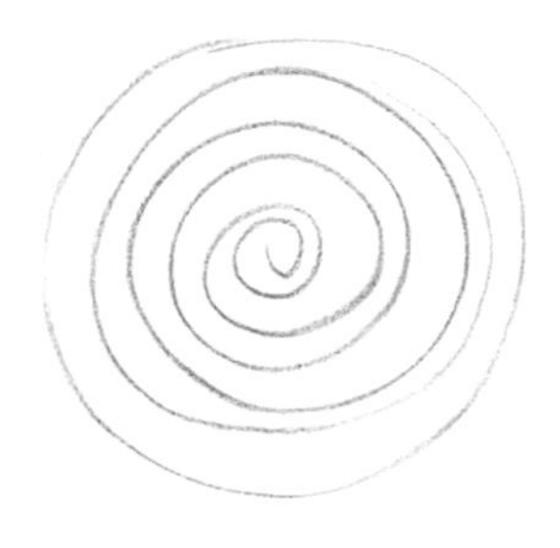

圖 4-10-6　紅色的圈

作畫者的特點是遇到突發事件時，開始時會驚慌失措、情緒低落，但時間一長，反而會鎮定下來，想出解決方法。第一幅和第二幅畫中，作畫者表現出的還是負面情緒居多，除邊框外，都是黑色。但從第三幅畫和第四幅畫中，就開始出現暖色調，黃色和紅色成了基調色。而真正的方法是在第四幅才出現：借助壺中發現的《逃生指南》逃出了壺。這種類型的人有點像慢熱型的人，需要花較長時間才能摸清情況，採取對策。同時，事情結束後，也需要一段時間才能平復情緒。

作畫者也是一個善於利用資源的人。所謂的《逃生指南》，代表作畫者依靠自己的力量最終擺脫困境，這是他可以利用的一個優勢。

## 以邊框為壺，效率第一

這是一位青年男性畫的，他的特點是動作快，每一幅畫都完成得很快。

### ▼ 六幅畫

第一幅畫（圖 4-11-1），壺中人坐在地上，等待別人救他出去。人在畫面偏左居中的位置上，坐在那裡，滿臉沮喪。

第二幅畫（圖 4-11-2），主角拿著錐子，準備在壺上鑿個小洞後逃出來，但不知道自己是否會成功。

第三幅畫（圖 4-11-3），陽光照進來，主角很興奮，對著陽光呼救，感到馬上就要獲救出去。

第四幅畫（圖 4-11-4），畫中有三個人，正是主角一家三口，正在陽光下郊遊，主角早已從壺中出來。

第五幅畫（圖 4-11-5），從裡向外畫黃色的螺旋圓圈，感覺輕鬆隨意。

第六幅畫（圖 4-11-6），從外向裡畫，也是黃色，但圈數更多，感覺更仔細。

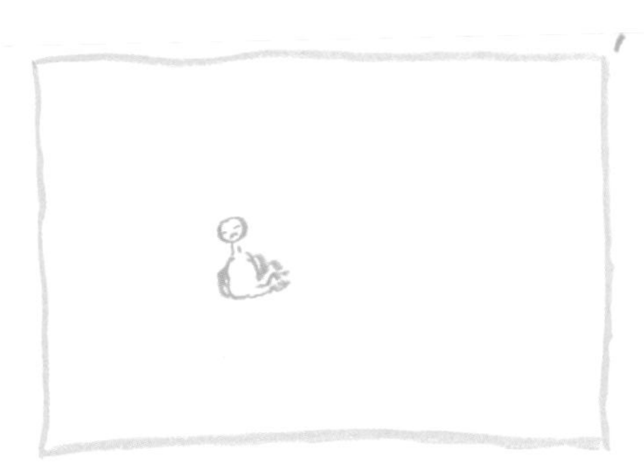

圖 4-11-1　沮喪地坐在壺中

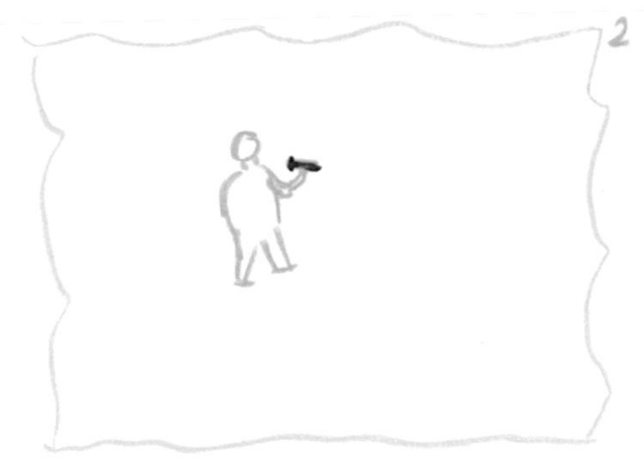

圖 4-11-2　拿著錐子在壺上鑿洞

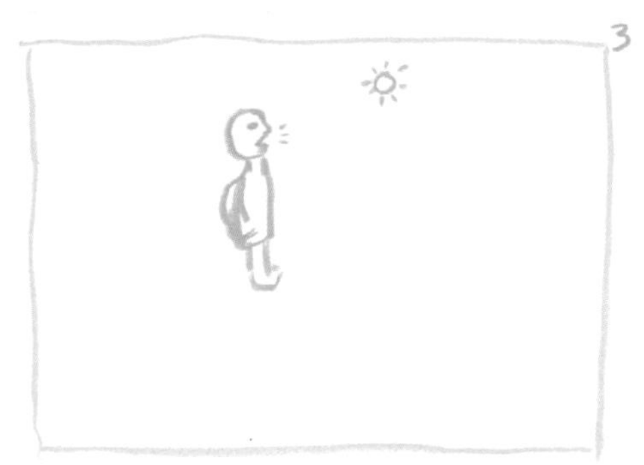

圖 4-11-3　對著陽光呼救

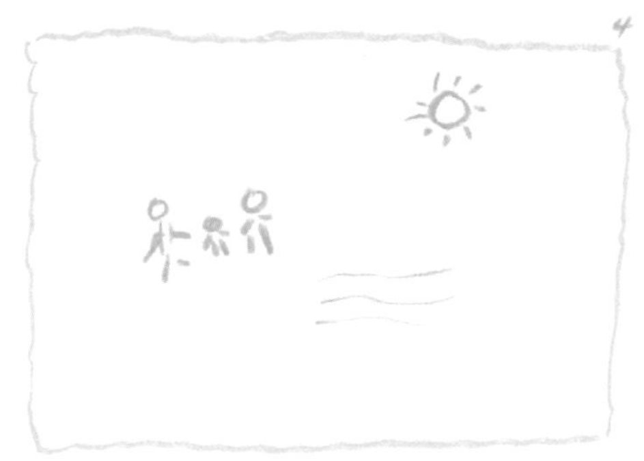

圖 4-11-4　一家三口在陽光下郊遊

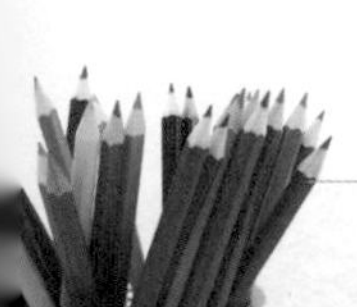

## ▼ 以框為壺

前四幅畫很大的一個特點是沒有畫出壺的形狀，而是直接用邊框代替壺。這樣做的人通常有兩個特點：一是不拘小節，從大處著手，做事講究效率，品質讓位給效率；二是面對困境時，給自己留下的迴旋餘地會比較大。

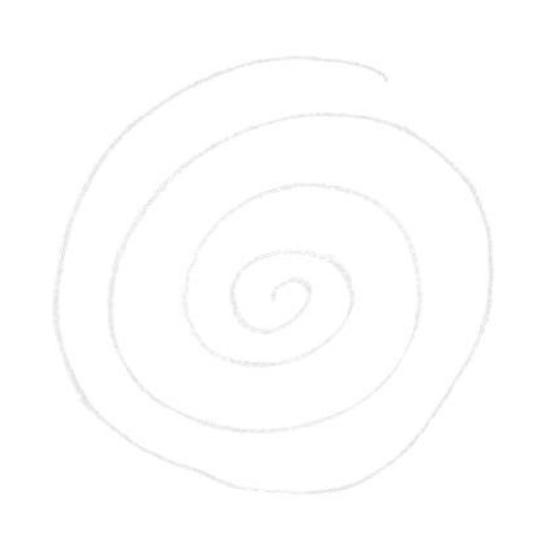


圖 4-11-5　黃色的螺旋圓

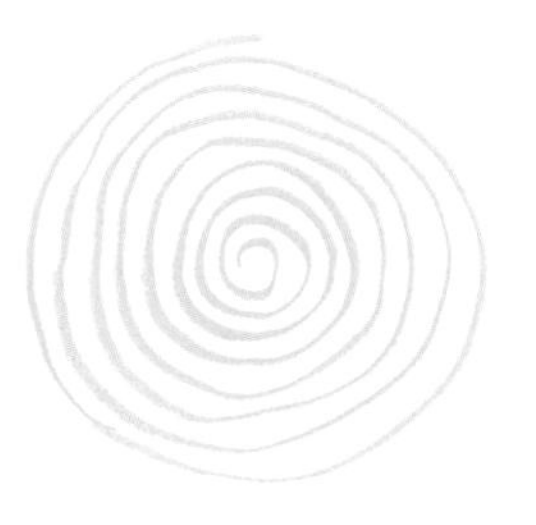


圖 4-11-6　更多的黃色螺旋圓

這位作畫者同樣有這樣的特點。他畫的人物都是用寥寥幾筆線條勾出，只要能夠達意即可，不強調細節。從第一幅到第四幅都是如此，即使是第四幅涉及的人物較多、場景較大，作畫者也同樣處理，只用三筆畫出郊外的感覺，看不出是草、是水還是路，或者這些對作畫者都不重要，只要能表達出郊外的感覺即可。

## ▼ 綠色系

這些畫還有一個特點：前四幅基本都是綠色系，只有第二幅用到了黑色來畫錐子。這種顏色是作畫者喜歡的。另外，作畫者對顏色本身並不是特別介意，只要大致能表達出他的感覺即可。當完全不能表達出他的感覺時，他才會換顏色，如畫錐子，如畫第五幅和第六幅畫時。

黃色是作畫者用來畫邊框的顏色，也是在後面兩幅畫中用到的顏色，這越發表明了他的傾向性：一旦認定的事情，就不會輕易改變。其好處是具有執著性，其壞處是過於固執，不輕易改變。

作為最終從壺中走出的人，在從外向裡畫時，他變得比較小心謹慎，細心地畫了很多圈，最終回到中心點。這是一種平衡，也表現出他其實會很細緻地做事情，如果他認為有必要的話。

## 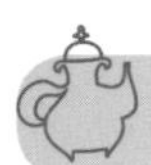 透過解開密碼出壺

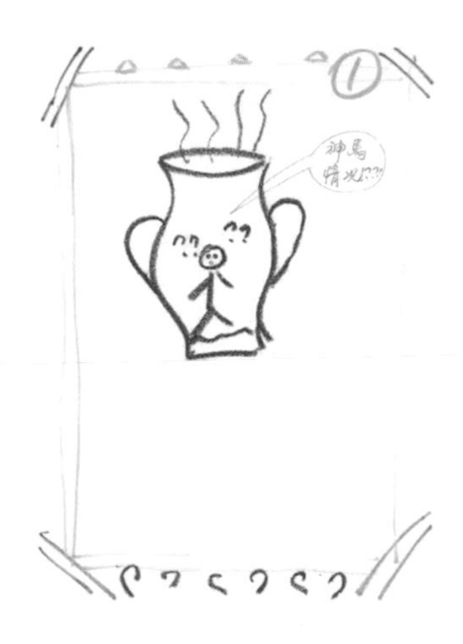


圖 4-12-1　被抓進獎杯狀的魔法壺

這位作畫者是一個典型的工具派，相信透過工具能夠走出魔法壺。

第一幅畫（圖 4-12-1）中，作畫者畫了一個橙色的魔法壺，靠近畫面的上部，雙耳，有很大的壺口，像一個獎杯，還有四根線在壺口代表著魔力。壺中人站在壺裡，雙眼圓睜，腦子裡閃過無數個問號，不知自己是怎麼被抓進來的，其情緒是「疑惑和茫然」。

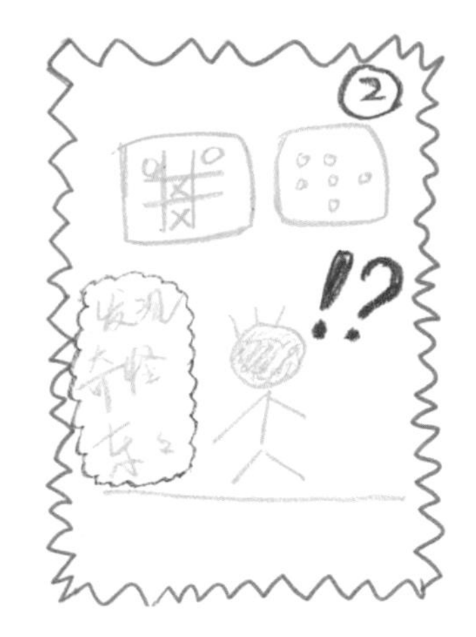


圖 4-12-2　在壺壁上發現奇怪的東西

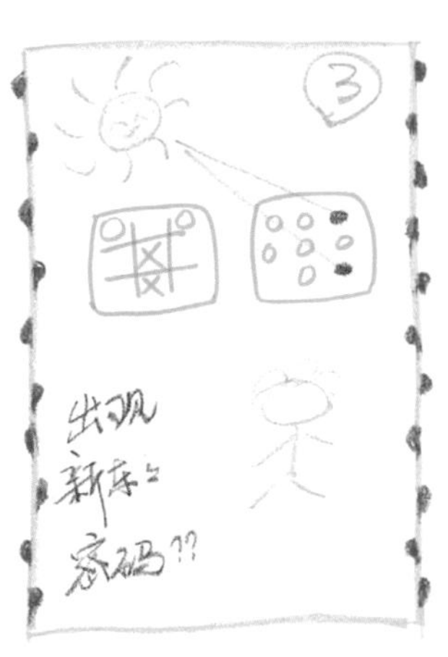


圖 4-12-3　出現密碼

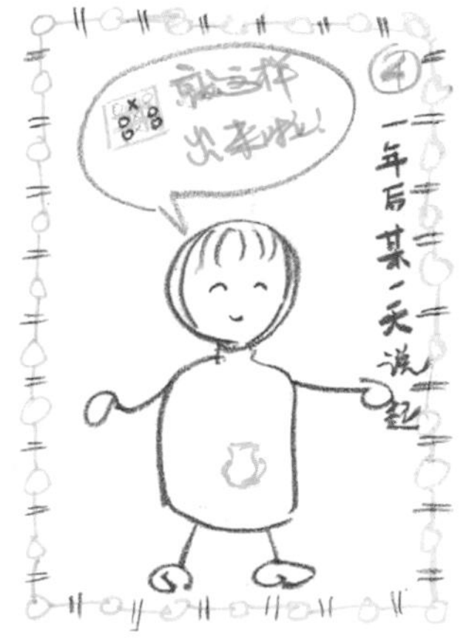


圖 4-12-4　一年後回憶起在壺裡的經歷

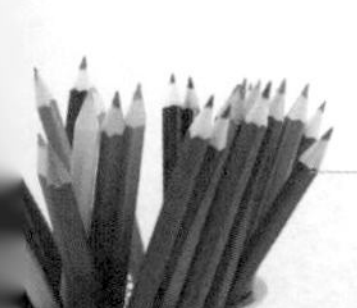

第二幅畫（圖 4-12-2）中，作畫者省略了壺，直接畫壺中的情形：一天一夜過去了，為什麼什麼事情都沒有發生呢？壺中人正看著壺壁，在牆上發現了奇怪的東西，像是螢幕，又像是按鈕。其情緒是「好奇和疑惑」。

第三幅畫（圖 4-12-3）中，作畫者仍然沒有畫壺。壺中人已知道牆上的是密碼，她一直在計算如何破解密碼。當陽光照進壺內時，壺中人感受到溫暖，陽光也發生神奇的作用，被照亮的密碼似乎發揮了作用，畫中人的情緒是「有希望」。

第四幅畫（圖 4-12-4）中，畫中人早已從壺裡出來。一年的時間到了，她回憶起自己如何透過解開密碼走出了壺，充滿了自豪和喜悅，也非常感謝那段奇特的經歷，那個魔法壺也成為她身體的一部分。

四幅圖畫的基調顏色是暖色調，加上邊框和內容的構圖，圖畫顯得溫暖、溫馨、喜氣洋洋。四幅畫的邊框非常有創意，都很獨特，大多是兩種或兩種以上圖案的組合，可以看出作畫者非常有創造力，在做這些事情時非常自由。作畫者想出的透過密碼出魔法壺的點子，也讓人叫絕，非常貼合情境，也非常有趣。

魔法壺在畫中人肚子中這個創意也很有意思。由於有這個魔法壺，畫中人的能量水準一下子提高了，不僅是一個紅色的人，而且體形變大，占據了半張畫面。這個比喻是在說：「我遇到過的挫折會鍛煉我的能力，讓我變得更強大。所有的經歷都是有意義的，我很高興自己曾經有這樣的經歷。」這是一種接納自我的表現，有了接納，就有轉化的可能性，那些經歷就會轉化為力量、勇氣、信心和智慧。

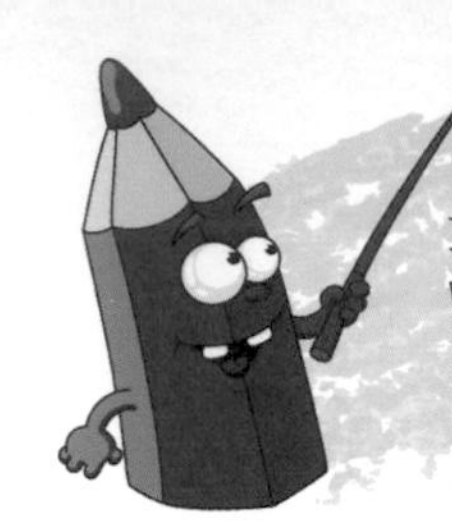

# 珍惜過往經歷者的魔法壺

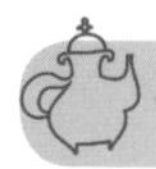

## 活好每一天

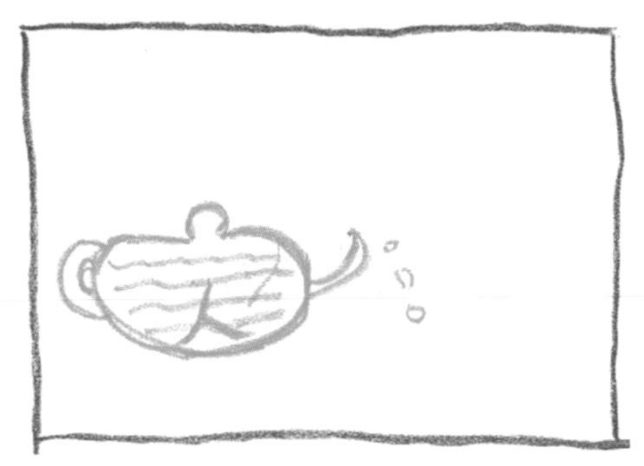


圖 4-13-1　人在綠色的壺中不知所措

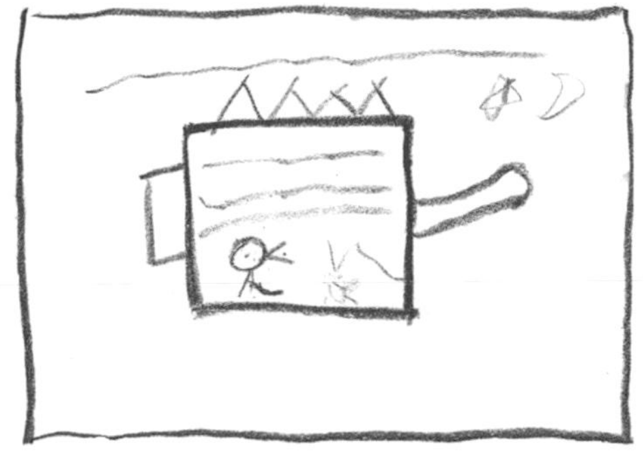

圖 4-13-2　在黑夜裡燃起一堆篝火

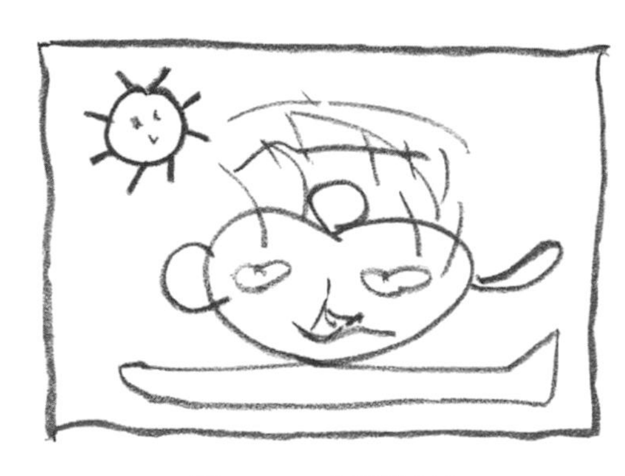

圖 4-13-3　心形橙色壺

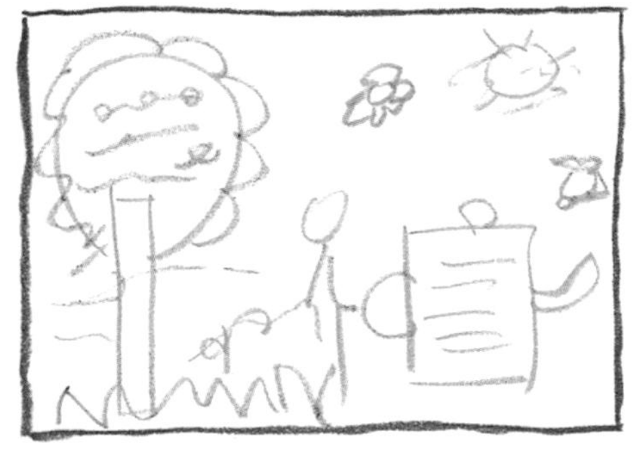

圖 4-13-4　左手拿壺，右手牽狗

這四幅畫中的壺一直在變形。

在第一幅畫（圖 4-13-1）中，壺是綠色的圓形壺，人已經在壺中，有一個「人」字表達了這一點，壺中人的情緒是「不知所措、惶恐不安」。

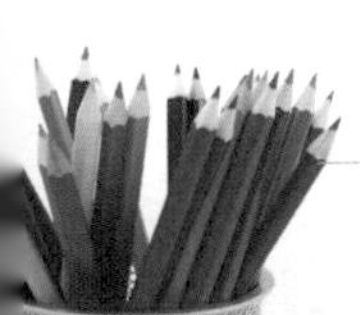

在第二幅畫（圖 4-13-2）中，壺是藍色的方形壺。壺外是黑夜，月亮和星星代表了黑夜。壺內人燃起了一堆篝火，坐在火堆旁，周圍是一望無際的黑暗，作畫者描述說：「以最平靜的心態來解決當前所面對的困境。」

在第三幅畫（圖 4-13-3）中，壺是心形的橙色壺，陽光照在壺上，整個壺被擬人化成了一張笑臉，沒有再特地畫出壺中人。作畫者描述說：「人只要活好每一天，每天都可以充滿陽光與歡樂。」

在第四幅畫（圖 4-13-4）中，壺是一個綠色的長方形壺，壺中人已經從壺裡出來，左手拿著壺，右手牽著小狗。天空有太陽和雲，身邊有樹，作畫者描述說：「經歷過挫折，恢復平靜的生活，認真地過好每一天！」。

壺的變形是這個系列畫的特點，每一個壺的形狀和顏色都不盡相同。但從整體上看，這些壺都是善意的、較為輕鬆的壺，沒有帶著那種沉重和迫害性，作畫者也透過變形壺很好地表達了自己的情緒。雖然最終那個壺又變成一個方壺，但壺的位置已處於畫面的右邊。從第一幅中壺的位置處於左邊，到第二幅偏左，到第三幅居中，第四幅偏右，代表了作畫者在時間序列中已從過去走到了現在，並且正在走向未來，這是一個積極的資訊。

作畫者透過圖畫傳遞出來的資訊是「珍惜當下」，這其實是她從已經發生過的挫折經歷中學到的，所以在第二幅畫中，畫中人已經燃起篝火驅散黑暗，並且冷靜地考慮解決方案。這已經不是她的本能反應了，而是她運用過去的經驗在指導自己。第三幅圖畫中壺下面的底托給整幅畫一種穩定感。那個底托代表了作畫者內心的承載感。在後面的每一幅畫中，她都會強調「珍惜當下」這一主題。這些資訊表明作畫者已經把這一主題內化為自己的一個指導觀念，在各個方面展現它、實踐它。這麼有深刻印記的主題，通常是發生過一些大的人生事件後形成的。

## 「活著真好」

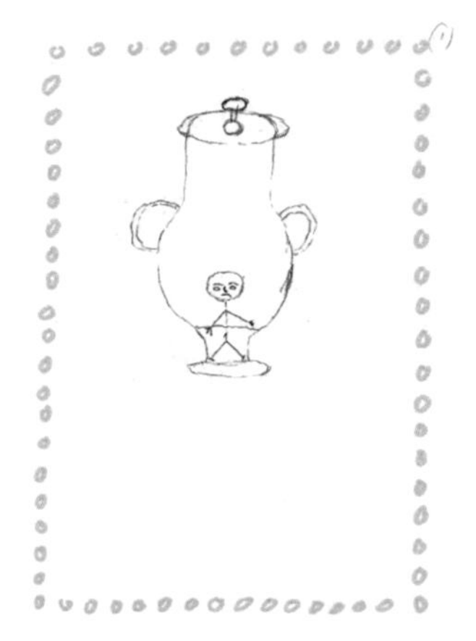

圖 4-14-1　壺中水淹住了半身

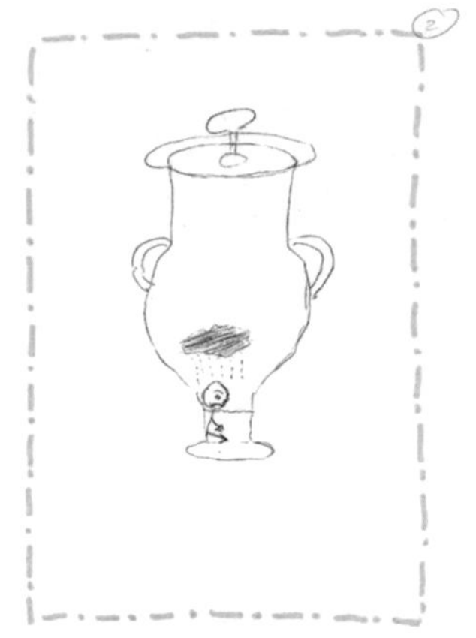

圖 4-14-2　壺中水淹住了脖子

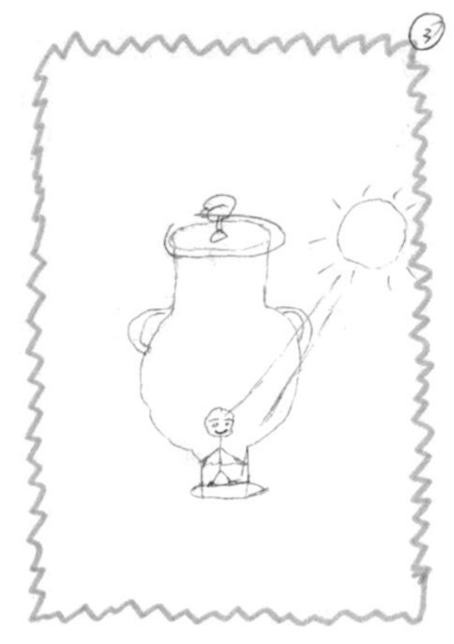

圖 4-14-3　在壺中看到了希望

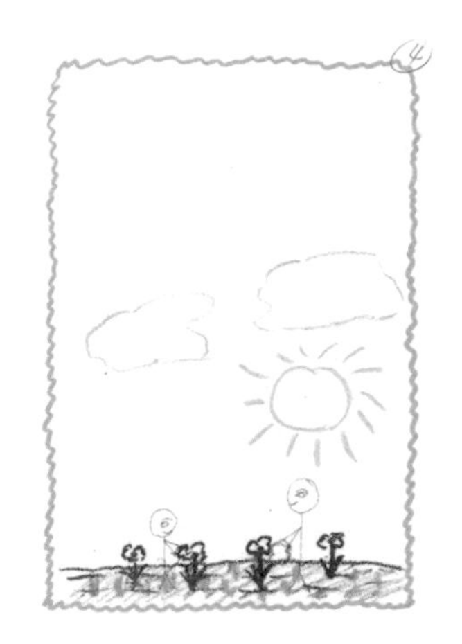

圖 4-14-4　和另外一個人一起澆花

這四幅畫的主題是珍惜生命，前三幅畫都是用鉛筆畫的，最後一幅是用油畫棒畫的。

在第一幅畫（圖 4-14-1）中，魔法壺處於畫的上部，是一個雙耳、有蓋的壺，作畫者細心地畫出了蓋子上的提紐，這很像是一個獎杯。壺中人正處於壺的下部，壺裡的水，淹住了她的半身，往下彎的嘴角、攤開的雙手顯示了她的情緒：「驚慌、恐懼、無奈和想找出路」。

在第二幅畫（圖 4-14-2）中，魔法壺變大了一些，更靠近畫面的中央，壺中人坐在壺的底部，水淹到了她的脖子處。她的頭上有一片烏雲，正在下雨，畫中人的情緒是「焦慮和思考」。

第三幅畫（圖 4-14-3）中，一束陽光從右邊穿透壺壁照了進來，壺中

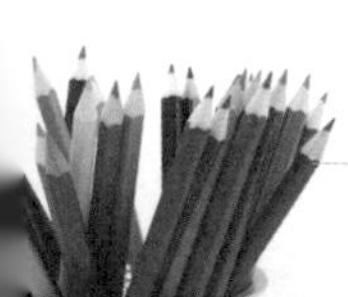

人站了起來，水似乎退下去一些，壺中人的感受是「看到希望了」。

第四幅畫（圖 4-14-4）中，畫中人已經從壺裡出來，正在陽光下和另外一個人一起用壺澆花，太陽旁邊有兩朵雲。壺中人的感受是「活著真好，幸福」。

作畫者的四幅畫邊框都是用明黃色的彩色筆畫成的，裝飾效果很強，很有活力。但前三幅畫的主題內容都是用鉛筆畫成的，顯得有些素淨。仔細看後會瞭解，鉛筆更適合作畫者表現纖細和細膩的部分。作畫者筆觸雖輕，但用筆俐落，沒有反復描畫，每一筆都有其表達性，屬於那種心思細膩、情感豐富、對於自己內心的感受敏感的人。壺內的水在這裡代表了作畫者的低落情緒、感受到的壓力，水位的變化也代表著她的情緒、感受到的壓力在變化，通常用水代表自己情緒的人具有內心的細膩性。

在第二幅畫中，作畫者有一個很巧妙的創意：壺中有一片烏雲，不停地下著雨，那些雨全部落在了壺中人身上，那片烏雲也剛好在壺中人的頭頂。這代表作畫者感受到很大的壓力，而她沒有任何有效的方法去應對這種壓力。那些雨水和壺中的水彙集在一起，會讓她的情緒更加低落。

第三幅畫壺中水位下降，也是她情緒好轉的信號。

第四幅畫中，壺中人不僅已經出了壺，而且和另外一個人一起澆花，眉目間似乎還蘊含著一絲羞澀。這表明人際關係對作畫者而言是一個重要的支持源，是其應對壓力的力量之一。

作畫者的感觸「活著真好」很具有代表性。這也表明作畫者在一些挫折經歷中曾經經歷過死亡的威脅，或與其近距離對視過，也表明作畫者善於從挫折或困境中看到積極的意義，並把它轉化成當下的行動。作畫者感觸「幸福」和她體會到的孤單、寂寞、無助、黑暗、無奈有關，由於體驗過那些負面情緒，她感受到的幸福感會更強。

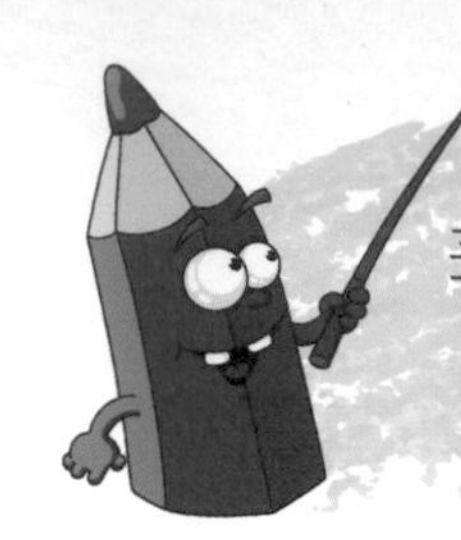

# 善用資源者的魔法壺

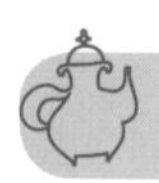

## 把壺當成寶物珍藏在家中

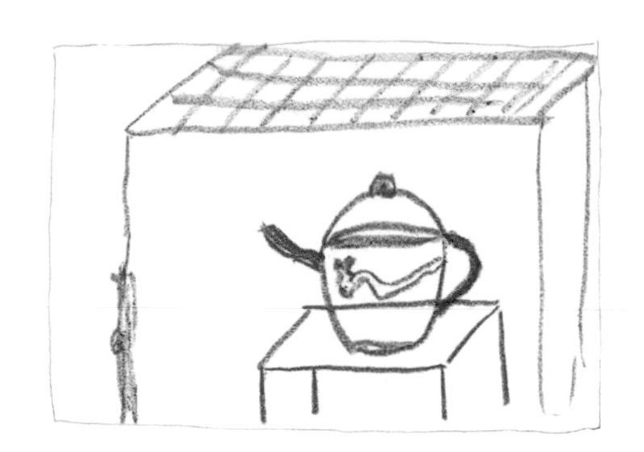

圖 4-15-1　人被關在龍紋壺中

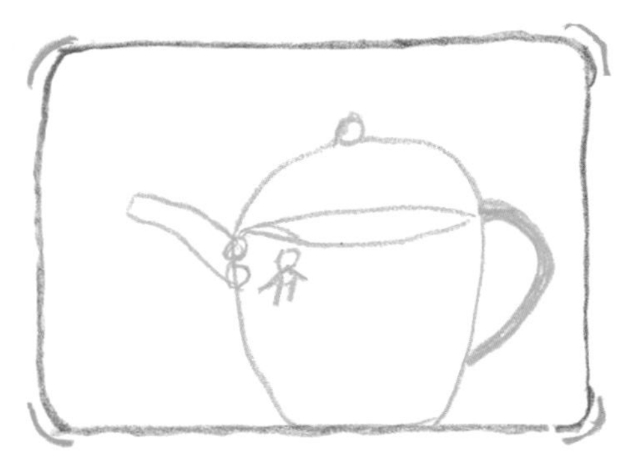

圖 4-15-2　盡自己的努力出壺

這些畫的結局很有代表性：把魔法壺當成寶物珍藏在家中。

在第一幅畫（圖 4-15-1）中，出現的是一間房屋的剖面圖，屋內有一張桌子，桌子上有一個棕紅色的壺，壺的表面還裝飾有龍的圖案，看起來是一個做工精良的壺。作畫者說：「希望有人路過進來營救我，希望自己能努力出去。」其主要情緒是「有希望」。

在第二張畫（圖 4-15-2）裡，壺被放大和特寫，壺中人也看得見了。壺變成湖藍色，壺中人在壺口的位置上。作畫者說：「要趁自己還有力氣時趕緊活動，盡自己最大努力想辦法出去。」其情緒是「著急」。

在第三幅畫（圖 4-15-3）裡，有一個路過的人揭開了魔法壺的蓋子，有一束金色的光照在壺中人的身上，她出來了。作畫者說：「這是一個驛

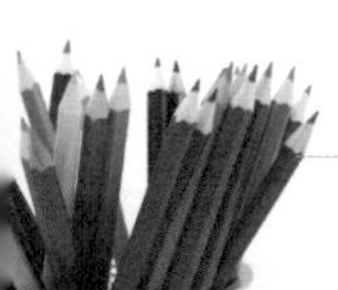

站，供路人休息。剛好有人路過口渴了，看到魔法壺，以為有水喝，就打開了壺蓋，我就得救了。」其情緒是「激動」，整幅畫的底色是棕紅色。

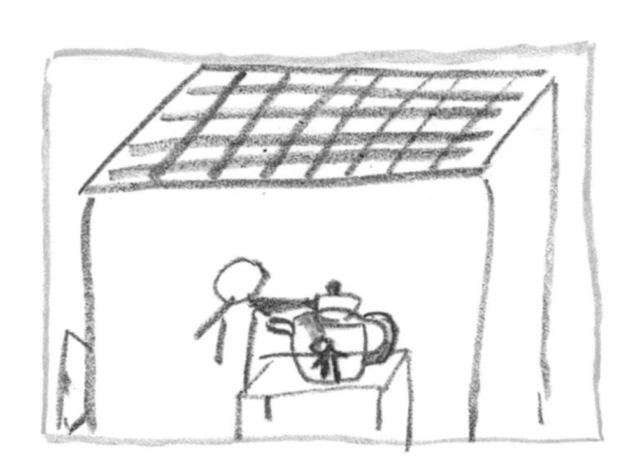

圖 4-15-3　路人揭開了魔法壺的蓋子

在第四幅畫（圖 4-15-4）中，畫中人已經出了壺，和家人一起在家中別墅裡，別墅共有四層樓，家人在一樓，而魔法壺被放在四樓。別墅外有綠樹、青山和行人，作畫者說：「希望一家人生活在風景優美的地方，有山有水。魔法壺成為寶物被珍藏。」其情緒是「感受幸福」，整幅畫的底色是紫色。

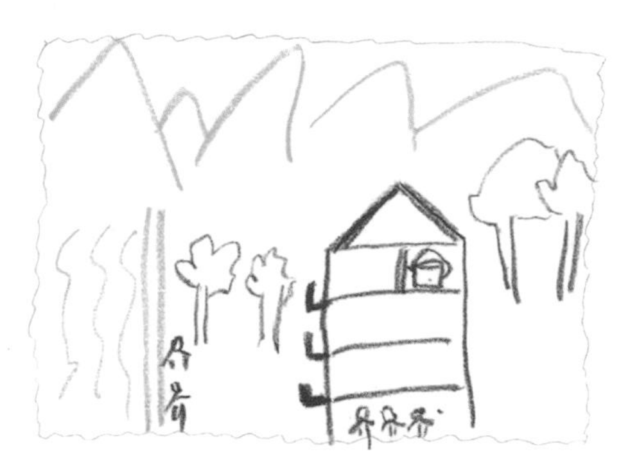

圖 4-15-4　把魔法壺珍藏在家中

從系列圖畫的畫法可看出，作畫者並不是一個特別注重細節的人，情感表達也不是特別豐富，但她特別樂觀，關注解決問題。在第一幅畫時，很多人會恐懼、害怕和驚慌失措，她也有這些情緒，但她比別人有更多希望，而且她的希望不是建立在盲目的基礎上，而是建立在行動上。在第二幅畫中，壺中人就探索各種出去的可能性，先想辦法自救。在第三幅畫中，壺中人最終透過他人獲救，看起來是偶然，但其實有必然性。作畫者在第三幅畫中才設計出一個新的場景，把魔法壺置身驛站，這是一個人來人往的地方，是人們停下來歇息的地方，壺中人獲救是一種必然，只是早晚的問題。很多人對場景的設置在第一幅時就完成了，像這樣重新設置外景的思維加工並不多見。

第四幅畫很有特點，作畫者回到了自己家中，而且把魔法壺珍藏起來。回到家中是一種必然，因為在第一幅和第三幅畫中，作畫者都畫出了屋子，表明了她對家庭的看重。那間屋子的畫法表明作畫者和自己的原生家庭有一些糾葛，原生家庭讓她感覺沉重，她感受到的父母的關愛不是很多。而在第四幅畫中，她畫出的是家，是自己目前的家，這個家給她提供的支援感會更多。

把魔法壺珍藏在家中這個舉動，通常代表著作畫者對自己過往挫折經歷的一種珍惜，能夠接受自己的困境經歷，願意從回顧中不斷學習，並且把家作為一個安全的庇護所。而這位作畫者把魔法壺珍藏在最高的樓層上，代表著這一部分經歷更多地與她精神層面相連。也就是說，在遇到事情時，她更看重自己精神層面的損失和收穫，而不是其他方面。

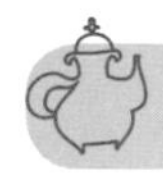

## 把魔法壺當成燒水壺

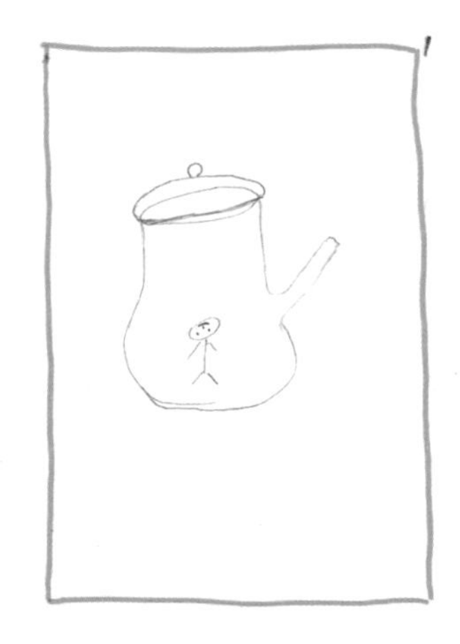

圖 4-16-1　在壺中感到好奇、害怕和迷茫

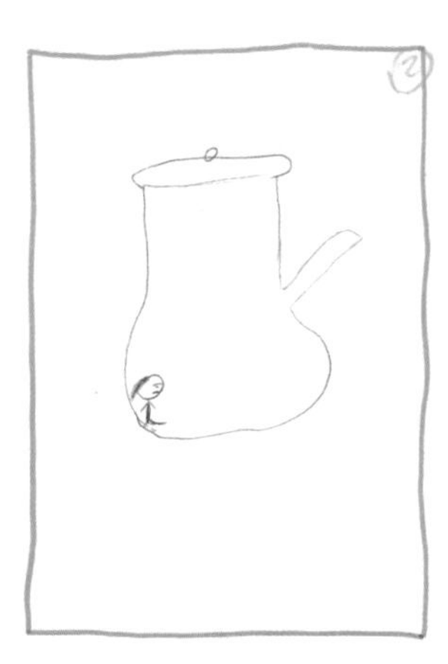

圖 4-16-2　在壺中茫然和焦急

這位作畫者也是在結局中把魔法壺當成一種有用的工具。

在第一幅畫（圖 4-16-1）中，人進入壺中，壺處於畫面的正中靠上，壺蓋被特別強調。與巨大的壺

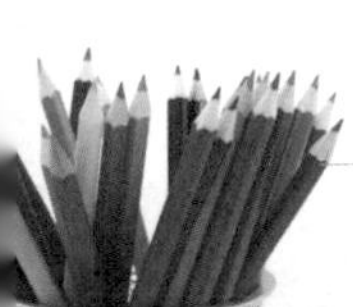

相比，人在其中很渺小，壺中人的情緒是「好奇、害怕和迷茫」。

在第二幅畫（圖 4-16-2）中，壺變得更大，人相對更渺小。在上一幅畫中，壺中人還處於壺的中央，

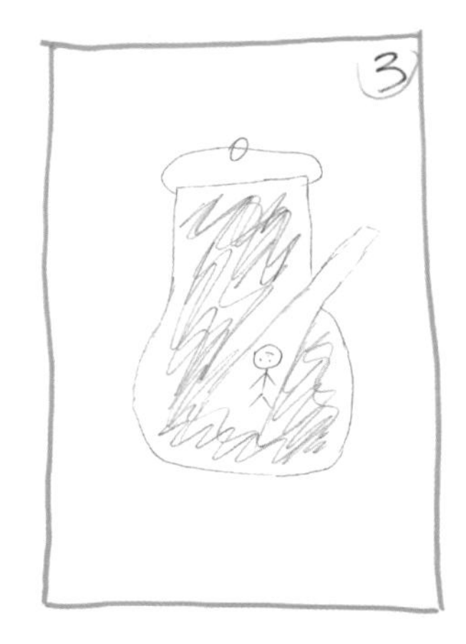


圖 4-16-3　站在黑暗而光明的壺中

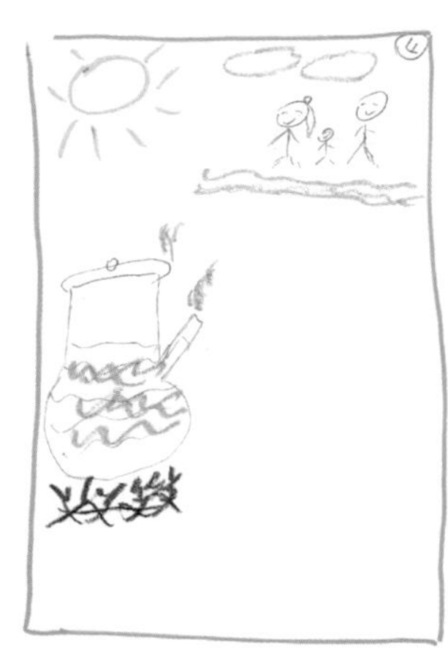

圖 4-16-4　郊遊時用魔法壺燒水

在這幅畫中則處於壺的左邊邊緣，顯示了更多的無力和無助。壺中人的情緒是「茫然和焦急」。

在第三幅畫（圖 4-16-3）中，壺變得更大，壺中全部是黑的，只有壺嘴處透進了光亮，壺中人就站在這個光亮處。壺中人的情緒是「希望和溫暖」。

在第四幅畫（圖 4-16-4）中，壺中人已經從壺中出來，和家人一起在草地上郊遊，太陽豔豔地照耀著。在畫面的左邊，正架著一堆篝火，魔法壺被當作燒水壺。畫中人的情緒是「幸福和快樂」。

在這些系列圖畫中，我們可以看到作畫者對圖畫材料的挑選和運用。前三幅畫都是鉛筆畫，只有第四幅作畫者用了彩色，從這個變化中可以看到作畫者在畫第四幅畫時情緒更加濃烈，她更願意在充滿積極情緒的圖畫中嘗試色彩的運用。其實第三幅畫的情緒也是非常強烈的，從鉛筆那些雜亂的線條來看，壺中人的恐懼、茫然、焦慮、無奈和無助是非常強烈的，但她沒有在那幅畫中用彩色去表達。

給作畫者多一些圖畫材料的選擇，給作畫者選擇的自由，對作畫者的表達是非常有意義的。

這位作畫者是慢熱型的人，她需要用比較多的時間，才願意嘗試新的事物。在畫這些畫時是這樣，她平時做事也是這樣，這是她的節奏和風格。

在四幅畫中，魔法壺的大小一直在變化：從第一幅到第三幅，壺越變越大，這代表著作畫者感受到的負面情緒越來越多，被壺壓迫的感覺越來越大，越大的壺越反襯出她的渺小和無助。儘管第三幅畫作畫者說自己感受到「希望和溫暖」，但畫面上她的負面情緒更濃厚。第四幅畫中，壺變小了，而且是四幅畫中最小的，其原因在於作畫者對壺有了掌控，壺的壓迫感減小了。

作畫者把壺作為一個有用的工具，其實是有深刻含義的，代表著她能夠從積極的角度去看待自己的經歷，能夠把過去的經歷當作學習的源泉。壺放在火上燒也是一個象徵：在挫折中的經歷也熔煉著她，她需要一些催化的力量。魔法壺成為燒水的茶壺代表著過去的經歷更多轉化成作畫者物質層面、生活方面的收穫，與那些轉化為精神層面收穫的作畫者略有不同。

從畫面來看，作畫者對挫折經歷的提煉還需要更長時間。過去有些經歷仍然困擾著她，但她已經在做轉化的工作。

## 把魔法壺當成澆花壺

作畫者最後把魔法壺當成一把澆花壺。

在第一幅畫（圖 4-17-1）裡，作畫者全部用了鉛筆。畫面正中是一把壺，每個細節點都畫出，但筆觸有些輕，可以看出作畫者做事仔細，有一

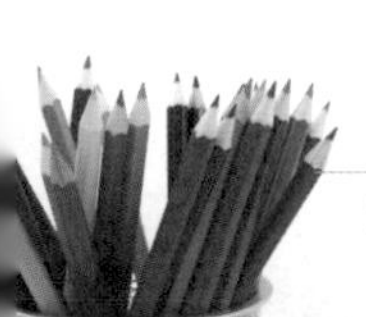

定信心，但做事不夠果敢。壺中人正站在壺嘴處向外張望，想找到出口和光明，其情緒是「希望和緊張」。

第二幅畫（圖 4-17-2）作畫者用了油畫棒，但用色仍然非常輕，似乎作畫者對初次嘗試用油畫棒沒有信心。她畫了一個大大的壺，畫面中只看見壺底，所以是一張俯視圖。壺中人正攤開成「大」字形躺在壺底，眼睛閉著在睡覺，表情是平靜的，情緒是「等待和平靜」。

第三幅畫（圖 4-17-3）是鉛筆加油畫棒，是一張剖面圖，很大的壺，看得到壺身的大部分。一束陽光從掀開一條縫的壺蓋處照進了壺裡，被照到的地方現出綠色和金黃色。壺中人站在壺的中央，看著陽光，面部更加喜悅，情緒是「充滿希望」，因為感覺自己馬上就會被救出。

第四幅畫（圖 4-17-4）也是鉛筆加油畫棒，壺中人已經出壺，正拿著魔法壺給三盆鮮花澆水。畫中人是背影，天上有一輪太陽。

這四張畫中的壺也有大小變化，第

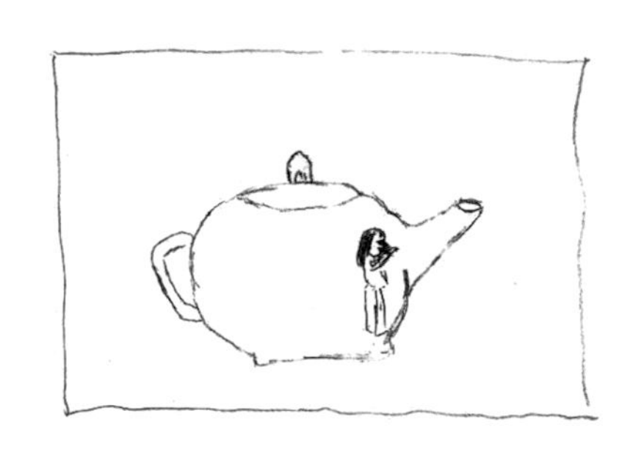

圖 4-17-1　趴在壺嘴處向外張望

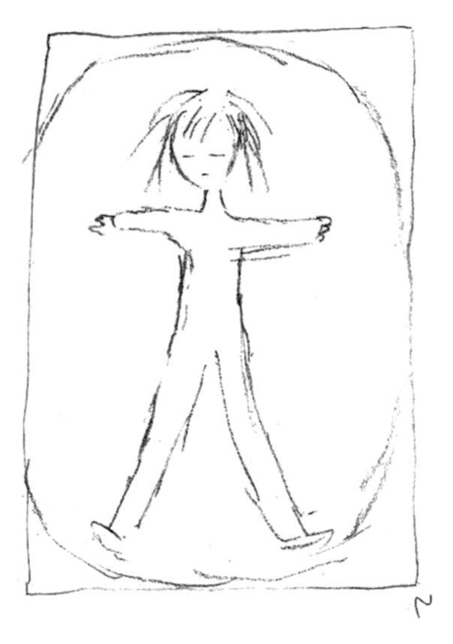

圖 4-17-2　在壺底躺成「大」字形

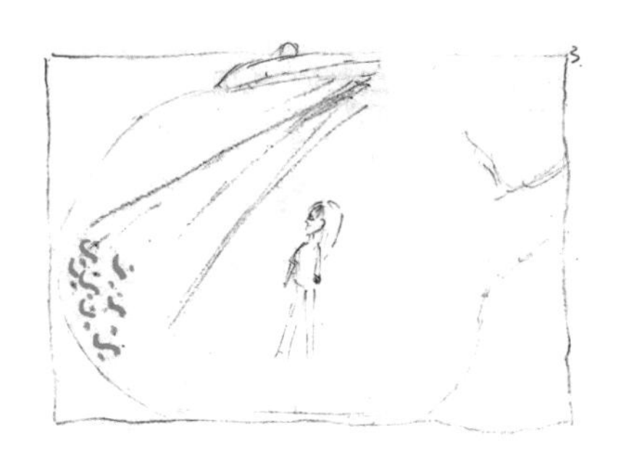

圖 4-17-3　在陽光中感到希望

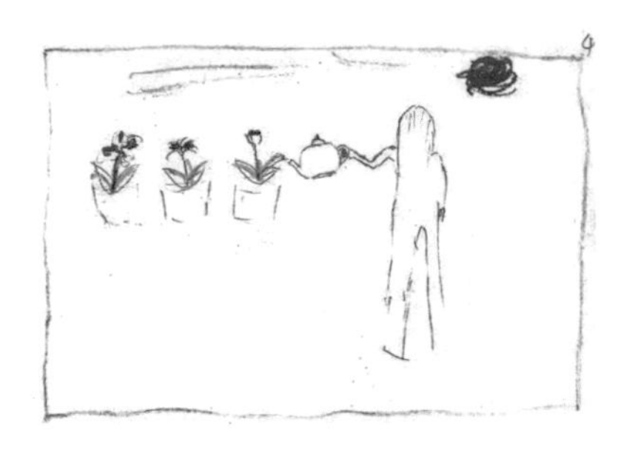

圖 4-17-4　在陽光下澆花

二張畫中的壺最大，第四張畫中的壺最小。作畫者採用了把壺畫滿整張紙的畫法，這種畫法並不多見。在第二張圖畫中，和畫中人的情緒結合在一起分析，巨大的壺並沒有帶給壺中人更多的壓迫感和束縛感。畫中人占很大面積的身體、攤開的姿勢都表明她的放鬆和安然，因為她占據著這個空間，而不是空間占據著她。第四幅畫壺變小了，因為壺成為一個她使用的工具，要拿在手中，壺的體積縮水其實代表著她的掌控感。

畫中人在三幅畫裡是站著的，在一幅畫裡是躺著的（圖 4-17-2），這通常代表作畫者的能量水準較高，在遇到挫折和困境時仍然能夠有能量支持自己。在有些低能量的圖畫中，可以看到畫中人往往是坐著或躺著的。在第二幅畫中畫中人是躺著的，但她不是蜷縮著、畏縮著，而是安然地躺著，能量狀態也較高。

在第四幅畫裡，作畫者把畫中人處理成背影，代表著她要與別人保持一定距離，這與前面三幅畫中的資訊不一致，因為前面出現過正面人像（圖 4-17-2）。前面也出現過側面人像（圖 4-17-1 和圖 4-17-3），所以也不存在作畫者不會畫的情況。那是什麼原因呢？結合畫中人粗細不同的腿、沒有畫出腳等資訊，可以讀到以下信息：作畫者還缺乏內在的穩定感、安心感和自信心，這些妨礙了她脫離困境。即使她脫離了困境，她也不相信自己真有能力和方法擺脫困境。

第四幅畫中的澆水圖也是有意義的，給花澆水代表作畫者更需要滋

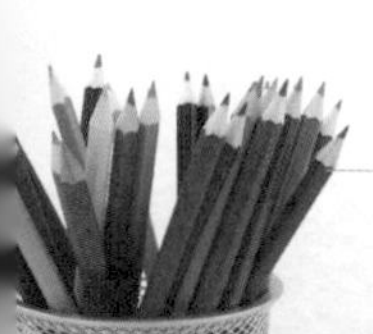

養。她希望過往的經歷能夠滋養她的心靈，就像水滋養鮮花一樣，這是一個很好的比喻。從畫面來看，作畫者的這一步還在進行過程中，仍然沒有完成，擁有自信可以幫助她更好地完成這一步。

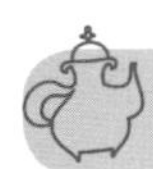

## 把魔法壺當成茶壺

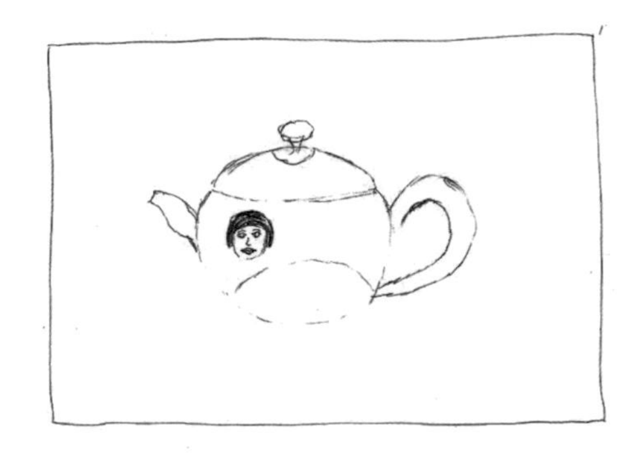

圖 4-18-1　空眼人在壺中

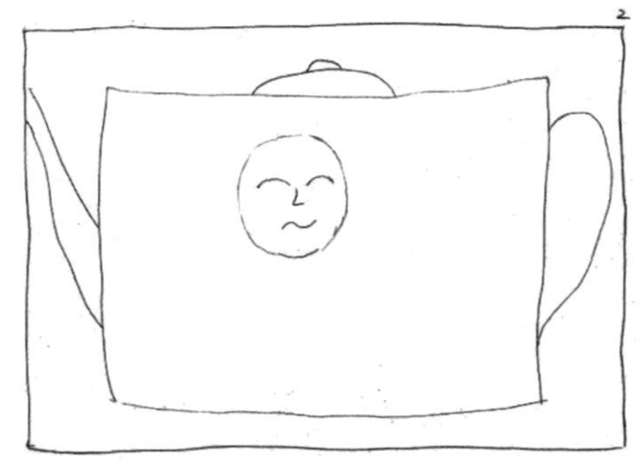

圖 4-18-2　平靜而焦慮地在方形壺中思考

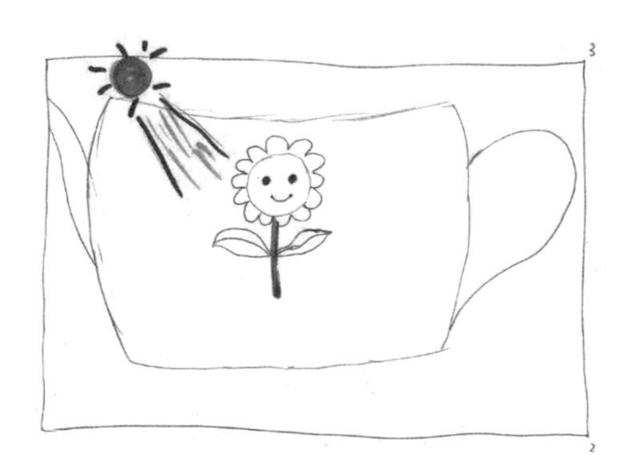

圖 4-18-3　花兒在陽光中

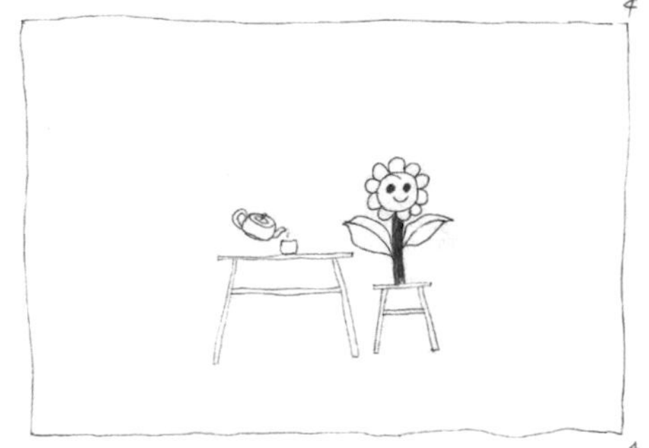

圖 4-18-4　用魔法壺泡茶

這是比較典型的「給點陽光就燦爛」的類型。除了第三幅用到色彩之外，其餘的都是鉛筆畫。

第一幅畫（圖 4-18-1）中，作畫者用較淡的筆觸勾勒了一個魔法壺，壺嘴很短，在壺中有一個人的頭像，是個「空眼人」。可以看出作畫者的畫功有限，比例掌握不好，無法在目前的壺中畫出一個完整的人。對這種情況，作畫者的描述就變得更有價值，她描述畫中人的情緒是「恐懼和焦慮」，這些在畫面中並沒有充分表現出來。

第二幅畫（圖 4-18-2）中，作畫者畫了一個大大的方壺，幾乎占據了整個畫面。對於壺中人，作畫者只畫了一張抽象的臉，彎彎的眼睛和嘴巴。作畫者描述畫中人的情緒是「平靜、思考和焦慮」，所以畫中人的情緒並不像圖畫中表現的只有單一情緒，而是複雜情緒。

第三幅畫（圖 4-18-3）中，仍是一個大大的壺，但方中帶了一些弧度。有陽光照進壺中，是用彩色畫出的金色陽光，壺中人不再是具象的人臉，而是一朵花，一朵臉笑盈盈的鮮花，有花瓣、葉子和筆直的莖。畫中人的情緒是「看到希望，心情轉好」。

第四幅畫（圖 4-18-4）中，仍然用花代表人，花在凳子上，左邊的桌子上有一杯茶，有一個茶壺正在倒水。仔細端詳一下，那個茶壺正是魔法壺，作畫者的解讀是：「我已從壺中解脫，可以泡茶品茗，畫中人的情緒是解脫和愉悅。」

這些畫最大的特點就是，作畫者能夠用比喻的手法來表達自己。在第一幅畫中，她具體地畫出了一張人臉，有眼睛、鼻子和嘴巴，但顯然沒有達到她想畫的水準，也沒有表達出她想表達的東西；在第二幅畫中，她就用了抽象的表情符號，但仍然無法完全表達；從第三幅畫，她把人抽象出來，用一朵花來代表，這樣她表達就更自由了。這從圖畫的用筆中可以看出，圖畫的筆觸一下子變得有力度，而之前畫人像時，她的筆觸總是淡淡

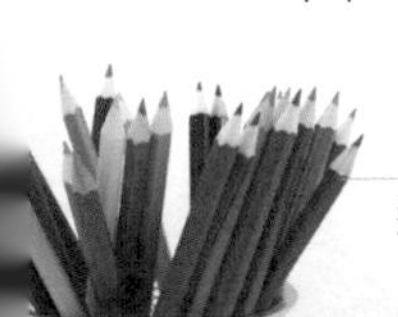

的。

當然，這和她的工作風格也會有關：第一幅、第二幅是預熱階段，第三幅開始才是真正進入狀態，她需要一定時間才能漸入佳境。不論怎樣，作畫者能夠想到用花替代人來表達自己，表明她是一個擅長解決問題的人，有較豐富的想像力，願意突破一些思維框架做事情，但這並不代表她不遵守規矩。

在第四幅畫中，她畫桌椅的方式讓人想到尺規，有些線條似乎是用尺畫出來的，是非常規矩的。所以，她可以在創新思維和規矩之間找到平衡。

作畫者的理性和感性相對比較平衡，但更多是一個偏理性的人，對她來說，要準確而充分地表達出自己的情緒，有一定難度，或者說她不輕易表達出自己的情感，這可能會影響她和別人的互動。別人看到她若無其事的表現，以為她沒有事，但她的內心可能已經翻江倒海，迫切需要支援。在與人互動時，剛開始接觸時還覺得比較好接觸，就像那把圓的壺（第一幅），但再往深裡接觸，她的狀態有時像那把方壺（第二幅），讓人覺得有些硬，有些稜角過於分明，不容易接觸和通融。但如果能夠突破這個階段，可能又會發現她其實沒有那麼不通融，她其實還是有柔軟之處的。而對她真正的好朋友，她則會收起所有防禦，願意給他們提供溫暖和支持，同時呈現她所有的美好。

願意把魔法壺當作生活當中一個有用的工具，這種類型的人都是願意面對和接受自己過往挫折經歷的。把魔法壺當作茶壺，表明作畫者更願意從細細回味自己人生的歷程中吸取經驗、教訓和能量。

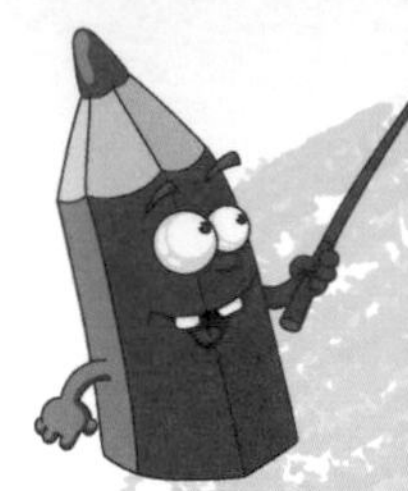

# 不同歸宿者的魔法壺：出了魔法壺之後去哪裡？

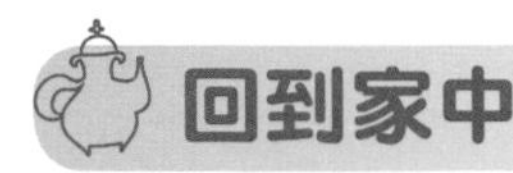

## 回到家中

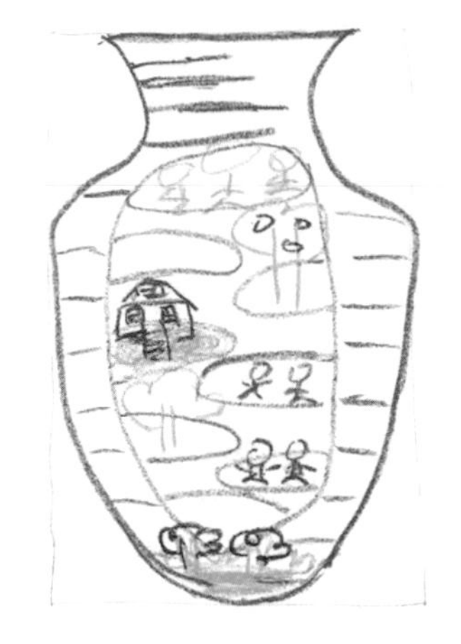

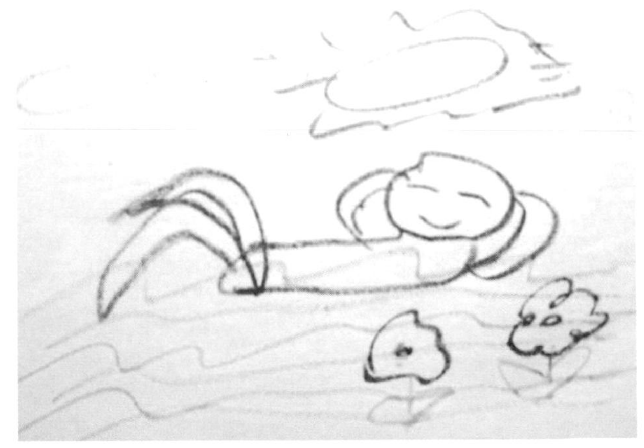

圖 4-19-1　建造出壺中的世界圖

4-19-2　橙色人在陽光下曬太陽

作畫者建造了一個壺中的世界。

在第一幅畫（圖 4-19-1）中，一個橙色的壺頂天立地，占滿整個畫面。作畫者細緻地描畫了壺外的橫條花紋、圖案，並建造了一個壺中的世界：在最下面，是草地和綠樹，再往上，有人、有樹、有房屋，像是一個溫馨的社區或鄉村。進到這樣一個壺中世界，壺中人的情緒是「好奇和有趣」。

在第二幅畫（圖 4-19-2）中，一個橙色的人正蹺著二郎腿，躺在草地上曬太陽，身旁有綠草紅花，天上有雲朵在飄。沒有畫出壺，壺中人的情

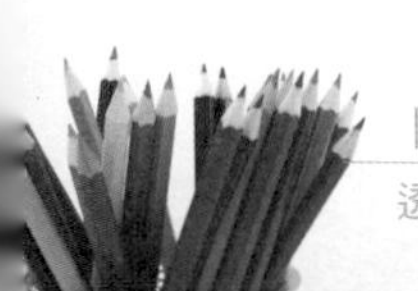

緒是「放鬆和悠閒」。

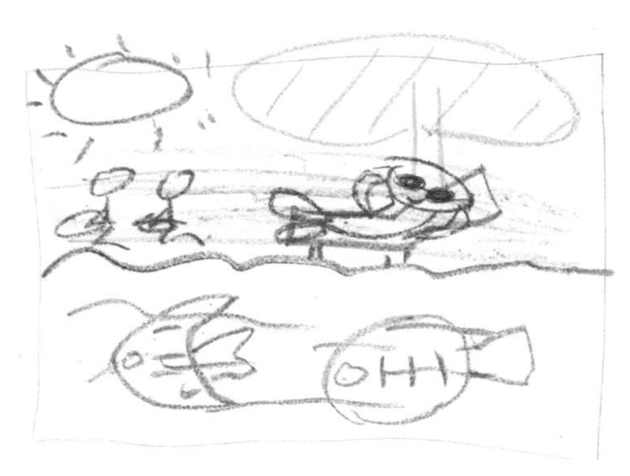

圖 4-19-3　紅色人在海邊曬太陽

在第三幅畫（圖 4-19-3）中，一個紅色的人正躺在遮陽傘下的海灘躺椅上，戴著墨鏡，海灘上還有其他人，海裡有魚兒在游。同樣沒有畫出壺，壺中人的情緒是「放鬆和悠閒」。

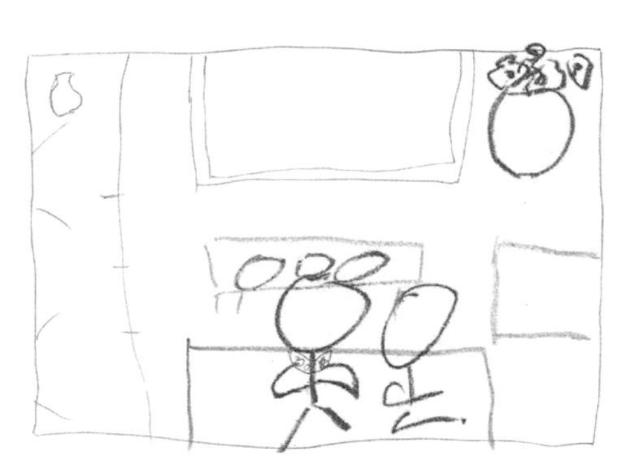

圖 4-19-4　魔法壺成為花瓶

在第四幅畫（圖 4-19-4）中，壺中人已經從壺裡出來，正坐在家裡和家人一起看電視，面前的茶几上有吃的。電視機左邊是一個櫃子，魔法壺就放在櫃子的上層；電視機右邊是一瓶花，讓家顯得更溫馨。畫中人的情緒是「悠閒和high」。

讓人驚歎的還是作畫者營造的壺中世界。她具有豐富的想像力，同時對這個世界充滿了善意，非常樂觀。很多人會把魔法師當作一個壞人，讓自己失去自由，她卻把魔法師看作是一個好人，覺得他邀請自己進入到另一個世界中。她願意進入，願意去享受，但最終她仍然選擇了離開壺中的世界，她很清楚自己要什麼。

出了壺之後，她回到的是家庭，這有三重含義：一是她在魔法壺中沒有感受到被束縛、失去自由，所以沒有必要到大海邊、大自然中尋找一種補償；二是她在魔法壺中沒有感受到孤獨，在第一幅和第三幅畫中，都有其他人的身影，所以回到家中不是一種補償；三是她對親密關係有較高的需求，這是她看重的，所以最終她選擇從壺裡出來，回到家中。

作畫者第二幅至第四幅畫的風格和第一幅畫形成對比，第一幅畫是細緻的，但後面的圖畫都比較粗獷，寥寥數筆，點到為止，有可能這就是她的做事風格：有很好的創意，但虎頭蛇尾，缺乏足夠的耐性。

這位作畫者是回到家中的一個典型代表。通常回到家中的作畫者，在魔法壺中都感受到了強烈的孤獨感、無助感、被隔離感、寂寞感，而他們之所以會有非常強烈的這些感受，是和他們對人際關係的需求比較高有關。來自人際的支持，尤其是親密關係的支援，是他們應對壓力的非常重要的力量。魔法壺限制或剝奪了他們在這方面的滿足，出了魔法壺後，他們通常會直接回到家中，即使不回到家中，也和家人在一起，讓心靈得到慰藉。

## 回到大自然中

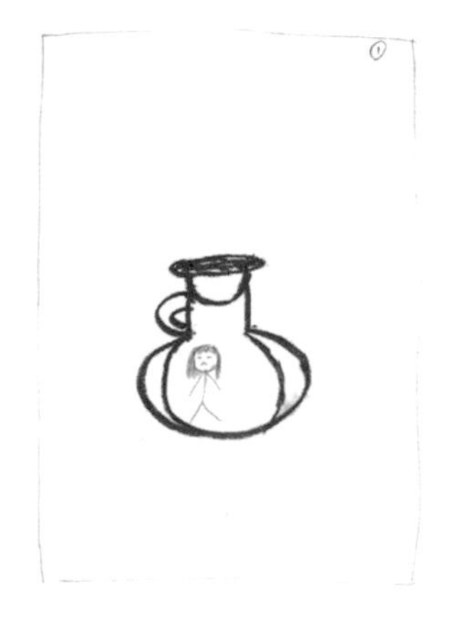

圖 4-20-1　滿臉痛苦地站在壺中

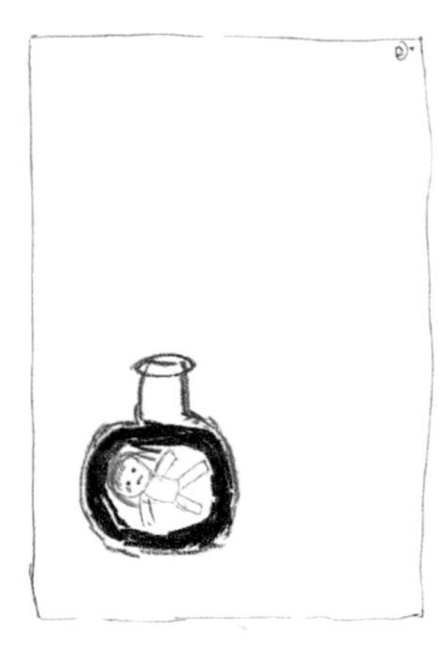

圖 4-20-2　眼中帶淚地被黑色包圍著

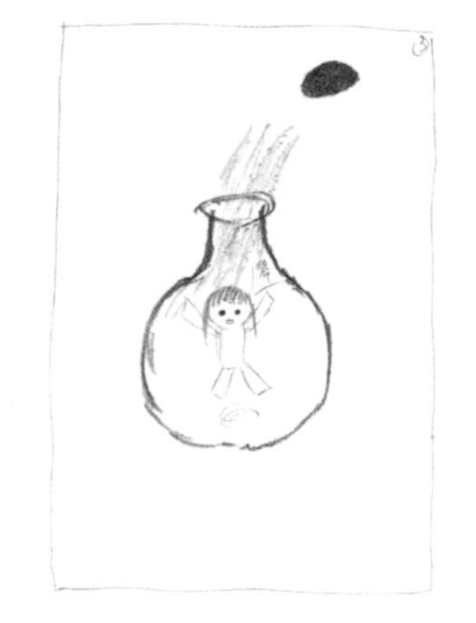

圖 4-20-3　伸出兩手喊救命

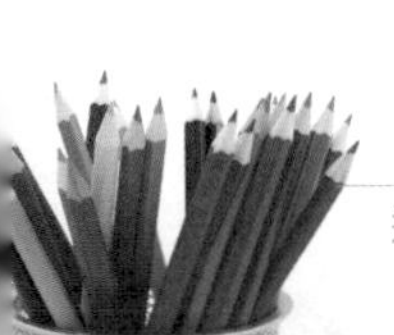

這四幅畫的結局是畫中人出壺後到大自然中。

在第一幅畫（圖 4-20-1）中，魔法壺是用紫色畫成的，畫中人滿臉痛苦地站在壺中。可以看出，壺有很多地方有改動，作畫者對已畫好的部分不滿意，所以在原畫上進行加工和修改。這展現了作畫者做事非常直接，不強調完美，但關注結果和效率。畫中人的情緒是「壓抑、掙扎和痛苦」。

在第二幅畫（圖 4-20-2）中，壺的形狀又有所改動，而且筆觸明顯淡了很多，壺的整體位置更偏畫面的左下方。壺中人躺在壺中，眼角帶淚，神情淒迷，周圍一圈黑色環繞著她，像是一個小小的黑色行星，又像是一座墳墓。畫中人的情緒是「絕望」。

在第三幅畫（圖 4-20-3）中，壺的位置到了畫面的正中央，壺變大了，壺蓋沒有了，一束陽光照到壺裡，壺中人站在壺中央，伸出兩手喊救命，壺中人的情緒是「重新充滿希望和力量」。

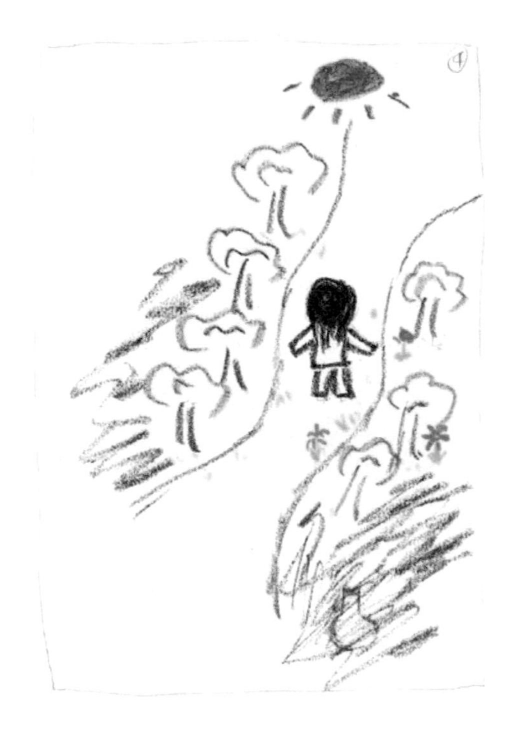

圖 4-20-4　魔法壺被拋在身後

在第四幅畫（圖 4-20-4）中看到，畫中人已經從壺裡出來的背影，她正走在一條路上，路的兩旁有綠樹鮮花，太陽高高地掛著，那個魔法壺隱隱地出現在畫面右下方的草叢中。畫中人的情緒是「自由、快樂和輕鬆」。

第二幅畫中的那些黑色有點動人心魄，畫中人的負面情緒是非常濃烈的。這麼強烈的負面情緒引發了畫中人對死亡的恐懼，或者說對死亡的恐懼引發了畫中人更強烈的負面情緒。

畫中人物都沒有畫出手腳，這表明作畫者在應對挫折時，行動力不夠，沒有內在的安全感。另外，畫中人的形象屬於小女孩，所以是以孩童的態度來對待困境和挫折的（詳細分析請見「用內心孩童面對人生困境」一文）。

在第四幅畫中，畫中人出了壺之後，來到大自然中。之所以是背影，是因為作畫者想要逃離魔法壺，離得越遠越好，連看都不要看到魔法壺，所以選擇了視線裡沒有魔法壺的方向。另一方面，作畫者心裡仍然有負面情緒殘存，那濃重的黑色頭髮其實表明作畫者仍有很多煩惱。

作畫者之所以選擇出壺後在大自然中，是因為畫中人所感受的壓抑、掙扎、痛苦需要在大自然中得到恢復。大自然的本性剛好和她在壺中所感受到的負面情緒相反，可以有療癒作用。在現實中，作畫者應對壓力的有效方法之一也會是親近大自然。

選擇出壺後到大自然中的人為數不少，他們都是典型的親近大自然派。只不過每個人的特質不同，在魔法壺中需要補償的方面不同，喜歡的具體景色也會不同。這位作畫者選擇的是有樹的地方，而有的人選擇大海或湖泊（見「頭露在魔法壺外」一文），和水親近，有的人選擇有山的地方，與山親近（見「低沉的情緒黑色的壺」一文），有的人則山水一起選。樹木突出的特點是生命力和生機，水突出的特點是流動性和包容性，山突出的特點是高度和堅毅。不論是哪一種大自然的景色，都會給人帶來放鬆、

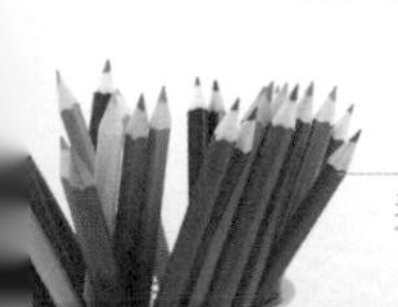

自由、寬廣和輕鬆感。

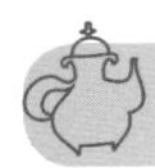

## 到巴黎吃喝玩樂

這四幅畫的作畫者也是一位紫色控，《參見「偏愛者的魔法壺」一文》其基本色系是紫色，但她還願意嘗試其他顏色。

在第一幅畫（圖 4-21-1）中，一個很大的紫色壺占據了畫面的中央，是那種雙耳、凸肚的壺，畫中人在壺裡驚恐地尖叫，嘴巴張得很大，頭髮像要飛起來，還有眼淚在飛，手和腳也都撲騰著，她想儘快逃離，其情緒是「驚恐和害怕」。

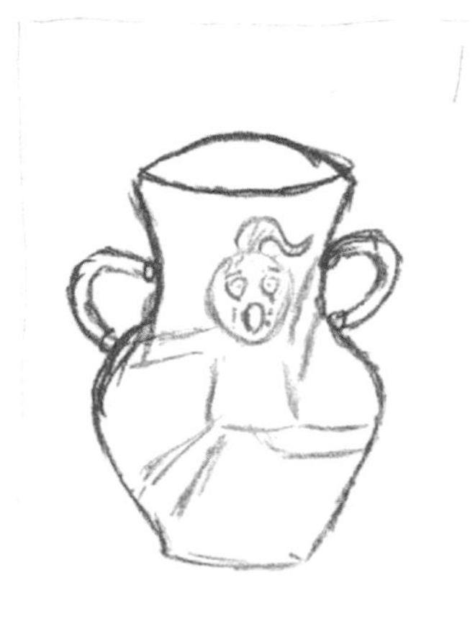


圖 4-21-1　人在壺裡驚恐地尖叫

在第二幅畫（圖 4-21-2）中，壺變得更大，壺中人躺在壺中一半高度的位置，閉眼在睡覺，神情是平靜的。作畫者說：「我正在睡覺，好好補充一下睡眠。平時工作太忙，都沒睡夠過，一邊睡覺我一邊思考對策，情緒是平靜的。」

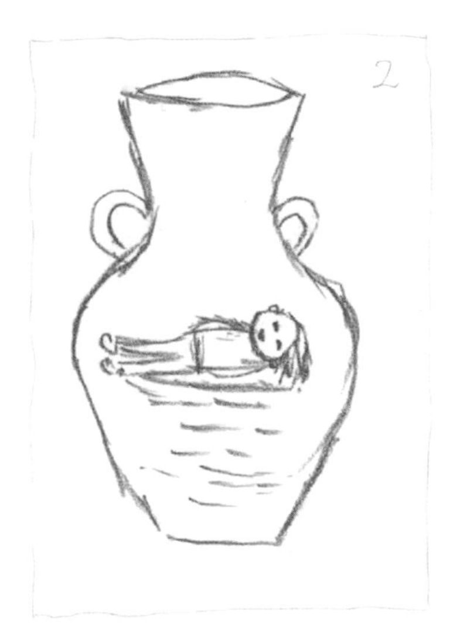


圖 4-21-2　在壺中補充睡眠

第三幅畫（圖 4-21-3）中，壺變得更大，占滿了畫面。壺中人正在歡呼雀躍，情緒是「歡欣鼓舞」，感覺到有希望擺脫困境。畫面中沒有出現陽光。

第四幅畫（圖 4-21-4）中，壺中人已經從壺裡出來，正在巴黎鐵塔下面，開心地站在那裡。作畫者說：「我心情愉快，順利抵達巴黎，要好好地吃喝玩樂一番，在魔法壺中的經歷已經模糊。」畫面上，那個壺遠遠地在畫面的右上角。

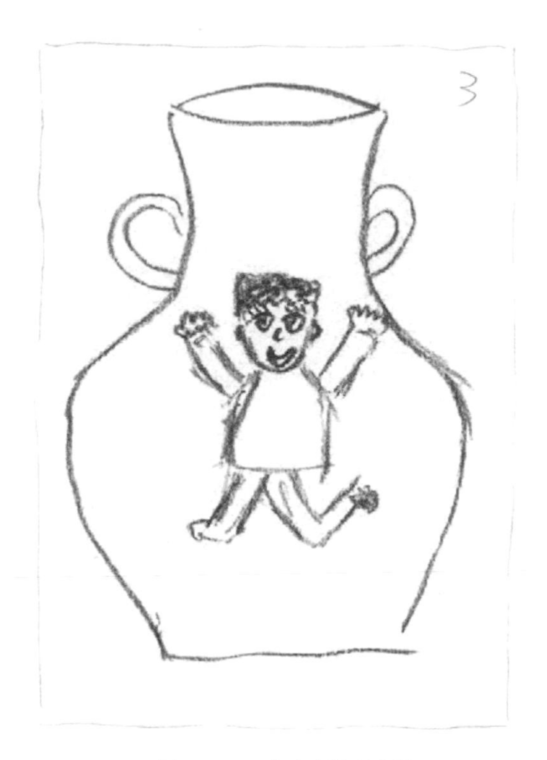


圖 4-21-3　在壺中歡呼雀躍

這些畫情緒表達非常生動，作畫者擅長透過人物的形體動作來表達情緒。從第一幅畫中的驚恐到第二幅畫的平靜、第三幅畫的歡欣鼓舞，都非常傳神。這表明作畫者內心的情緒是非常豐富的，她能夠準確地將其表達和傳遞出來。在現實的人際溝通中，別人很容易讀懂她的情緒，並能夠據此作出反應。

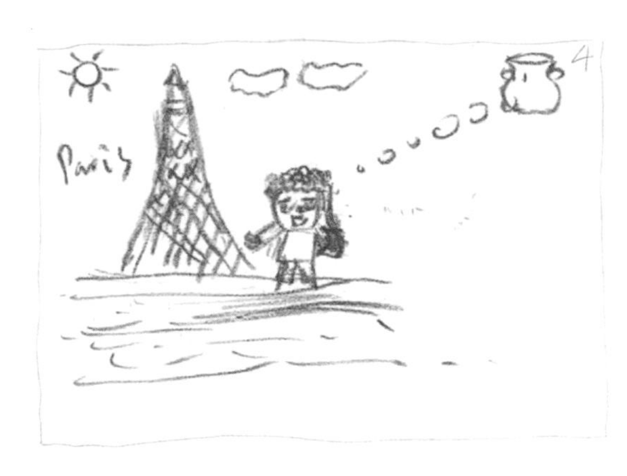


圖 4-21-4　在巴黎吃喝玩樂

第四幅畫是比較有意思的，作畫者要到巴黎去吃喝玩樂。這是一種典型的補償性行

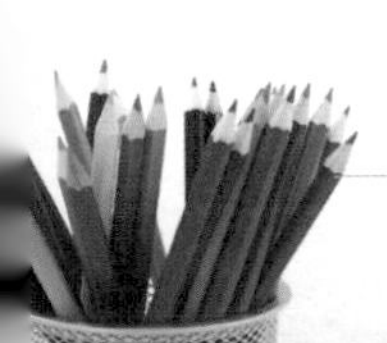

為，要補償她在挫折經歷中所受到的苦、所受的限制，不僅要享受，而且要加倍補償。所以在巴黎吃喝玩樂只是一個象徵，代表作畫者要從禁慾的、孤單的、被隔離的、無助的狀態中，回到能夠掌控環境、享受環境的狀態中，用奢華、享受來消除挫折經歷後遺症，從而完全和徹底地從那段經歷中走出。

作畫者應對挫折的模式比較清晰：針對環境作出適時的情緒和行為反應；儘快從困境中擺脫；一旦擺脫，不再想起，不再回想，補償自己後，開始全新的生活。她的關注點始終在未來。

在她的應對模式中，享受人生是她的動力源之一，享受的願景會讓她更快地擺脫困境。

## 回到工作的地方

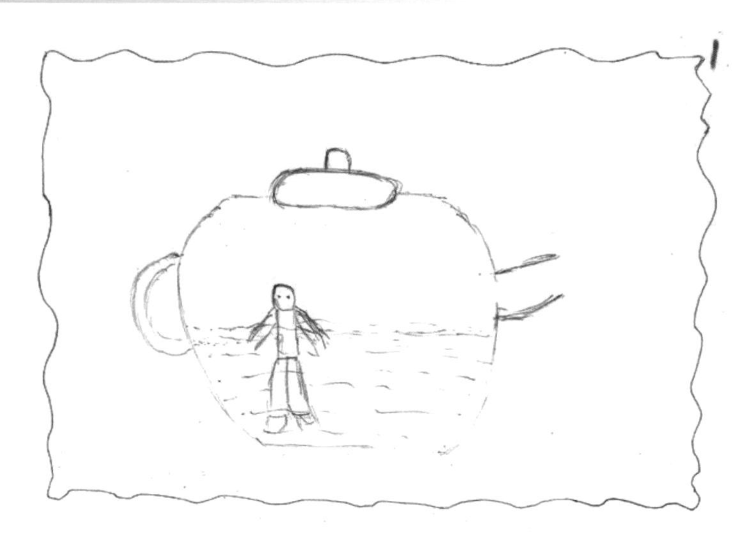


圖 4-22-1　壺中水淹到人的胸口處

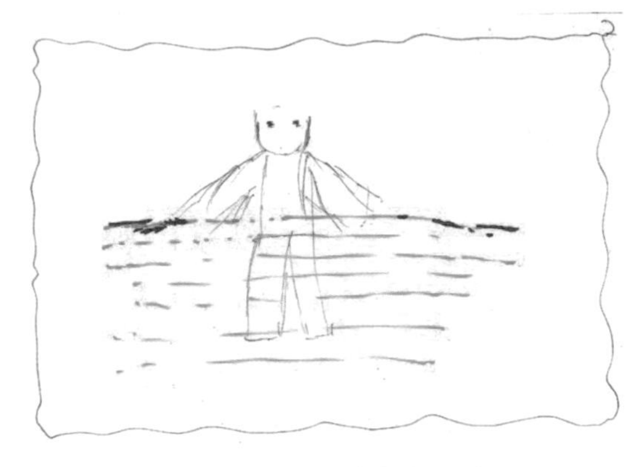

圖 4-22-2　水沒過壺中人的腰部

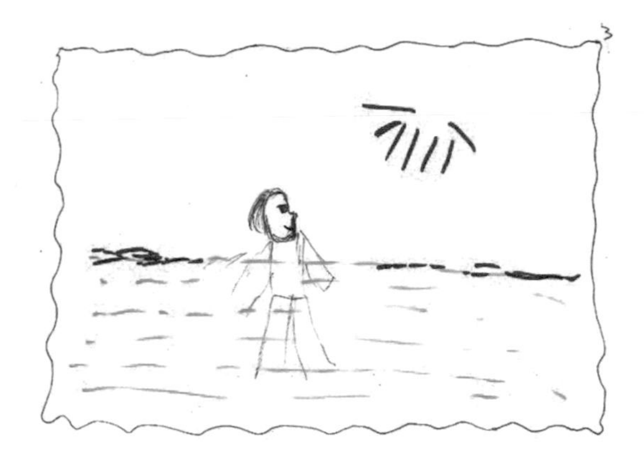

圖 4-22-3　壺中人看到陽光

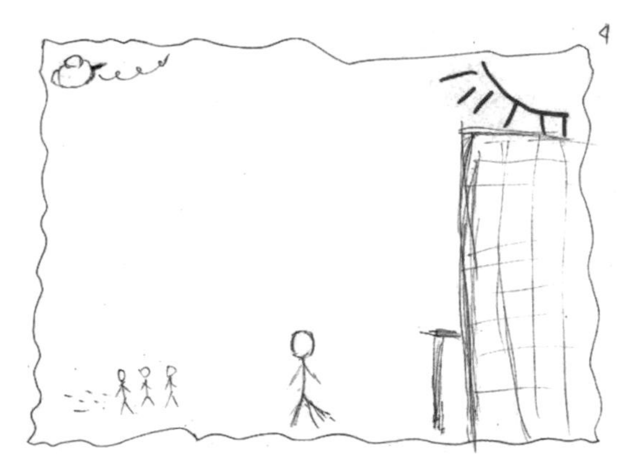

圖 4-22-4　走向辦公樓

這位作畫者的結局是出了魔法壺後回到公司，大部分圖畫是鉛筆畫。

第一幅畫（圖 4-22-1）中，畫面正中偏左有一個魔法壺，壺嘴較短，壺中有水，水已淹到壺中人的胸口處。壺中人的情緒非常複雜，「緊張、焦慮、期待、掙扎和害怕」。

第二幅（圖 4-22-2）和第三幅（圖 4-22-3）畫省略了魔法壺，只畫了壺中的場景。第二幅畫，壺中人站立在壺中，水沒過她的腰部，其情緒是「無聊、發呆和等待」。

第三幅畫場景沒有什麼變化，但陽光照了進來，壺中人扭頭去看陽光，其情緒是「激動、盼望和高興」。

第四幅畫（圖 4-22-4）是壺中人已出了壺的情景，

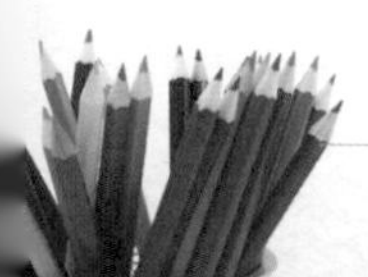

正朝辦公大樓走去，天空有太陽，路上還有其他行人。魔法壺被遠遠地拋在了腦後，處於畫面的左上角，畫中人的情緒是「恢復正常、淡定和平靜」。

從整體上看，壺中的水加重了畫中人的負面情緒。在第一幅至第三幅畫中，壺中人的姿勢都非常相似，沒有辦法做任何事情，也沒有辦法作任何改變。這本身說明了作畫者遇到事情時缺乏行動力、果斷力，畫中人都沒有畫出手和腳也印證了這一點。

因為在壺中無所作為、非常無聊，所以作畫者在出了魔法壺後，選擇了去上班。這是對無聊的補償，也表明作畫者在工作中更能體會到自己的價值。

回到工作上的這種選擇不多見，但確實有一些作畫者有這樣的選擇。在經歷挫折或突發事件後，他們迫切需要恢復正常，回到之前的生活狀態中，而回到公司上班就是一個恢復正常的象徵，所以他們作了這樣的選擇。對這種類型的人來說，回到正常、有規律的生活，展現自己的價值，是非常重要的。

下篇

# 畫壺就是畫自己

歡迎來到如何分析魔法壺的驛站。

看過無數張魔法壺圖畫後，你終於可以進入如何分析自己所畫圖畫的階段。

請和我一起走進魔法壺解密的部分，瞭解每幅圖畫要揭示的主題，和系列圖畫揭示出的模式，以及如何分析那些有趣的元素：魔法壺、魔法師、邊框、畫中人、附屬物……等等。

| *Part 5* |

# 如何分析魔法壺圖畫主體

這部分是解讀魔法壺心理學含義的核心章節。不僅對六幅圖畫的象徵含義進行了詮釋，同時還在閱畫無數的基礎上，提出了分析作畫者應對人生困境的三種理論模式，概括和深化了魔法壺圖畫的意義。

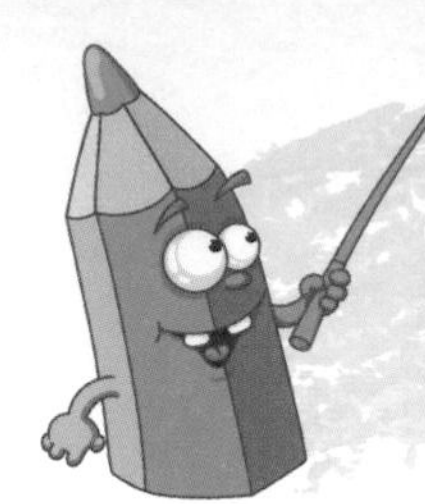

# 魔法壺與應對壓力

魔法壺圖畫的主題是揭示人們應對壓力和困境的模式。儘管只有簡單的六幅圖畫，但它揭示出來的行為模式卻是非常深邃的，它不僅反映出面臨壓力和突發事件時個體的歸因模式、樂觀性和悲觀性、積極性和消極性，也反映了個體是如何看待周圍世界和他人的，是怎樣與他人互動的，以及如何定義資源、利用資源。

一方面，畫中所有的元素都是外在客觀世界在作畫者頭腦中的投射；另一方面，畫中所有呈現的資訊又都是作畫者主觀世界的反映。這些投射和反映既有可能是過去經驗的積累，也有可能是當下現實的描摹，還有可能是對未來的展現。不論怎樣，圖畫和作畫者的現實世界有著密不可分的聯繫，也和作畫者在現實世界中的行為有著內在聯繫。

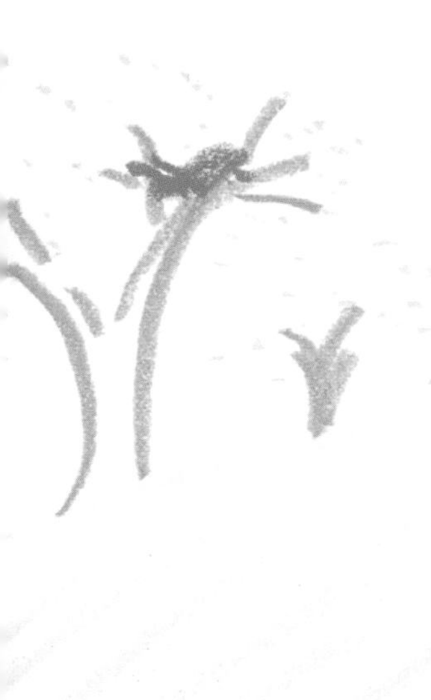

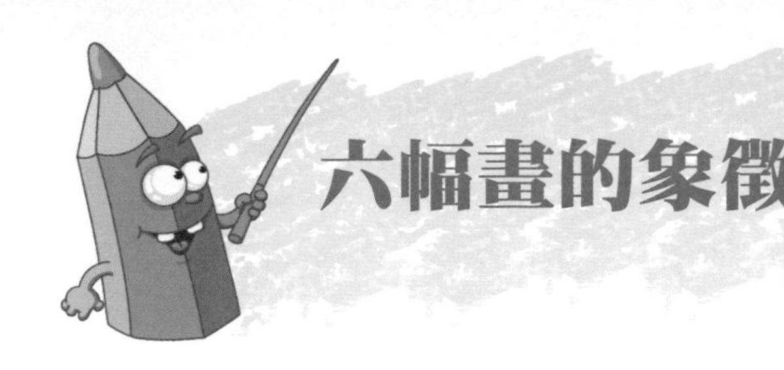

# 六幅畫的象徵含義

下面分別介紹六幅畫各自的心理投射含義。這裡只作總體概述，更詳細的解釋將會在分析圖畫時具體呈現。

## ▼ 緊急狀況下的本能反應

第一幅畫代表的是人們在遇到意外、危險和緊急情況時的本能反應，它包含了情緒反應和行為反應。圖畫主題設置的是一件意外發生的事情——在路上遇到魔法師被抓進魔法壺，在生活中這種事情發生的機率較小，而且是突然發生，在這幅圖畫中大多呈現的是人們一種本能的反應。

可以重點分析的要素包括：魔法壺中的人形象是怎樣的，情緒是怎樣的，在做什麼；魔法壺本身是怎樣的：大小、質地，裡面有些什麼；魔法師是怎樣的：形象、性別以及和壺中人的關係……等等。

## ▼ 緊急應對模式

第二幅畫代表的是人們在遇到意外、危險或困境時的緊急應對模式。這幅畫給出的時間限定是在魔法壺中二十四小時之後。這時人們已經過短暫的適應和調整，已經意識到自己當下所處的情境與平時的不同，但仍然不清楚接下來會發生什麼，未來仍然充滿著不確定性。這幅畫就反映了人們的緊急應對模式。

可以重點分析的要素包括：魔法壺中人的形象及變化，情緒是怎樣的，在做什麼，心態是怎樣的，有什麼變化；周圍環境與第一幅相比有什麼變化；外在環境是怎樣的。

## ▼ 希望

第三幅畫代表的是人們對希望的看法。即使不懂心理學，很多人也會把陽光看作希望。有些人本來就充滿希望，陽光可能強化了希望。有些人一直處於絕望中，面對陽光仍然絕望。

在這幅圖畫中常呈現三種狀態：自救；獲救；沒有救。

那些想辦法自救的人當中，各顯神勇，有功夫派，有智力派，有工具派，還有苦幹派，靠自己的辛苦勞作打造出一個新世界。

那些透過外界力量獲救的人當中，有天使派，有路人派，有魔法派。

那些覺得沒有救的人當中，大多被動消極地等待，覺得無計可施，無法可想，走投無路，或者什麼也不想做。

可以重點分析的要素包括：魔法壺中人的形象及變化，在做什麼，情緒和心態是怎樣的，有什麼變化；壺中環境與之前相比有什麼變化；外在環境是怎樣的；有什麼資源是被創造出來、被巧妙利用的。

## ▼ 長期應對模式

第四幅畫代表的是人們對長時間人生困境的應對模式。指導語中的時間是「一年」，所以反映出來的是在這麼長一段時間裡人們是如何應對困境的。如果說第二幅畫關注的是爆發力，那麼這幅畫關注的就是耐力。它也反映出人們怎樣看待長期的人生困境：是在困境中悲慘地消沉著，還是安於現狀，或是會擺脫困境。

可以重點分析的要素包括：人在哪裡，在壺裡還是壺外，在做什麼，情緒和心態是怎樣的；壺在哪裡；外在環境是怎樣的；畫中還有哪些人或

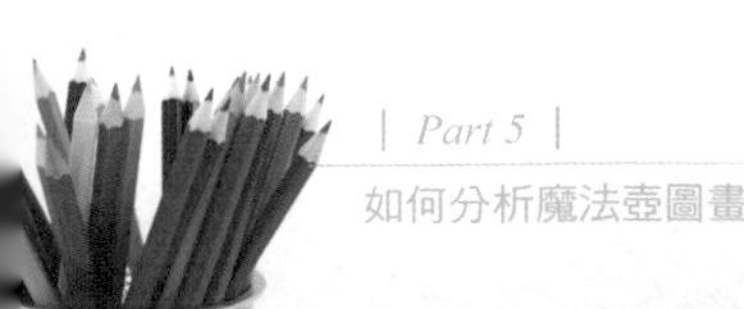

景物。

## ▼ 從圖畫活動中走出來

第五幅畫是結束活動之一，它無聲地告訴作畫者：現在要準備結束這次圖畫活動了。你可以從圖畫的世界中出來，你可以從壺中的世界出來，你可以回歸到現實世界中。

可以重點分析的要素包括：圖畫的顏色、用筆的力度、圖畫的完整性，以及作畫者的情緒。

## ▼ 結束圖畫活動

第六幅畫代表著圖畫活動的結束。作畫者在從外向裡畫的過程中，最後停在一點上，代表著回到自我，徹底結束此次圖畫活動。可以重點分析的要素包括：圖畫的顏色、用筆的力度、圖畫的完整性，以及作畫者的情緒和感受。

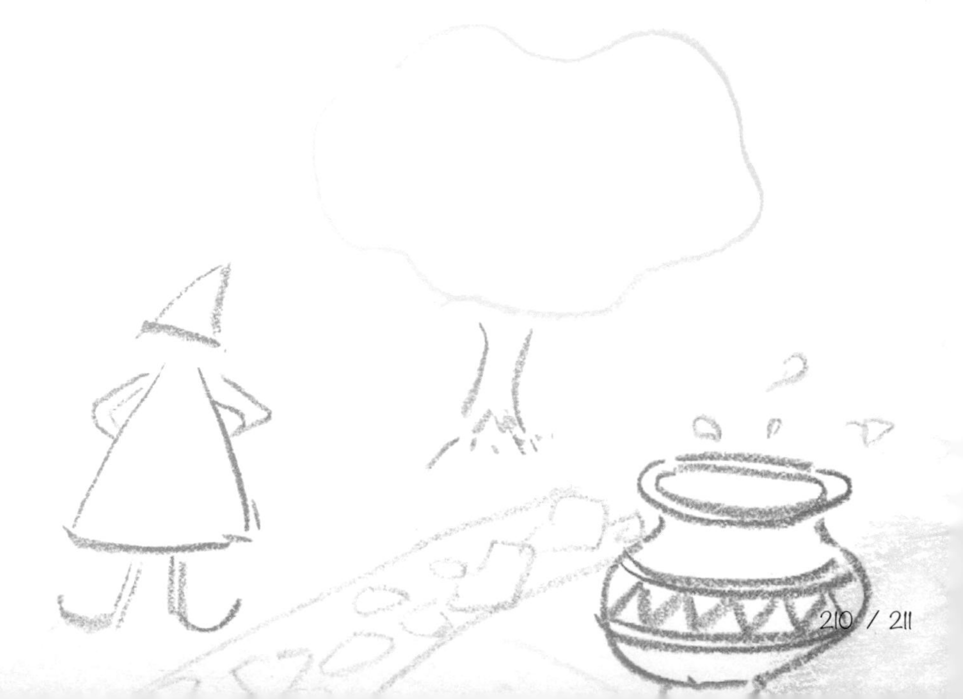

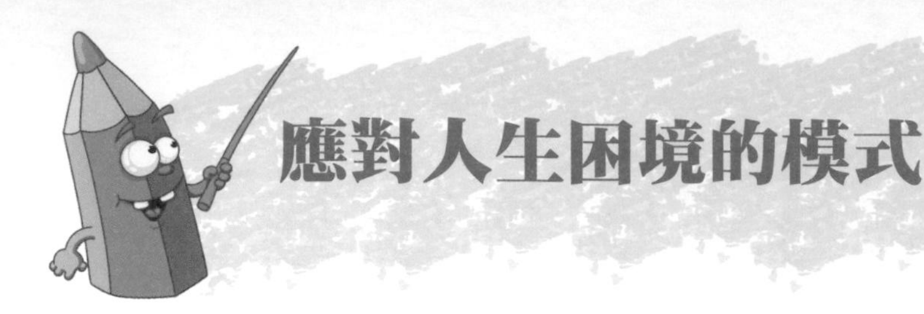

# 應對人生困境的模式

對魔法壺圖畫的分析，可以從很多角度切入，如作畫者的人格特質、歸因方式、做事風格等方面。這裡介紹筆者根據結局、態度和情緒總結出的模型。

根據圖畫的結局來看，會有兩種情況：留在魔法壺中，或出了魔法壺。根據在壺內和出壺的狀況、方式，有建設性和破壞性兩種。

根據作畫者在畫中表現出的態度來看，有樂觀和悲觀兩種。

根據作畫者最主要、最基本的情緒來看，有積極、消極和中性三種。

可以把結局作為橫坐標，把方式、態度、情緒分別作為縱坐標，會形成對待困境的方式、態度和情緒模式，每個模式下面會有四種類型，形成應對人生困境的十二種不同模式。

## 方式模式：建設還是破壞？

圖 5-1 是分析對待困境方式的座標圖。縱坐標是建設性和破壞性，是指人們面對人生困境時採用的方式，是具有破壞性的，還是具有建設性的。

破壞性是指用毀壞、打破或打碎的方式離開壺，或即使留在壺裡面，也會想辦法破壞壺。

建設性是指用不損害、不破壞壺的方式離開壺，或留在壺裡面。

引伸開來，破壞性是指帶著敵意、報復之意，用要別人或環境付出代價的方式，應對自己面臨的挫折或困境。

建設性是指盡可能少地讓自己、別人或環境付出代價，積極地應對自己面臨的挫折或困境。

這個橫縱坐標構成了四種模式：建設性地脫離困境、破壞性地脫離困境、建設性地與困境共生、破壞性地與困境共生。

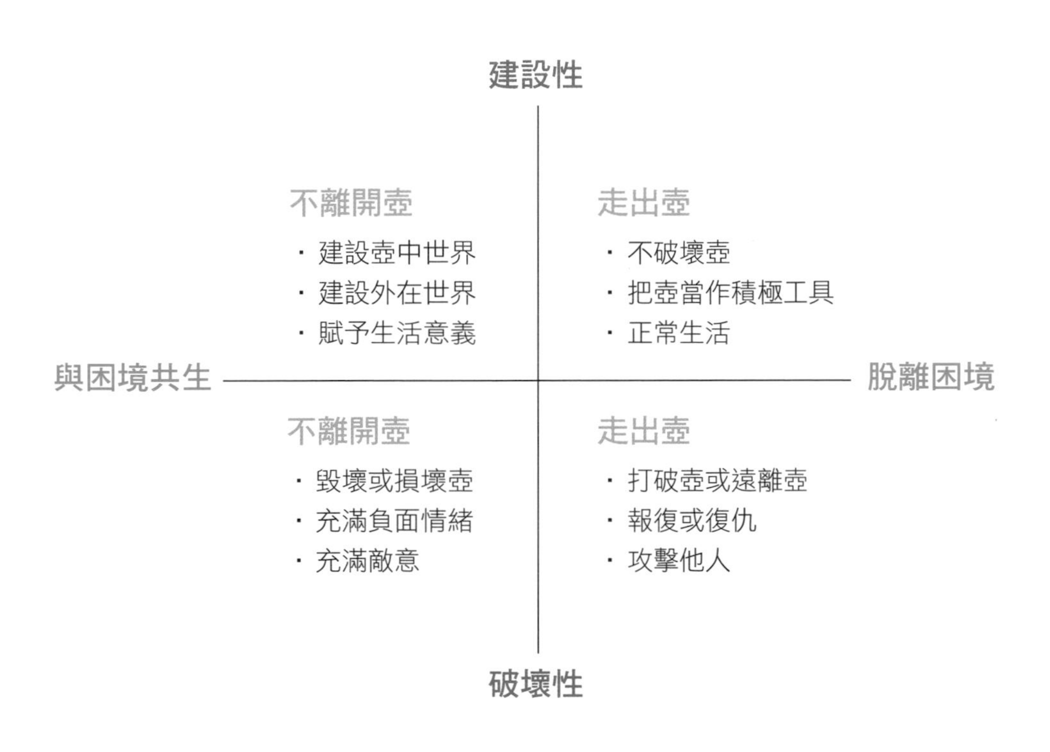


圖 5-1 應對壓力的四種模式

建設性地脫離困境，是指畫中人最終走出了魔法壺且沒有破壞壺本身。沒有破壞壺本身代表著作畫者能夠從積極的角度看待人生困境，知道除了破壞和毀壞之外還有其他方案。他們更關注解決問題，而不是負面情緒。他們會儘快讓生活正常化，掌控自己的生活，而不是讓困難和挫折掌控自己。

他們是在不破壞壺的前提下出壺，他們沒有選擇把壺打碎，而是借用一些資源或用自己的智慧出壺。出了壺之後，他們也並沒有把壺踩碎、打破或扔得遠遠的，他們關注的是自己出壺後的生活：可能會回到自己的家中，與親人團聚，或者到大海邊、高山上、都市裡休閒，彌補自己在壺中所受的苦，或重新回到工作崗位，開始正常生活。他們沒有追究誰把他們關進去的，也沒有把魔法壺打破以洩憤。

破壞性地脫離困境是指畫中人最終走出了魔法壺，但用的方式是破壞了壺。這些人急著擺脫困境，對所用方式並不講究，對要付出一定代價這一點是接受的、有心理準備的。對那些在走出魔法壺後又把魔法壺打碎或毀壞的人，除了以上所講的心理，還有一種攻擊性。他們對被關進魔法壺有很強的不公平感，想要發洩或報復，所以會有徹底破壞的行為。

還有一種情況和這種人相似：他們不打破壺，但自己成為魔法師，把壺作為關人的工具，把他們看不順眼的人關進去。這也是一種破壞性，只不過指向物件發生了變化，不是直接給自己帶來負面感受的壺，而指向了不相關的一些人。雖然他們痛恨魔法師，但攻擊對象沒有指向強大的魔法師，而是指向了比魔法師弱、在某些方面比他們自己弱的人。

建設性地與困境共生是指不離開壺，人在壺中，但是建設壺中的世界，或者重新構建壺外的世界。他們可能在壺內建造自己的房屋、耕種農田，讓自己生活得有意義，或讓自己探索壺內的世界，到海邊曬太陽，在草地上燒烤，讓自己生活得舒服。

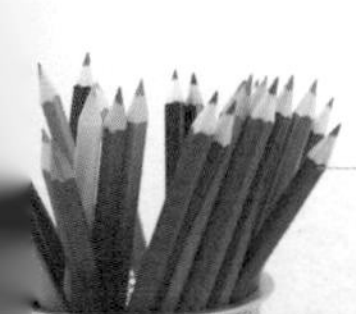

或者讓壺的外在世界變得更人性化，如人不離開壺，但壺在家中，家人可以方便地與壺中人見面和交流。或者人可以自由地進出壺，可以自由地上班、回家和到壺中。

這些人把困境當作一種常態，以平常心接受它，也有一種安於現狀的心態，同時也並不缺乏行動。他們的優勢是在任何環境中都可以積極地生存，但其缺點是缺乏打破困境的決心和勇氣。

破壞性地與困境共生是指不離開壺，人在壺中，但充滿了負面的、不良的感受，有可能畫中人還受到傷害甚至死亡。比較常見的是情緒焦躁、煩悶、無所事事地在壺中，但只能被動等待，沒有任何辦法，也很少有什麼積極行動。有可能會嘗試局部破壞壺或試圖逃出，但很容易氣餒。有些人會畫出抑鬱的人，有些人甚至畫出死屍。

破壞性地脫離困境的破壞物件是指向外在世界的，而破壞性與困境共生的破壞物件往往指向自身。與其說畫中人成為魔法師的犧牲品，不如說其實是消極心態的犧牲品。

還有一類隱蔽型的破壞性與困境共生：在最後的結局中，畫中人從夢中醒來，關在壺裡不過是一場夢。看似輕鬆地化解了危機，其實用的是拒絕和否認的防禦機制，儘量弱化現實的打擊。這種做夢式的解脫並沒有真正脫離困境，有可能一個夢套著一個夢，作畫者始終用那套防禦機制隔絕現實，始終生活在困境中。

從圖 5-1 中可以看出，並不是只有走出魔法壺才是積極之道，即使在魔法壺中也可以有積極的建設。分析的關鍵不在於最後是否走出魔法壺，而是在這個過程中發生了什麼。

##  態度模式：樂觀還是悲觀？

樂觀性

| | 與困境共生 | 脫離困境 |
|---|---|---|
| 樂觀性 | 不離開壺<br>・建設壺中世界<br>・重構外在世界<br>・心態平和 | 走出壺<br>・有很強的資源意識<br>・自救或他救出壺<br>・積極利用壺中的經歷<br>・把壺當作積極工具 |
| 悲觀性 | 不離開壺<br>・被動等待<br>・情緒低落<br>・心身狀況不良 | 走出壺<br>・擔心再次遭遇<br>・拒絕承認已發生的事情<br>・認為純粹靠運氣出壺 |

悲觀性

圖 5-2 應對人生困境的態度模式

圖 5-2 是分析人們面對人生困境時所持態度的座標圖，縱坐標是樂觀性和悲觀性，橫坐標是脫離困境和與困境共生。這個橫縱坐標構成了四種模式：樂觀地脫離困境、悲觀地脫離困境、樂觀地與困境共生、悲觀地與困境共生。

樂觀主義是一種認知特質，樂觀者用積極的方式看待這個世界；它也

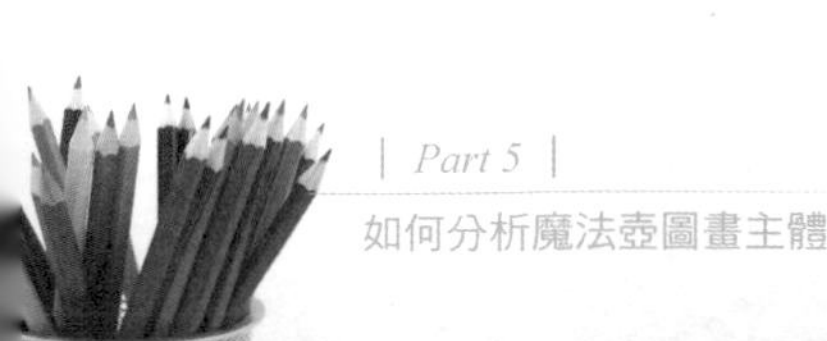

是一種預期風格，樂觀者傾向於認為在大多數情況下都會有好的結果。

另外，它也是一種積極的歸因方式，樂觀者傾向於對事件做外部的、非持續性的、非特定的歸因，也就是說，如果發生糟糕的事情，它有可能是外部因素造成的，這次發揮作用的因素下次不一定會繼續發揮作用，原因並不一定是固定的，所以一切都有可能變化，一切都有可能變好。

那些真正的樂觀主義者，會對當下充滿熱情和快樂，對過去有幸福感和滿意感，對未來充滿希望和期盼。他們在人格特質上具有以下特徵：愛自己，愛別人，有承擔責任的能力，有勇氣面對所遇到的事情，寬容而善解人意。

悲觀主義與樂觀主義相反：悲觀者用消極的方式看待這個世界；他們預期大多數情況下都會有糟糕或最壞的結果；在歸因方式上，傾向於對事件做內部的、持續的、特定的歸因，也就是說，如果發生不好的事情，是由於個人內部的因素引起的，現在發揮負面作用的因素今後將繼續發揮作用，這次無法發揮作用的因素下次也有可能帶來結果，總之，下次仍有可能是壞結果。

典型的悲觀主義者，會對當下有著不確定的感受，對過去不滿意，對未來不抱希望。他們在人格特質上常有的特點是：苛責自己和他人，懷疑自己和周圍，有很強的不確定感，更容易放棄和被動等待。

在魔法壺的經歷中，樂觀性可能表現為作畫者把魔法師畫成友善的，或沒有強烈敵意的；把魔法壺畫成空間大的、有光亮的或透明的、開放的空間；進入魔法壺時帶有一些資源，如手機、電筒等；進入的魔法壺環境較好，如有書、有電視、有食物等；如果沒有這些，也可以自己創造出一些資源。

樂觀者也更有可能想辦法借助各種工具出壺，如借助梯子、繩子，或透過外界力量獲救，如朋友、路人，甚至是魔法師發善心放了自己。樂觀者常說的話是:「什麼都有可能改變」,「既然沒有人說我一定要待在壺裡，那我為什麼不出來呢？」

而悲觀者更有可能把魔法師畫成敵意的、具有攻擊性的；把魔法壺畫成狹小的、黑暗的、封閉的空間；他們在進入魔法壺時往往被剝奪所有資源；魔法壺中的環境通常比較惡劣，如監獄一樣，或生活得水深火熱，或非常單調、無聊。

如果不出壺，他們的生活也是過得乏味單調；如果出壺，也會擔心再次遇到這樣的遭遇，或告訴自己這只是做了一場夢，不是真的發生過，想要透過拒絕承認來安慰自己。悲觀者常說的話是：「我不可能改變現狀」，「沒人讓我出壺，我不能出來」。

有一點需要說明：有些作畫者的態度在四幅畫中都是穩定的，很容易判斷，但有些作畫者的態度在四幅畫所代表的不同時期會發生變化。其變化的方向有兩種情況：一是從悲觀走向樂觀；二是從樂觀走向悲觀（參見「由樂觀走向悲觀」一節的三篇文章），其變化通常和作畫者短期應對模式和長期應對模式有關，需要具體分析。

## 情緒模式：積極還是消極？

圖 5-3 是分析人們面對人生困境時所持情緒的座標圖，縱坐標是積極情緒和消極情緒，橫坐標是脫離困境和與困境共生。這個橫縱坐標構成了四種模式：帶有積極情緒脫離困境、帶有消極情緒脫離困境、帶有積極情

緒與困境共生、帶有消極情緒與困境共生。

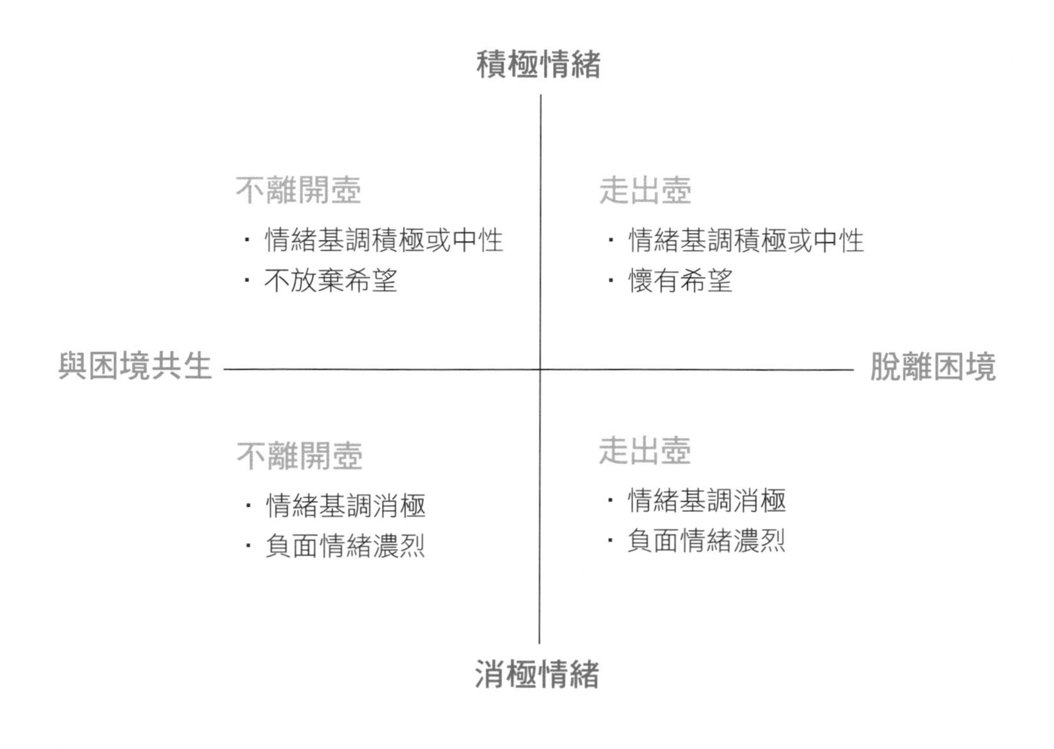


圖 5-3 應對困境的情緒模式

積極情緒是指正性的情緒，與個體某種需要得到滿足相聯繫，主觀上有愉悅的體驗，包括快樂、幸福、自豪、熱愛、愉悅、開心、興奮、好奇、感興趣等。擁有積極情緒的人有較高的主觀幸福感，應對環境的能力也較強。

消極情緒是指負性的情緒，與個體某種需求沒有被滿足相聯繫，主觀上會有不愉悅的體驗，包括痛苦、憤怒、悲傷、煩惱、不安、恐懼、害怕、焦慮、擔心、惶恐、憎恨等。經常體驗負面情緒的人主觀幸福感不高，應對環境的能力較差。

在魔法壺活動中，積極情緒的主要表現在於：作畫者帶著好奇、驚喜或平靜進入魔法壺，把進入魔法壺看作是一次探索；即使最初有不知所措和驚慌，但很快能適應新環境，情緒的調節和控制能力較強；大部分時間裡情緒是平靜或積極的。

而消極情緒的表現在於：作畫者對進入魔法壺有非常大的恐懼、無助和不安，即使過了一段時間，仍然體驗到較多的負面情緒；或者負面情緒非常濃烈（見「強烈的悲傷和憤怒」一節、「濃烈的情緒」一節），壓倒了其他情緒，成為最主要的情緒。

有一點必須提及：儘管有基本情緒的判斷，但作畫者在四個不同階段，其情緒有可能是變化的。其變化的方向有三種：從消極情緒變為積極或中性情緒，從積極情緒變為消極或中性情緒，情緒在積極和消極中起伏。

分析六幅圖畫中作畫者的情緒感受，也是一個具有整體性意義的事情。

## ▼ 情緒變化曲線

通常人們的情緒在這幾幅畫中會有起伏跌宕，具有典型性的情緒變化圖有以下幾種：

一是情緒越來越高昂型。在第一幅畫中，作畫者的情緒狀態處於最低潮，有恐懼、不公平感，但在第二幅畫中就趨於平靜，開始瞭解新環境。在第三幅畫中希望變得明確，情緒開始高昂。到第四幅畫中，常帶有喜悅、開心和快樂，情緒達到最高潮。最後兩幅畫保持和維持著這種狀態（見圖5-4）。

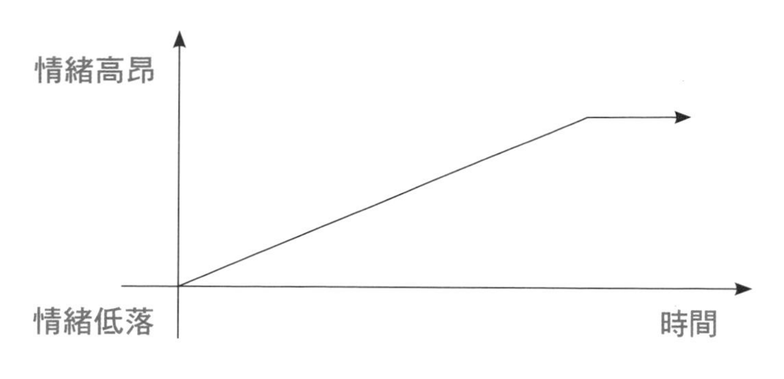


圖 5-4 情緒越來越高昂

二是情緒越來越低落型。在第一幅畫中，作畫者儘管恐懼和不安，但還帶有一些好奇；在第二幅畫中，情緒尚好，但已有單調乏味感；在第三幅畫中，儘管有陽光，但仍然感覺到灰暗；在第四幅畫中，整個人處於心死如灰的被動狀態；第五幅和第六幅畫會提升其能量水準，恢復到正常狀態（見圖 5-5）。

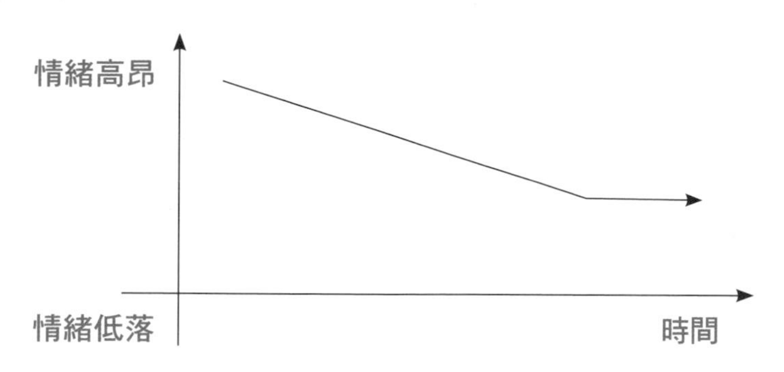


圖 5-5 情緒越來越低落

三是情緒起伏變化較大，或者呈 U 型，或者呈 W 型，或者呈 M 型，從第一幅到最後一幅經歷了較大的變化（見圖 5-6、5-7）。

這三種類型的情緒變化表明作畫者不同的情緒管理。第一種人是積極樂觀型，在應對壓力事件時具有持久的耐力和韌性；第二種人是悲觀型，其特點是擅長應對短時期內的壓力事件，但缺乏耐力和韌性，很難長時間對抗壓力；第三種人是變化型，因不同事件情緒起伏較大，有時會因為情緒而妨礙做事的效率。

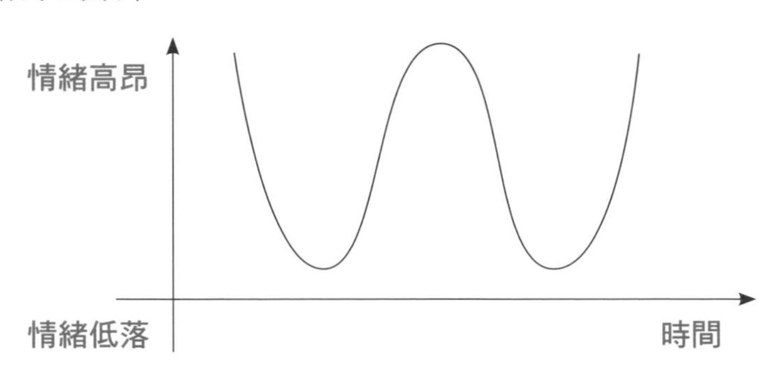


圖 5-6 情緒 U 型或 W 型變化圖

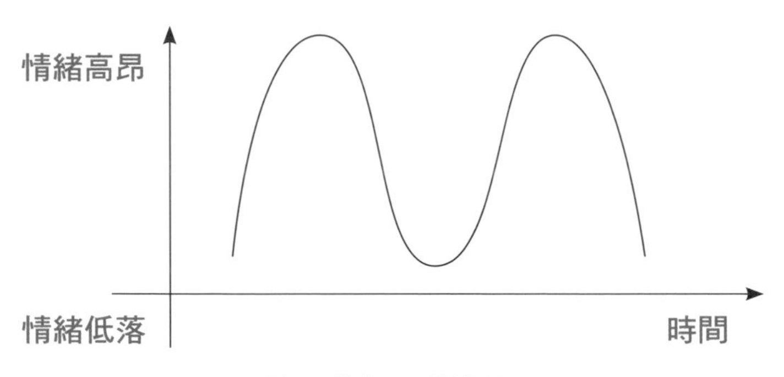


圖 5-7 情緒 M 型變化圖

以上的分析框架可以用來分析大多數圖畫，但仍然有一些圖畫不能納入到這個分析框架中，這也是非常正常的。其主要原因是：魔法壺圖畫是每個當事人自己創作出來的，是非常個性化的，目前已提供的分析框架可能無法考慮到所有的可能性和豐富性。有時考慮到所有可能性的分析框架也會顯得太煩瑣，所以簡潔的分析框架可能會犧牲掉一些豐富性。特此說明。

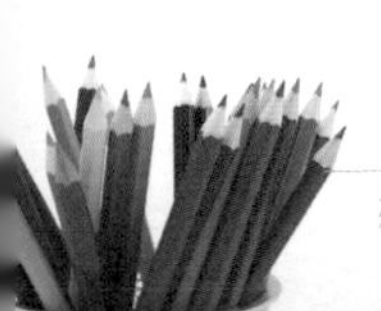

| *Part 6* |

# 如何分析魔法壺圖畫的其他元素

魔法壺的圖畫除了以上提到的對主題和作畫內容的分析外，還有其他很多可以分析的要素。這一部分會就以下要素展開分析：邊框、魔法壺、魔法師、壺中人、第五幅和第六幅畫、附屬物以及角度和顏色。

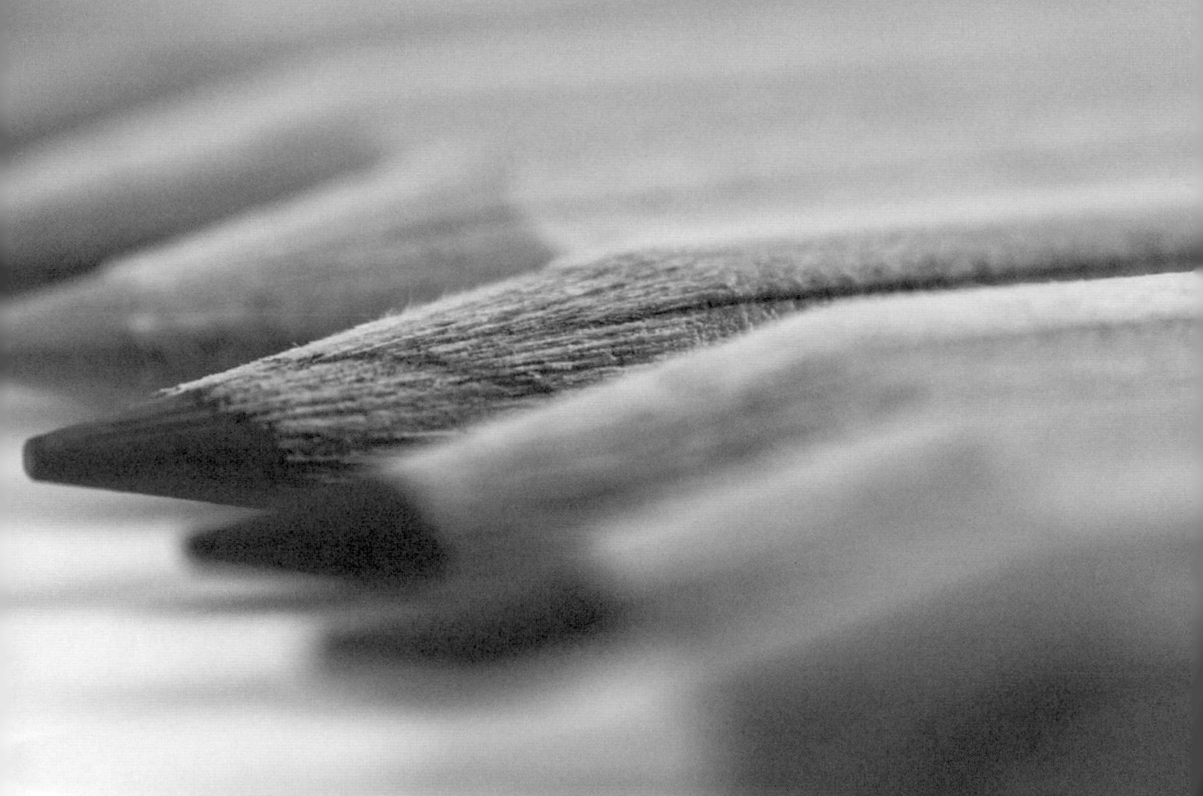

# 邊框

邊框是作畫者最先畫的內容，簡單易操作，不會讓作畫者有任何防禦心，而且會出現在四張畫上，具有持續性，所以可以真實地表現出作畫者做事的風格和模式。

可以從邊框的風格、線條、顏色、與邊緣的距離、作畫速度、作畫過程來分析。

## 邊框的風格、線條、顏色、距離

從風格來看，可以分為粗獷對細緻、寫實對浪漫。

粗獷型的邊框代表作畫者做事情很粗線條，做事情可能不講究細節，只要完成即可，他們的口頭禪是「差不多就行了」、「意思一下就可以了」。

細緻型的邊框則相反，會講究細節，關注到每個局部，他們的口頭禪是「細節決定成敗」、「沒有最好只有更好」。

寫實型的邊框代表著作畫者面對現實，在他們眼中，真實的世界才是存在的世界，他們的口頭禪是「面對現實」。

浪漫型的邊框代表著作畫者具有浪漫氣質，做事情願意和別人不一樣，在他們眼中，想像的世界也是真實的世界，世界最好每天都不一樣，他們的口頭禪是「我是獨一無二的」。

從線條來看，可以分為粗線對細線、直線對曲線、單一線條對多根線條。

粗線條常和力量、粗獷聯繫在一起，細線條常和柔弱、細緻聯繫在一起。

直線常和力量、直線思維、單純聯繫在一起，曲線常和變化、創新性、靈活性、豐富性聯繫在一起。

單一線條常和單調、直接、效率聯繫在一起，多根線條常和變換、豐富性、品質等聯繫在一起。

從邊框顏色來看，可以分為單一顏色對多種色彩，這個分析只適用於用彩色來畫畫的狀況。

單一顏色是指用同一種顏色的筆畫四張邊框，多種色彩是指用不同的顏色來畫四張邊框，或者在同一個邊框中呈現多種顏色（見圖 4-1 的四張圖畫邊框），作畫者用多種顏色、多種紋路來畫同一張邊框。相對來說，使用多種顏色的人內心更豐富、更細膩，追求變化，對審美有更高的要求。

與邊緣的距離，雖然指導語要求是離邊緣一公分，但每個人理解的「一公分」不同，內在的感受不同，所以處理出來的距離也不同。

有的邊框直接貼著紙的邊緣，不到一公分；有的邊框遠離紙的邊緣，遠遠超過一公分。畫這樣邊框的人有共同特點：他們更看重的是自我的標準，而不是外在的或客觀的標準，他們更願意用內在的感受來代替客觀標準，有時候表現出對環境或周圍人不是特別在意。貼著邊緣畫邊框的人安全感更強一些，遠離邊緣的人安全感可能更弱一些。而那些按要求畫出一公分邊框的人，更願意遵守規則。

## 畫邊框的速度和過程

從畫邊框的速度來看，可以分為急性子、慢性子和不慌不忙型。

急性子的人會一口氣把四張紙的邊框全部畫完，儘管沒有規定畫完的時間，但他們總是比別人的平均速度快很多。這是他們做事情的習慣，慢下來是一件需要付出特別努力的事情。

慢性子的人會一板一眼慢慢地畫，畫完一張，再畫一張，如果有不滿意的地方，中間會停下來修改好，然後再畫。

不慌不忙型會用大多數人的平均速度畫完，不是最快的那個，但也不是最慢的那個。

從作畫過程看，有的人始終專注在自己畫的過程中，即使發現別人和自己畫的不一樣，仍然按自己的方式做下去；有的人則不停地看周圍人是如何做的，並調整自己的圖案。

前者可以說是場獨立型的人格，在什麼環境對他不重要，他始終有自己的標準；後者可以說是場依存型的人格，環境對他的影響很大，他會自動地用別人的標準和做法來衡量自己，主動以他人和環境為參照物。

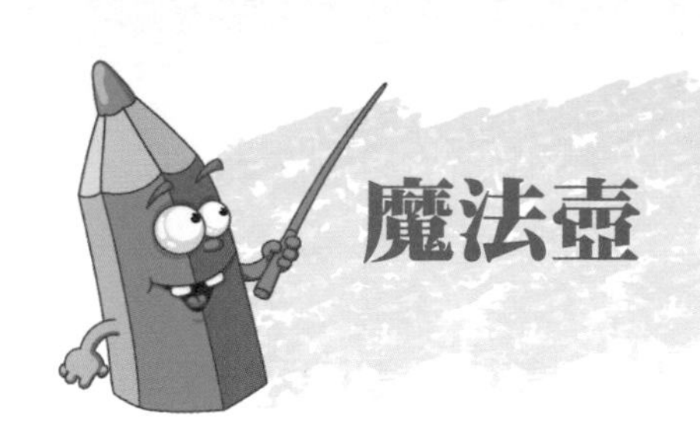

# 魔法壺

作為畫中最重要的物品，魔法壺具有多重象徵性含義：監獄、受難所、避難所、子宮、庇護之地、世外桃源、人生樂土、想像世界等。大多數人所畫的魔法壺其實是他們生活中見過的水壺、茶壺、酒壺等形狀，但也會有些人畫出自己想像世界中的壺。

## 壺的基本屬性

對壺的分析首先看其基本屬性：是具有監禁、關押、受難性質的，還是具有溫暖、支持、休養性質的；是完全封閉的，還是部分開放的；是完全黑暗的，還是部分光明的；是惡意的，還是善意的。

前者往往把壺畫成刻薄的監獄，後者往往把壺畫成舒適的居所或廣袤的大自然。這兩種類型的人感受到的現實世界是截然不同的：前者所看到的世界是險惡的，沒有安全感的，自己很容易受到傷害；後者所看到的世界是溫暖的，不論環境怎樣，都能看到溫暖的一面。

前者有一種預防性悲觀，可以防止自己受到更多傷害，但同時也妨礙自己更積極地看待世界；後者有一種樂觀主義，可以讓自己從任何事情中都能找出積極意義，但同時也有可能製造虛假的樂觀幻想，轉過頭去不看悲慘的真相。

大多數人的壺都具有前者的性質，因為魔法壺的指導語中有一個限

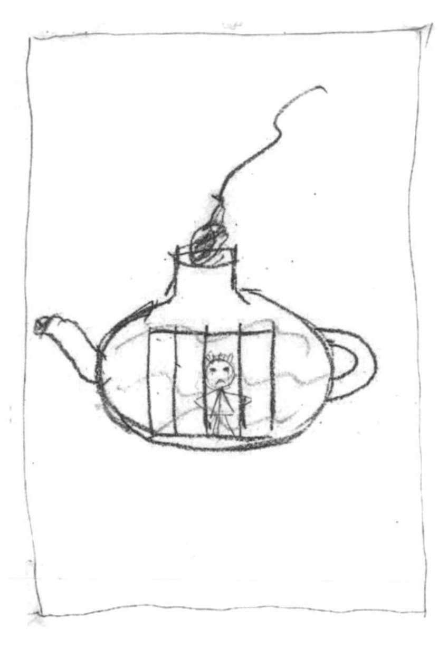

圖 6-1　監獄壺

定就是人們是被抓進這個壺的。這其實是一種從正常生活中的「掉落」，從較好的狀態突然變到不太好的狀態中，不是自己主動尋求的變化，而是被動發生的，同時自由受到限制，未來充滿不確定性。這種情境會讓人們聯想到失去自由、面對危險和不確定性，所以壺就成了充滿這樣性質的容器。

可以來看一個例子（圖 6-1），這個壺就是一個典型的「監獄壺」。本來作畫者畫出的壺就有些冷冰冰的，加上柵欄一樣的門，就更像一間牢房了，壺中人的表情也是非常痛苦、無奈、焦躁和恐懼的。

這種壺的畫法表明作畫者在現實生活中常有被束縛的感覺，感受到不自由，被監控或監督，人與人之間更多是冷冰冰、有敵意的關係。

壺的另外一個屬性是陽剛還是陰柔，彷彿壺有性別似的。有些壺看不出明顯的這種特質，但有些壺就比較明顯。有些壺非常硬、方方正正、有稜有角，如果賦予其性別，更像男性，而曲線的、柔軟的壺常帶有陰柔氣質，如果賦予其性別，更像女性，如「頭露在魔法壺外」一文中的壺（見圖 3-12-1）。壺的這方面屬性如果特別明確，常有以下幾種含義：一是作畫者的觀念，即他如何看待不同性別和同一性別的關係；二是作畫者自身內部需要處理好女性氣質和男性氣質的關係，即榮格所說阿尼瑪和阿尼姆斯的關係；三是在現實中作畫者與同性或異性之間的矛盾、衝突或和諧關係。

可以來看一個例子：作畫者的第二幅圖畫畫了一個方形壺（圖 6-2），而且把它擬人化，給它畫了五官和腿，讓這個壺的性別「看起來」像是男性。作畫者的處理讓壺看起來很像機器人，這種機器人的狀態和作畫者的現實有怎樣的聯繫呢？這需要作畫者自己去挖掘。

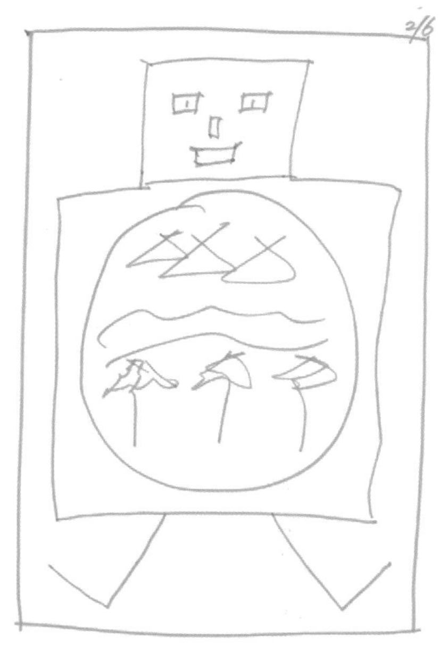

圖 6-2　方形壺

##  壺的大小、形狀、畫法和位置

### ▼ 壺的大小

從壺的大小看，有的壺很大，有的壺很小，空間的大小象徵著作畫者感受到的自由度。

那些壺畫得越小的人，在內心裡擁有的自由度越小，給自己的限制越多，有時還會把別人的限制內化為對自己的束縛。

而空間大往往象徵著作畫者擁有的自由度更多，通常把壺畫得較大的作畫者也更自信，那些把壺畫得非常小的作畫者內心對自我的評價不高。

### ▼ 壺的形狀

從壺的形狀看，有的壺被畫成圓的或橢圓的，有的壺被畫成方的或長方的，有的壺被畫成異形的（菱形或多邊形等）。這些形狀更多反映作畫者的審美傾向和情趣偏好，而且這些偏好貫穿在作畫者生活的各個方面：小至生活用品的挑選，大到對人際吸引力的評價。

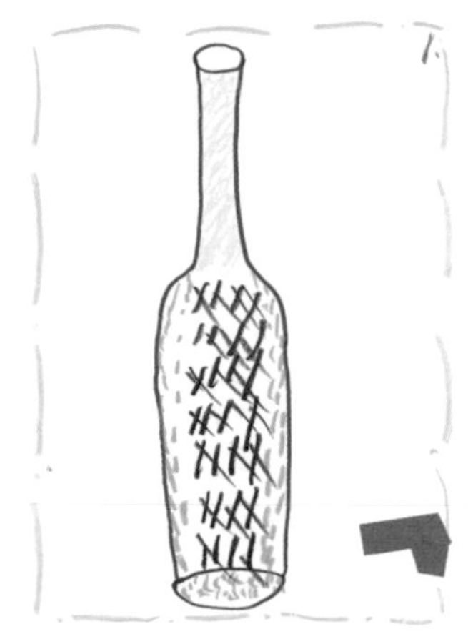


圖 6-3　酒瓶壺

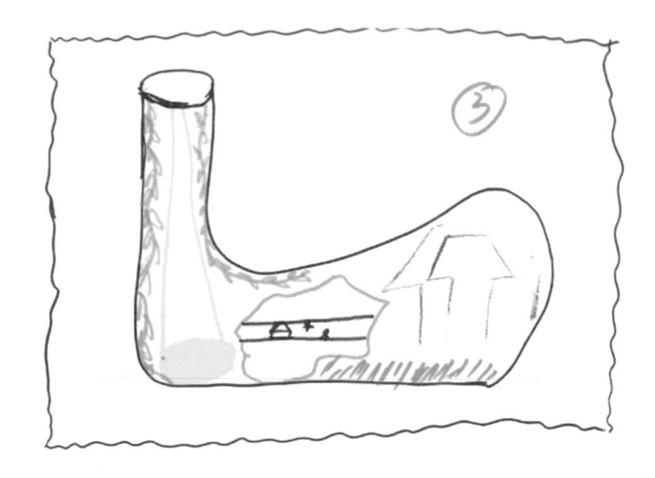


圖 6-4　靴形壺

可以來看一個例子（圖 6-3）：這個壺的形狀很像一隻漂亮的酒瓶，細長的頸，很多裝飾花紋。由此可以判斷出作畫者在生活中更偏愛這種形狀的飾物、工藝品，他也有可能對這種身材的人評價更高。

再來看一個例子（圖 6-4）：這個壺被畫成靴子狀，算是一個異形壺，和作畫者生活的環境、她的審美觀有關係，也表明作畫者與眾不同，富有創新精神。

## ▼ 壺的位置

從壺在畫面中的位置來看，有的壺居於畫面正中，接受當下和現實。

有的壺居於畫面右邊，代表著關注未來。

有的壺居於畫面左邊，代表著關注過去。

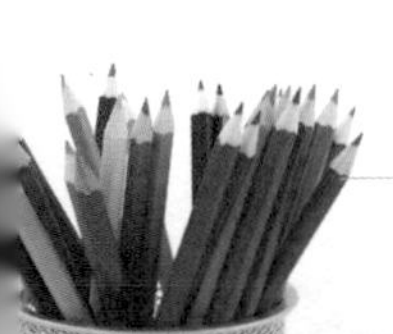

## ▼ 壺的畫法

從壺的畫法來看，有的壺畫得很粗糙，代表著作畫者做事的風格是粗線條的，做事情不關注細節。

有的壺畫得很精緻，代表著作畫者做事細緻，講究生活品質。

有的壺畫得很刻意，一筆一畫都非常當心，代表著作畫者做事認真，但不靈活。

有的壺畫得很隨意，筆劃之間隨性而畫，代表著作畫者的智力水準較高，有較高的靈活性。

仍然以圖 6-3 為例，這個壺畫得很仔細，而且上面畫滿了花紋，一共用到了四種顏色，但整個畫面的筆觸是自由的，沒有拘謹感。這表明作畫者注重細節，靈活度很高，對審美有較高的水準。但如果細看花紋，會發現在壺身下部占最大面積的是黑色的「×」形花紋，這其實代表著否定，代表著作畫者的情緒處於低落的、無助的狀態。而壺身上那些黃色和綠色的花紋，是一抹亮色，代表著作畫者的好奇和平靜。

## ▼ 壺的顏色

從壺的顏色來看，有的壺是冷色調的，代表著作畫者內心對緊急發生的事件有更多負面情緒，如恐懼、害怕、憂鬱和擔心。壺內大面積的黑色常代表很深的恐懼和憂鬱。

有的壺是暖色調的，代表著作畫者內心情緒的積極性。但如果過度、過多地使用某一種顏色，代表著作畫者情緒的強度。如過度使用紅色，可能代表作畫者情緒的煩躁。

以這幅畫為例（圖 6-5），這個壺的形狀本身沒有什麼特殊之處，但

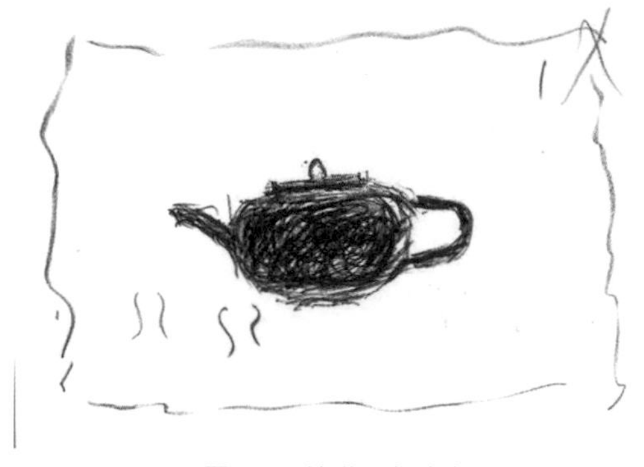
圖 6-5　塗滿黑色的壺

它塗滿了黑色，再加上畫面的邊框也是黑色，所以整個畫面都是黑色。這種黑色代表了作畫者強烈的情緒，而且是濃烈的負面情緒，通常都和恐懼、憤怒、不安有關。但作畫者自我描述是「沒有情緒」，顯然作畫者語言的描述「沒有情緒」與畫面呈現出的濃烈情緒是相矛盾的，在這幅畫中，畫面表達了更真實的資訊。但這種矛盾是有意義的，這代表了一種麻木和隔絕，是一種典型的防禦機制，它表明了作畫者的防禦機制：在突發事情面前，用不作反應、保持心理距離等來維持心理平衡。

## 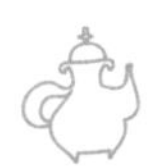 壺的材質、角度、變化和背景

### ▼ 壺的材質

從壺的材質來看，有的壺是金屬的，有的是陶土的，也有的是玻璃的。通常壺的材質與堅韌性、結實程度和透明程度有關。

如果作畫者對壺的態度是積極的，那麼越好的材質代表越高的自我評價，以及積極樂觀的思維。

如果作畫者對壺的態度是消極的，那麼越堅固、越不透明的材質代表越不容易掙脫的牢籠和束縛，代表著擺脫困境越發困難。

有一些人會畫玻璃的壺，人在裡面看得見外面，這些人通常強烈缺乏安全感，一定要用自己的眼睛看見才會有安全感，所以在生活中也希望事

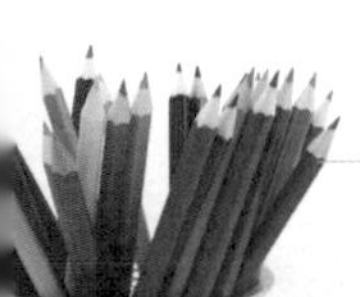

事都在他視線所能及的範圍裡。

## ▼ 隱形的壺

還有一種狀況：在畫裡看不到壺，因為作畫者把邊框當作壺，用整張紙來畫壺裡面的內容。這種省略壺的畫法不是很常見，但有一部分人會這樣做，這代表作畫者做事簡潔，思維方式和別人不太一樣。

但也有一些情況需要另外解釋，如圖 6-6，整個畫面只有一個壺，本來畫好的褐色邊框，現在被加上了綠色的邊，像雜草，也像一些刺，這個邊框就代表了壺。整個邊框中都充滿了黑色，濃烈，而且用筆雜亂，在畫面偏左上方的位置有一個紅點，作畫者說：「壺裡黑乎乎的，但有一點亮光。」這代表了作畫者在絕望中的一點希望。在這裡，把邊框作為壺來畫，主要是表達出作畫者情緒的濃烈。

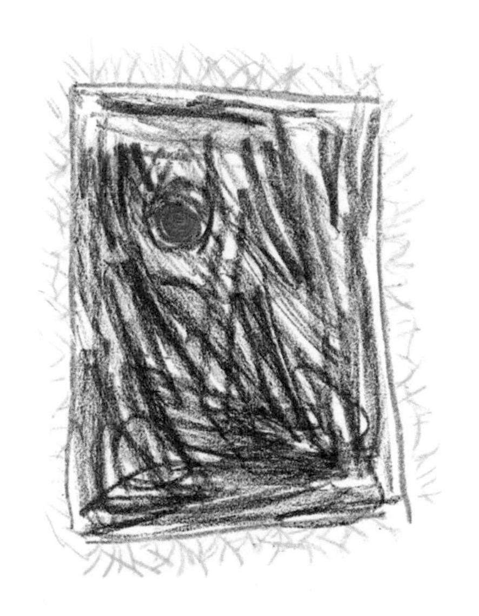

圖 6-6　用畫框代表壺

## ▼ 壺的角度

從壺與畫面的角度來看，絕大多數壺都是壺口朝上的，這是壺的常態。但也會有人畫非常態的壺，比如說把壺畫成傾斜的（見「生命不息，追殺不止」一文的圖）。這其實代表著作畫者在突發事件後整個內在世界是不穩定的。

## ▼ 壺的變化性

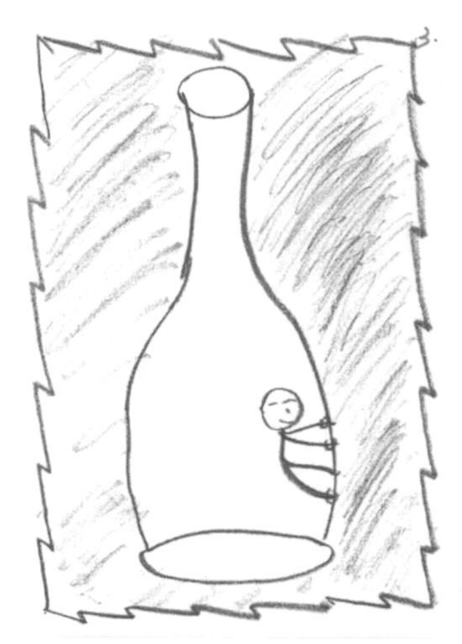
圖 6-7 發生變化的魔法壺

還有，需要提到壺的變化性，同一位作畫者在四幅畫中所畫的壺有可能會發生變化，那變化的具體方面就值得關注。如果沒有變化，也是值得分析的。變化通常是大小、形狀、顏色、筆觸和位置發生改變，而變化的含義則要看具體內容進行分析。

可以來看一個例子：這個瓶狀壺（圖 6-7）和（圖 6-3）是同一位作畫者畫的，可以看到，魔法壺發生了一些變化，其顏色從紫色變成了紅色，其形狀也有一些變化，壺的肚子更大，壺頸變短，壺口變大，筆觸變得更粗獷、更自由。結合整個畫面看，壺的周圍是陽光，整個壺變得更容易進出，更活躍，更輕鬆，更溫暖，更有能量。這為接下來壺中人出來做好了鋪墊。

可以再看一下大小改變的例子：在作畫者畫的第一幅畫（圖 6-8）中，魔法壺很小，在畫面的左上方，壺的外形是青色的，裡面也畫滿了青色的陰影，但從壺嘴處射進了金色的陽光。而在第二幅畫（圖 6-9）中，魔法壺更居中，而且形狀變大，雖然還有些陰影，但陰影已經變淡，仍有金色的陽光從壺嘴處照進，但面積不如第一幅畫中那麼大。在第三幅畫（圖 6-10）中，壺變得更大，壺中充滿了金色的陽光。

從總體來看，作畫者是一個樂觀的人，在第一幅畫中，她的壺中就有光明，而且光明越來越多，她的情緒也從開始的不知所措、沮喪變得越來

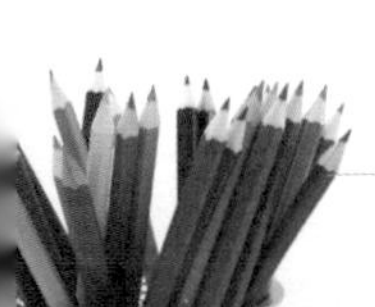

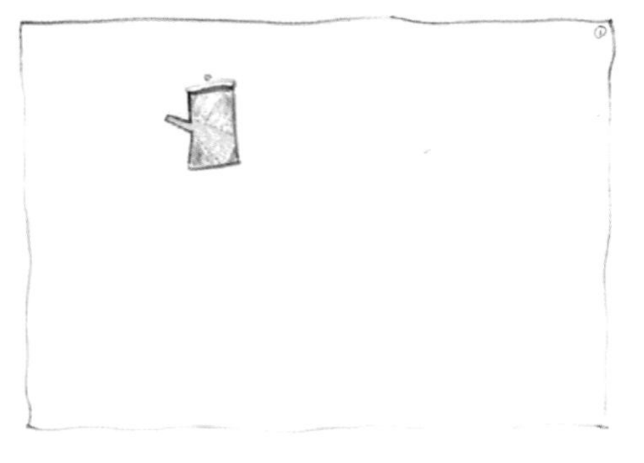

圖 6-8　佈滿青色陰影、有陽光的壺

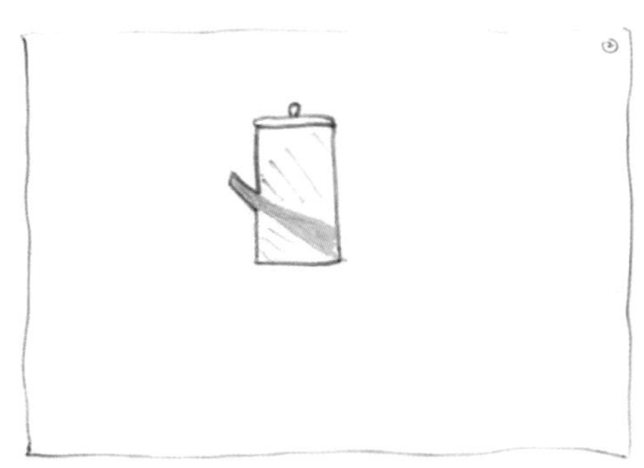

圖 6-9　陰影變淡的壺

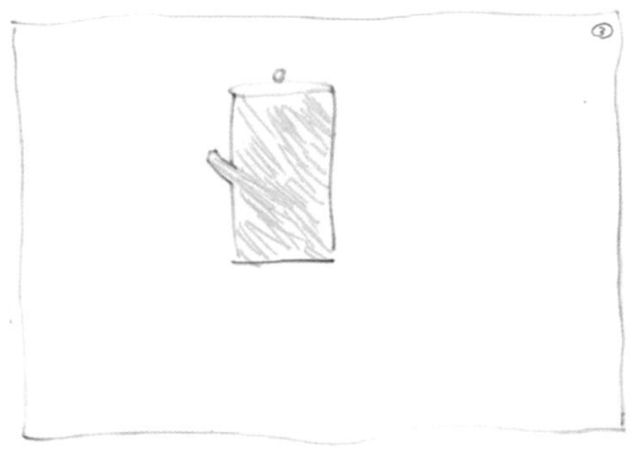

圖 6-10　充滿金色陽光的壺

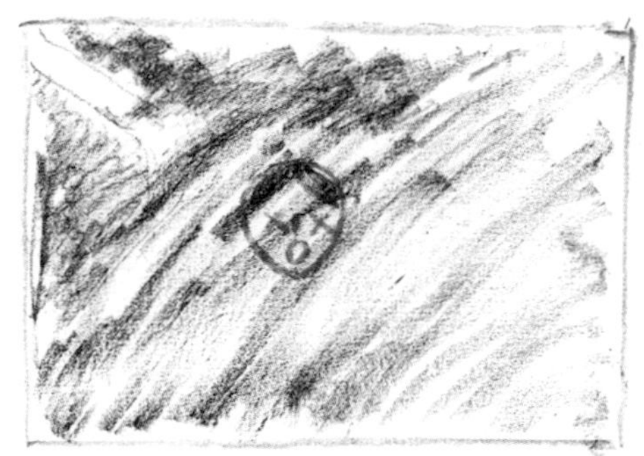

圖 6-11　魔法壺被擬人化

越有希望。另外，也可以看出作畫者越來越自信，壺的大小和位置的改變表明了這一點。

## ▼ 壺和周圍的事物

最後，有必要提到壺與周圍事物的關係。有些壺與周圍事物沒有發生任何聯繫，非常突兀地出現在背景中，甚至與周圍事物所表達出的意義相反；有些壺與周圍事物融合在一起，共同表達了某些情緒。對這種整體和諧性與不和諧性的觀察是有意義的。

以這幅畫（圖 6-11）為例，在塗滿黑色的背景中，一個被擬人化的魔法壺像一張人臉，眼睛用「×」號表示，中間的一豎代表鼻子，嘴巴是張開的，是標準的驚恐表情，作畫者也是這樣描述的。魔法壺表達出驚恐的情緒，背景與這種情緒也是吻合的，兩重線索相互印證並加重了這種驚恐情緒。

### ▼ 壺的結局

除了以上所涉及的方面，還可以關注壺的結局，是被打破、丟棄、埋掉，還是被拿來使用或珍藏。

有些人走出壺之後，是把壺打碎，以洩心頭之憤。壺只有碎掉的殘骸，這反映了作畫者強烈的敵意。

有些人走出魔法壺後不會打碎壺，但對魔法壺心懷恐懼或憎惡，需要把壺扔得遠遠的，或埋在地底下才會覺得心安。在魔法壺中的日子成為一種不願意回憶的時光，最好從自己的記憶中分離出去，如果不能分離，那也要被壓抑在記憶的深處，再也不要想起來。這些人從心底裡是想回避人生困境的，不能回避的情況下，盡可能擺脫和困境有關的一切事物。

有些人則選擇保留壺，把它當作一件珍品收藏起來，它代表著對自己經歷的珍惜，能夠面對和接納自己遇到過的困境、挫折和不順利；或者把壺用作積極工具，包括用壺來澆花、燒水、喝茶或插花，成為生活的一部分，而且時時可以觀照，用一種平和心態去看待曾經的遭遇。

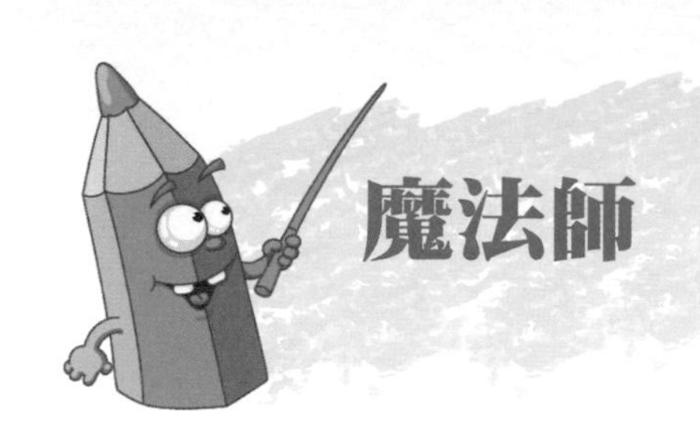

# 魔法師

魔法師是非常有意思的一個人物。在很多人的圖畫中，魔法師是隱形的，壓根沒有出現，這是常見的。但在另外一些人的圖畫中，魔法師不僅出現，而且被作為一個重要人物精心描畫。後者往往是有魔法師情結的人：在他的生活中，曾經有過「魔法師」的影子。那個人是誰可能都不太明確，但感覺是清晰的：曾經有人像「魔法師」一樣讓自己的生活經歷了突然的變化，或者在生活中自己像是被魔法師可以隨意捉住和操控的人，有被操控感，或者自己身上有魔法師的特質。在青少年的圖畫中更容易畫出魔法師，而成人圖畫中則會稍少，因為青少年生活在「魔法世界」中，他們讀更多的魔幻小說，有更豐富的想像力，更容易被啟發出魔法師的形象。

## 魔法師的特徵

對魔法師的分析主要可以從以下幾個方面進行：

一是魔法師是邪惡的還是善良的。邪惡的魔法師代表著作畫者感受到的敵意、被攻擊，善良的魔法師代表著作畫者感受到的善意。大多數人畫的魔法師都是邪惡的，有些人還會畫出和邪惡的魔法師作戰的過程，這是把魔法師當作敵人。但敵人的類型不同，有的魔法師是攻擊型的，有的魔法師是窺視、監視型的，這些都和作畫者在現實中的感受有關。

二是魔法師的性別和年齡。有些人畫的是男性，有些人畫的是女性，有些人畫的是無性別的。性別越清晰，可能越和作畫者的魔法師情結相聯結。有一些作畫者經過提問後，可以清晰地辨認出魔法師在生活中的原型，性別和年齡自然也可以對號入座。有一些作畫者則沒有清晰的線索，只是有一些感覺；有些作畫者則只有模糊的感覺。不論怎樣，魔法師都有自己的原型，哪怕只是故事、小說、電影中的人物。

三是魔法師具有可溝通性還是不可溝通。在有些人的圖畫中，魔法師是另外一個世界的人，只是把人扔進魔法壺中，不會和壺中人有任何關係。但在有些人的圖畫中，魔法師也是人，他們是可以對話的，如果懇求，說不定會動心放人。魔法師是否可以溝通，其實是作畫者的一個個人信念：是否所有的人、所有的事情都是可以溝通的？如果是肯定的回答，就會畫出可以溝通的魔法師。

四是魔法師還是巫師。魔法師的本領在於魔法，巫師的本領在於巫術，這兩者是不同的。有的作畫者很明確自己畫的是魔法師，是用魔法把自己捉進壺中的。有的作畫者則用魔法師的稱謂，但其實畫的是巫師，因為他是被邪惡的巫術拘進壺裡的。歸根到底，魔法師是其他人在我們心裡的投射，魔法師既是別人，也是我們人格的一部分。

## 魔法師與畫中人的關係

就魔法師與畫中人的關係，可以從兩個方面去分析：一是他們之間是敵意關係還是友好關係，二是他們之間是平等關係還是不平等關係。可以用這兩個維度構建出一個座標圖（圖 6-12）。如果魔法師與畫中人是友好、平等的關係，兩個人可能相處成為朋友，或本來就是朋友；如果兩人是友

好但不平等的關係，兩個人可能相處成為師徒關係、上下級關係；如果兩個人是平等但充滿敵意的關係，那兩個人可能會發展出攻擊、談判等敵對關係；如果兩個人是不平等且充滿敵意的關係，有可能畫中人被迫服從。

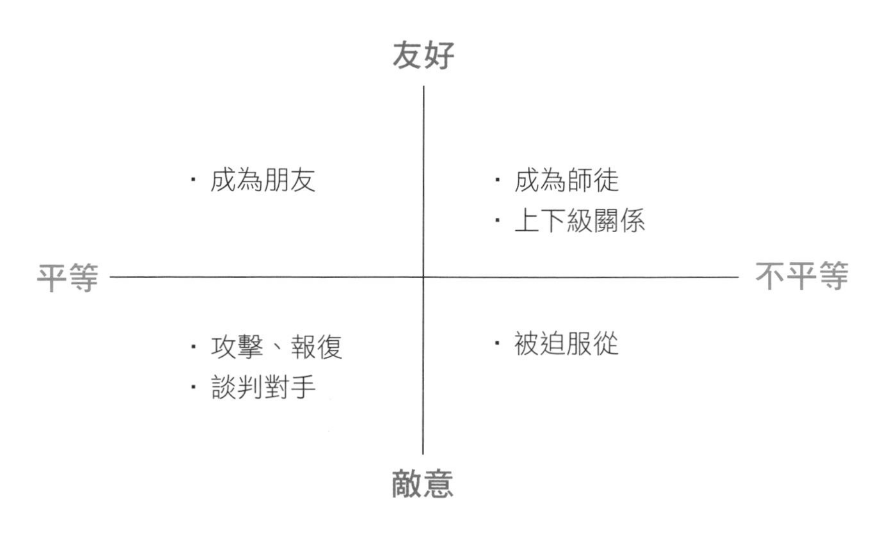


圖 6-12　魔法師與作畫者的關係

這種關係之所以重要，是因為這種關係是作畫者現實關係或關係理念在圖畫中的反映。

請看兩個具體的例子：

這是畫 3 女性魔法師的圖畫（圖 6-13），這是作畫者畫的第三幅畫，魔法師處於畫面的正中位置，這表明她是非常重要的人，壺中人正在仰望著她。和魔法師相比，壺中人的體

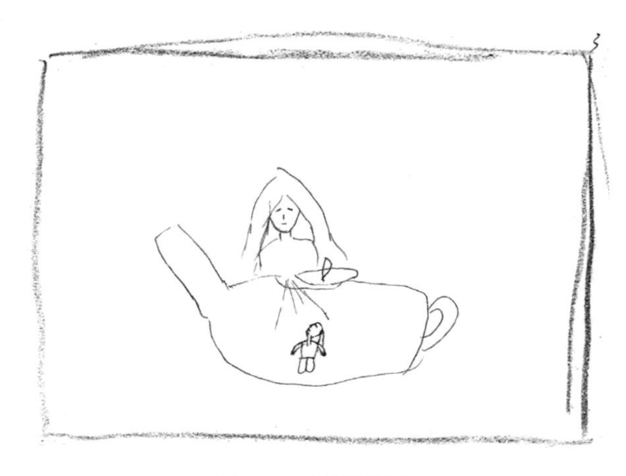

圖 6-13　仰望魔法師

積小很多，這代表著壺中人要比其渺小很多、弱很多。壺蓋掀開，有陽光照進來，代表希望。也就是說，魔法師是和希望一起出現的。圖畫中的仰望其實代表著作畫者默認魔法師有更多的權力，但整體上，這是一個敵意不強烈的魔法師，壺中人可以與對方溝通和對話。作畫者自我描述：「有希望了，心裡有點高興，充滿期待。想知道這個魔法師抓我來幹什麼，期待出去。」所以，壺中人更多的是好奇和疑慮，但並沒有感受到來自魔法師的強烈敵意。

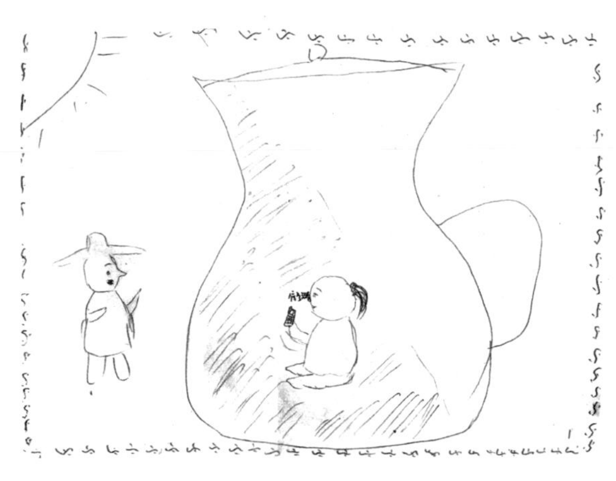
圖 6-14　體積很小的魔法師

請看畫 3 男性魔法師的圖畫（圖 6-14）。這是作畫者的第一幅圖畫，魔法師在壺的外面，在整個畫面的左邊，他尖尖的胳膊代表著攻擊性。但和魔法壺相比，魔法師太小了，似乎操縱魔法壺對魔法師來說也是困難的，魔法師有明顯的無力感，所以攻擊性被魔法師的渺小削弱了。壺中人正坐在壺中有陰影的一半——壺裡另外一半的地方被光線照亮，畫面左上角畫了太陽。畫中人正坐在那裡查看手機，發現沒有訊號，壺中人的情緒是「恐懼、不安、想要求救、掛念親人、需要陽光」。從畫面上看，儘管壺中人身處壺中，有很多負面情緒，但並沒有完全絕望，因為他有手機，壺裡有光線，而且魔法師並沒有強烈的攻擊意願和強大的攻擊能力。魔法壺與其說是囚禁他的牢獄，不如說也是他的庇護所，因為魔法壺隔開了他和魔法師。

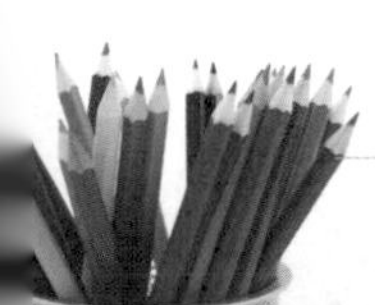

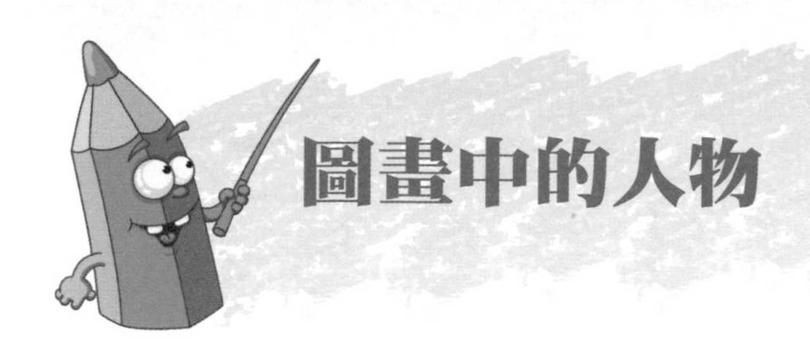

# 圖畫中的人物

圖畫中的人物其實是最核心的部分。圖畫心理學中對人的分析都適用於魔法壺圖畫中對人物的分析，這部分如果完全展開，會過於細瑣。在這裡，只展開和魔法壺最相關的部分，其他的分析已在前文結合圖畫作了具體闡述。

壺中人其實都是畫的作畫者本人。可以從壺中人的形象上看出作畫者對自我的評價。通常自我評價較高的人，畫出的自我也會形象完整、五官和四肢比例恰當、色彩搭配和諧，人物與周圍其他景物的比例恰當。對自我評價不高的人，可能會形象不完整、五官和四肢比例不當、色彩搭配不當，或者形象過小。

大多數人的壺中人物只有自己，這和作畫者所聽到的指導語有關。另外，那些依賴感很強的人認定自己只能在壺中終老一生，因為他只能被動接受與他人分隔開的命運，而自己無法有任何舉措，他們的圖畫中只有自己。

但有一些人也會畫其他人物，如過路的人、家人或一些場景中的人。這些人可能和壺中人有直接關係，但也可能是陌生人。這些人有可能在壺外，也有可能在壺內。

那些更有資源感、對人際關係更敏感的人，相對來說會畫更多的人。在壺裡畫更多人的作畫者，通常都是有強烈依賴感且善於尋找資源的人，

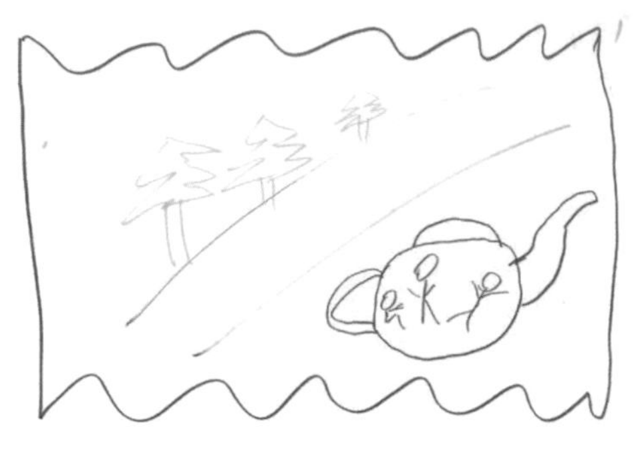

圖 6-15　壺中其他先被抓進來的人

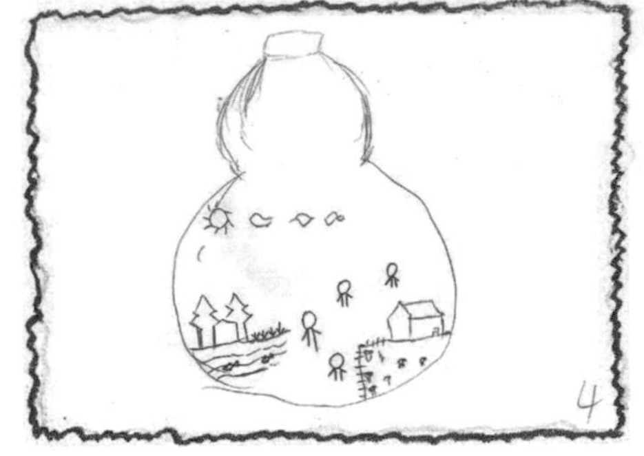

圖 6-16　壺中另外一個村莊的人

他們無法忍受一個人在壺中的孤獨和寂寞。但並不是畫出的人越多越好，還要看具體情況。

請看（圖 6-15），這是作畫者的第一幅畫。在壺中的人有數人，畫出來的就有三人，這三個人的狀態都不好。按作畫者的說法：「我進去時，魔法壺裡已經關了先於我被抓進來的人，他們有的坐在那裡，有的已經昏死過去，我剛進去，站在那裡。」這幅畫中的多個壺中人代表了作畫者加倍的無助感，也代表著作畫者的悲觀情緒：不光是我，其他人的命運也如此，這樣改變命運就變得更加艱難。

每一幅畫都要具體地解釋。同樣是壺中多人，接下來這幅畫就有不同的解釋。這幅畫（圖 6-16）是作畫者的第四幅畫，壺中有四個畫出來的人，壺中自有一個世界，有太陽，有雲朵，有樹有草有水有魚，還有房屋和籬笆。作畫者說：「在壺的另一側，別有洞天，是另外一個村莊，裡面的人安居樂業、熱情好客，每個人對自己都非常友好，漸漸地也有點融入到他們樸實的生活中。」所以多個人在這裡代表著人與人之間的聯繫，代表著人氣和溫暖，代表著加倍的積極情緒，畫中人會由此決定在壺中。

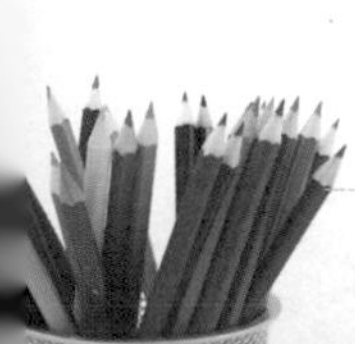

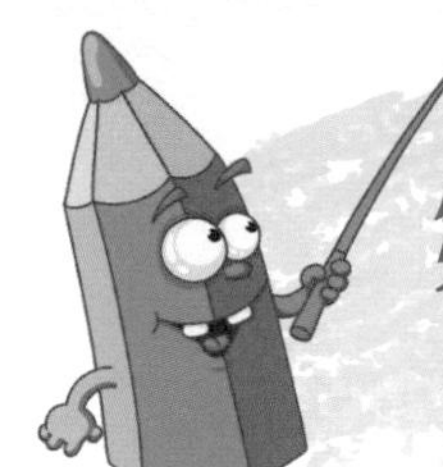

# 第五幅畫和第六幅畫

與前四幅畫相比，這兩幅在內容上沒有那麼豐富。但仍然有一些分析的維度，如顏色、畫畫風格、圖案和情緒表達。

## ▼ 顏色

在顏色方面，可以看這兩幅畫在顏色上與之前的圖畫是否吻合，或者是否有改變。有些作畫者會把一種顏色從頭用到底，原因可能不同：因為特別喜歡某一種顏色，因為懶得換筆，因為無所謂用什麼顏色。不同的原因代表不同的個性。

## ▼ 風格

在風格方面，可以看這兩幅畫與之前的圖畫是否一致，是否都是精緻或粗獷型，是否都是刻意型或隨意型。如果有一些變化，可以多問一些問題。

## ▼ 圖案

在圖案方面，最常見的是畫螺旋圓，一根線畫到底。這種圖案畫起來最方便、最快捷，也最能酣暢淋漓地表達情緒。但也會有人畫不同的圖案，如有人會畫無數多的小

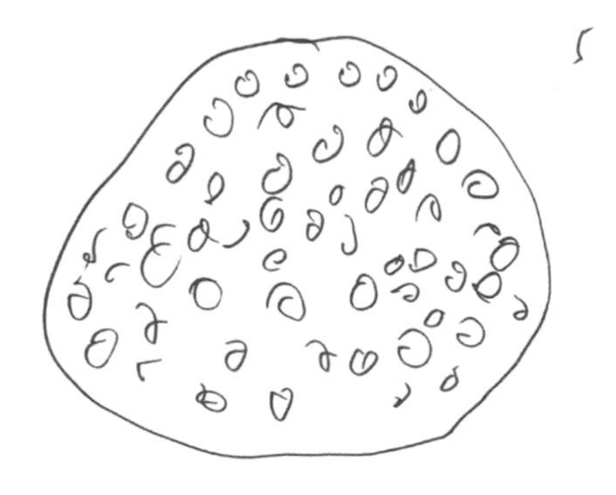

圖 6-17　大圓套小圓

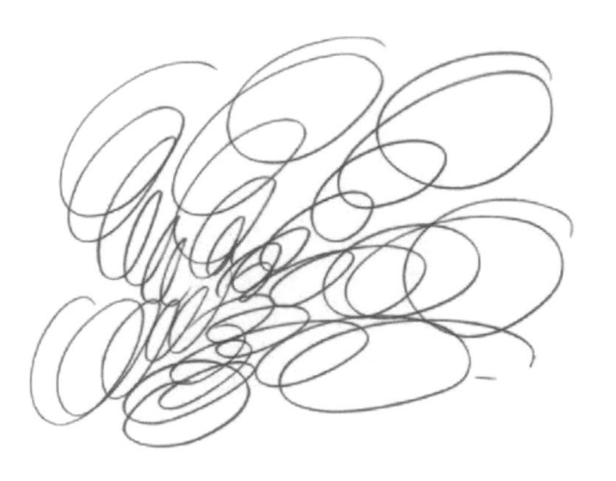

圖 6-18　情緒表達充分的圓圈

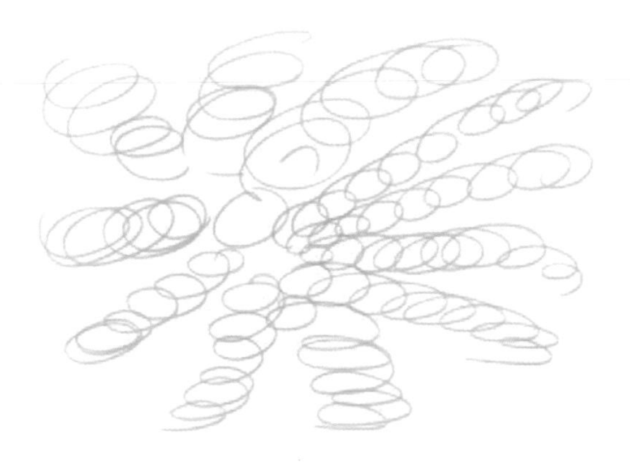

圖 6-19　塗畫平和的圓圈

圈，或者畫漩渦狀的圓圈（見圖 3-19-5），或者只是畫出很多獨立的、相互不交疊的圓圈，或者一個大圓套了很多個小圓（圖 6-17）。

後者往往是需要整合一些東西，會用大圓中套著很多小圓的方式來比喻。通常畫這些圖案的人在思維方式上都具有獨特性。

以兩幅畫為例：

（圖 6-18）是作畫者畫的第五幅畫，從外向裡畫（註 5），可以看到最開始畫的圓圈都比較大，用筆更張狂，越畫到裡面圓圈越小，但筆觸仍然是非常用力的，充滿力量的同時又缺少控制性。整幅畫看起來很亂，但作畫者的情緒表達卻很充分。

（圖 6-19）是同一位作畫者畫的第六幅畫，從裡向外畫。可以看到他的模式與前一幅相同，都是透過打圈的螺旋線來表達，只不過這幅畫用了綠色，而且圓圈比上一幅顯得更有規律、更齊整。整幅畫仍然有些亂，但可以看出作畫者的情緒已比上一幅平和許多，而且自我控制力在增強。

這兩幅畫的方式和大多數人畫的不同，表明作畫者的思維方式與眾不

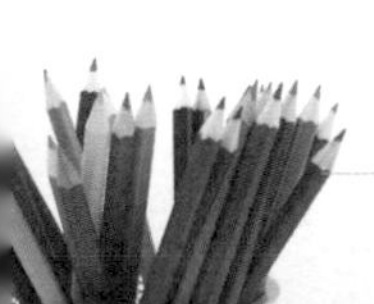

同，或表明作畫者的情緒狀態處於一種狀態中，需要用特別的方式才能夠恢復。

## ▼ 情緒

在情緒表達方面，有人會淋漓盡致地把堵塞的情緒宣洩出來，有人會讓高昂的情緒平復下來，有人會讓自己從畫圖的遊戲中走出來，有人會若有所失地畫完最後兩幅。

以這幅畫為例（圖 6-20），這是作畫者的第五幅圖畫，從裡向外畫，畫面的獨特之處在於畫外部都只畫了右邊的半圈圓。作畫者自我描述其情緒是「深陷、捲入和不安」。那些半圈的圓似乎可以減輕作畫者的捲入感，讓他能夠有些許抽離。對他來說，前幾幅畫中表達出的情緒是深層次的，讓他有些難以一下子面對。

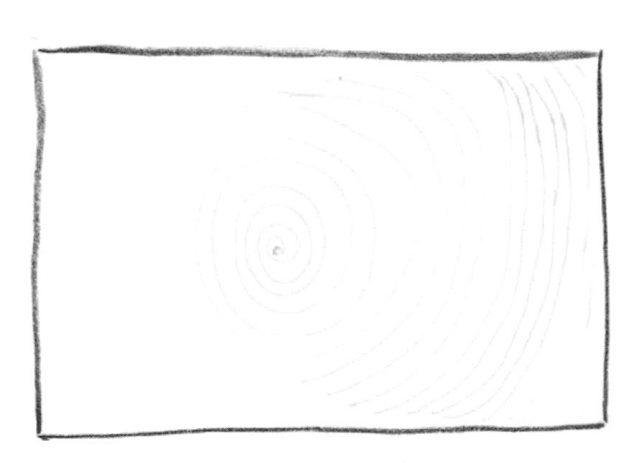

圖 6-20　外圈只畫半圈圓

---

註 5：在標準指導語中，第五幅應該是從裡向外畫，第六幅應該是從外向裡畫，但在實際操作中，本書作者會有一些靈活調整和變化。這裡呈現的是最後兩幅，由作畫者來決定他們畫的方向，這位作畫者先是從外到裡畫，再從裡到外畫。

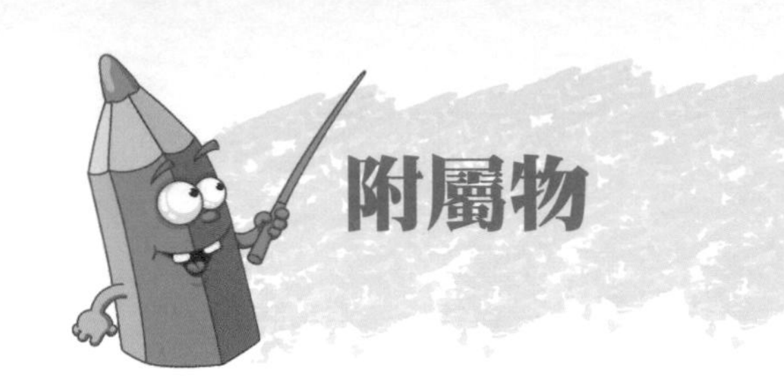

# 附屬物

除了以上提到的壺、魔法師、壺中人外，有些人的圖畫中還有更多圖案，我們稱之為附屬物。下面列舉一些常見的類別：房屋及室內傢俱、裝飾物，大自然中的景物，工具，動物，其他。

## 房屋及室內傢俱、裝飾物類

### ▼ 房屋

房屋大多代表自己的內心世界，代表意外事件發生時出來面對的人格的那一部分。有些人畫出的房屋是冰冷的、潮濕的，有些人畫出的房屋是監獄式的，有些人的房屋是舒適、溫暖的，有些人的房屋是黑暗的，有些人的房屋則是明亮的。

通常那些舒適、溫暖、明亮的房屋代表更積極、更有力量的人格特徵，而冰冷、潮濕、黑暗的房屋則代表消極、無力的人格特徵。有些人的監獄強調被束縛、被剝奪自由，有些人的監獄則強調被監控、被偷窺，後者在生活中的不安全感更高。

通常建房屋的材質不同，有些人的房屋是石頭的，有些人的房屋是金屬的，有些人的房屋是木頭的。那些石頭的房屋更堅硬，更具有防禦性，而木頭的房屋則代表願意和外界溝通的意願。金屬的房屋也代表防禦性，但石頭的防禦更本能，而金屬的防禦更多是在後天環境中形成的。

### ▼ 室內裝飾

有些人的室內沒有任何裝飾物，非常簡陋，這代表著內心的貧乏。

有些人的室內精緻浪漫，代表的是作畫者被壓抑的浪漫情懷。

有些人的室內像家一樣溫馨，代表著作畫者內心的溫暖感。室內的鮮花往往代表著作畫者對美的追求。

食物也是魔法壺中會出現的一種附屬物，通常出現食物都代表著愛或愛的慾求。如果出現的是主食類，代表著最基本的愛的需求；如果出現的是水果，代表著作畫者對愛的需求更高。

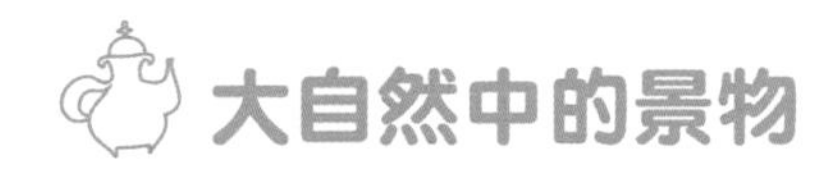

## 大自然中的景物

### ▼ 自然景觀

儘管大多數人的壺中世界都是在室內的，但仍有一些人的壺中世界自成天地，裡面有山有水、有花有草。這代表著作畫者具有建設一片新天地的能力，不論在任何環境下，都能擁有一種樂觀的心境，尋找資源或創造資源。

當然還有一些人畫的大自然是從壺裡出來後看到的世界，或者壺外是大自然的世界，這種情況就不像前者那樣樂觀和積極。但不論怎樣，花草樹木代表著生命力和生機，也代表著作畫者內心感受到的活力。

常見的動物有鳥、狗、昆蟲等，而且大多在壺外，呈現一種友好性，代表著自由、生命和溫馨。但也會有一些例外。

（圖 6-21）畫了壺內的生物：鳥和蝴蝶。這是作畫者的第四幅畫，壺中有很多東西，有燒水的壺和灶，有菜田，頭頂上有鳥和蝴蝶在飛。鳥和

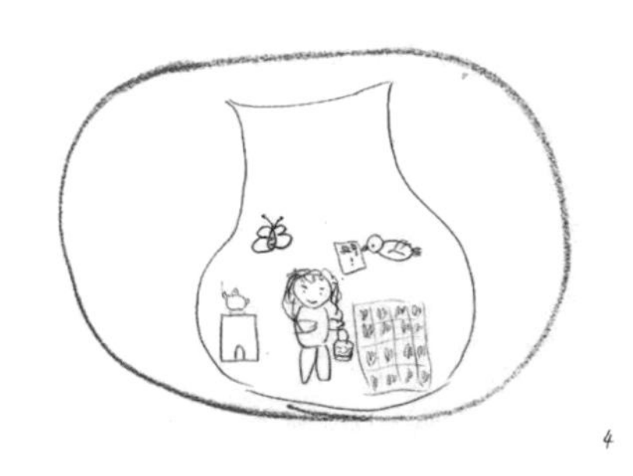

圖 6-21　叼著「救命」紙條的小鳥

蝴蝶在這裡都代表著自由，而且聯結著失去自由和擁有自由的兩個世界。鳥兒叼著一張紙，上面寫著「救命」，顯然是想讓鳥兒給家人送去。作畫者說：「生活有規律，自己種菜、燒水，不放棄活著的希望。有蝴蝶小鳥相伴，但仍不放棄出去的希望。心裡對家的掛念絲毫沒有減弱。好想吃葷菜。」這種把很多附屬物畫在壺中，表明作畫者已重新建構了一個世界，他們很難脫離自己的這個世界。

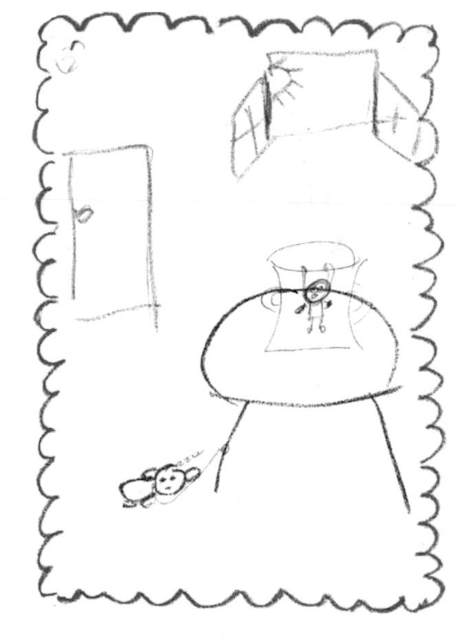

圖 6-22　魔法師的房屋裡有惡犬

（圖 6-22）是作畫者畫的第三幅圖畫，畫面是在魔法師的房間裡，左邊是門，右上方是窗，窗外有陽光透進來，魔法壺在桌子上，桌腿上拴了一條狗。壺中人正試圖往上爬，作畫者說：「藉著光線、趁著惡犬睡著了，試著逃跑。」大多數人畫的狗都是友好的，但這位作畫者的狗是一條惡犬，是魔法師的看守，所以是惡勢力的象徵。這樣的處理，和作畫者的自身經歷有關。

## ▼ 水

在有些人的圖畫中會出現水。水是大自然中最常見的事物，它具有多重心理學象征含義。它是滋養萬物的營養，它是承載舟船的力量，它是流

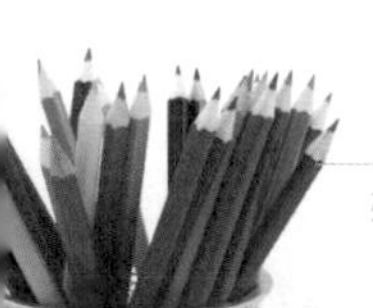

淌的、有活力的生命力。但它也可能是淹沒的、滅頂的、吞噬的、陰濕的力量和情緒。人是從水裡出生的，在壺里畫水，也不能代表著退行，退行到原初的狀態。水的形態有多種：一是掉進壺裡時，壺裡有水，就像水牢一樣；二是壺裡本來就濕漉漉的，到處都是水滴。這兩種水都是負面情緒的象徵，代表著壓抑和憂鬱。

三是湖水。有些人畫的壺是在湖水裡漂蕩著的，這代表著一種強烈的不安全感和無根感，有些人畫了壺裡有湖，如果湖水潔淨，通常代表一種通透的力量。

四是溪水和河水。溪水和河水比湖水更多了流動性，如果是在壺裡的溪水和河水，而且水流清澈，表明作畫者內在的通暢性較好。如果出現大海，表明作畫者有較大的心理能量。

這是作畫者畫的第一幅畫（圖6-23），可以看到壺中有很多水，壺中人正平躺在一條船上。壺中人的想法是：「既然來了，就好好休息吧！」從畫面來看，壺很大，水很多，壺中人的情緒是非常穩定的，水成為一種承載力，讓壺中人能夠漂蕩休息。這時，壺中的水就是一種承載力和包容力。

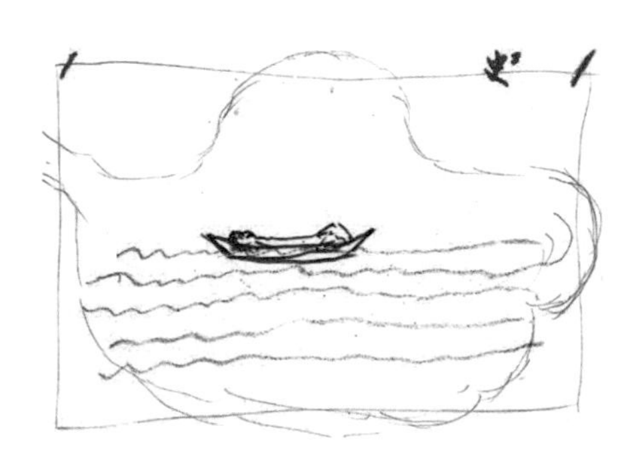

圖 6-23　水承載著船

## ▼ 山

有些人的圖畫中會出現山，它可能有多重含義：可能是障礙，可能是幫助，可能代表困難，也可能代表堅忍不拔。這要看畫中山的形狀、位置、顏色、它和其他景物的相對佈局。

### ▼ 路

有些人的圖畫中會出現路，它通常代表著溝通的意願、和希望的聯結以及更遠的目標，路的含義較為積極。路的曲直、寬窄、位置、所占面積具有特定含義。

### ▼ 農田

農田和自然景物不同之處在於它被人工耕作、種植，人們會在此中付出勞動，它代表著人與環境的互動，而且人能夠控制住這種環境。它常代表作畫者的工作，農田所處的季節會和作畫者所感受到的生命週期有關：是在播種還是在收穫階段。

## 工具

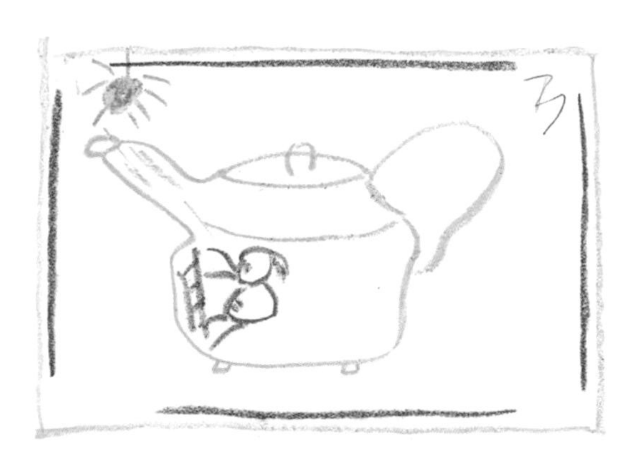

圖 6-24　壺中有梯子

工具是指能夠用來幫助壺中人逃出壺的工具，常見的會有梯子、鑽頭、棍子等。

在畫中出現工具，本身是有意義的，它代表作畫者有較強的資源意識，能夠在畫中置放這些資源。另外，工具是否有效也常代表著作畫者的自我效能感，即對自

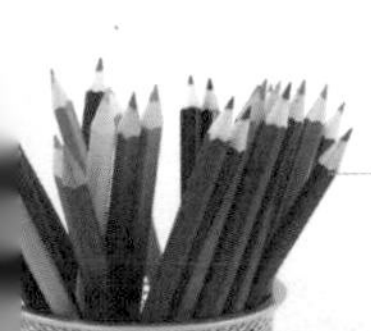

我能夠做成事情的相信。自我效能感高的人常設計出一些有效的工具，而自我效能感低的人即使畫了工具，也是無力的工具，無法幫助壺中人擺脫困境。

來看一個例子：這是一位作畫者畫的第三幅圖畫，有陽光從壺嘴處照射進來，壺中人正借助一架梯子向有陽光的地方爬（圖 6-24）。從綠色的壺和橙色的陽光以及梯子來看，壺中人很快就會出去。梯子在這裡是作畫者自己想出來的資源，它可以幫助壺中人獲得自由。

## 動物

從總體上看，動物代表了生靈，出現在圖畫中，代表了畫中人與其他生物的關係，也傳遞著生命的資訊。

在出現的動物中，比例最高的當屬鳥和狗。鳥代表了自由，經常會出現在魔法壺外，或者出現在第四幅畫中，通常是壺中人已經走出了魔法壺。狗也經常出現，常和家庭的溫馨聯繫在一起。

也會有一些其他動物出現，要具體分析其含義。如有的圖畫中會出現老鼠，因為壺中出現下水道、陰溝，而老鼠就代表環境的惡劣。

來看一個例子：這是一位作畫者畫的第二幅畫（圖 6-25），壺中人正躺在那裡睡覺，他的身旁有一隻貓。這隻貓出現在這裡是有積極意義的，它表明壺中人的處境並不是很糟糕，至少還有

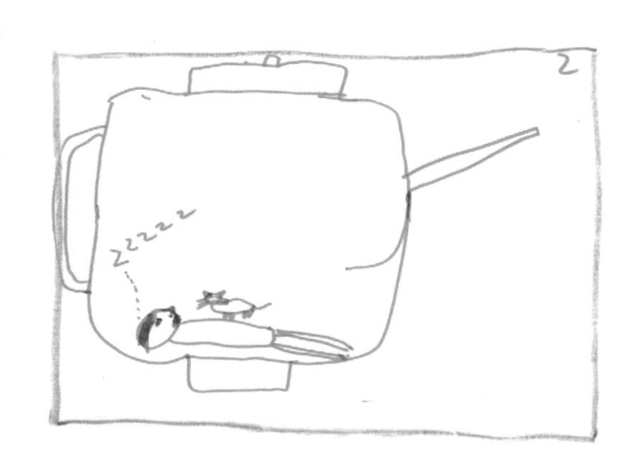


圖 6-25　壺中有貓

貓可以到這裡來，壺中人不會很孤獨。這隻貓也會讓壺中人安心許多，所以當作畫者描述畫中人的情緒是「平靜、安心」時，也就在意料之中。

## 其他

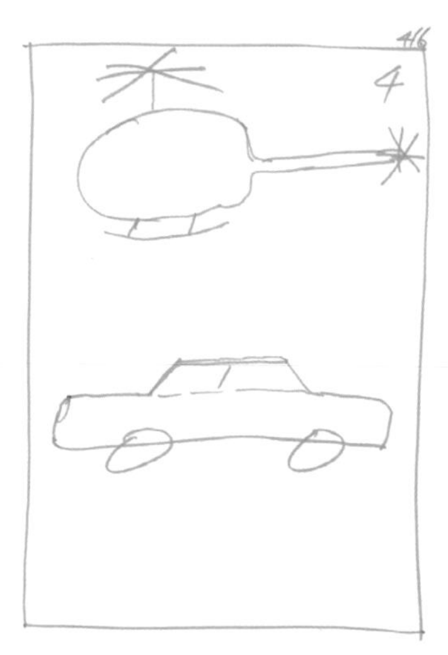


圖 6-26 直升飛機和汽車

有些作畫者還會畫一些其他的附屬物。如有的作畫者會在畫面上畫一坨屎，這不常見，它代表了作畫者停留在肛慾期，對自己的排泄物有異乎尋常的關心。有的作畫者的畫面上會出現骷髏，它代表著死亡，是作畫者死亡本能的呈現，畫骷髏的作畫者對死亡的恐懼其實是非常強烈的。

來看一些例子：這位作畫者的第四幅畫（圖 6-26）畫出了直升飛機和汽車，這是對被束縛自由的一種補償，從封閉的壺中出來後要乘坐飛機獲得更大的視野和空間，要用汽車的馳騁來補償在壺中受到的約束。

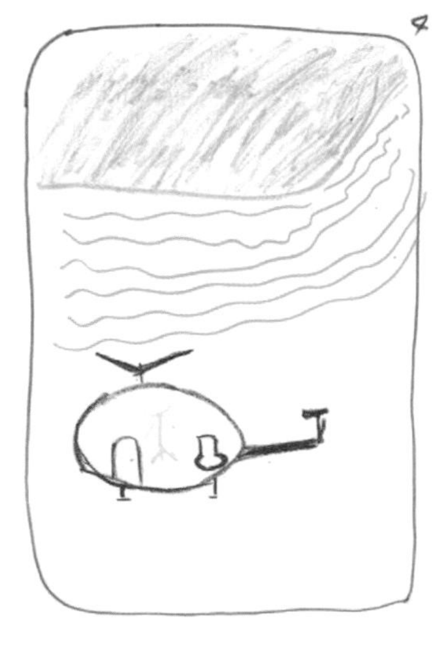

圖 6-27 大海上的直升飛機

這幅畫（圖 6-27）也是非常直接地表達了魔法壺圖畫中的對偶性：前面圖畫中被剝奪的東西會出現在後面的圖畫中。這是作畫者畫的第四幅畫，畫面下部是一架直升飛機，有一個黃色的人在其中。畫面

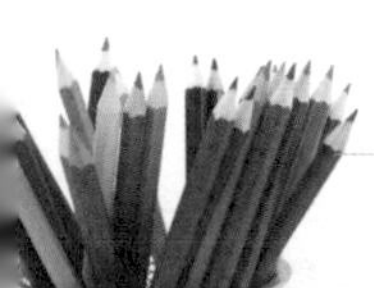

中部是一些水波紋，代表著大海；最上面是一片綠色，代表原野。這裡的直升飛機是對被束縛、視野狹窄的補償，代表著自由、自由的時空，以及對周圍事物的掌控。

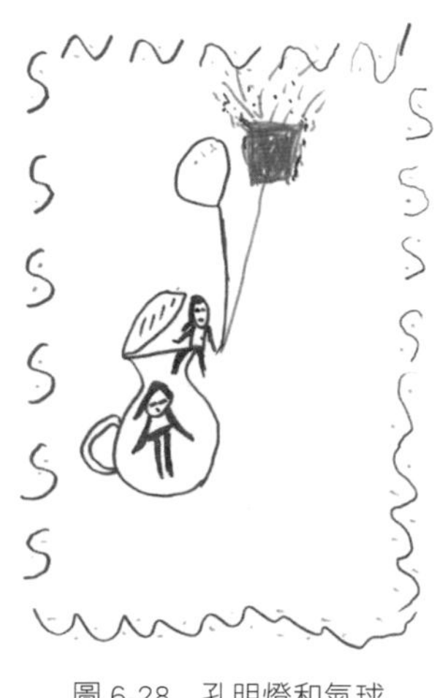

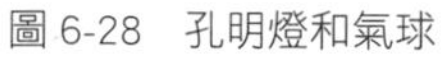

圖 6-28　孔明燈和氣球

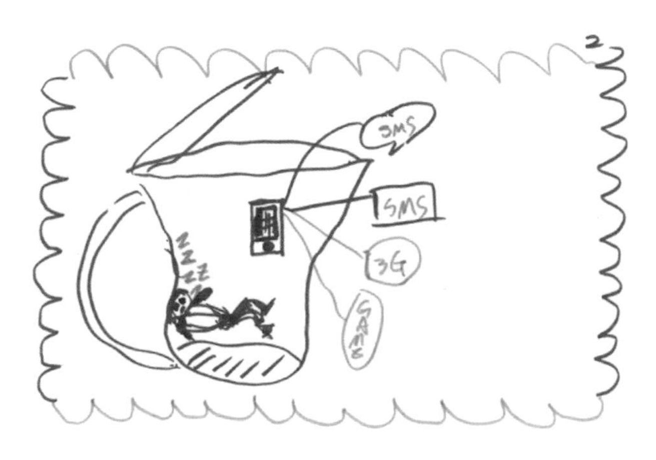


圖 6-29　對網路和手機的需求

一位作畫者在第一幅畫（圖 6-28）中畫出了兩個附屬物：孔明燈和氣球，是這兩樣事物帶著她進入到魔法壺。從進入的動作看，她有一個緩衝。這兩個附屬物使得她進入魔法壺這件事情不是那麼灰暗、突然，她的情緒會比較平靜。在第二幅畫（圖 6-29）中，同一位作畫者畫出了很多附屬物：SMS、3G、Game 等，都是和網路有關係的，這是畫中人迫切需要的東西，因為她現在非常無聊，無聊到只能躺在壺底睡覺。而她對這些東西的需求，反映出她對網路、手機等現代通信工具的依賴。這也是比較典型的城市上班族，不僅工作離不開這些，生活中也離不開這些。

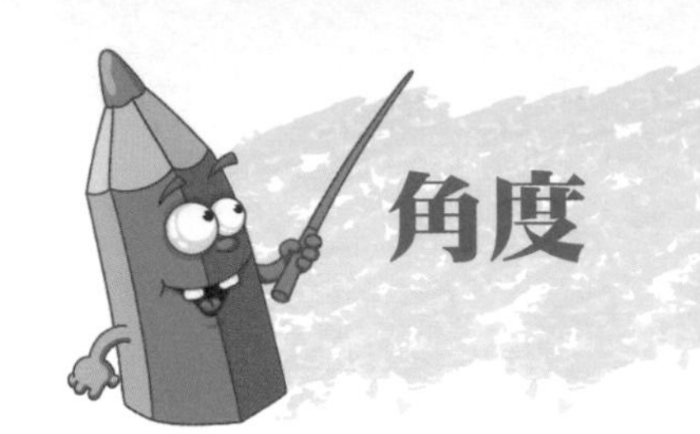

# 角度

圖畫的角度能夠反映作畫者對待所畫事件的心理距離和態度。

大多數人畫魔法壺時，都會以剖面圖的角度呈現，即畫出在壺中的場景，似乎是把壺剖開時看到的情景。這是通常描述客觀事物時的角度。

但還有人的圖畫是俯視，從高處向下看。這表明作畫者與所畫主題有較遠的心理距離，有居高臨下的感覺。

還有人的圖畫是仰視，從低處向上看。這表明作畫者對所畫主題心生敬畏，或有畏難情緒。

還有一些作畫者在系列畫中會轉換角度。以 1-4 系列圖為例（見「從好奇到憂傷」），第一幅畫是從壺裡向外看的，第二幅、第三幅是從外向裡看的剖面圖，第四幅是站在更遠的地方看到的全景。這些角度的變化說明作畫者的心態在變化：在第一幅畫中局限於眼前和當下的情形，受到很多限制；第二幅嘗試從外部來看；第三幅畫已經能夠站在旁觀者的角度來看待問題；第四幅畫則以身外人的角度來看。

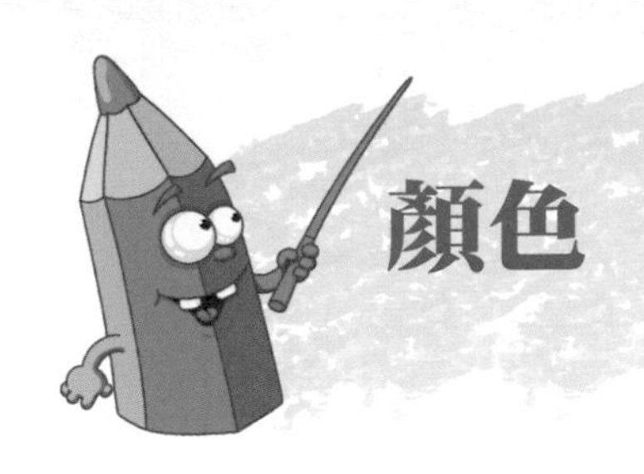

# 顏色

顏色是指六幅畫呈現出的顏色。

大多數人在用色上具有一致性，六幅畫的基調顏色不會變。如以藍色為基調，則六幅畫都會用藍色作基調，當然也會配以其他顏色，這是內心一致性的表現。

也會有相反的情況：每一張畫的主要顏色都不同，這常見於追求變化、追求豐富性的人。

如果一幅圖畫中使用的顏色多於三種，通常是對顏色非常敏感的人，或者是浪漫型的人，對審美具有特別高的要求。

在作畫時，邊框是提前畫好的，作畫者畫邊框時並不知道接下來要畫的內容，但常常可以看到邊框顏色、形狀與圖畫內容完美結合。最主要的原因是作畫者畫邊框和內容時，通常都會挑自己最喜歡的顏色，或偏好的顏色，這在色系上很容易有呼應。另外，畫內容時，邊框已經存在，會成為一個提示和啟動，使得作畫者更容易使用相同或近似的顏色。

如果內容的顏色與邊框顏色完全不同，代表著作畫者所畫內容不是自己所喜歡或熟悉的，需要啟用新的東西來面對。

此外，顏色不僅涉及用什麼顏色，也會涉及同一種顏色的深淺，以及用哪一種畫材中的顏色來表達自己。有時會和筆觸聯繫在一起分析。

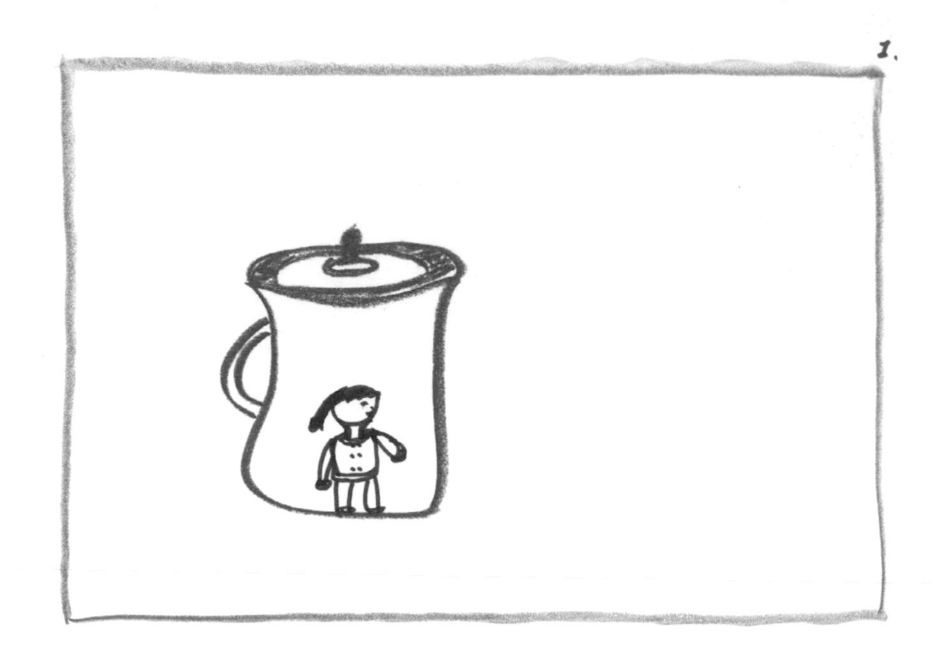


圖 6-30　用色濃烈衝突

來看一個例子：這幅畫是作畫者畫的第一幅畫（圖 6-30）。在用色上它最主要的特點是用色濃烈。邊框和魔法壺用的是油畫棒，分別選擇了藍色和紅色。壺中人選用了彩色筆，紫色。整個畫面上呈現三種顏色，加上用筆有力乾脆，整個畫面顯得乾淨俐落。這表明作畫者做事的風格就是這樣：果斷、乾脆、靈活性高，效率高。但藍紫和紅色又有衝突，特別是紫色的人和紅色的壺有一種對抗在其中，紫色的人顯得非常壓抑，這其實是作畫者想要表達的情緒：壓抑、受到束縛、不自由。

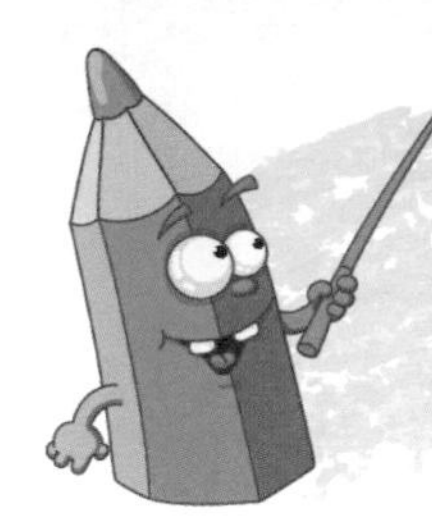

# 需要補充說明的是……

在本篇中，由於要分解表達，所以把各個部分拆開了進行分析。但其實分析圖畫是一個整體的、全面的過程，尤其是六幅圖畫連在一起時，其中能夠深入挖掘的資訊更多。所以提醒各位讀者：真正的分析是把六幅畫擺在一起，和作畫者一起溝通得到的，它應該是一個動態的、完整的過程，而不應該是被肢解、支離破碎的分析。

在魔法壺圖畫中出現的所有元素都是有意義的。所有的元素都是作畫者的一部分，所有的元素都和作畫者過往的經歷、內心的觀念、情緒和感受有關，只不過有時候不一定能馬上看出這些元素一一對應的資訊。

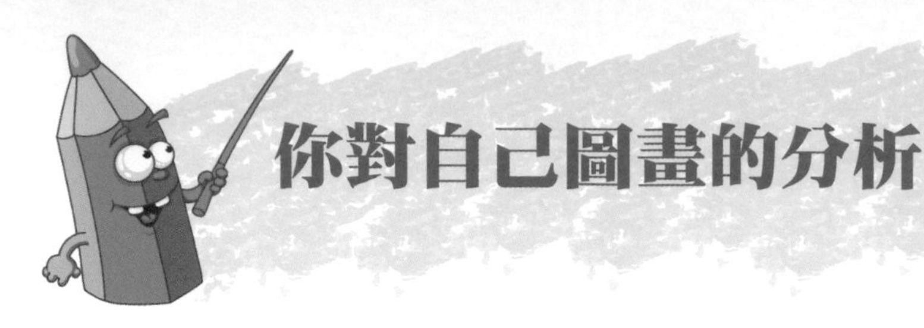


讀完了第五部分和第六部分，你可以試著分析一下自己的圖畫了。請跟著我的提示，先對六幅畫進行描述，總結出總體模式，再看細節和局部。

## ▼ 六幅畫的總體分析

第一幅畫：你在緊急狀況下的本能反應是怎樣的？

第二幅畫：你的緊急應對模式是怎樣的？

第三幅畫：你怎樣看待希望？

第四幅畫：你長期應對困境的模式是怎樣的？

第五幅畫：你的情緒狀態如何？

第六幅畫：你的情緒狀態如何？

## ▼ 應對模式總結

一、你對待困境的方式是以下哪一種方式？

A、建設性地脫離困境

B、破壞性地脫離困境

C、建設性地與困境共生

D、破壞性地與困境共生

二、你面對人生困境時所持態度是以下哪一種？

A、樂觀地脫離困境

B、悲觀地脫離困境

C、樂觀地與困境共生

D、悲觀地與困境共生

三、你面對人生困境時所持情緒是以哪一種為主？

A、帶有積極情緒脫離困境

B、帶有消極情緒脫離困境

C、帶有積極情緒與困境共生

D、帶有消極情緒與困境共生

## ▼ 在以下方面，你的圖畫有什麼特點？你如何解讀它們？

邊框

魔法壺

魔法師

壺中人

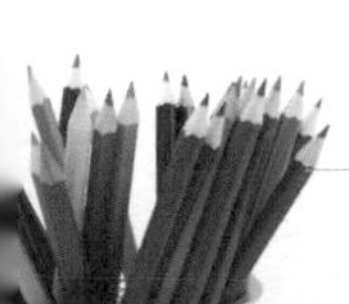

你的圖畫還有什麼附屬物？你如何解讀它們的含義？

你的圖畫在角度上有什麼特點？你如何解讀？

你的圖畫在用色上有什麼特點？你如何解讀？

|結語|

# 如我們怎樣理解人生，我們就會畫出怎樣的圖畫

不論在哪個年紀，只有那些符合我們原則的故事，那些隱含在我們想法產生過程背後的原則，才承載著我們的信念。

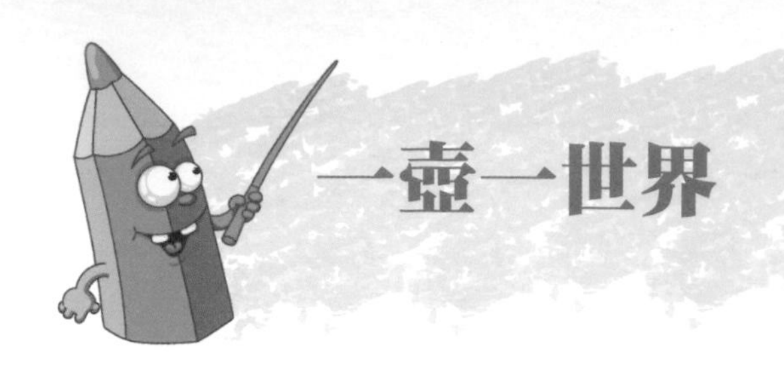

# 一壺一世界

魔法壺由於是系列圖畫，它反映出來的資訊要比單張圖畫更全面、系統和豐富，更有深度，也更真實。這是一個很好的工具。本書雖然是以分析圖畫的方式呈現的，但其根本目標不是為了分析人，而是為了發展人。魔法壺圖畫只是一個工具和媒介，讓人們能夠更好地瞭解自己，從而有更深入的思考，有可能也會作出一些決定：是否改變和調整自己的應對模式？是否需要改變當下生活中的某些方面？

不論如何，沒有人心甘情願地在魔法壺中過一輩子。不論當下有怎樣的前因後果，或許有些人想要暫時在壺中待著，但從更長遠的時間、從宏大的空間看，沒有人會願意在魔法壺中過一輩子，每個人都需要突破。

對魔法壺的分析其實會涉及圖畫心理學的很多方面，包括投射技術、人物畫、樹木人格圖、房屋畫等。由於本書聚焦於魔法壺，所以沒有涉及其他方面，有需要的讀者可以再去查看相關的文獻。

其實，魔法壺的圖畫也可以用來評定作畫者的精神健康。在我收集到的圖畫中，有一些圖畫的作畫者顯然是有精神疾病的。在本書我沒有專門呈現出這些圖畫，即使有些圖畫中有這些資訊，我也沒有作這方面的分析，主要是為了保護作畫者的隱私，但受過專業訓練的心理學工作者可以多一個心理健康的分析維度。

對魔法壺的分析可以是淺層的，可以是中等深入的，也可以是非常深

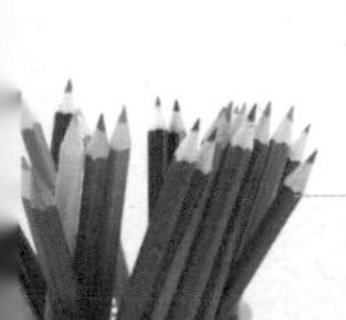

入的。本書對大多數圖畫的分析是在第二個層面，有個別圖畫進入到第三層。

本書並沒有窮盡心理魔法壺所有的圖畫類型，所以還是會有一些圖畫無法用本書提供的方式、態度和情緒三種模式來進行分類，或用本書列舉的性質、特點來分類。這是正常的。本書的目的並不是窮盡心理魔法壺的分析，而是列出用作參考的分析框架，開啟一扇門，邀請你走進這扇門，更多地瞭解自我，更好地發展自我。

每一幅圖畫都有獨特的豐富性，你可以作更多探索。

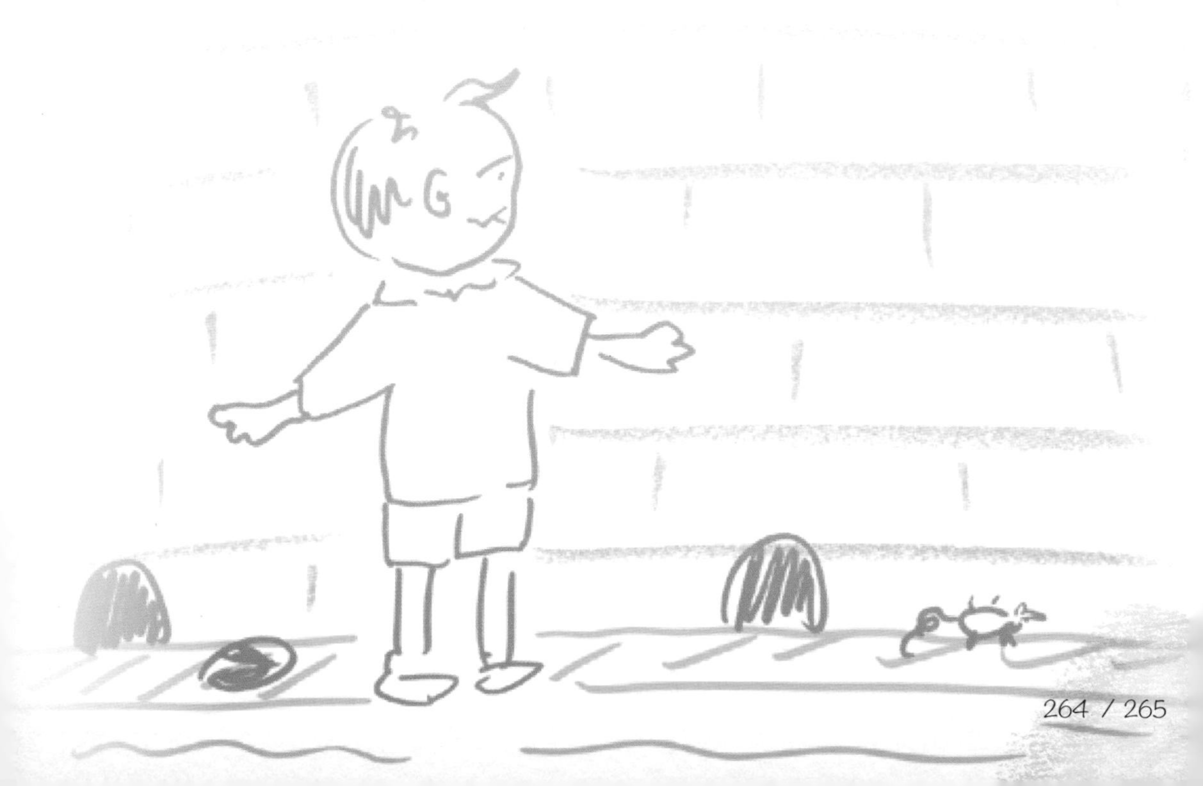

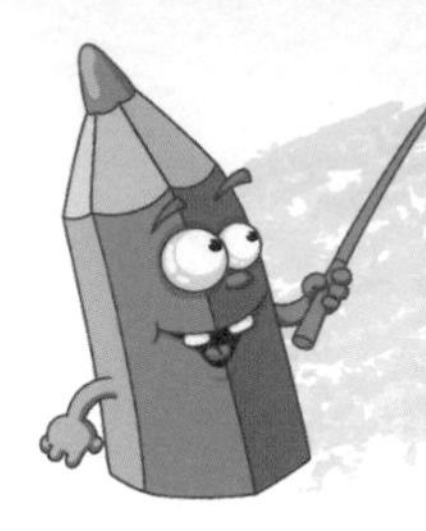

# 魔法壺圖畫的靈活應用

魔法壺圖畫除了可以用來瞭解自己面對人生困境的反應模式外，還可以靈活地加以應用：如用在個體心理諮詢中，如果與主題相關，可以藉圖畫深入討論來訪者當下的困擾，這樣的切入往往可以更節省時間、更有效能；如用在團體諮詢中，相同類型的人有可能分享相似性，不同類型的人有可能相互理解和學習；如和心理劇結合在一起，讓作畫者有機會演出、靜觀自己的故事，從而促成更清醒、更客觀的認識，也讓作畫者處於更舒適的情緒狀態；如用在 EAP（員工幫助計畫）中，借助魔法圖，對職業倦怠的個體進行心理輔導……

作為藝術治療的一種方式，心理圖畫有無窮的創造性，只要願意，一種工具可以有多種用法，另外還可以根據目標，創造出更多的工具和形式。

有一個小小的例子供大家參考：在一次活動中，有一位參與者聽錯了指導語，把「魔法壺」聽成了「魔法湖」，所以畫出了一個與美人魚相識、攜妻雙歸的故事，怪不得他眉飛色舞。

雖然這是一個錯誤，但錯得很有意思：在第一幅畫中，畫中人驟然被魔法師扔進湖中，整個人是驚慌、恐懼的，在月夜中，恐懼更會被放大；在第二幅畫中，太陽掛在空中，畫中人在湖中唱歌，左側楊柳依依，右側小鳥唧唧喳喳，岸上還有兔子，整個畫面充滿生機；在第三幅畫中，依然是太陽高照，美人魚被湖中人的歌聲打動，手持鮮花向他游來，湖中人內心充滿喜悅。在第四幅畫中，畫中人和美人魚化身的美人在自己的家門前，一條小狗在跑來跑去，畫中人感到幸福和美滿。從他的圖畫中仍然可以看出他應對突發事件的模式：可能會有暫時的驚慌和情緒低落，但能很快適應新環境，並積極、樂觀地解決問題。也許可以據此開發出魔法湖的心理圖畫。

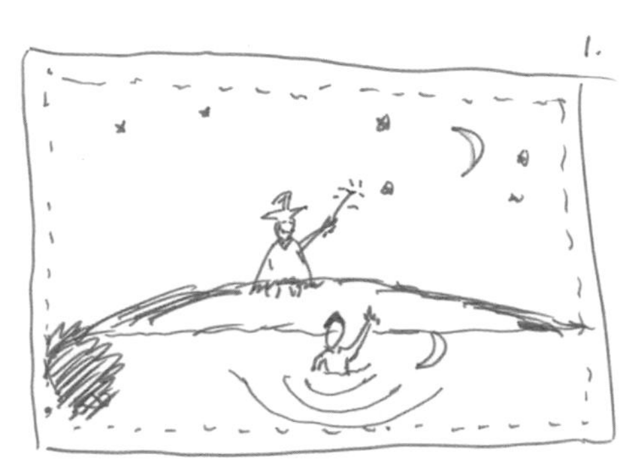

圖 7-1　被魔法師扔進湖中

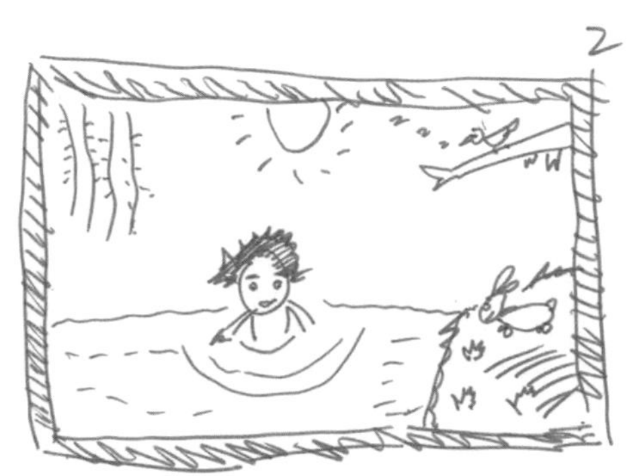

圖 7-2　在湖中唱歌

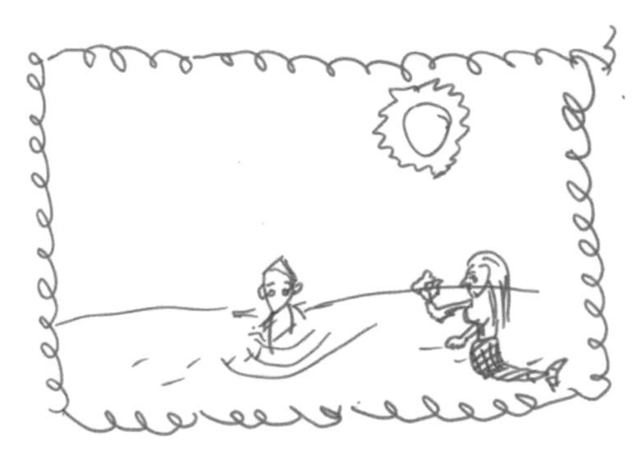

圖 7-3　美人魚被歌聲打動

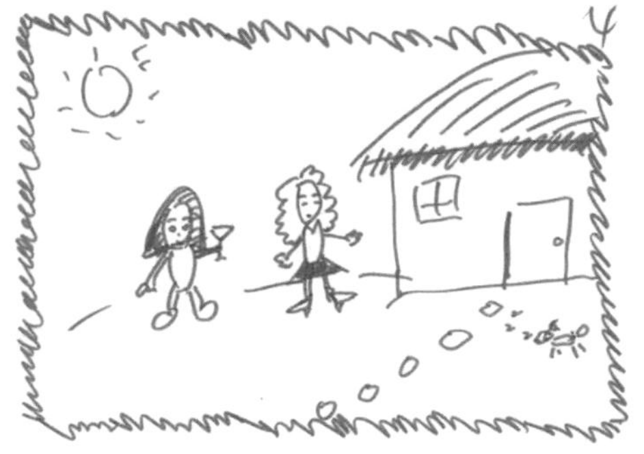

圖 7-4　和美人魚化身的美人回家

魔法壺是根據阿拉伯的神話傳說改編的。其實，很多神話故事、民間傳說都是很好的心理學素材，其中蘊含著豐富的心理學原理，可以作更多的挖掘。

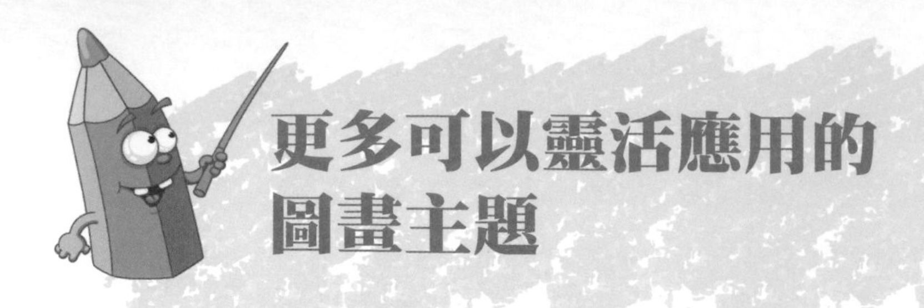

# 更多可以靈活應用的圖畫主題

我個人推薦使用的一些圖畫主題有（註 6）：

**樹木**：樹木人格圖已是發展非常成熟的技術，它還可以拓寬或變化，使用在各種活動中。

**河流**：所有和水有關的主題都有深刻含義，如小溪、大河、湖泊、水潭、瀑布、大海等。人類來自水，所以對水有天然的感受性。可以根據主題來選擇成長性還是包容性，河流是成長性非常好的主題，大海是包容性非常好的主題。

**山**：山本身具有多重含義，可以是目標，也可以是障礙。如果山和人結合起來，如「爬山」，就需要當事人創造他們自己的山，塑造山的風景，找到通往山頂之路，並用自己的方式爬山。其中可以解讀的資訊非常豐富。

**房屋**：房屋是經典的圖畫主題，它也是意象技術中常用的主題。比較淺的層面是進到地面的房間裡，或者走上樓梯的房間裡，比較深的層面是下樓梯進入地下室。屋子的外觀、屋內的佈局、物品、有無人等，都是有意義的資訊。

**花朵**：當事人需要找到屬於自己的花，創造花生活的環境，並賦予花兒一些特質，從中可以看到當事人對自我的評價。

**門**：打開一扇門的意象可以比喻為面對激動人心的挑戰或者機遇時的

態度。可以是打開一扇房門走進房屋，也可以是打開房門走到屋外；可以是打開一扇門，也可以是打開好多扇門；可以是打開一間屋子的房門，也可以是打開一座建築物的門。

**井**：井和魔法壺的意境有些像，封閉，與外界隔絕的空間，和人們應對壓力、困境的主題有關，但它是向下的，可以投射出更深的潛意識。

以上都是我在實踐中曾經運用過的、我個人覺得深有寓意的圖畫主題。讀者可以根據自己的需求、目標和偏好加以使用。

---

註 6：在《意象治療：心理諮詢中的創造性干預》（Eric Hall, Carol Hall, Pamela Strading and DianeYoung 著，邱婧婧等譯，嚴文華審校，北京：中國輕工業出版社，二〇一〇年）這本書中還有更多的關於意象主題的介紹，我個人覺得每個主題都可以畫成圖畫來探討。這裡列出的有些主題在該書中也有提及。

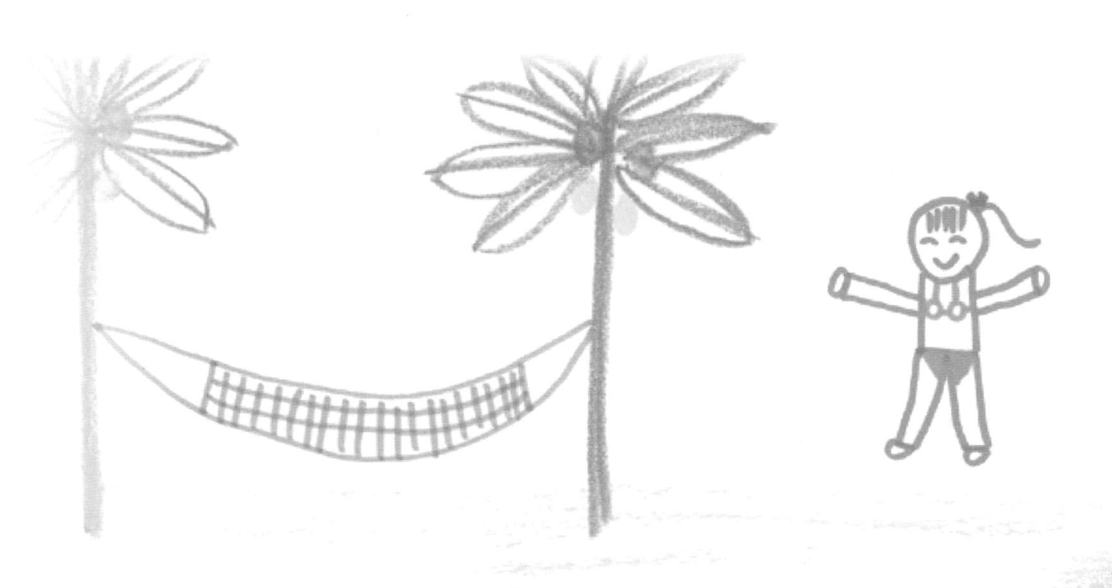

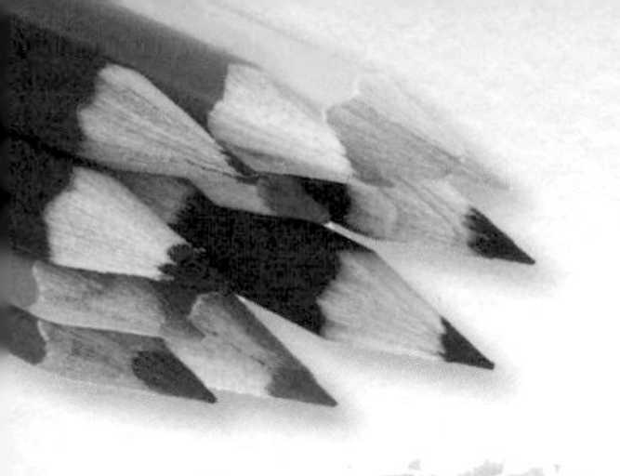

# 後記

自從二〇一一年開始接觸魔法壺圖畫技術以來，我不斷地在實踐中應用它。後來磨鐵來聯繫出書的時候，我不經意間提到這個選題。他們非常感興趣，敦促我把它形成一本書的大綱。在寫大綱時，我越寫越興奮，平時接觸的那些畫就在眼前一張一張出現，很快一份完整的提綱出現了。磨鐵馬上拍板合作，催促我馬上動手寫書。

我很想寫，卻一直沒動筆，因為我有些害怕，害怕如何把那些圖畫整理成一本書的素材。我可以一張一張地分析那些圖畫，但如果把它們形成一定的結構，按照某一個體系，把所有的分析整理出來，我覺得這是一個巨大的工程。那些圖畫攤開整整一個房間都放不下。

在二〇一二年最熱的時候，我開始動筆。我還是不敢去整理那些圖畫，我先寫總論的部分，那些只需要調用我的記憶即可。這兩部分寫完了，我停下來，累積勇氣，終於在一個不那麼悶熱的清晨，把所有的圖畫拿出來，開始了浩大的整理工作。面對上千幅圖畫，一張一張地看，一張一張地默想，一張一張地做筆記、貼標籤，然後一份一份地歸類。要把這麼多豐富的資訊整合出一個體系並且清晰地呈現出來，看起來是一件讓人絕望的工作。但一點一點地做下去，居然完成了。

感謝有這樣的寫作機會。一個多月的時間裡，我沉浸在這些畫裡，天天看這些畫，天天讀這些畫。看得久了，更多的資訊自然從畫裡出來了，而之前我並沒有留意到這些細節。看得久了，我覺得我和這些圖畫本身竟會有一些心意相通。只要我成了它們的朋友，自然會讓我看到更多的資訊。有些資訊一直在那裡，我需要的只是看到它、想到它。

在寫作的過程中，有一些分析的框架更加清晰和細緻化，有一些新的分類產生，有一些原先的分類被消除。眼睛裡看著，一本書慢慢地長成了，心裡有無限的欣喜。在寫作的過程中，我還找了個機會為一家企業做了「透過魔法壺圖畫瞭解自我和他人」的培訓活動。我覺得在做這個活動時，我心裡更加清明，對圖畫的理解會更加透徹。寫作，是一種多麼好的學習方式！

感謝所有把圖畫留給我的各位朋友，感謝你們慷慨地允許我把它們用作分析資料。為了保護個人隱私，所有涉及個人資訊的部分已經從圖畫中移除，在文字中我也沒有任何提及個人資訊的地方，以此感謝你們對我的信任。

謝謝章潔和金若水幫助我為圖畫拍照、歸檔並插入文中，你們的工作讓我可以專注在寫作中。

感謝給本書作序的日本學者杉岡津岐子，是她把我帶進了魔法壺世界，並在百忙之中欣然提筆為本書作序。感謝翻譯序言的、我的同事馬偉軍老師。

感謝臺灣紅螞蟻圖書有限公司的各位同仁，在將本書推廣到臺灣地區出版過程中所表現出的慧眼和努力。

藉這本書和更多的人一起分享魔法壺，讓每個人更加瞭解自己。這個時代焦慮的人太多，魔法壺的活動可以讓我們借助圖畫來看到故事中的自己，更瞭解自己，讓我們更有可能生活得安然、自在和安心。期待本書繁體版的讀者通過閱讀，不僅更了解自己，也更了解中國大陸的人，通過閱讀心意相通

二〇一二年八月三十一日 初稿

二〇一三年三月二十三日修 改稿

二〇一三年十一月二十六日 清樣

二〇一五年七月十七日繁體版清樣

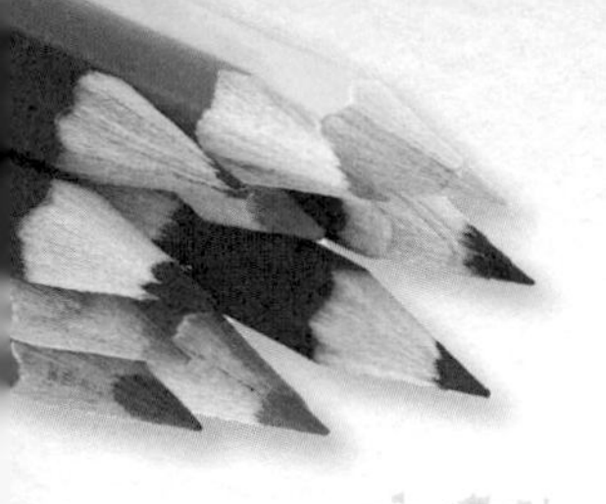

# 參考文獻


[1] Bettelheim,B · 著，The Uses of Enchantment: The Meaning and Importance of Fairy Tales，NY: Vintage Books, 2010.

[2] Burns， R · C · 著，梁漢華、黃璨瑛譯，心理投射技巧分析，臺北：楊智文化事業股份有限公司，2000 年。

[3] Corey， G · 著，李茂興譯，咨商與心理治療的理論與實務，臺北：楊智文化事業股份有限公司，1988 年。

[4] Gabbard，G · O · 著，徐勇譯，長程心理動力學心理治療基礎讀本，北京：北京：人民衛生出版社，2010 年。

[5] Ganim，B · & Fox，S · 著，譚晨譯，塗鴉日記，北京：中國輕工業出版社，2009 年。

[6] Golomb，C · 著，李甦譯，兒童繪畫心理學，北京：中國輕工業出版社，2008 年。

[7] Kast，V · 著，晏松譯，成功：解讀童話，上海：世紀出版集團，2003 年。

[8] Kast，V · 著，林敏雅譯，童話的心理分析，北京：生活、讀書、新知三聯書店，2010 年。

[9] Kast，V · 著，朱劉華譯，相信自己的命運，北京：國際文化出版公司，2008 年。

[10] Malchiodi，C·A·著，李甦、李曉慶譯，兒童繪畫與心理治療，北京：中國輕工業出版社，2005 年。

[11] Ursano，R·J·，Sonnenberg, S·M·& Lazar, U·G·著，林濤、王麗穎譯，心理動力學心理治療簡明指南（第 3 版），北京：人民衛生出版社，2010 年。

[12] Oster，G·D·& Gould，P·著，呂俊宏、劉靜女譯，繪畫評估與治療：心理衛生專業人員指南，臺北：心理出版社股份有限公司，2002 年。

[13] Stephen A·Mitchell & Margaret J·Black 著，陳祉妍、黃崢、沈東鬱譯，佛洛依德及其後繼者，北京：商務印書館，2007 年。

[14] 程樂華、盧嘉輝著，心理套娃——一種新型投射測量和諮詢工具，上海：華東師範大學出版，2012 年。

[15] 吉沅洪著，樹木人格投射測試，重慶：重慶出版社，2011 年。

[16] 吉沅洪著，圖片物語：心理分析的世界，上海：華東師範大學出版，2010 年。

[17] 嚴文華著，心理畫 3：我手畫我心，臺北：宇河文化出版有限公司，2012 年。

[18] 嚴文華著，心理畫 4：十年後遇見另一個自己（心理畫外音），臺北：宇河文化出版有限公司，2014 年。

[19] 張同延、張涵詩著，揭開你人格的秘密，北京：中國文聯出版社，2007 年。

國家圖書館出版品預行編目（CIP）資料

畫壺談心 / 嚴文華著 . -- 第一版 . -- 臺北市 : 樂果文化出版 : 紅螞蟻圖書發行 , 2016.05
面； 公分 . --（樂生活 ; 34）
ISBN 978-986-93011-4-5(平裝)

1. 繪畫心理學

940.14　　105006570

樂生活 34
畫壺談心

作者／嚴文華
總編輯／何南輝
責任編輯／韓顯赫
行銷企劃／黃文秀
封面設計／張一心
內頁設計／申朗創意

出版／樂果文化事業有限公司
讀者服務專線／（02）2795-3656
劃撥帳號／50118837 號　樂果文化事業有限公司
印刷廠／卡樂彩色製版印刷有限公司
總經銷／紅螞蟻圖書有限公司
地址／台北市內湖區舊宗路二段 121 巷 19 號（紅螞蟻資訊大樓）
電話：（02）2795-3656
傳真：（02）2795-4100

2016 年 5 月第一版　定價／300 元　ISBN 978-986-93011-4-5
※ 本書如有缺頁、破損、裝訂錯誤，請寄回本公司調換。